国家社科基金
GUOJIA SHEKE JIJIN HUQI ZIZHU XIANGMU
后期资助项目

汉代壁画的艺术考古研究

A Research of Han Dynasty's Mural on Artistic Archaeology

练春海 著

科学出版社

北 京

内 容 简 介

本书是对汉代壁画现有研究的全面梳理与系统总结，主要包括地上壁画文献的梳理、地下壁画的类型学研究以及壁画题材的类别、壁画的制作与工艺、壁画的功能等内容，并着重从如下几个方面展开对汉代壁画深入、系统的艺术考古学研究：从学理上界定汉代壁画概念，科学地划分汉代壁画的类型，有效地解读汉代壁画的题材与类别，以及梳理汉代壁画的制作工艺和图像处理手法在壁画绘制、观念传达方面的影响等，并对研究者相对忽略的汉代地上壁画、墓葬中的浮雕和纹饰以及壁画的修补和改动问题做了探究，最后对汉代壁画在墓葬中所具有的深层次功能做了全新的诠释。

本书结构完整，图文并茂，适合艺术史学者、文博工作者、考古人员阅读参考。

图书在版编目（CIP）数据

汉代壁画的艺术考古研究/练春海著. —北京：科学出版社，2022.6
国家社科基金后期资助项目
ISBN 978-7-03-071903-4

Ⅰ.①汉…　Ⅱ.①练…　Ⅲ.①壁画–美术考古–中国–汉代　Ⅳ.①K879.41

中国版本图书馆 CIP 数据核字（2022）第043951号

责任编辑：杜长清 / 责任校对：杨　然
责任印制：李　彤 / 封面设计：润一文化

科 学 出 版 社 出版
北京东黄城根北街 16 号
邮政编码：100717
http://www.sciencep.com

北京中石油彩色印刷有限责任公司 印刷
科学出版社发行　各地新华书店经销

*

2022 年 6 月第　一　版　　开本：720×1000 1/16
2022 年 10 月第二次印刷　　印张：20 3/4
字数：418 000

定价：99.00 元
（如有印装质量问题，我社负责调换）

国家社科基金后期资助项目
出版说明

后期资助项目是国家社科基金设立的一类重要项目，旨在鼓励广大社科研究者潜心治学，支持基础研究多出优秀成果。它是经过严格评审，从接近完成的科研成果中遴选立项的。为扩大后期资助项目的影响，更好地推动学术发展，促进成果转化，全国哲学社会科学工作办公室按照"统一设计、统一标识、统一版式、形成系列"的总体要求，组织出版国家社科基金后期资助项目成果。

全国哲学社会科学工作办公室

前　言

　　中国古代壁画色彩丰富，表现生动，其源头可以上溯到原始时期，但真正可以被解读而不只是作为色块碎片存在的壁画则要在秦汉时期的出土物中才能见到。特别是汉代，我们发现了大量汉代遗存的完整的巨幅壁画，画面气势磅礴，云气氤氲，车马络绎不绝，宴乐歌舞不休，反映了汉代物阜民康的社会环境。

　　汉代的壁画艺术非常成熟，几乎蕴含了后世诸多绘画艺术形式中的各种表现技法与创作理念，是我们研究中国传统艺术，追本溯源、推陈出新的重要起点。汉代壁画墓的发掘，最早的记录不晚于十九世纪末，迄今为止已知的（含各种正式发表的发掘报告、有关发掘参与者在相关文章中提及以及仅收录于图录者）、被发掘的（含科学发掘与盗掘）壁画墓有百余座之多。从这些墓葬中出土的典型壁画图像在各种美术史、文物与考古出版物中时常见到有关的介绍、引用和诠释，那些精彩的画面、恢宏的图景给读者留下了深刻的印象。但事实上，我们熟知的那些图像只是出土壁画中的九牛一毛，大多数情况下，汉代墓葬中出土的壁画我们无缘得见，遑论对它们进行分析和讨论了。相对于汉代的画像石、画像砖而言，有关汉代壁画研究的成果总量并不多，研究的进展也比较缓慢，其中既有汉代壁画墓发现或发掘的数量在已知汉代墓葬中所占比例不高之故，亦有受限于出土时的保存状况和出土后的保护条件等方面原因。如果墓室壁画出土时的保存状况不佳，则可能导致图像无法辨识，出土后如果保护不善则会使壁画的色彩变得黯淡、细节迅速消失。出土壁画对保存环境的要求比较严苛，因此很多考古团队和发掘机构在条件不具备时往往选择回填墓葬来保护壁画。至于一些已经发掘的墓葬，因各种原因而迟迟无法公布正式的发掘报告，同样影响学者们对壁画的研究。

　　汉代壁画对于我们认识中国传统艺术、文化的本质与特征而言，无疑是极为重要的，对于它在中国艺术史、图像史、文化史中的重要价值，目前我们还不能做全面的评估，但其所包含的内容具有重要学术价值这一点已经成为学界的共识。秦汉时期是我国首次实现全国大一统的重要历史时期，这一时期，我国各民族文化之间的融合加速，并逐渐形成中华文明的典型特征。就中国传统艺术而言，这个时期也是其基本语言特征的形成期。秦汉时期，中国的艺术形式已然朝多样化方向发展，竹木玉石雕刻、漆绘彩塑、鎏金铸铜等应有尽有。纵观这些不同材质、媒介上的形象及其艺术表现手法，不难发现，它们之间有着许多共同的特质，这说明它们的创作（或制作）很可能基于一些标准的样本，即所谓的粉本（或格套）。这些粉本通常由当时公认水平较高的画师创作而成，因此，粉本具有较高的图像表现力，在当时的条件下，粉本很有可能是一个工匠团队、手工作坊或者其他形式的丧葬服务组织或艺人团体的机密，一般不向大众公开。当然，今天我们就更无缘得见这类原始材料了。手中有这样的粉本，一个普通的手艺人就有可能通过简单的组合、叠加，依葫芦画瓢，创作出视觉效果非常不错的画面来，一些图像内容虽乏善可陈，但构图非常饱满、形式感极其丰富的画像石（墓）便是很好的佐证。在汉代众多的艺术载体中（如画像石、画像砖等），画师的线稿与最后的完成品之间其实还有一个中介角色，那就是刻工（或其他承担图像物化工作的角色），唯有壁画无需这样的中介，可以较为真实地反映甚至直接再现那些画师（工）的水平。因此，两汉壁画的陆续出土为我们了解汉代画师（工）的真实艺术水准创造了条件。

已有研究中，对汉代壁画深入、系统的研究其实并不多。相关的论文虽然不少，但总的来看，其研究的深度和广度都非常有限，《壁上丹青：陕西出土壁画集》的编著者曾说："陕西汉墓壁画之系统研究目前尚处在起步阶段。此乃研究领域之欠缺，也应该是今后汉墓壁画研究之课题。而针对汉墓壁画设计思想或是设计理念的研究，目前仍较少涉及。"[①] 该观点虽然发表于十余年前，并且所讨论的对象也仅限于陕西地区出土的墓室壁画，但迄今为止该结论对全国范围内出土的汉代壁画而言还是适用的，因为近年来汉代壁画的研究并没有取得多少实质性的进展。笔者于 2011 年参加了加利福尼亚大学伯克利分校举办的一场以"长安 26 年：中国的奥古斯都时代"为主题的国际学术会议，原拟对长安地区出土壁画及其研究进展做一个综述报告，但从笔者前期所收集到的资料来看，关中地区出土汉代壁画只有极少的一部分画面图像发表于考古发掘简报[②]，与之相关

---

① 陕西省考古研究院：《壁上丹青：陕西出土壁画集》（上），北京：科学出版社，2009 年版，第 XIV 页。

② 陕西省考古研究院 2009 年出土的图录《壁上丹青：陕西出土壁画集》中仅收录一座西安地区的汉代壁画墓，对该地区出土壁画墓进行系统整理的图录到 2017 年才出版。参见西安文物保护考古研究院：《西安西汉壁画墓》，北京：文物出版社，2017 年版。

的探讨较为有限，对于壁画中形象的辨识、意义的考察不会超出陕西（以陕北为中心）、山西（以晋西北为中心）两个地区出土汉代画像石中相关视觉形象的研究，因此，在当时的学术背景下对它进行归纳实际上意义不大。所以笔者在对关中汉代壁画作简要概述的基础上，又展开了一系列探索①，这个尝试让笔者意识到，现阶段展开对汉代壁画艺术进行系统研究非常必要。

　　综观汉代壁画的研究成果，它们大致呈现了如下几个特点。

　　（1）学者对壁画图像材料的使用非常有限。这种有限表现在两个方面：一方面是研究的焦点为少数较典型的壁画墓；另一方面，在每篇文章中，尽管讨论的主题可能会涉及壁画的题材、技法等，但其实使用的图片数量有限，大多数时候被那些"表现平平"的图像"代表"了。②研究者的注意力集中于少数画面保存较好、细节精彩、主题丰富的墓室壁画，对于那些形象漫漶严重、画面内容与图像表现均平淡无奇的墓葬壁画则鲜有论述，甚至对新近出土的壁画材料也缺乏应有的关注。③

　　（2）关于汉代壁画研究较为重要的结论与观点多年来一直没有突破性进展，只是停留在较为陈旧的认识上。关于汉代壁画中的人物、典故、仪轨等内容的识读及画面的构成规律、表现特点等的分析，学界接受度较高的观点往往集中于早年发表的一些学术成果之中。

　　（3）研究所使用的方法因循守旧、墨守成规。近年来的一些研究虽然注意到了新出土的壁画材料，但因研究观念囿于过时的知识结构，尚不能挖掘出新材料所具有的学术价值；研究方法上的保守也使得研究者很难突破已有的理论系统。长期以来，汉代壁画的研究一直处于瓶颈状态，在图像辨识与观念梳理等方面都没有明显的进展，倒是一些距离汉代壁画本体研究较远的学科领域，比如在古代天文学和古代科学技术发展史研究方面，学者们从各自的学科视角出发，利用汉代壁画中的图像资料进行相关的学术探索，取得了很多重要的学术成果，有些甚至是意想不到的新发现。通过这样的横向比较，我们发现采用新的研究方法或研究视角来考察汉代壁画非常有必要。从历史发展的脉络和文化特征形成的角度来看，可

---

① 中国汉画学会、河南博物院：《中国汉画学会第十三届年会论文集》，郑州：中州古籍出版社，2011年版，第543—547页。

② 很显然，笔者的这篇文章也同样面临这样的尴尬，限于篇幅，只能呈现少量具有代表性的图片，而不是将所有相关的图片都呈现于文中。

③ 这种情况既有研究者方面的原因，也有考古发掘部门或考古工作者方面的原因，前者对最新材料的关注度不够，后者因为能力或精力所限，对于那些图案与内容都比较普通的壁画墓通常只在发掘简报中用简短的几句话介绍，能够附上几幅小插图已是难得。

用于研究中国古代艺术的方法有很多，如文化人类学、艺术社会学、艺术考古学、图像史学等，笔者曾撰写著作对采用艺术考古观念与研究方法重现古代文化的历史原境，对古代文化问题的解读的方法与体系进行了系统讨论①，限于篇幅，此处就不展开说明。就汉代壁画而言，以往较为系统的研究基本上都是从考古类型学角度展开的，针对特定墓葬中出土的壁画或某些类型的壁画主题所做的个案研究业已有非常丰富的积累，但从艺术考古层面展开的系统性研究却难得一见，学界的认识大抵还停留在贺西林二十多年前的博士学位论文上。②然而，从艺术与考古相结合（或交叉）的角度来审视汉代的壁画，可以融合感性把握与理性推断的复合思维，既表明了对古代图像进行诠释时所需秉持的科学态度，也暗含了对图像背后所蕴藏的微妙的形式语言和复杂多变的思想观念的关注，可以说是非常值得期待的研究方法之一。

很显然，大家研究与探讨的都是文博、艺术、考古等与中国古代文化关系较为密切的、从业人员比较熟悉的汉代壁画内容。因研究材料不易出新，研究的挑战系数较高，无论是举证的过程，还是推论的结果，通常都受制于已有成果，不易另辟蹊径。在汉代壁画的研究中，对于主要的或者重要的问题学者们都有所讨论，仅剩下一些较为次要的或者延伸出来的小问题尚待深入研究，因此如果不进行系统、全面的深耕，实际上很难在理论研究上取得突破。然而，从 1949 年至今的这段时间内，有关汉代壁画的研究文献迅速积累，出土的壁画图像也随着考古发掘工作的开展而有所增加，近年来相关的图录（特别是以高清照片为基础制作的图录、线描图、彩绘图等）、发掘报告相继出版，已然具备进行系统、深入的汉代壁画研究的条件。实际上，近年来出版了为数不少的关于汉代的政治、经济、交通、制度、器物文化、工艺制度等的研究书籍。河北满城汉墓、江苏大云山汉墓、江西南昌海昏侯墓等重要的汉代诸侯王墓得以发掘，出土了大量珍贵文物，这些均为汉代壁画的深入诠释提供了有力的支持，同时也推动了学界对汉代壁画的进一步研究。综合考察现有汉代壁画、画像石、画像砖等的图像，汉代漆器、青铜器、玉器、陶塑或木雕明器等器物的研究成果，以及传世和出土的汉代历史和考古文献研究成果，我们隐约可以看出汉代壁画中所表现的内容与汉代社会中流行的文化、观念、习俗

---

① 参见练春海：《重塑往昔：艺术考古的观念与方法》，北京：社会科学文献出版社，2019 年版。

② 参见贺西林：《古墓丹青：汉代墓室壁画的发现与研究》，西安：陕西人民美术出版社，2001 年版。

之间存在微妙的差异与错位，如壁画所呈现的人物活动等内容看起来与现实社会中人们的行为举止等都极其相似，但在本质上支撑这些图像的观念似乎源于另一套平行的信仰，这种差异与错位在以往的讨论中未见深入的展开，值得在进一步的研究中着重剖析。汉代壁画研究除了可在整体或者宏观的层面上作研究方向的挖掘之外，具体到一个墓葬、一幅图画甚至一条线可能的含义也都值得反复推敲。

提到汉代壁画，人们通常会将它等同于墓室中出土的壁画，因为在汉代其他建筑类型，尤其是地面建筑遗存中发现的壁画非常少，迄今为止较为明确的实例也仅见汉长安城长乐宫四号建筑遗址中清理出来的一些壁画残块，因此，研究者们通常倾向忽略它。从理论上讲，即使汉代壁画研究把地上建筑中的壁画都囊括进去也还是存在偏颇的，因为对于某类图像的研究，不仅要研究实物形态的图像，还要对这类图像的文字记载进行研究。所以在探讨汉代壁画的主题、构成、形式等内容时，除了全面考察出土的汉代墓室壁画外，充分挖掘和利用文献所载，尽可能对汉代地上建筑中绘制壁画的情况做全面的讨论也是很有必要的，那将是对现有汉代壁画研究的一个重要补充。根据相关文献记录所呈现出来的特点，从汉代地上壁画表现的主题、创作者、绘制场所、绘制年代以及毁坏年代等若干子项加以梳理是完全有可能的。当然，因为材料所限，具体到某处宫殿或纪念性建筑中的某幅壁画时则或许只能分析其中的几个子项，而不是全部，这种情况不可避免；同时，讨论所形成的文字也难免出现内容碎片化的倾向，但因为有了前列几个子项的整体框架，足以将那些信息碎片相对固定地镶嵌于一个意义场域中，即在相应的历史时空中它们还是可以折射出意义的。至于汉代地下建筑中的壁画，因为出土实物与研究成果较多，所以讨论的基础也比较坚实，研究时可以在前人取得的经验中继续推进，从中找到深化研究的方向和突破口。比如说类型学是考古研究的重要方法，艺术考古研究也强调对这一方法的借鉴，因此类型学本身没有问题，但如果不考虑材料分类的目的和意义，盲目地利用类型学方法进行分类会让研究的对象复杂化，无助于研究的推进。就汉代墓室壁画的分类而言，以往的汉代墓室壁画研究著作与论文都强调按当代行政区划来分类，这种分类实际上严重地打破了壁画与壁画之间的天然关系，但是如果考虑以壁画基底的材质来作为分类依据或许会令研究别开生面。已有汉代墓室壁画的研究虽然也会讨论壁画的基底，但是研究者并未想到从这个角度去观察墓室壁画，这或许是因为基底通常会被上层的地仗和颜料所覆盖，与画面最终效果的呈现无关。然而基底材料的选择涉及墓葬形制、墓地和周边的自然条件、死者的社会地位及其所处的社会环境，甚至墓葬制作的工艺技术水平等诸多要素，因此从基底要素来给墓室壁画分类有助于推动研究取得进一步突破。

在当前的学术语境中研究汉代壁画，有一个环节需要重视，那就是研究材料的去伪存真。这是特别容易被忽视的环节，以往古代壁画研究虽然难免会遇到诸如此类的问题，比如关于所援引文献真伪的争议，但它们一般不会对学者们造成严重的困扰。然而，随着全球范围内公私收藏机构与个人收藏对中国古代壁画兴趣的持续上扬，与此相应的中国古代墓葬的盗掘和中国古代文物造假行为屡禁不止，导致汉代壁画的研究材料问题变得日益复杂，文献的版本问题、真伪问题和实物的造假问题交织在一起，影响了人们对汉代壁画的准确解读。

一般来说，古代壁画造假难度系数比较大，极个别所谓的"出土壁画"造假行为很快就因为出现了颜料或者其他构成成分与时代和地域不相吻合的情形而遭到揭穿。但也不排除特别情况的存在，比如一些绘制在大型的型砖或条砖上的壁画，其基底是汉代的素面砖，上面的图案却是后人补绘的。[①] 在征集的汉代壁画（砖）出土文物，以及通过捐赠或者拍卖渠道获得的壁画（砖）文物中，存在这类赝品的概率较高。这些文物作品经过各种渠道流入国家博物馆的收藏体系，在某种程度上意味着其身份的洗白，成了"真品"。因此在研究过程中如果一定要使用此类"来路不明"的材料，需要非常谨慎。如果没有必要，研究时应该避免记录、援引和讨论那些未经科学发掘出土的实物材料。至于文献的真伪，这方面已经有很多文献学专家在做相关的爬梳剔抉与校订工作，可资甄别。在汉代壁画研究的过程中，倘有需要使用这类材料来佐证观点，要尽量使用与汉代关联最为直接和密切的一手资料及有明确出土记录的实物材料，以免走弯路。

总的来说，在汉代壁画发现、发掘及研究的近百年历程中，真正从艺术本体的意义与价值角度进行探索的成果还是较为罕见的。从汉代壁画的保存现状以及资料发表状况来看，研究推进的难度不小。然而系统、深入地研究汉代壁画对于进一步加深我国各民族的文化认同感，推进华夏文明溯源，发扬中国优秀传统，乃至推广丝路文明都有重要意义。就汉代壁画研究而言，如下几点具有借鉴意义：其一，在方法论上，选择具有交叉学科性质的艺术考古学方法为主，并辅之以历史学、艺术社会学、社会心理

---

① 这里包括两种情形：一种是东汉以后、民国以前的仿制作品，另一种是近几十年间出现的伪造作品。这两种情况，我们一般不把前者视为赝品，而是把它看成有时代错位情形的文物。

学、文化学等研究方法进行综合分析，推进对汉代壁画艺术本体的研究。其二，重视历史原境的复现。在研究时，除了重视原始材料、一手材料的运用，还要充分利用这些材料来复现汉代的原始情境，在汉代人生活的原生状态中探讨壁画的问题。其三，强调研究的整体推进。对汉代壁画的研究要建立在对汉代整体认识提高的基础上有序推进。要加强对已有相关研究的总结和借鉴，尤其是要加强对早期中国的色彩颜料、手工艺技术等实验考古研究成果，以及丝路壁画、汉代画像石、画像砖、器物文化等相关领域研究最新进展的吸收。对早期文化进行研究要重视对当时文化的整体认识，这点与晚期文化研究不同。时代越晚，文化研究越呈现出专门化、具体化的倾向。汉代壁画研究不必，同时也做不到专门化，因此只有在对汉代文化整体认识提高的基础上，才有可能推进汉代壁画研究朝纵深方向发展。

目　　录

图　　录

（图片采自徐光冀：《中国出土壁画全集·5·河南》，北京：科学出版社，2012 年版，第 94 页）

（图片采自徐光冀：《中国出土壁画全集·6·陕西上》，北京：科学出版社，2012 年版，第 116 页）

（图片采自湖南省博物馆：《长沙马王堆汉墓陈列》，北京：中华书局，2017 年版，第 286 页）

（图片采自洛阳市文物管理局、洛阳古代艺术博物馆：《洛阳古代墓葬壁画》（上），郑州：中州古籍出版社，2010 年版，第 154 页）

（图片采自韦娜：《洛阳汉墓壁画艺术》，郑州：河南美术出版社，2004 年版，第 107 页）

（图片采自洛阳市文物管理局、洛阳古代艺术博物馆：《洛阳古代墓葬壁画》（上），郑州：中州古籍出版社，2010 年版，第 62 页）

（图片采自徐光冀：《中国出土壁画全集·6·陕西上》，北京：科学出版社，2012 年版，第 5 页）

（图片采自徐光冀：《中国出土壁画全集·3·内蒙古》，北京：科学出版社，2012 年版，第 53 页）

（图片采自徐光冀：《中国出土壁画全集·1·河北》，北京：科学出版社，2012 年版，第 3 页）

（图片采自美茵兹罗马 – 日耳曼中央博物馆、陕西考古研究所：《考古发掘出土的中国邠王（东汉）壁画墓》，德国美茵兹罗马 – 日耳曼中央博物馆出版社，2002 年版，图 25c）

第一章　导　　论

在广袤的中国大地上繁衍和生息着无数的先民，他们创造了辉煌灿烂的古代文明，为我们留下许多弥足珍贵的有形的和无形的文化遗产。其中，依据艺术史学科的定义，有形的文化遗产大部分可以归入到造型艺术下的各个门类范畴，比如绘画、雕刻、泥塑等。就绘画而言，绝大多数作品在历史长河中早已灰飞烟灭，如今我们所能够见到的最早的人工制作的图像大概只有那些堪称天书的岩画，创作年代可以追溯到三四万年前的旧石器时代（例如宁夏中卫市的大麦地岩画）。顾名思义，岩画就是以暴露的岩石表面为基础进行创作的图像（图1-1）。岩画虽名为"画"，其所含子项却不囿于绘画，亦囊括浮雕与线刻，事实上，绘画是岩画各子项中最不易留存下来的表现形式。其中绘于洞穴或石窟者又可称为广义上的壁画。[①] 从文化人类学的角度来看，这种出于信仰、习俗或者美化环境等原因而装饰洞窟（或者仅仅是留下图像）的行为蔓延在整个古代世界里。比较典型的例子是，人们已经在法国韦泽尔峡谷(Vézère Valley)和西班牙坎塔布里（Cantabria）的桑蒂利亚纳·德耳马尔（Santillana del Mar）附近史前人类居住的拉斯科洞穴（Lascaux Cave）和阿尔塔米拉洞穴（Caves of Altamira）里分别发现了1.5万和1.7万年前的史前壁画（图1-2）。

图1-1　中卫大麦地岩画

---

① 《中国大百科全书》第二版将"壁画"定义为"装饰壁面的画。包括用绘制、雕刻及其他造型或工艺手段，在天然或人工壁面（主要是建筑物内外表面）上制作的画"。此处，笔者称之为"广义上的壁画"，以示与下文所用"壁画"概念的区别。中国大百科全书总编委会：《中国大百科全书（第二版）2》，北京：中国大百科全书出版社，2009年版，第2—342页。

图 1-2　拉斯科洞穴壁画

最新的考古资讯表明，在位于南非南部海岸的布隆伯斯洞穴（Blombos Cave）的一块打磨光滑的硅质岩石片上，挪威卑尔根大学（Universitetet i Bergen）的 Christopher Henshilwood 及同事发现了用赭石色画出的 3 条斜线和 6 条线交叉的图案（图 1-3），系一幅更大图案的局部，这可能是迄今为止发现的史上最早（约 7.3 万年前）的画作。[①] 然而，史前精美绝伦的洞窟壁画能够被保留下来的实属凤毛麟角，原始人类创作的绝大多数壁画不是被当时的仪式性行为所覆盖或清除，就是在漫长的岁月中被渗水洗刷或菌斑侵蚀。有些在当时非常重要的，甚至是老少皆知的作品（比如绘于部族聚落内祭祀场所的壁画），今天恐怕只能通过一些神话、传说或者是史诗之类的文学作品来管窥一斑了。

图 1-3　南非布隆伯斯洞穴出土岩画碎片

图 1-4　红山文化"女神庙"遗址出土壁画残片

不难想象，在那些原始宗教或礼俗观念的仪式性呈现中，逐渐孕育出壁画的雏形和壁画的制作技术。在中国，壁画发展史的上限大概可以追溯到 5000 年前的新石器时期。在辽宁牛河梁出土的红山文化"女神庙"遗址中就曾发现彩绘的壁画残块，上有赭红相间、黄白交错的三角形几何纹样、勾连纹样（图 1-4）。[②] 山西临汾地区陶寺类型龙山文化

① Cristopher S. Henshilwood, Francesco d'Errico, Karen L. Van Niekerk etc.: An Abstract Drawing from the 73,000-year-old levels at Blombos Cave, South Africa, Nature, https://doi.org/10.1038/s41586-018-0514-3.

② 辽宁省文物考古研究所：《辽宁牛河梁红山文化"女神庙"与积石冢群发掘简报》，《文物》1986 年第 8 期，第 1—17 页及彩版 1-2、图版 1-3。

早期残毁的建筑墙皮遗存上也发现了圆圈、直线和折线组成的几何壁饰图案。[①] 有关中国古代壁画最早的记述大概可以追溯到西汉大学者刘向所著的《说苑》，其《反质》篇中"纣为鹿台、槽邱、酒池、肉林，宫墙文画，雕琢刻镂"句描述了商代宫殿中的壁画情况。[②] 总的来说，先秦时期，壁画的发展实际上处于一个较为缓慢的状态，到战国时期仍然未形成普遍的风气，因此关于壁画的记载比较罕见。秦汉时期，国家统一以及长时段的宇内安定使得大型宫殿的建造比较普遍，壁画开始在更多的建筑场所得以应用，文献中关于当时王公贵胄所居住宫殿绘制了精美壁画的记录也日渐增多，但是关于墓室壁画的记载却比较罕见。唯有《史记·秦始皇本纪》疑似描述了在秦始皇骊山规模巨大的地宫中存在的壁画："以水银为百川江河大海，机相灌输，上具天文，下具地理。"[③] 但目前我们尚不能确证这里的"天文"就一定是壁画形态的图像，尽管考古学家夏鼐曾推断："始皇陵墓中，'上具天文，下具地理'，当是在墓室顶部绘画或线刻日、月、星相图，可能仍保存于今日临潼始皇陵中。"[④] 汉代许多墓室的顶部也有关于天文、地理的画像（包括画像石和壁画）出土（图1-5），但它们有时也会表现为像金谷园汉墓顶部所见类似于装置的高浮雕结构（图1-6），正如人们推测秦始皇陵可能以"水银"来制作其中的宏大水系一样。而秦汉壁画进入人们的视

图1-5　西安交大汉代壁画

图1-6　洛阳金谷园汉墓穹顶球

---

① 中国社会科学院考古研究队山西工作队、山西省临汾地区文化局：《陶寺遗址 1983—1984 年Ⅲ区居住址发掘的主要收获》，《考古》1986 年第 9 期，第 773—781 页及图版壹、贰。

② 《说苑·反质》。〔西汉〕刘向撰，向宗鲁校证：《说苑校证》卷二十，北京：中华书局，1987 年版，第 515 页。

③ 《史记·秦始皇本纪》。〔西汉〕司马迁撰，〔刘宋〕裴骃集解，〔唐〕司马贞索隐，〔唐〕张守节正义：《史记》卷六，北京：中华书局，1959 年版，第 265 页。

④ 夏鼐：《洛阳西汉壁画墓中的星象图》，《考古》1965 年第 2 期，第 80—90 页及图版玖。

野，大概要从洛阳的一座汉墓被盗开始。据瑞士巴塞尔大学教授奥托·费希尔（Otto Fishcher）所说，开封古董商人刘鼎方伙同他人盗掘洛阳"八里台"的一座西汉壁画墓，时间大约在 1916 年前后，这是我们迄今所知最早发现壁画的汉代墓葬。遗憾的是，墓中出土的画像空心砖被辗转卖给了美国波士顿美术馆。[①]而通过科学考古与发掘获得汉代墓葬中的壁画实物却是在 1937 年以后，关于汉代墓室壁画的考察与科学发掘则与日本在中国的疯狂侵略与殖民扩张联系在一起。

第一节　学术界定

一、核心概念

对于事物概念的界定往往会对其生成与发展的历史和基本特征的准确描述产生影响，就壁画而言，其概念的界定会影响到其类型与发展阶段的划分。要对汉代壁画进行系统的梳理和研究，很重要的一项工作就是对壁画以及相关概念进行厘清，而这恰恰是最为困难的环节。

1. 壁画

西汉中期，墓葬形制开始由竖穴的椁室墓向横穴的洞室墓过渡，墓室内部的空间也随之发生改变。受这一趋势的影响，汉代人饰墓的方式也发生了相应的调整，壁画墓以及画像石墓、画像砖墓都是这种演变的结果。[②]从视觉特征来看，本书所讨论的壁画属于《中国大百科全书》所列两类壁画中的第一种：绘画型壁画。[③]这种壁画通常以特定的建筑壁面，尤其是以经过人工设计与整饬的墙面或壁面作为附着基础，用笔蘸墨汁与颜料在上面描绘图像。中国古代壁画的发展史，在文献上至少可以追溯到春秋时期，但通过考古发掘的遗迹来思考这个问题是比较困难的，基于考古发掘成果对墓葬壁画起源问题进行讨论，目前仍处于毫无头绪的状态。墓葬壁画究竟是伴随着椁室墓向洞室墓转变的过程中出现的，还是在这个

[①] Otto Fischer, Die Chineseische Malerei der Han-Dynastie, Berlin: Neff Verlag, 1931, pp.82-83.

[②] 练春海：《器物图像与汉代信仰》，北京：生活·读书·新知三联书店，2014 年版，第 14—29 页。

[③] 另一类为工艺型壁画，这种壁画的最后效果必须通过工艺手段才能实现。但是在下文的分析中，我们会发现，汉代早期的壁画有些局部其实介于二者之间，比如壁画中的羊头形象有时会被表现为浮雕甚至是高浮雕，它们虽然有工艺性，但工艺要素不是其本质特征，由于考古学工作者命名的不规范性，它们多数被直接称为"壁画"，笔者依照惯例，将它们纳入壁画，列入讨论的范畴。

过程完成之后才出现的，或者完全与此无关？对于此，考古发掘报告似乎不大可能为我们提供现成的答案。[①] 一方面是因为考古发掘的墓葬十室九空，大多数无从判断较为确切的下葬年代，另一方面是由于受条件限制，许多墓葬虽然已经发掘，却一直没有公布发掘报告，有些虽然在文物与考古杂志上发表了发掘报告，但印刷的情况并不理想，有时受版面或其他因素限制，只象征性地发表一些图像局部和细节，更多的材料则被束之高阁，至于发掘信息则完全阙如。然而有一点可以肯定的是，汉代以降，墓室中的壁画艺术一直在发展，从西汉早期空心砖上的模印并着色的作品，到东汉中晚期墓室中所能见到的全景式壁画，表明在汉代墓葬中，壁画的使用尽管可能会受到墓主的社会地位、经济条件等诸种因素的影响，但其大体趋势是不断地向前发展的，表现技法日渐成熟，主题更为丰富，更为多元。

关于汉代壁画，以下内容值得特别关注，即与之相关的材料和技术的运用和发展，它为汉代壁画艺术走向成熟奠定了坚实的物质基础。首先是建筑壁面的利用，其次是膏泥的使用，再次是色料的应用，最后是绘画性的强调。建筑壁面是物质形态的壁画依附和固着的可靠的物质基础[②]，为了便于绘制图像，通常建筑壁面还要经过一些专门的人工整饬和处理，但有时也会因壁面作画前已经相对平整，或受时间、材料等条件限制，而不作处理。对于壁画的人工处理，通常会先用金属工具錾出一些道道来增加附着力，然后在其表面抹上一层至多层的膏泥或以膏泥为主的混合物，并抹平。壁面上的图像既有绘画，也有线刻[③]，或者二者结合。秦汉时期，它们通常不被严格地区分，正如我们会在一些汉代墓葬中出土的图像上发现自名为"画"的题记（或榜题）一样。[④] 纯粹的线刻、浅浮雕，或以它们为主的汉代墓葬出土平面图像作品现在一般被称为画像[⑤]，只有用较为柔软的毛笔蘸取颜料在壁面上直接描绘而成的图像方可称为壁画。然而已

---

① 1987—1991 年发掘的永城柿园梁王墓是迄今所知年代最早的一座汉代壁画墓，年代约在公元前136—前118年间，郑岩认为，梁王墓是一个特例，无法进入洛阳汉代壁画墓的分布区域、墓葬的形制和等级序列，梁王墓中的壁画更像是一种偶然、零散出现的"试验品"，与诸侯王的陵墓制度没有关系，与洛阳成批的西汉壁画墓之间也存在时间和空间上的缺环。郑岩：《逝者的面具：汉唐墓葬艺术研究》，北京：北京大学出版社，2013年版，第57页。

② 后文会提到一类具有想象性质的壁面（漆棺壁面），这类壁面虽然同样具有坚实的特点，但其在墓葬语境中被想象成另一类事物（建筑壁面），因此二者之间存在本质的区别。

③ 出现线刻的场合，通常壁面上不抹膏泥（即没有后文中所谓的地仗层）。

④ 如在苍山元嘉元年（公元151年）画像石墓中题记就将墓中画像称为"郭中画"。参见山东省博物馆、山东省文物考古研究所：《山东汉画像石选集》，济南：齐鲁书社，1982年版，第42页及图版一七七，图403。

⑤ 通常此类图像仅限于石质或砖质材料，木质的则称为木刻或木雕。

有研究显示，有很多研究者时而将汉代彩绘的空心砖称为画像砖，时而又称之为壁画，情形较为混乱。[①]关于第四点，也有必要做一个说明，汉代文化遗存中的一些壁面虽然也有平面的视觉形象，但由于其创作时主要采用粘贴或镶嵌有色材料的手法完成（如狮子山楚王陵镶玉漆棺上的壁画），此类"壁画"亦不作为本书的讨论对象。

2. 基底

有别于以往壁画的分类方法，笔者在后文的探讨中将从"基底"差异的角度对壁画进行分类，并展开对有关问题的深入讨论。其中"基底"这个术语，在考古报告中通常又被称为"支撑体"，笔者称之为"基底"，主要强调它所具有的坚实性与构成壁画的基础性地位。它为壁画固着各种颜料以及辅助材料提供了实在的物理条件，位于底层并维持壁画与墓葬中其他事物之间的相对位置关系。基底有原生性的，如岩石、黄土；也有人工制成的，如使用型砖、小砖、木材按一定的规律堆叠、码放、嵌合和拼装而成的壁面。提出以"基底"为标准进行分类，不仅是重视壁画所依附基底的属性可能对画面品质产生的影响，也强调它在壁画结构中所担负功能的纯粹性，即壁画中的基底相对独立于画面，它们在构成壁画的诸多层次中具有相对的独立性，与其他层次之间分界明确，一般情况下不会侵入对方的内部。以型砖壁画（有时它们也被称为彩绘）为例，它们通常以空心

图 1-7　西汉武士御龙砖

砖为基底，表面附着一层膏泥（这一层有时薄到可以忽略不计），膏泥上面涂附不同色彩的矿物颜料，假如这些膏泥或颜料脱落了，被清理或清洗了，通常只会留下素面的空心方砖，砖面平整，没有任何图案、纹理、印痕，这就是典型的砖基壁画；[②]如果经过清理，还能看到图像的轮廓，比如加拿大皇家安大略博物馆所藏的几件画像空心砖（图 1-7），

① 郑岩主张打破材料的界限，把汉代的画像石、画像砖、模印砖等具有绘画性特征的图像都纳入"壁画"的概念中，以便于观察不同形式的壁画在内容等方面的联系。其说法源于乃师杨泓对中国古代壁画的认识。郑岩：《魏晋南北朝壁画墓研究（增订版）》，北京：文物出版社，2016 年版，第 2 页。关于杨泓对于中国古代壁画的观点，参见杨泓：《中国古代壁画略说》，载巫鸿、郑岩：《古代墓葬美术研究》（第一辑），北京：文物出版社，2011 年版，第 1—22 页。另，汪小洋亦提倡将汉代的壁画、画像石、画像砖墓中的图像归入墓室壁画范畴。汪小洋：《中国墓室壁画史论》，北京：科学出版社，2018 年版，第 65 页。

② 有一种局部模印了几何纹的方砖，也会被用来绘制砖基壁画，这种情况下，几何纹是被忽略的，壁画的内容与几何纹无关。

它们在烧制之前就经过模印或刻划，形成劲挺、流畅的轮廓，可见它的功能不仅仅是作为基底，还是画面语言的构成要素，这就是笔者所谓的"侵入对方内部"，因此这些作品属于画像砖，而不是壁画。很多汉代的画像砖、画像石很可能都属于这种情况，它们制作完成之后，表面还填涂颜色，作为基础的砖石与表层图像是"固定搭配"关系，而作为壁画基底的空心砖本身不经模印之类的特殊加工，同样尺寸的砖与砖之间具有互换性，它们甚至可以为木板或其他介质的材料所替代，而不影响绘制在它表面的壁画。[①]

二、研究范围

汉代壁画按空间关系可以分成地上壁画和地下壁画两部分。地上壁画指来自宫殿、衙署、寺观、民宅等地面建筑中的壁画，文献中虽散见一些记载，但未见专论，邢义田在《汉代壁画的发展和壁画墓》中的梳理大约是此前最为深入的研究了。[②]汉代地上壁画遗存的发掘工作，在最近十几年考古工作者的努力下，非常幸运地有了零的突破，但那些发掘所得的蛛丝马迹般的壁画碎片研究价值非常有限。因此，下文如果没有特别申明，我们所讨论与研究的汉代壁画遗存实际上都来源于地面以下。

从壁画出土时所属墓葬建筑材料的特点来看，它们既有型砖、小砖、岩石，也有木材、砂土。汉代直接绘制于泥土表面的壁画保留下来的情况为数不多，因为泥土的特点使得依附于其表面的物质极易剥落与损毁。而以砖石为基础的壁画则要容易保存得多，汉代墓葬中还出土了一些直接绘制在木板上的绘画，数量很少，但很有特点，例如武威县磨嘴子汉墓群、居延肩水金关出土的几幅木板画（图1-8），这些作品过去很少讨论，但它们中有些显然是为墓葬而专门绘制的，作为葬具的一部

图1-8　磨嘴子汉墓出土墨绘胡人像木板画

---

① 关于这一点，还可参见费慰梅的研究：Wilma Fairbank, "A Structural Key to Han Mural Art", Harvard Journal of Asiatic Studies, 7, no.1 (April 1942), pp.52-88.

② 此文最先发表在《中研院史语所集刊》1986年第1集，后经修订，收入邢义田：《画为心声：画像石、画像砖与壁画》，北京：中华书局，2011年版，第1—46页。

分而存在，因此我们将这些木板画也纳入壁画中来讨论。[①] 至于汉代墓葬出土图像遗存中所见宫殿屋宇上的壁画，尤其是那些明器楼阁或宅第上的壁画，它们既可以视为汉代地上壁画在墓葬中的反映，也可以视为丧葬语境中的图像呈现，反映底层社会的理想与观念，因此笔者会根据行文需要，结合有关的图像作适当的阐发。

说到本书的研究范围，我们还得回到壁画的概念上来。艺术史上的壁画源于西方的 mural。但是二者之间还是有出入的，在英语国家的文化传统中，mural 指的是 "(usual large) painting done on the wall"，如果未加说明，都是指大型的主题性壁画。[②] 这种壁画的能指排除了那些虽然也画于壁面，但没有特定主题，只有装饰性线条、色块或者形象的绘画。汉代壁画与西方壁画在性质上具有天然的差别——汉代壁画是以世俗生活（或由世俗观念发展而来的信仰）的表现为主要目的绘画类型，西方壁画的主要作用是宣传宗教教义。汉代壁画既不可能，也不必排除以装饰为主要内容的部分，因此以装饰图案为主题的画面也自然成为汉代壁画研究的内容。但从研究的角度来看，以下内容基本不作为本书的主要研究对象，但不排除涉及以下内容。

（1）简单的几何形纹饰。

（2）以立体浮雕或不同材质的组合为主要形式的墙面装饰。倒如，汉成帝时赵皇后所居住的昭阳殿，"昭阳舍兰房椒壁，其中庭彤朱，而庭上髹漆，切皆铜沓，白玉阶，壁带往往为黄金釭，函蓝田壁，明珠翠羽饰之"[③]。赵飞燕所居住的宫殿，壁上饰白玉、黄金、翠羽等物，的确"金碧辉煌"，效果甚至远超壁画，虽然在广义上，它也属于壁画艺术的范畴，但本书不把对它们的考察与分析纳入讨论范畴，倘若涉及，将随文交代。

（3）赋彩画像石。有些画像石在构图上与壁画并无二致，尤其是那些水平高超的画工，他们具有一定的创作技能，可以对成组的画像石进行一个整

---

① 郑岩在探讨"壁画"这个概念时指出，一般情况下，墓葬壁画的载体是墓葬建筑各个部分的表面，而不包括器具的表面。许多葬具的形制和图像都说明古人往往将这些盛放尸体的器具看作一种建筑，因此他在探讨墓葬建筑壁面的画像时，也"附带讨论一些葬具上的画像"。郑岩：《魏晋南北朝壁画墓研究（增订版）》，北京：文物出版社，2016 年版，第 3 页。

② 〔英〕A.S. Hornby（霍恩比）原著，李北达编译：《牛津高阶英汉双解词典》，北京：商务印书馆，牛津：牛津大学出版社，1997 年版，第 969 页。实际上 mur 作为词根指的是"墙"，因此一些西方的学者把汉代的画像石墓也称为壁画墓，从词源上来讲，是有一定合理性的。参见 Wilma Fairbank, "A Structural Key to Han Mural Art", Harvard Journal of Asiatic Studies, 7, no.1 (April 1942), pp.52-88. 西方也有一个词用来指壁画，即 fresco，特指湿壁画，这与汉代墓室中的壁画完全不同。

③ 《三辅黄图·未央宫》。何清谷校注：《三辅黄图校注》，西安：三秦出版社，1995 年版，第 155 页。

体的构思，不同的是，画像石必须经过雕凿石面形成浮雕的效果，在更深的层次上，画像石的运用或许还反映了使用者有意回避壁画形式，因为在制作上，画像石墓有时造价不一定比壁画墓来得低，但画像石的局部着色和减地等手法却与壁画拉开了距离，这与前文界定的壁画概念有所出入，因此这类画像石也不作为本书讨论的内容。

第二节 研 究 现 状

一、秦汉壁画的发现

中国古代的建筑，尤其是地面建筑，基本上都以极易腐朽的木材为主要的建造原料。这种大量使用木构建筑的传统自然会面临这样的结果，即绝大多数雄伟的古代建筑都在历史年轮的碾轧下轰然倒塌。中国现存最古老的木构建筑是山西五台山上的两座唐代建筑，佛光寺东大殿（复建于唐大中十一年，即公元857年）和南禅寺大佛殿（重建于唐德宗建中三年，即公元782年），这两座绝无仅有的唐代建筑残部还是经过一再翻修才得以保存到现在，至于汉代的木构建筑则早已荡然无存，而今我们只能从荒野中矗立的形只影单的汉代石阙（图1-5）、石祠和考古发掘出来的残垣断壁来领略汉代建筑的深沉雄大。[1] 作为建筑墙面装饰的壁画艺术虽然可以远溯到新石器时代或殷商晚期，但考虑到政治条件、经济条件、自然条件的限制和其他装饰方式的偏好和选择，邢义田以为，在建筑中饰以壁画的行为当兴于战国，真正的发展和普及则要到西汉中晚期甚至是东汉时代。[2] 从考古发掘的情况来看，这一时期也差不多是壁画墓开始出现并逐渐流行的时间。[3] 可以推想，那些消失在地平线上的恢宏汉式建筑中一定有精美绝伦的壁画装饰，遗憾的是它们没有一处被保留下来，而墓葬语境中的壁画却因墓室封闭之后不再开启的缘故[4]，被大量地保留了下来（相对地面建筑中的壁画而言，但从绝对数量上来讲也不算多）。也由于同样的原因，汉代壁画墓的发现与进入人们的视野却是晚近的事情，当然，这

---

① 新中国成立以来，由于国家对古建文物的保护力度越来越大，很多石阙的外围都修建了房舍或者围栏等保护设施加以保护，有些古建文物甚至被整体迁移到安全的地方。

② 邢义田：《画为心声：画像石、画像砖与壁画》，北京：中华书局，2011年版，第27页。

③ 考古资料显示，汉代最早的墓室壁画出现于西汉中期，并于西汉晚期开始流行。

④ 但是古代也有墓葬被再次开启的，如迁葬、盗墓、合葬，甚至是因为其他原因偶然打开墓室，如后汉时期就有人利用汉墓作为墓室的情况。其中迁葬包括按风俗进行的二次葬，或是因为某种特殊原因需要进行改葬，如河南南阳东汉许阿瞿墓即为一例。

并不表明此前没有被发现过，而是未为人们所注意①，导致相关的文献记述缺失。如此，汉代壁画的发现与研究从汉代的墓葬空间中揭开序幕也不足为奇了。笔者以中华人民共和国成立为界，把汉代壁画的发现与研究分为两个阶段。

第一阶段：1895—1949 年。这个阶段的汉代壁画发现工作主要由日本学者完成，确切地说，这个阶段实际上只持续到抗战结束，1945 年日本无条件投降并全面退出中国后，在中国的考古活动也全面停止了。

随着中日马关条约的签订和日俄战争的结束，1895 年 8 月至 12 月以及 1905 年至 1945 年 8 月，辽东半岛被日本占领，这为日本考古学者调查辽东地区的壁画提供了便利。鸟居龙藏受日本东京帝国大学人类学教研室的派遣，前往辽东半岛考察，但这次调查没有多大的收获。1905 年，日俄战争之后，日本再次占领旅顺、大连，鸟居龙藏再次来大连调查，此后于 1909、1928、1941 年又先后三次到东北地区乃至内蒙古地区考察。在这些地区，先后共有五座汉代壁画墓被发掘，这些墓葬在贺西林的研究中均有详细的统计。

• 1918 年，辽宁辽阳太子河畔迎水寺大型石室壁画墓被发现，这座墓是中国第一座考古发现的汉代壁画墓，1919—1920 年，八木奘三郎和冢本靖分别对其进行了多次调查。

• 1931 年，内藤宽、森修等人主持发掘了辽宁大连金县营城子汉代壁画墓。

• 1942 年，原田淑人主持发掘了辽阳西南郊的南林子壁画墓和南郊的玉皇庙壁画墓（玉皇庙 1 号墓）。

• 1943 年，驹井和爱主持发掘了辽阳北园 1 号壁画墓。

• 1944 年，发现辽阳棒台子屯 1 号壁画墓。②

但黄佩贤在博士论文中把 1918 年滨田耕作所主持发掘的旅顺刁家屯汉墓也统计在内，实际上这座五室花纹砖墓中并未发现壁画，而且她在文章中所标注的发掘时间也不准确。③ 这是她引用了贺西林的统计数据却

---

① 在前科学考古时代，中国古代墓葬中出土的事物唯器物为人们所关注和收藏，图像通常被认为没有价值，而器物之于金石学（中国古代最接近考古的学问），也主要是铭文的文献与法书的价值。画像砖、画像石之类墓葬建筑构件在早期的墓葬盗掘者眼中一文不值，随意抛弃。考古学进入中国以后，人们才逐渐注意到墓葬中图像的学术价值。

② 贺西林：《古墓丹青：汉代墓室壁画的发现与研究》，西安：陕西人民美术出版社，2001 年版，第 1 页。

③ 实际上，这些墓葬的发掘时间是 1912 年。有关梳理参见刘俊勇、白燕培：《近代日本学者在中国东北地区考古活动述论》，载《大连近代史研究》第 7 卷，沈阳：辽宁人民出版社，2010 年版，第 510 页。

未详加考察之故。贺西林统计的是"新中国成立以前在中国境内发现的汉代壁画墓",包括"八里台汉墓"这座连出土时间和地点都不明确的被盗墓葬在内,但这座墓属于洛阳地区,而黄佩贤的统计仅限于日本学者在中国东北地区所发掘的汉墓,因此这个地区的墓葬实际上要比她统计的少1座。根据黄佩贤对汉代壁画墓所作的分区讨论情况来看,1949年以前东北地区实际上只发掘了4座壁画墓,日本学者尚未来得及发掘辽阳棒台子屯1号墓(该墓最终于新中国成立后由中国考古队发掘)。

第二阶段:1949年至今发现了近百座汉代壁画墓。1949年以后中国自己培养的考古学家开始真正地参与到汉代壁画墓的发掘工作中,取得了较为丰硕的成果。根据贺西林的统计,到20世纪末,全国各地公开发表的经科学考古发掘的汉代壁画墓葬已有50座之多,具体分布如下。

河南19座:河南洛阳烧沟M61西汉壁画墓、河南密县打虎亭2号壁画墓、密县后士郭1号和2号壁画墓、密县后士郭3号壁画墓、洛阳道北卜千秋壁画墓、洛阳金谷园新莽壁画墓、河南永城梁王壁画墓、洛阳金谷园东汉壁画墓、洛阳北郊石油站家属院东汉壁画墓C1M689、洛阳西工东汉壁画墓C1M120、河南偃师杏园村东汉壁画墓M17、河南新安铁塔山新莽壁画墓M4、洛阳浅井头壁画墓CM1231、洛阳机工厂东汉壁画墓C5M483、洛阳第3850号壁画墓、洛阳朱村东汉壁画墓BM2、河南荥阳苌村壁画墓、洛阳偃师辛村新莽壁画墓M1。

辽宁7座:辽宁辽阳棒台子屯2号壁画墓、辽阳北园2号和3号壁画墓、辽阳南雪梅村壁画墓、辽阳鹅房1号壁画墓、辽阳三道壕3号壁画墓、辽阳旧城东门里壁画墓。

甘肃6座:甘肃酒泉下河清1号壁画墓、甘肃武威韩佐五坝山壁画墓、武威磨嘴子壁画墓、甘肃民乐八卦营1、2、3号壁画墓。

陕西4座:陕西千阳壁画墓、西安交通大学附小壁画墓、西安曲江池1号壁画墓、陕西咸阳龚家湾1号壁画墓。

内蒙古4座:内蒙古托克托壁画墓、内蒙古新店子和林格尔壁画墓、内蒙古鄂托克凤凰山1号壁画墓、包头张龙圪旦1号壁画墓。

河北3座:河北望都1号和2号壁画墓[①]、河北安平逯家庄壁画墓[②]。

山西2座:山西平陆枣园村壁画墓、山西夏县王村壁画墓。

山东2座:山东梁山后银山东汉壁画墓、山东济南青龙山东汉晚期壁画墓。

---

① 因此墓位于河北望都县所药村,早期的文献曾称之为所药村壁画墓。
② 在一些文献中,安平逯家庄壁画墓又被称为安平东汉壁画墓或逯家庄壁画墓。

安徽2座：安徽亳县董园村1号和2号壁画墓。

江苏1座：江苏徐州黄山陇壁画墓。①

贺西林的统计并不完整，后来黄佩贤又补充了7座2000年前发掘的汉代壁画墓：辽宁辽阳三道壕窑厂第四现场壁画墓、辽阳三道壕窑厂第二现场令支令张君墓、辽阳三道壕1号和2号壁画墓，内蒙古召湾51号墓、辽宁辽阳南环街墓、山西永济上村墓；②另一方面，在甘肃出土的汉代壁画墓中，研究者们又找到了更为有力的证据，表明其中至少有4座墓葬（甘肃酒泉下河清1号壁画墓、甘肃民乐八卦营1、2、3号壁画墓）安葬的时间被断为汉代可能有误，所以甘肃在这个时期出土了2座汉代壁画墓的说法较为可靠。③

此外，黄佩贤的统计增加了21世纪以来的10处新发现：陕西旬邑县百子村东汉壁画墓④、内蒙古鄂尔多斯巴音格尔村两座汉墓、四川三台县郪江镇柏林坡1号石刻彩绘壁画崖墓、中江县民主乡塔梁子3号石刻彩绘壁画墓、河南洛阳宜阳尹屯新莽壁画墓LYYM1、陕西定边郝滩1号东汉壁画墓、陕西西安理工大学1号西汉壁画墓、陕西靖边杨桥畔1号东汉壁画墓及山东东平县后屯壁画墓。⑤这个阶段，在四川地区首次发现了壁画墓。

但是他们所做的统计工作都遗漏了至少18座汉代壁画墓：洛阳新安县磁涧镇里河壁画墓⑥、20世纪20年代出土洛阳西汉晚期壁画墓（现有三块壁画空心砖藏于大英博物馆）⑦、20世纪30年代出土洛阳邙山西汉中后

① 贺西林：《古墓丹青：汉代墓室壁画的发现与研究》，西安：陕西人民美术出版社，2001年版，第1—2页。有关徐州黄山陇壁画墓的考古信息参见徐州博物馆：《徐州考古资料集成1953—1985年》，南京：江苏凤凰美术出版社，2018年版，第315页。

② 黄佩贤：《汉代墓室壁画研究》，北京：文物出版社，2008年版，第3—4页。

③ 张朋川：《河西出土的汉晋绘画简述》，《文物》1978年第6期，第59—71页。

④ 关于这座壁画墓，邢义田认为："从墓葬形制、画像布局特征、男女冠式、发式和衣装等方面来看，时代上应稍晚于东汉，或属三国曹魏。"但鉴于多数学者都倾向将它的年代断为东汉晚期，并且邢义田也承认"百子村壁画墓虽可能晚于东汉，应不会晚太多"，文化与时代不是绝对的同步，可能会存在适当的滞后，因此笔者仍然遵从《考古发掘出土的中国东汉墓（郏王墓）壁画》中的说法。邢义田：《陕西旬邑百子村壁画墓的墓主、时代与"天门"问题》，《故宫学术季刊》2006年第3期，第1—38页。后经修改，收入氏著：《画为心声：画像石、画像砖与壁画》，北京：中华书局，2011年版，第631—677页。

⑤ 黄佩贤：《汉代墓室壁画研究》，北京：文物出版社，2008年版，第3—4页。

⑥ 沈天鹰：《洛阳出土一批汉代壁画空心砖》，《文物》2005年第3期，第76—80页。

⑦ 洛阳市文物管理局、洛阳古代艺术博物馆：《洛阳古代墓葬壁画》（上），郑州：中州古籍出版社，2010年版，第88页。

期壁画墓（现有四块壁画空心砖藏加拿大皇家安大略博物馆）①、靖边老坟梁汉墓②、内蒙古乌审嘎鲁图 1 号墓、2 号墓和内蒙古鄂托米兰壕 1 号墓③、辽宁省辽阳市南郊街东汉壁画墓④、辽阳玉皇庙 2、3、4 号三座壁画墓⑤、辽阳东门外墓和满洲棉花会社墓⑥、陕西西安莲湖公园汉墓⑦以及洛阳唐宫中路东汉墓 C1M121⑧、洛阳五女冢新莽墓 96HM267⑨、洛阳涧滨铜加工厂东汉黄肠石墓 AM19⑩、洛阳孟津县送庄村南东汉晚期黄肠石墓⑪，以及山东东平县后屯 M1、M12、M13 三座壁画墓、古台寺壁画墓、泉沟壁画墓等。还有一些出土时或发表简报时被断为其他朝代，但最近又被重新断为汉代的墓葬需要补充进来，如云南的 3 座东汉墓：曲靖梁堆

① 洛阳市文物管理局、洛阳古代艺术博物馆：《洛阳古代墓葬壁画》（上），郑州：中州古籍出版社，2010 年版，第 100 页。

② 榆林市文物保护研究所、靖边县文物管理办公室：《陕西靖边老坟梁汉墓发掘简报》，《文物》2011 年第 10 期，第 51—70 页。

③ 徐光冀：《中国出土壁画全集·3·内蒙古》，北京：科学出版社，2012 年版，第 13—21 页。乌审嘎鲁图 1 号墓又被称为"巴日松古敖包汉代壁画墓"。鄂尔多斯博物馆、鄂尔多斯市文物考古研究院、乌审旗文物管理所：《内蒙古鄂尔多斯巴日松古敖包汉代壁画墓清理简报》，《文物》2019 年第 3 期，第 38—64 页。

④ 辽宁省文物考古研究所：《辽宁辽阳南郊街东汉壁画墓》，《文物》2008 年第 10 期，第 34—59 页。

⑤ 这三座墓葬均无发掘报告，据刘未在辽阳博物馆的调查结果统计。参见刘未：《辽阳汉魏晋壁画墓研究》，《边疆考古研究》第二辑，2003 年版，第 232—257 页。

⑥ 据李龙彬等人的描述，这两座墓由日本的梅田俊次等人在 1931—1933 年间发掘，墓葬中仅见残存的壁画遗迹而已。参见李龙彬、马鑫、邹宝库：《汉魏晋辽阳壁画墓》，沈阳：辽宁人民出版社，2020 年版，第 7 页。

⑦ 该墓为灵帝时墓，1935 年由陕西考古会的罗懋德主持发掘，在墓中"掘得彩色壁画数小块"和"尚有一大块，仍埋入泥中"的壁画迹象。参见罗宏才：《陕西考古会史》，西安：陕西师范大学出版社，2014 年版，第 271 页。

⑧ 该墓与洛阳西工东汉壁画墓（C1M12O）于 1981 年同时发现于洛阳市西工区塘沽路（现唐宫中路）南侧，两墓东西排列，C1M121 居西。贺西林、黄佩贤等研究者均未将其列入统计范围是因该墓壁画已破坏殆尽，但它在统计学上是有意义的，因此，笔者在此予以计入。参见洛阳市文物工作队：《洛阳西工东汉壁画墓》，《中原文物》1982 年第 3 期，第 15—21 页。

⑨ 据发掘简报可知，在 96HM267 墓室南部"祭台北侧隔墙上和东侧墓壁上原均绘壁画，惜已脱落，壁画用红、黑、褐、赭等色细线勾勒绘成"。洛阳市第二文物工作队：《洛阳五女冢 267 号新莽墓发掘简报》，《文物》1996 年第 7 期，第 42—53、95 页。

⑩ 发掘简报称，在洛阳铜加工厂东汉墓中，"在前、后室内发现了大量壁画残片，均无法看出其内容，只在前室的西壁距底高 1.84 米的西北角上，残存 1 块 14 厘米 ×18 厘米的壁画，内容为一朵半开的荷花，以白色为底，花瓣沿为黑色，花为粉红色，花蕊为黄色，色泽鲜艳，线条流畅"。洛阳市第二文物工作队：《洛阳涧滨东汉黄肠石墓》，《文物》1993 年第 5 期，第 24—26 页。

⑪ 发掘者称："发掘中，在前室北壁的石面上发现几处用朱色绘在白灰面上的壁画，可惜大部分脱落。"该墓出土黄肠石以及铜缕玉衣上散落的玉片 30 余片，可见墓主为诸侯王。郭建邦：《孟津送庄汉黄肠石墓》，《河南文博通讯》1978 年第 4 期，第 30—33 页。

壁画墓、昆明西山昭宗壁画墓和昆明官渡云山村壁画墓，这3座墓过去一直被认为是晋墓。①

　　另外，最近几年出土了至少15座汉代壁画墓：洛阳洛南新区永泰街中段西汉壁画墓M25②、洛阳偃师邙山的新莽壁画墓③、陕西西安曲江池翠竹园1号墓和靖边县杨桥畔二村南侧渠树壕的两座汉墓④、内蒙古毛乌素沙地腹地东汉壁画墓⑤。内蒙古乌审嘎鲁图2号墓⑥、辽阳市河东新城东汉壁画墓⑦。内蒙古鄂托克旗乌兰镇米拉壕汉墓群出土的2010EWM.M19、2010EWM.M 23、2010EWM.M25、2010EWM.M27、2010EWM.M30 五座壁画墓等。⑧除这13座外，据报道在西安南郊长延堡还发现两座带有壁画的汉墓，但是墓中的壁画保存情况极差，M1"仅存少量残迹"，M2也"仅存残迹"，所以相关的考古发掘报告上未见图像发表。⑨

　　以上是中国境内汉代壁画墓的发现与出土情况，迄今为止总数应该不

① 徐光冀：《中国出土壁画全集·10·北京 江苏 福建等地》，北京：科学出版社，2012 年版，第Ⅷ页；云南省文物工作队：《云南昭通后海子东晋壁画墓清理简报》，《文物》1963 年第12 期，第1—6 页及图版壹至肆、封底。

② 洛阳市文物管理局、洛阳古代艺术博物馆：《洛阳古代墓葬壁画》（上），郑州：中州古籍出版社，2010 年版，第92 页。另见王绣、霍宏伟：《洛阳两汉彩画》，北京：文物出版社，2015 年版，第15 页；申建伟：《中心湖公务员小区地下车库东周及汉代墓葬》，载《洛阳市文物工作队考古年报（2009）》，内部资料，2010 年版，第6 页；洛阳文物工作队：《历程：洛阳市文物工作队三十年》，北京：文物出版社，2011 年版，第138—139 页。

③ 曹建强：《洛阳新发现一组汉代壁画砖》，《文博》2009 年第4 期，第12—16 页。

④ 徐光冀：《中国出土壁画全集·6·陕西上》，北京：科学出版社，2012 年版，第25—49 页。另一座系2015 年发掘，但在文献中的命名与2009 年所发掘的这座几乎完全一样（为便于区别，笔者在本书中将2015 年所发掘的称为M2），其发掘简报见陕西省考古研究院、靖边县文物管理办：《陕西靖边县杨桥畔渠树壕东汉壁画墓发掘简报》，《考古与文物》2017年第1 期，第3—26 页。

⑤ 《内蒙古毛乌素沙地腹地清理出一座汉代壁画墓》，新华网：http://news.xinhuanet.com/201607/19/c_1119244270.htm，2016 年7 月19 日。

⑥ 2015 年9 月鄂尔多斯博物馆与鄂尔多斯市文物考古研究所联合工作队于乌审旗巴日松古敖包汉代壁画墓进行了第二次发掘清理，并在M1 西北部清理了一座汉代壁画墓，编号为M2。高兴超：《鄂尔多斯汉代考古的新收获——乌审旗新清理一座重要的东汉壁画墓》，中国考古网：http://www.kaogu.cn/cn/xccz/20160718/54671.html，2016 年7 月18 日。

⑦ 李龙彬、马鑫、王爽：《新发现的辽阳河东新城东汉壁画墓》，《东北史地》2016 年第1 期，第29—32 页、图版一至六及封底。

⑧ 杨文宗、尹春雷：《鄂托克旗乌兰镇米拉壕墓葬壁画抢救性揭取保护》，载周天游：《色·物象·变与辨：首届"曲江壁画论坛"论文集》，北京：文物出版社，2014 年版，第11—28 页。

⑨ 西安市文物保护考古研究院：《西安南郊西汉墓发掘简报》，《文物》2012 年第10 期，第4—24 页。

少于100座①，实际上这个统计数字不可能十分精确，原因有很多：其一
是因为很多墓葬虽然发掘了，却因故一直未见正式发表的发掘报告。如甘
肃酒泉以东石庙子滩发掘的1座壁画墓，这座汉墓学界基本认为它是汉代
的，也有个别学者怀疑它属于魏晋时期，但发掘资料在本书脱稿之际仍未
公布。②又如山东巨野金乡羊山汉代M1—M4壁画墓、莘县孟洼壁画墓、
东平大洼汉墓群中的壁画墓等，这些墓葬的相关信息只有通过当地文物部
门及一些地方性的出版资料方可做一些大概的了解。③其二，如前文中所
举洛阳唐宫中路C1M121、洛阳铜加工厂东汉墓AM19等汉代墓葬，尽管
在墓室中确实发现了壁画痕迹，但因破坏严重，图像无法识别，故而多数
艺术史研究者在统计汉代壁画墓时都有意无意地将它们忽略了。④其三是
因为有些汉代壁画系被盗掘或以其他非科学的方式出土。这些壁画流失海
外，被公私机构与个人收藏，甚至还向公众展示，如加拿大安大略博物馆
中所收藏的4件来自洛阳的壁画作品，它们其实与国内通过追缉盗墓者或

① 截至2008年，黄佩贤在其著作《汉代墓室壁画研究》中实际统计到的汉代壁画墓数据为
60座，但她估计"20世纪50年代迄今发现的汉代壁画墓总数，应该不少于70座"。武利
华在《中华图像文化史》中统计的结果为110余座，"其中经考古发掘和有资料发表的有
80余座"，但也承认可能存在"统计时间和标准不一"的问题。本书实际统计到的汉代壁
画墓数据在112座左右。综合各家观点，可以肯定，已发掘汉代壁画墓不少于100座。参
见黄佩贤：《汉代墓室壁画研究》，北京：文物出版社，2008年版，第3—4页。武利华：
《中华图像文化史·秦汉卷》（上），北京：中国摄影出版社，2016年版，第8、301页。
② 孙彦：《河西魏晋十六国壁画研究》，北京：文物出版社，2011年版，第4页。
③ 朱华：《东平汉代墓葬壁画及其相关问题》，《海岱考古》第十辑，第461—470页。另外，
关于山东济宁金乡羊山西汉晚期M1—M4壁画墓的发掘信息由济宁胡广跃告知，该墓群发
掘于2010年，其中M4保存较好，现全部墓葬原地封存，发掘报告尚在整理中，有关图
片资料可参见李德渠：《金乡汉画》，青岛：青岛出版社，2015年版，第16—40页。
④ 同样，还有一种情况，多数研究者在统计时如下情形也是忽略不计：有些墓葬内壁墙面
损毁严重，根据地面残存的色块无法断定墙面原来是否存在壁画。例如，王绣等人认为洛
阳主干线商业局东汉墓M4904是一座壁画墓，只不过"壁画损毁严重，或已脱落无存"，
此举值得商榷。尽管原发掘报告中说"墓中还发现一块壁灰，上有红彩，估计墓中原有壁
画，惜已不存"。仅凭一块红彩就推断墓中可能存在壁画，不是很可靠。从该墓出土车軎、
玉含、玉塞以及1100多片玉衣片（铜缕玉衣），可知墓主的社会地位相当高，属于诸侯王
一级人物，这种类型的墓葬中通常有涂朱现象，如保安山二号墓中的西宫室顶尽涂朱砂或
铅丹，徐州北洞山汉墓中也有朱砂或铅丹，但除了河南永城芒砀山柿园汉墓和广州南越王
墓之外，目前其他诸侯王级别的墓葬尚无确切的证据表明其中存在壁画。实际上，比它们
级别更低，高于二千石级别的贵族墓葬中，我们其实只发现东汉晚期的安徽亳州市董园
村曹氏宗族1号墓里发现壁画的痕迹。此外，我们也发现涂朱与壁画并存的情况，如东平
县后屯汉代壁画墓的墓室中既有涂铅丹（位于壁画的底层），也绘制壁画（表层），后者完
全覆盖前者，因此不能仅凭朱砂色来判断墓葬中是否存在壁画。参见洛阳市文物工作队：
《洛阳发掘的四座东汉玉衣墓》，《考古与文物》1999年第1期，第3—26页。王绣、霍宏伟：
《洛阳两汉彩画》，北京：文物出版社，2015年版，第16页。阎根齐：《芒砀山西汉梁王墓
地》，北京：文物出版社，2001年版，第234页。

者从民间征集壁画砖的方式收集作品一样，不能进行有效的统计。① 其四是因为新材料的发现，或受某种新学术观点的影响，导致对墓葬的断代出现新的观点，如前文提到的几座汉代墓葬，它们在考古报告中最初被断为其他朝代的墓葬，但随后被有关研究者纠正，相反的情况也时有发生，还有一些汉代墓葬虽然在发掘报告上被断为汉墓，但也有异见，如临泽县昭武村壁画墓，壁画砖已佚，有人疑其为魏晋时期墓葬。② 其五，同一个墓葬，不同的人、机构会采用完全不同的命名方式，比如发掘于山东省泰安市东平县原县物资局院内的汉代墓地，该地属后屯村，因此，山东省文物考古研究所和东平县文物管理所编著的发掘报告使用了"东平后屯汉代壁画墓（M1 或 M13）"这样的名称③，但是李振光在徐光冀主编的《中国出土壁画全集》中就使用了"东平县物资局（1 号或 13 号）墓"之类的名称④，令人无所适从。当然如果遇到诸如"近年来鄂尔多斯地区曾发现过几处汉代壁画墓，但均因破坏严重，未做清理发掘"之类的描述⑤，具体的墓葬数量、壁画所在位置或者是残存状况，就只有当事人可能知晓了。

　　汉代壁画的发现史还应包括地面建筑中壁画的情况，否则它就不完整。关于这一部分过去一直是空白，直至 2004 年才有了零的突破，考古工作人员在汉代长安城长乐宫半地下室的残留中发现了汉代壁画的遗迹。⑥ 此外，1979 年在秦都咸阳一号宫殿建筑遗址中所出土的壁画遗迹⑦，从"汉承秦制"的角度来看，也是一个研究汉代早期宫殿壁画的重要参照。

---

① 加拿大安大略博物馆所藏洛阳出土的四件壁画砖作品，它们甚至有可能来自两个不同的墓葬。同样的情况如同中国农业博物馆在洛阳所征集的一组汉代壁画空心砖，只能推测它大概来自一个汉代的墓葬，具体地点便无从知晓了。因为不能确知同一墓葬中出土壁画（砖）的数量，或者壁画（砖）被分割成多少份流散出去，所以有关的统计也不可靠。参见曹建强：《洛阳新发现一组汉代壁画砖》以及洛阳市文物管理局、洛阳古代艺术博物馆：《洛阳古代墓葬壁画》（上），郑州：中州古籍出版社，2010 年版，第 100—103 页。

② 孙彦：《河西魏晋十六国壁画研究》，北京：文物出版社，2011 年版，第 4 页。

③ 山东省文物考古研究所、东平县文物管理所：《东平后屯汉代壁画墓》，北京：文物出版社，2010 年版。

④ 徐光冀：《中国出土壁画全集·4·山东》，北京：科学出版社，2012 年版，第 1—23 页。

⑤ 魏坚：《内蒙古中南部汉代墓葬》，北京：中国大百科全书出版社，1998 年版，第 173 页。

⑥ 中国社会科学院考古研究所汉长安城工作队：《西安市汉长安城长乐宫四号建筑遗址》，《考古》2006 年第 10 期，第 30—39 页及图版一至八。

⑦ 秦都咸阳考古工作站：《秦都咸阳第一号宫殿建筑遗址简报》，《文物》1976 年第 11 期，第 12—24、41 页及图版一至三。

二、现状与问题梳理

汉代壁画的研究始于国外。1916 年，在古董商刘鼎方的监督下，传为洛阳八里台的一处汉墓被盗掘[①]，画有壁画的一组五块空心墓砖（图1-9）被卸下，经由上海，很快就流出国外，几经转手，后由古董商人卢芹斋通过拍卖的方式获得，并转赠给美国波士顿艺术博物馆。这批作品的出现与展示受到了各国学者的关注，有关的讨论和研究都已经被梳理得比较清楚了，先后有卢芹斋、奥托·费希尔、伯希和（Paul Pelliot）、罗斯（Denman Waldo Ross）、洛奇（John Elerton Lodge）、富田幸二郎、卡尔·亨泽（Carl Hentze）、肖孚（Edward H.Schafer）、苏珊·布什（Susan Bush）、方腾（Fontein Jan）、吴同等学者对它进行了介绍、讨论和研究。[②]1934 年贺昌群在《文学季刊》的创刊号中发表了《三种画之发现》一文，文中附图七幅，向国内介绍了这组壁画，引起了国内学者对它的讨论[③]，朱杰勤在《秦汉美术史》中强调了该文的重要性，并节录全文[④]，这个时期的讨论以 20 世纪 80 年代苏健发表研究为标志告一段落。[⑤]

图 1-9 八里台西汉墓壁画

中国汉代墓室壁画的科学考察与发掘最早是由日本考古学家实施的，因此有关的学术研究成果也首先出自这批学者。比如八木奘三郎的《辽

---

① 八里台，一说即八里堂村，位于洛阳关林火车站附近。王绣、霍宏伟：《洛阳两汉彩画》，北京：文物出版社，2015 年版，第 15 页。另一说为八里窑，位于洛阳老城西北约五公里的芒山之巅的上清宫西侧。苏健：《美国波士顿美术馆藏洛阳汉墓壁画考略》，《中原文物》1984 年第 2 期，第 22—25 页。

② Jan Fontein and Tung Wu, Unearthing China's Past, Museum of Fine Arts, Boston, 1973. pp. 221-225.

③ 贺昌群：《三种汉画之发现（附插图七幅）》，《文学季刊》（北平：立达书局）1934 年第 1 期，第 233—236 页。

④ 朱杰勤：《秦汉美术史》，北京：商务印书馆，1957 年版，第 125—129 页。

⑤ 苏健：《美国波士顿美术馆藏洛阳汉墓壁画考略》，《中原文物》1984 年第 2 期，第 22—25 页。

阳发现の壁画古墓》①、塚本靖《辽阳太子河附近の壁画おる古坟》②、滨田耕作《辽阳附近の壁画古坟》③、内藤宽与森修所编撰《营城子：前牧城驿附近の汉代壁画砖墓》④、水野清一《营城子古坟の壁画に就いて》⑤、原田淑人《辽阳南林子の壁画古坟》⑥、驹井和爱《最近发现にかくる辽阳の汉代古坟》和《辽阳发现の汉代坟墓》⑦等。1938年，李文信调入国立奉天博物馆，自此以后，他多次参加东北地区的墓葬考古，其中包括辽阳南郊街玉皇庙的汉墓壁画考古，并于1947年发表了《辽阳北园壁画古墓记略》的调查报告。⑧

　　1950年以后，壁画墓的调查与科学发掘有了重大的发展。从1952年发现河北望都壁画墓开始，1957年洛阳烧沟壁画墓群，1960年河南密县打虎亭壁画墓，1971年河北安平逯家庄壁画墓等一系列以洛阳为中心的河南、河北地区汉代壁画墓得以发掘，开启了新中国汉代壁画墓的发掘与研究史上规模空前的大讨论。

　　半个多世纪以来，汉代壁画艺术的研究无论在方法论上，还是在图像解读上都已经有了丰硕的成果。代表性的专著有黄佩贤《汉代墓室壁画研究》，贺西林《古墓丹青：汉代墓室壁画的发现与研究》，王绣、霍宏伟《洛阳两汉彩画》、西安市文物保护考古研究院《西安西汉壁画墓》⑨，论文有练春海《西汉晚期的长安壁画墓》⑩、庄蕙芷《卧游仙境：汉晋壁画墓中

---

① 〔日〕八木奘三郎：《辽阳发现の壁画古坟》，《东汉学报》第11卷第1号，1921年版，第119—143页。

② 〔日〕塚本靖：《辽阳太子河附近の壁画おる古坟》，《考古学杂志》第11卷第7号，1921年3月。

③ 〔日〕滨田耕作：《辽阳附近の壁画古坟》，载《东亚考古学研究》，东京：冈书院，1930年版，第421—427页。

④ 关东厅博物馆：《营城子：前牧城驿附近の汉代壁画砖墓》，东方考古学丛刊第四册，东京：刀江书社，1934年版。

⑤ 〔日〕水野清一：《营城子古坟の壁画に就いて》，《营城子：前牧城驿附近の汉代壁画砖墓》，东京：刀江书社，1934年版，第45—47页。

⑥ 〔日〕原田淑人：《辽阳南林子の壁画古坟》，《国华》第53编第4册，1943年4月，第105—110页。

⑦ 〔日〕驹井和爱：《最近发现にかくる辽阳の汉代古坟》，《国华》第54编第10册，1944年10月，第267—274页；《辽阳发现の汉代坟墓》（东京大学文学部考古学研究室《考古学研究》第一册），东京1950年12月。

⑧ 李文信：《辽阳北园画壁古墓记略》，《国立沈阳博物院筹备委员会汇刊》1947年第1期，第122—163页。

⑨ 西安文物保护考古研究院：《西安西汉壁画墓》，北京：文物出版社，2017年版。

⑩ Arlen Lian 练春海："Mural Tombs in Late Western Han Chang'an", "Chang'an 26 BCE: an Augustan Age in China", Seattle and London: University of Washington Press, 2015, pp.131-152.

的山水题材》汉代壁画墓墓主等级的再思——以两京壁画墓为中心》[①]、孙大伦《汉墓壁画色彩及设色法概说》[②]，龚晨《汉代墓室壁画色彩研究》[③]、张英丽《两京地区汉墓壁画车马图像研究》[④]、席奇峰《两京地区汉墓壁画研究》[⑤]，等等。当然，也存在一些问题，其一，已有研究实际上多囿于墓葬中的壁画，极少涉及汉代宫殿、衙署、寺观以及考古所发掘地面建筑遗址中的壁画。其中有部分原因是受客观条件限制：一方面是因为文献上有关的记载不多，而且非常琐碎；另一方面是汉代地面建筑遗址中相关信息的阙如，使得有关研究的展开非常困难。本书拟在这方面做一些尝试，以一个章节的篇幅来梳理和讨论汉代地面建筑中的壁画，对与之相关的表现主题、绘制环境、制作状况，以及绘制时间和损毁时间等问题做系统的梳理。其二，缺乏对绘画表现技法的研究，目前绝大多数对汉代壁画的研究都是从文化与艺术的角度展开讨论，对壁画的图像志、图像学意义进行了比较深入的讨论，但对画面的表现手法却鲜有论及，为数不多的讨论，往往又生搬硬套西方的方法与理论，实有削足适履、隔靴搔痒之感，毫无新意。其三，对壁画所涉及的工艺问题，关注与研究的力量主要集中于西安地区[⑥]，可见不足。

总体而言，目前关于汉代壁画的研究还是比较欠缺的，或许这与出土汉代壁画整体上面临着比较窘迫的境遇有关。相对于汉代画像石、画像砖而言，它们更为脆弱，可移动性差。目前国际社会公认的原则是，壁画保存的最佳位置就是它原来所在的位置。因此，在墓葬原址上建设陈列馆或者博物馆自是最理想的选择，但是目前只有河南密县打虎亭汉墓、辽宁大连营城子汉墓以及广州南越王汉墓等极少数墓葬能够满足这个条件。故退

---

① 庄蕙芷：《卧游仙境：汉晋壁画墓中的山水题材》，《中国美术研究》2015年第1期，第70—83页；庄蕙芷：《汉代壁画墓墓主等级的再思——以两京壁画墓为中心》，《南艺学报》2013年第7期，第123—162页。

② 孙大伦：《汉墓壁画色彩及设色法概说》，《文博》2005年第6期，第32—37页。

③ 龚晨：《汉代墓室壁画色彩研究》，上海大学博士学位论文，2015年。文章的部分内容于2016年以《汉墓壁画色彩组配样式初探》为题发表于《2016年中国传统色理论研究会论文集》，中国艺术研究院美术研究所编，文化艺术出版社，2016年版，第248—275页，内容略有改动。

④ 张英丽：《两京地区汉墓壁画车马图像研究》，郑州大学硕士学位论文，2014年。

⑤ 席奇峰：《两京地区汉墓壁画研究》，郑州大学硕士学位论文，2009年。

⑥ 2001—2012年期间，由陕西历史博物馆等发起和组织多次关于古代壁画的保护与研究会议，取得了包括如下成果在内的多数成果：周天游：《色·物象·变与辩：首届曲江壁画论坛论文集》，北京：文物出版社，2014年版；陕西历史博物馆：《2014陕西历史博物馆壁画论坛——"全球视野下中国古代壁画保护研究"国际学术研讨会论文集》，西安：三秦出版社，2016年版。

而求其次，采用"极端选取原则"①，即通过揭取壁画或搬迁墓室等方法对壁画进行保护。迄今为止，只有极少数的壁画被解体或整体迁移到了博物馆②，获得了更好的保护条件。有研究者称，"文物保护及考古界公认的墓葬最好的保护方法，也是最常用的墓葬保护手段"是"揭取壁画而异地室内保护"③，此说有待商榷，毕竟"壁画的揭取，使得壁画完全离开了原始环境，而且在揭取过程中多少都会造成一定量相关信息的损失。就现有实际情况来看，大多数墓葬壁画在揭取后，被保存在文物库房，即使对其进行修复保护，绝大多数情况下，没有按照原始的墓葬形式进行整体复原。现行的墓葬壁画保护方法与文物保护原则是完全相悖的。壁画保护工作者一直处于一种揭取壁画遗憾，不揭取则更遗憾的尴尬境地"。④ 大多数情况，壁画是在原址保存。它们多数被回填，或者封护，只有极少数壁画墓的保存条件比较好，有条件建设保护设施并对外开放。如果是长期回填或者封护，我们基本无从知道墓中壁画的保存状况。比如洛阳宜阳丰李新莽壁画墓⑤，如内蒙古和林格尔汉墓原址，因为地震等原因不再正常开放。⑥西安交通大学西汉壁画墓、西安理工大学西汉壁画墓、洛阳玻璃厂东汉壁画墓则采用不定期开放或定期监测壁画保存状态的方法。那些被发掘的壁画墓，因为保护不力等原因，很多都面临脱落、剥蚀或者氧化、色泽褪去等问题⑦，甚至消失不见了。这也是笔者深感对汉代壁画进行解读和保护的现实需求非常迫切，必须加快对它们进行研究的重要原因。

---

① 意大利著名文物保护专家、考古学家切萨兰·布兰迪（Cesare Brandi，1906—1988 年）把壁画揭取这一手段从方法论层面上定义为"极端选择原则"，或者"迫不得已的选择"。参见铁付德：《"全球视野下中国古代壁画的预防性保护研究"国际学术研讨会学术报告综述》，载《2014 陕西历史博物馆壁画论坛——"全球视野下中国古代壁画保护研究"国际学术研讨会论文集》，第 10 页。

② 解体搬迁比较典型的是河南洛阳古代艺术博物馆（河南壁画馆），馆中集中展示了十余座汉代壁画墓，包括卜千秋壁画墓、洛阳烧沟 M61 汉墓、西汉空心砖墓、新莽壁画墓、东汉出行壁画墓、东汉天象墓等。

③ 杨文宗、郭宏：《我国墓葬壁画的保护方法》，《文物保护与考古科学》2017 年 8 期，第 109—114 页。

④ 杨军昌、王啸啸：《陕西墓葬壁画现场保护之最新进展》，载陕西历史博物馆：《2014 陕西历史博物馆壁画论坛——"全球视野下中国古代壁画保护研究"》，第 30—40 页。

⑤ 杨文宗、郭宏：《我国墓葬壁画的保护方法》，《文物保护与考古科学》2017 年第 8 期，第 109—114 页。

⑥ 内蒙古和林格尔市新建的盛乐博物馆虽然复制并两倍放大了和林格尔东汉墓及其中的壁画，但是较为粗糙，完全无法体验原作的神韵。

⑦ 例如河北望都汉墓中的壁画，由于受到墓室开启所引起的干湿变化以及墓室自身条件所限的影响，目前面临着如下诸病害，壁画表面有多处出现白色的盐分结晶，壁画产生块状起翘，甚至剥落，颜色也不如刚发掘时鲜艳，开始发暗，同时还有粉尘和孢子的入侵问题。参见周双林：《望都汉墓病害科学分析与保护建议》，载陕西历史博物馆：《2014 陕西历史博物馆壁画论坛——"全球视野下中国古代壁画保护研究"》，第 51—63 页。

第二章　地上壁画

　　汉代的地面建筑有很多种类型，既有大型的皇宫丽苑，殷富商贾的豪宅连栋，国家藏书的馆阁，荒郊野外的祠堂，也有庶民的平房，甚至是斩沟跨涧的桥梁。但是，当我们谈到壁画时，所涉及的建筑范围就会有所缩小，有关建筑多为有较大内部空间或立面者，主要是宫观禁苑、王侯贵胄的府第，以及有关的馆舍、府学和郡县的署衙，实际上这些建筑很容易成为战争或其他攻击的目标，因此在东汉末年，它们中有许多就遭遇了毁灭性的破坏，更别说此后一千多年又屡遭劫难，今天我们只能见到屈指可数的石质阙门（图2-1）和残垣断壁。这些建筑上残留的图像多为砖石类的画像，即便当初可能着色，也早已褪尽。本书系围绕汉代壁画展开的艺术考古研究，按理，研究的范畴当限定在对实物遗存的考察之内，但有三个原因使得笔者决定对地上壁画也做些尝试性研究。一是确实发现了汉代地面建筑的壁画遗存。这代表着考古发掘在这一领域零的突破，尽管它们的学术价值与相关出土文物比较起来几乎可以忽略不计。二是汉代地面建筑中存在相当数量的图像遗存。三是汉代地上壁画的相关研究罕见。四是文献梳理并非艺术考古研究的禁地。金石学作为考古学在中国本土发展的前奏与雏形[①]，它的重心就在于研读出土文字，并考校于史籍。因此，对文字或文献进行研究，既有回归传统、弘扬中国学术传统的意义，也有开拓艺术考古研究在中国的新格局的意味。本书写作的过程中，适逢邢义田《画为心声》一书出版，书中关于汉代地上壁画文献的梳理不仅首次较为全面地汇集了有关史料，填补了以往研究中的不

图2-1　四川渠县沈府君阙

---

① Archeology（考古）一词的汉译与金石学有密切的关系，北宋金石学大家吕大临的著作（如《考古图》）就用了"考古"二字。当然，从本质来看，金石学与考古学是取向很不一样的两个学科，一个着眼于文本，一个关心实物。

足，尤其是关于汉代宫殿壁画、府衙壁画、寺观宗庙壁画的史料分析也有启发性。他的探索表明文献考证在艺术考古研究中的重要价值，为本研究的展开奠定了基础，节约了宝贵的时间。

限于早期中国史料的碎片化现状，笔者根据现有文献所呈现出来的总体趋势，将汉代地上建筑壁画分成宫殿壁画、府衙壁画、寺观宗庙壁画以及民用建筑壁画四个大类。这样的处理既可以概览汉代地上壁画之一斑，也可避免各部分的讨论篇幅长短过于悬殊。

第一节　宫殿壁画

《孔子家语》载："孔子观乎明堂，睹四门，墉有尧、舜之容，桀纣之像，而各有善恶之状，兴废之诫焉。又有周公相成王，抱之负斧扆，南面以朝诸侯之图焉。"[①]这段话是目前所能见到的记录中国古代壁画的最早的文献，描绘了教化性的内容。孔子（公元前551—前479年）[②]生活的年代距离汉朝有两个多世纪，鲁昭公二十四年（公元前518年）[③]，他于洛邑见到了周代礼仪建筑明堂中的壁画，他的描述与我们所要讨论的汉代壁画在主题和功用上都已经非常接近了。王逸撰《楚辞章句》旧有序云："（原）见楚有先王之庙及公卿祠堂，图画天地山川神灵，琦玮僪佹，及古贤圣怪物行事。"[④]屈原（公元前340—前278年）自沉的时间距离汉代立国（公元前202年）不足百年，他所见到的宫室壁画，作品题材在周明堂宣礼性画像的基础上又有所拓展，涵盖了圣贤、山川、神怪等多种图像，它们也是汉代墓葬出土画像中常见的表现题材，这与楚文化是汉文化形成的主要源头有关，但汉代宫室壁画所表现的题材可能与楚文化又略有不同，除了汉文化融合了南北文化因素之外，时代变迁的成分或许也要考虑在内。

一、长安地区

我们先讨论一下目前所能见到的秦汉壁画遗迹，以管中窥豹。

---

① 《孔子家语·观周第十一》，〔魏〕王肃注：《孔子家语》卷三，文渊阁四库全书，第 3.2b 页。
② 此处采用学界公认的孔子生卒年说法（即《史记·孔子世家》所载）。关于孔子的生卒，还有一说为公元前 552 年—前 479 年。吴晋生、吴红红：《孔子生卒年月日新考》，《贵州文史丛刊》1997 年第 4 期，第 50 页。海昏侯穿衣镜的出土，令一些研究者认为孔子的生年有可能是公元前 565 年，邵鸿的研究认为，此说有误。参见邵鸿：《海昏侯墓孔子屏风试探》，《江西师范大学学报（哲学社会科学版）》2016 年第 5 期，第 16—23 页。
③ 时年孔子 34 岁。〔宋〕胡仔撰：《孔子编年》卷一，钦定四库全书，第 1.14b 页。
④ 〔汉〕王逸撰：《楚辞章句》，影印文渊阁四库全书，台北：台湾商务印书馆，1986 年版，第 3.1a 页。

1979年4月，在咸阳秦都宫殿遗址的考古发掘过程中发现了壁画的遗迹。在秦都咸阳一号宫殿建筑遗址夯土台的顶部，即主体殿堂（考古发掘编号为1室）"东门两旁也清理出许多壁画残块"，在位于台基南侧的8室（疑为沐浴用房）和9室（居室）也发现有壁画的遗迹。8室"出土壁画残块甚多"，9室"东北角高于地面0.43米的墙上有黑色几何纹壁画带"。①在三号宫殿建筑遗址的东西壁出土了成组的长卷式壁画（图2-2），壁画内容可辨别者有车马出行、人物图、仪仗图、建筑图、麦穗图及竹、梅等植物形象和几何纹样②，这些图像在当时的宫室壁面上十分常见。

图2-2　秦咸阳宫车马出行图

《史记·秦始皇本纪》多处记载表明秦始皇时期咸阳的宫殿数量已经大大地增加了："秦每破诸侯，写放其宫室，作之咸阳北阪上。南临渭，自雍门以东至泾、渭，殿屋复道周阁相属。"用来容纳"诸侯美人"以及不计其数的战利品。③后来又觉得"咸阳人多，先王之宫廷小，乃营作朝宫渭南上林苑中"。其中最著名的宫殿非前殿阿房宫莫属，不过阿房宫实际上并未建成，连它的名字恐怕都是临时起的。④有些宫室虽系"秦始皇造"，实乃"汉修饰之"，长乐宫（秦名兴乐宫）即为一例。⑤2003年至2004年1月期间，中国社会科学院考古研究所汉长安城工作队对汉长安城长乐宫四号建筑遗址（图2-3）进行了发掘与清理，发现了一些壁画残

① 秦都咸阳考古工作站：《秦都咸阳第一号宫殿建筑遗址简报》，《文物》1976年第11期，第12—24、41页及图版一至三。
② 咸阳市文管会、咸阳市博物馆、咸阳地区文管会：《秦都咸阳第三号宫殿建筑遗址简报》，《考古与文物》1980年第2期，第34—41页。刘庆柱：《秦都咸阳第三号宫殿建筑遗址壁画考释》，《人文杂志》1980年第6期，第85—89页。
③ 《史记·秦始皇本纪》。〔西汉〕司马迁撰，〔刘宋〕裴骃集解，〔唐〕司马贞索隐，〔唐〕张守节正义：《史记》卷六，北京：中华书局，1959年版，第239页。
④ 《史记·秦始皇本纪》。〔西汉〕司马迁撰，〔刘宋〕裴骃集解，〔唐〕司马贞索隐，〔唐〕张守节正义：《史记》卷六，北京：中华书局，1959年版，第256页。
⑤ 何清谷校注：《三辅黄图校注》，西安：三秦出版社，1995年版，第101页。

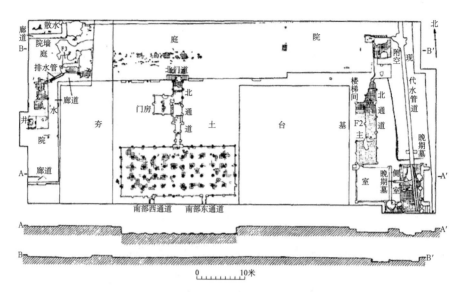

图 2-3　长乐宫四号建筑遗址平、剖面图

块。^①这在汉代宫殿考古中尚属第一次，对于这个发现，中国社会科学院考古研究所前所长刘庆柱如是评价："这些壁画残块不仅为人们研究汉代宫廷壁画提供了重要的资料，更填补了汉代壁画的缺环。"^②据发掘报告显示，考古工作人员将遗址夯土台基的东端命名为 F2 区，由附室、北通道、楼梯间、主室和侧室组成，均为"半地下建筑"，其中出土壁画残块的位置在 F2 区主室的南室和楼梯间。主室南室平面呈方形，东西跨度为 6.82米，南北长亦为 6.82 米，四壁现存高度 0.45—0.79 米。楼梯间平面呈长方形，东西长 1.99 米，南北长 3.37 米，四壁残存高度为 0.64—0.67 米。楼梯间南部残存四级通往地面的台阶，发现有草泥涂朱台阶，刚出土时朱色十分鲜艳。由于建筑的半地下性质，整体低于当时的地面建筑，因此出土残留物也就略多一些，其中包括彩色的壁画残块，后者"应是房间顶部的装饰，房屋倒塌时散落在室内地面上。出土时破碎严重，画面的内容多数无法辨认，但颜色十分鲜艳，有黑、白、红、蓝、黄等"，报告彩页发表了所提取的六件碎片样本（图 2-4）。样本 a（发掘报告编号 F2:11，下文简称编号）长 7.2 厘米、宽 7.1 厘米、厚 4 厘米，画面以黑色为底，上面分布两组白色圆点，一组残存两个，一组残存四个，呈弧形排列。在汉代画像中，圆点经常用来表示星相，有两种存在形式，一类是星组合，称

① 中国社会科学院考古研究所汉长安城工作队：《西安市汉长安城长乐宫四号建筑遗址》，《考古》2006 年第 10 期，第 30—39 页及图版一至八。

② 冯国：《汉代安城长乐宫出土汉代宫殿壁画》，《人民日报》2004 年 2 月 4 日版。

为星宿，星宿和组
成它的每颗星都有
专名，组合中的若
干颗星在画像中都
会被线段连接成串；
另一类是不知名的
星，保留独立的圆
点状。在南阳草店
汉墓出土的前室北
梁柱底面画像上两
种类型的星相均可
以见到。[①] 由于样
本 a 残留有限，无
法推断它们是否为
星相。样本 b（编
号 F2:21）长 7.7 厘
米、宽 5.8 厘米、厚
2.8 厘米，画面以白
色为地，平涂蓝色。
样本 c（编号 F2:31）

F2:4

F2:31

F2:9

F2:11

F2:23

F2:21

图 2-4　长乐宫建筑遗址出土壁画残块

长 10.4 厘米、宽 9.5 厘米、厚 5.5 厘米，画面以白色为地，上面分布两个
黑色的圆形图案，两个黑色图案均以白色描边，近中心处也有一个白色圆
圈，其余细节模糊。样本 d（编号 F2:4）长 7 厘米、宽 3.5 厘米、厚 2.3 厘
米，画面以白色为地，平涂成黑色，在黑色上面又用白色绘着两个螺旋形
图案，当为云纹装饰纹样的局部。样本 e（编号 F2:9）长 7.4、宽 5.5、厚 3.7
厘米，画面以白色为地，平涂成黑色，上面再用白色线条画出两条以 60°
角相交叉的线条，并在交叉点周围用白线绘出椭圆形。交线与圆组合的
纹样在汉代墓葬的画像上比较常见，它们是绶带穿璧纹的简化形式。纹样
中的两条直线表示穿过玉璧的绶带，有时线条同时也代表玉胜和光芒的轮
廓等元素[②]，两条直线相交的夹角大小会根据画面的需要进行调整，但以

---

① 参见凌皆兵、朱青生：《汉画总录·12·南阳卷》，桂林：广西师范大学出版社，2013 年
　版，第 55—56 页。

② 参见练春海：《器物图像与汉代信仰》（北京：生活·读书·新知三联书店，2014 年版）第
　184—185、217—230 页相关论述。

60° 居多。代表玉璧的圆或圆环一般都画成正圆，样本 e 中画成椭圆，比较特别，或者另有寓意。样本 f（编号 F2:23）长 12.5 厘米、宽 7.2 厘米、厚 4.2 厘米，画面以白色为地，外侧涂成黑色，呈曲尺形，似为边角部分的图案。报告还提到一个长 8.5 厘米、宽 5.8 厘米、厚 4.9 厘米的样本（编号 F2:38），画面以白色为地，图案分成两部分，一部分为黄色，另一部分为黑色，未附插图。

除了壁画残块以外，长乐宫遗址中还发现了多处涂朱。[①] 相比之下，F2 区的布局显然要较另两个区（F1、F3）更为特殊，它"由多间房子组成，单间房子规模虽小，但柱子少，室内空间大，特别是主室的南间面积最大，地面浆泥涂朱，还出土彩绘顶画残块，其北侧连以套间，东侧有侧室，北通道以北又有附室，应是重要人物日常生活的场所。F2 主室南间的浆泥涂朱地面和楼梯间内的草泥涂朱台阶应是文献记载的'赤墀'。能够使用'赤墀'表明该建筑具有很高的等级。"[②] 可见壁画在汉代宫室中的应用可能还受建筑级别和使用者身份等具体条件的制约，这点在汉代高规格的墓葬中已经反映得比较清晰：不同级别的空间适用的色彩不同，墓道内涂白垩，主体墓室内髹漆涂朱，白垩、黑漆与朱砂这三种颜色不同的材料，朱砂等级最高，黑漆次之，白垩更次之。[③] 虽然我们不能由此推断汉代高级墓葬在何种程度上模仿了宫室建筑的礼仪形制，但汉代高级墓葬的装饰形制对于研究汉代宫室装饰方面还是有重要参考意义的。

经过长期的考古发掘与勘探，汉代的长安城一些主要宫殿遗址的四至及内部布局目前已基本探清（图 2-5）。其中未央宫为皇帝居住与办公场所。长乐宫为太后居所，明光宫为一般宫女居所，桂宫一般为当朝皇帝的祖母即太皇太后的居所，北宫主要为被废黜皇后的居所。

就目前所知的情形来看，汉代地上建筑壁画的实物遗存仅发现长乐宫一处。下文笔者将根据文献的记载梳理长安地区重要宫室中的壁画制作情况，对它们绘制的场所、年代、主题、功用乃至毁坏年代等做尽可能详尽的考证。

---

① 目前长乐宫二号建筑、四号建筑遗址都发现了涂朱现象。它意味着，如果不是因为遗址毁坏的程度严重或历时太过久远之故，我们可能会在更多的宫殿中发现涂朱的痕迹。中国社会科学院考古研究所汉长安城工作队：《汉长安城长乐宫二号建筑遗址发掘报告》，《考古学报》2004 年第 1 期，第 55—86 页及图版一至十六。

② 刘振东、张建锋：《西汉长乐宫遗址的发现与初步研究》，《考古》2006 年第 10 期，第 4—29 页。中国社会科学院考古研究所汉长安城工作队：《西安市汉长安城长乐宫四号建筑遗址》，《考古》2006 年第 10 期，第 30—39 页及图版一至八。

③ 徐州博物馆、南京大学历史学系考古专业：《徐州北洞山西汉楚王墓》，北京：文物出版社，2003 年版，第 46 页。

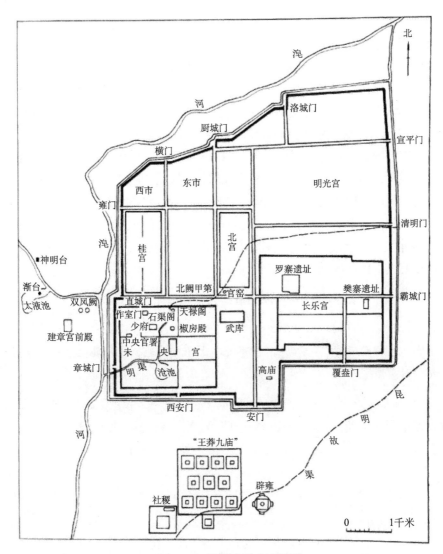

图 2-5　汉长安城遗址平面图

桂宫明光殿：人物画像（古列士）

蔡质《汉官典职》："尚书奏事于明光殿，省中皆以胡粉涂壁，紫青界之，画古列士，重行书赞。"[1]

明光殿在桂宫的南部，系武帝太初四年（公元前 101 年）所造。[2] 殿

---

[1]《玉海》卷五十七。〔南宋〕王应麟撰：《玉海》，钦定四库全书，第 57.7（a—b）页。

[2] 参见《三辅黄图·汉宫》。何清谷：《三辅黄图校注》，西安：三秦出版社，1995 年版，第 125—126 页。宋代学者程大昌对此提异议，认为"此殿必在未央正宫殿中"，并怀疑它是"东都之殿"。由于《三辅黄图》成书早于《雍录》，笔者以《三辅黄图》的观点为准。〔宋〕程大昌撰，黄永年点校：《雍录》卷二，北京：中华书局，2002 年版，第 44—45 页。

内的土山上由复道与井干楼、神明台以及太液池中的蓬莱山相连接。明光殿虽不属于未央宫，但它可能是桂宫中属于皇帝日常活动的重要区域——省中。① 该区域内饰以颂赞古代忠臣烈士为对象的赞体画，旨在于使奏事大臣"见善足以戒恶，见恶足以思贤"。曹植在《画赞序》中说得更全面："观画者，见三皇五帝，莫不仰戴；见三季异主，莫不悲惋；见篡臣贼嗣，莫不切齿；见高节妙士，莫不忘食；见忠节死难，莫不抗节；见放臣逐子，莫不叹息；见淫夫妒妇，莫不侧目；见令妃顺后，莫不嘉贵。是知存乎鉴戒者，图画也。"② 为此，桓谭在追记西汉后期朝廷将"前世俊士立功垂名，图画于殿阁宫省"时，称赞"此乃国之大宝，亦无价矣"。③

根据王社教的推断，"桂宫被破坏可能是在东汉光武帝建武二年（公元26年）"④。此后，桂宫就在文献记录中销声匿迹了。如果这个推断可靠，那么明光殿内的壁画也当毁于此时。

北宫太子宫甲观画堂：人物图像（九子母图）

《汉书·成帝纪》："孝成皇帝，元帝太子也，母曰王皇后，元帝在太子宫，生甲观画堂。"应劭曰："甲观在太子宫甲地，主用乳生也。画堂画九子母。"⑤

"画堂"这个概念或有歧义。依据《三辅黄图·北宫》载："画堂，谓宫殿中彩画之堂。"画堂当以"壁画"为突出特征的一处建筑。何清谷援引应劭的说法，认为："甲观在太子宫甲地，主用乳生也。画堂画九子

---

① 据《汉书·王莽传》"十二月，群臣奏请：'益安汉公宫及家吏……安汉公庐为摄省，府为摄殿，第为摄宫'"句，可知普通人家的居所"庐"，在皇家而言则称"省"。汉代的皇宫分为"省外"与"省中"两部分。至于后者，有很多说法，杨鸿年认为就是"后宫"，谢彦明经过仔细考察文献，进一步提出，汉代的"省中"，原名为"禁中"，包括静态之禁中与动态之禁中两种形态。其中静态禁中范围包括皇宫内皇太后、皇帝的居所以及皇帝处理政务的内殿等部分，动态禁中则为凡皇帝日常行止活动所到之处皆有禁省制度之设的观点，似乎更为合理，不足之处在于，他没有认识到"禁中"其实有广义与狭义之分，"广义的'禁中'，所指为'省中'，狭义的'禁中'，为省中内部皇帝的个人空间"。《汉书·王莽传》。〔东汉〕班固撰，〔唐〕颜师古注：《汉书》卷九十五上，北京：中华书局，1962年版，第4086页；谢彦明：《汉代禁省宿卫制度试探》，《人文杂志》2007年第5期，第140—146页；曲柄睿：《汉代宫省宿卫的四重体系研究》，《古代文明》2012年第3期，第51—58页。

② 〔唐〕张彦远：《历代名画记》卷一，影印文渊阁四库全书，台北：台湾商务印书馆，1986年版，第1.2a（812—279b）—1.3a（812—280a）页。

③ 〔汉〕桓谭撰，朱谦之校辑：《新辑本桓谭新论》，北京：中华书局，2009年版，第7页。

④ 王社教：《汉长安城》，西安：西安出版社，2009年版，第98—99页。

⑤ 《汉书·成帝纪》。〔东汉〕班固撰，〔唐〕颜师古注：《汉书》卷十，北京：中华书局，1962年版，第10.301页。

母。"沈钦韩以为:"'应所言指产舍也,画九子母盖应所目知'。应劭东汉人,对两汉宫廷事颇熟悉,其说当有所据。甲观画堂是太子宫的产房,绘一母九子壁画取多生贵子之义。古代宫廷已注意到胎教,这种壁画可能与胎教有关。"① 文中的"观"可通"馆",故"甲观画堂"又称"甲馆画堂",据《三辅黄图·北宫》所载,太子宫甲观画堂位于未央宫北面的北宫内②,和汉武帝时期的"猗兰殿(或崇芳阁)"性质相同,均为产舍。③汉代宫室众多,常以干支命名,太子宫除了甲观画堂外,还有"丙殿"。④关于甲观画堂中的壁画,自颜师古开始,就不断有学者对壁画的主题提出疑问,怀疑应劭的观点也只是一种推测:"画堂,但画饰耳,岂必九子母乎?"⑤

应劭之说无从确考,但九子母图像出现于汉代倒是无疑的。那么它最初出现于何种场合?是产舍(及相关事物)吗?如是,产舍绘九子母图的目的又是什么?有如下两种观点。

一种认为它源于先秦时期的星图崇拜。根据赵邦彦的研究来看,至少可以确定,应劭所生活的时代(约公元153—196年)九子母与生产之事已发生紧密联系,成为妇女供养之神。⑥闻一多曾指出,九子母在先秦时亦名"女歧","本星名也。《史记·天官书索隐》引宋均曰:'属后宫场,故得兼子,子必九者,取尾有九星也。'《列女传》鲁九子之母号曰母师,母师又即女歧之讹变也"。⑦李翎也有类似的观点,她说:"中国古代的'百神'往往配以'列宿'。九子母,即'九子'之母,亦即二十八宿中的女宿。'九子'即二十八宿中的尾宿。因为尾宿由九颗星组成,故《史记·天官书》云:'尾为九子。'另外,斗姆,即北斗七星和天皇大帝、紫微大帝的母亲,也可能被称为九子母。所以中国早期的九子母,可能与这

① 胎教之说存疑。《三辅黄图·北宫》。何清谷:《三辅黄图校注》卷三,西安:三秦出版社,1995年版,第174—175页。
② 《三辅黄图·北宫》。何清谷:《三辅黄图校注》卷三,西安:三秦出版社,1995年版,第175页。
③ 《洞冥记》载:"景帝梦赤虬从云中而下,入崇兰阁……乃改崇芳阁为猗兰殿,后王夫人诞武帝于此。"〔东汉〕郭宪撰:《洞冥记》卷一,文渊阁四库全书,第1.1a页。
④ "侍中杜辅、掖庭令浊贤交送政君太子宫,见丙殿。"《汉书·元后传》。〔东汉〕班固撰,〔唐〕颜师古注:《汉书》卷九十八,北京:中华书局,1962年版,第4015—4016页。
⑤ 《汉书·成帝纪》。〔东汉〕班固撰,〔唐〕颜师古注:《汉书》卷十,北京:中华书局,1962年版,第301页。
⑥ 赵邦彦:《九子母考》,载《历史语言研究所集刊》第二册,北京:中华书局,1987年版,第261—274页。
⑦ 闻一多:《古典新义》,载氏著《闻一多全集》第二册,北京:生活·读书·新知三联书店,1982年版,第333页。

些传统的星宿文化有关。"①九子母图在西汉时期可能仅限在上层社会的小范围内流传,尤其可能的情况是,作为皇家宫苑内的一种装饰建筑的图像。②东汉中后期,九子母图像开始向民间传播,并结合了西王母信仰。《焦氏易林》"鼎之萃"繇辞曰:"西逢王母,慈我九子。相对欢喜,王孙万户,家蒙福祉。"③《焦氏易林》旧题西汉焦赣(字延寿)撰,明代以后学者们提出异议,认为作者另有其人,其中为两汉之际崔篆的呼声最高。④从九子母图像的流行状况来看,至少昭帝在位时期(公元前86—前74年),民间流行此类图像的可能性极小。我们在山东梁山县后银山壁画墓内发现了榜题"子元、子礼、子任、子仁、子喜……"等疑似"九子"的图像(图2-6),但该墓年代约为东汉前期,不会早于新莽时期。⑤九子

图2-6　后银山壁画墓出土九子图(摹本)

画像与九子母图之间有何联系尚不明确,毕竟"九子母图像"强调的是"九子"与"九子母"之间的生育关系,而后银山壁画墓所表现的左边五位的人物形象均为着袍戴冠者,从这个特

① 李翎:《鬼子母研究:经典、图像与历史》,上海:上海书店出版社,2018年版,第31页。

② 北宋地理学家乐史在《太平寰宇记》中谈到河南洛阳城的开阳门时有这么一段话:
　　劲《汉官仪》曰:"此门始成未有名,夜有一柱飞来在楼上,后琅邪开阳县上言:'南门一柱忽然飞去,莫知所在。'光武使视,则是也。遂刻记年月日,因以名门。"上有九子母像,国家常往祈焉。
　　文中提到开阳城门楼上有九子母像,但这种说法不见于《汉官仪》,因此无法确定九子母像作于何时,当然它可能是壁画,也可能是雕塑。而在《理惑论》中我们也见到一段关于开阳城门上的画像的说法:"时于洛阳城西雍门外起佛寺,于其壁画千乘万骑,绕塔三匝,又于清凉台及开阳城门上作佛像。"此处所谓的佛像与乐史所谓的"九子像"疑为同一图像。〔宋〕乐史撰,王文楚点校:《太平寰宇记》卷三,北京:中华书局,2007年版,第55—56页。〔汉〕牟融《理惑论》。转引自〔梁〕释僧佑辑:《弘明集》卷一,上海:商务印书馆,1936年版,第1.14b页。另,《汉宫阁名》亦载:"洛阳故北宫,有九子坊。"可见汉代"九子"信仰流行之一斑。〔宋〕李昉等撰:《太平御览》卷一五七,北京:中华书局,1960年版,第157.11a(766a)页。

③ 〔汉〕焦赣撰:《焦氏易林》卷四,文渊阁四库全书,第4.33b页。

④ 崔篆生卒不详,王莽时曾为官,东汉建武时因"惭愧汉朝,遂辞归不仕",胡适推断他卒于东汉建武中期(公元40年左右),年龄七十左右。胡适:《〈易林〉断归崔篆的判决书》,《历史语言研究所集刊》第20卷上册,1948年版,第25—48页。

⑤ 关天相、冀刚:《梁山汉墓》,《文物参考资料》1955年5期,第43—50页。

点来看，榜题中的"子"字当为尊称，强调人物的学问渊博与品行高尚。当然，从九个人物"自左向右渐次矮小"的特点来看，"九子图像"也不排除象征多子，或者表达他们与墓主之间可能存在的事实关系。倒是曲江翠竹园壁画墓 M1 西壁上的一组画像，虽无九之数，但与九子母图像母题之间的关联却显得更为直接（图 2-7）。该壁总共绘人物形象八个。最南端

（左端）为一妇人，正在哄逗怀中的婴孩，其右下有一儿童形象，约 75 厘米高，作伸手拉拽妇人衣裾之姿。小童右侧有两个人物形象，高度分别为 80 厘米、100 厘米左右，被认为是"男侍"和"女侍"[①]，笔者疑其仍为孩童形象。这四个人物为一组，与"九子母"题材有关，它可能是目前仅见的发掘出土的西汉时期的"九子母"壁画图像。其他类型的九子母图像或出土文物上的相关图像，原则上年代都晚于新莽时期。如山东微山两城山出土的一块画像石，其左下角刻有被认为表现了九子母主题的画像，年代约在东汉中后期（图 2-8）。[②]从考古发掘的情况来看，汉代出土文物中表

图 2-7 曲江翠竹园 M1 西壁画面

图 2-8 微山两城汉墓出土画像石

① 西安市文物保护考古研究院：《西安西汉壁画墓》，北京：文物出版社，2017 年版，第 68 页。
② 傅惜华：《汉代画像全集二编》，巴黎：巴黎大学北京汉学研究所，1950 年版，第 14 页图 21。

图 2-9　九子作容铭三段式神兽镜

现"九子母"形象最多的实际上是铜镜，据不完全统计，我国文博机构的收藏中有将近 30 枚东汉画像镜中存在与九子母相关的图像，其中 10 多枚铜镜上明确出现了"九子""九子□镜""九子作□""一母归坐子九人""九子昌""三羊九子"字样的榜题（图 2-9）。① 东汉经学大师郑众所撰《百官六礼辞》中记载了纳征（古代婚姻六礼中的第四礼）时需要提供的礼品："礼物按以玄纁、羊、雁、清酒、白酒、粳米、稷米、蒲、苇、卷柏、嘉禾、长命缕、胶、漆、五色丝、合欢铃、九子墨、金钱、禄得香草、凤凰、舍利兽、鸳鸯、受福兽、鱼、鹿、乌、九子妇、阳燧，总言物之所众者。"② 句中"九子妇"与阳燧并举，很可能就是东汉时的九子母画像铜镜，称"九子妇"或与强调女方处于谈婚论嫁尚未生儿育女阶段有关。"九子妇"（铜镜）主要发现于四川地区。在河南、山东等地发现的一些陶灯、铜像中的人物形象也被认定为"九子母"③，但它们与九子母信仰之间究竟有没有关联尚待进一步厘清，因为其中的人物形象多为胡人。

　　另一种观点认为九子母图源于佛教中的鬼子母信仰，目前找不到更多的证据来支持印度鬼子母信仰在西汉时期就已经传到中原地区，因此李翎

---

① 统计情况参见陈长虹：《汉代铜镜上的"九子母"图像——对"三段式神仙镜"的再认识》，《四川文物》2014 年第 4 期，第 63—72 页。另王纲怀所编《汉镜铭文图集》中亦收录 3 枚九子汉镜，参见王纲怀：《汉镜铭文图集》，上海：中西书局，2016 年版，第 457—459 页。

② 〔东汉〕郑众：《百官六礼辞》。转引自〔唐〕杜佑撰，王文锦等点校：《通典》卷五十八，北京：中华书局，1988 年版，第 1650 页。《百官六礼辞》中所提到的汉代婚礼用物"九子墨"或与"九子母"信仰也有关系。现在可以见到的明清"九子墨"主有两种类型，一种是在墨块上刻绘"九子"形象，"九子"画成孩童形象，或者"绘成龙所生九子"；另一种是墨块，由一大九小共十块成组构成，无论哪种，似乎都与九子母信仰有关。参见郗文倩、杨景霞：《婚礼的"关键词"——关于汉代婚礼礼物及礼辞的考察》，《福建师范大学学报（哲学社会科学版）》2014 年第 4 期，第 122—128 页。

③ 参见三门峡市文物工作队：《三门峡市刘家渠汉墓的发掘》，《华夏考古》1994 年第 1 期，第 22—30 页；河南省博物馆：《灵宝张湾汉墓》，《文物》1975 年第 11 期，第 75—93 页；谢明良：《河南三门峡地区胡人灯俑》，《中原文物》2008 年第 4 期，第 80—86 页。此外，山东莒县双合村出土的一母五子铜像，疑与此也有关。刘云涛：《山东莒县双合村汉墓》，《文物》1999 年第 12 期，第 25—27 页、彩版四及封底。

认为二者之间可能没什么关系①，赵邦彦推测说："余意东汉中叶，佛教已入中国，鬼子母神或已随经论而来东土，此土之人，以其多男，名之曰九子母。"② 朱浒在其著作中提出九子母信仰或与来自印度的鬼子母信仰存在合流的可能性。③ 因此，可以肯定，东汉以前的九子母形象图案与外来文化影响没有什么关系。

根据《文选》等文献所载，长安未央宫中的建筑在西汉末年遭到了毁坏，这个记载也得到了考古发掘的证明，从已经掌握的证据来看，长安城的宫殿大约毁于西汉晚期的火灾④，太子宫甲观画馆也应毁于这一时期。

未央宫承明殿：事物（古者五物）

《画谏》："汉文帝时，未央宫永明殿画古者五物。"李昉注："两汉故事：文帝三年，于永明殿画屈轶草、进善旌、诽谤木、敢谏鼓、觟𧣾，凡有五色物也。"⑤

汉代"永明殿"一名，文献中凡两见，另一处见于《艺文类聚》："《汉宫阁名》曰：长安有临华殿、神仙殿、高门殿、朱鸟殿、曾城殿、宣室殿、永明殿、凤皇殿、飞云殿、昭阳殿、鸳鸯殿、钓台殿、合欢殿，萧何、曹参、韩信并有殿。"⑥《太平御览》收录了《汉宫殿名》佚文一则，内容与《艺文类聚》所引如出一辙，其中"永明殿"被改为"承明殿"。⑦从字形上看，"永"字与"承"字确实比较接近，从性质上看，承明殿作为文臣"著述之所"，同时也是重要的文化与政治活动中心，鸿儒博士往来频繁，契合文意，由此可以推定，《画谏》中的"永明殿"实为"承明殿"，传抄讹误所致。承明殿位于未央宫内石渠阁之东，前殿之北，建于

---

① 李翎：《鬼子母研究：经典、图像与历史》，上海：上海书店出版社，2018年版，第32页。
② 赵邦彦：《九子母考》，载《历史语言研究所集刊》第二册，北京：中华书局，1987年版，第261—274页。
③ 朱浒认为"胡人抱子"这一形象是由汉代九子母图像与印度鬼子母信仰杂糅而成。朱浒：《汉画像胡人图像研究》，北京：生活·读书·新知三联书店，2017年版，第288页。
④ 〔梁〕萧统，〔唐〕李善注：《文选》卷十一，上海：上海古籍出版社，1986年版，第508页。中国社会科学院考古研究所汉长安城工作队：《西安市汉长安城长乐宫四号建筑遗址》，《考古》2006年第10期，第30—39页及图版一至八。
⑤ 〔唐〕卢骈：《画谏》。转引自〔宋〕李昉等：《文苑英华》卷三六二，北京：中华书局，1966年版，第362.6b（1858a）页。
⑥ 〔唐〕欧阳询撰，汪绍楹校：《艺文类聚（附索引）》卷六十二，上海：上海古籍出版社，1965年版，第1121页。关于汉代宫殿最主要的文献《三辅黄图》《长安志》中均不见"永明殿"。
⑦ "《汉宫殿名》曰：长安有临华殿、神仙殿、高门殿、朱鸟殿、曾城殿、宣室殿、承明殿、凤皇殿、飞云殿、昭阳殿、鸳鸯殿、钓台殿、合欢殿，萧何殿、曹参殿、韩信殿。"〔宋〕李昉等撰：《太平御览》卷一百七十五，北京：中华书局，1960年版，第175.4b（854b）页。

汉初，毁于王莽末年。[①]

　　在承明殿内画有五种古代的瑞应事物：屈轶草、进善旌、诽谤木、敢谏鼓和獬豸。据《博物志·异草木》载："尧时有屈轶草，生于庭，佞人入朝，则屈而指之。一名指佞草。"[②]《论衡·是应篇》亦云："太平之时，屈轶生于庭之末，若草之状，主指佞人。"注引《田俅子》句："黄帝时有草生于阶。"[③]可见屈轶草生于帝庭的周边或台阶上，能够分辨忠奸。至于进善旌，则指上古专为进言之人设置的一种标志性旗帜。《史记·孝文本纪》载："古之治天下，朝有进善之旌，诽谤之木，取谏之鼓。所以通治道而来谏者。"裴骃集解引应劭言："旌，幡也。尧设之五达之道，令民进善也。"如淳曰："欲有进善者，立于旌下言之。"[④]关于诽谤木，裴骃在《孝文本纪》中援引了郑玄注《礼》的解释："一纵一横为午，谓以木贯表柱四出，即今之华表。"[⑤]宫殿前的饰物之一，在汉代墓室中的一些建筑画像前尚可见到此物（图2-10）。孙机研究指出，汉代的华表其实存在两种形制，一种是交午柱，另一种是贯板之柱，并指出山东临淄出土画像石，江苏徐州九女墩出土画像石以及山东苍山城前出土画像石上有大板贯柱，板上镂出钥匙形孔形状者皆华表（图2-11）。[⑥]敢谏鼓，或名"欲谏之鼓""招谏之鼓"，它与诽谤木虽然形式不同，但功能却是相同的。《抱朴子·博喻》

图 2-10　基座为阙形的华表

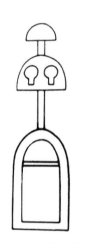

图 2-11　贯板型华表

① 参见《三辅黄图·承明殿》。何清谷：《三辅黄图校注》卷三，西安：三秦出版社，1995 年版，第 148—149 页。
② 《博物志·异草木》。〔晋〕张华撰，范宁校证：《博物志校证》卷三，北京：中华书局，1980 年版，第 39 页。
③ 《论衡·是应篇》。黄晖撰：《论衡校释（附刘盼遂集解）》卷十七，北京：中华书局，1990 年版，第七五八页。
④ 《史记·孝文本纪》。〔西汉〕司马迁撰，〔刘宋〕裴骃集解，司马贞索隐，〔唐〕张守节正义：《史记》卷十，北京：中华书局，1959 年版，第 423—424 页。
⑤ 《史记·孝文本纪》。〔西汉〕司马迁撰，〔刘宋〕裴骃集解，司马贞索隐，〔唐〕张守节正义：《史记》卷十，北京：中华书局，1959 年版，第 423 页。
⑥ 孙机：《仰观集：古代文物的欣赏与鉴别》，北京：文物出版社，2015 年版，第 178 页。

中载："诽谤之木设，则有过必知，敢谏之鼓悬，则直言必献。"[①]在和林格尔东汉壁画墓中，位于前室东壁的高大门楼图像两侧有建鼓两座，右侧建鼓旁近有一侍吏和黑衣武士执戟守卫，二人中似有一人司通禀之职，此处的建鼓图像可能就与敢谏鼓有一定的关系，当然它在汉朝不一定叫敢谏鼓，因为周代这种鼓被称为路鼓，晋以后则称为登闻鼓。总的来看，门区附近的鼓可能都与敢谏鼓有着某种渊源关系。獬豸，异写成"觟𧣾"，《论衡·是应篇》载："觟𧣾者，一角之羊也，青色四足，或曰似熊，能知曲直，性知有罪。皋陶治狱，其罪疑者，令羊触之。有罪则触，无罪则不触。"[②]《后汉书志·舆服》："獬豸，神羊，能辨别曲直，楚王尝获之，故以为冠。执法者服之，侍御史、廷尉正监平也。或谓之獬豸冠。"[③]实际上，根据黄晖的归纳，獬豸的外形或似牛、羊，或似鹿、麟、熊等动物而长有一角，"盖皆随意状之"。獬豸的图像，在陕西、山西一带东汉画像石墓的门柱上比较常见（图2-12）。其他类型的獬豸形象，比如木雕，主要发现于甘肃地区，但从外观上看不出其原型是什么动物。[④]总的来说，这五种事物的图像在汉文帝三年（公元前177年）绘于承明殿内，目的在于表达汉文帝励精图治的理想。

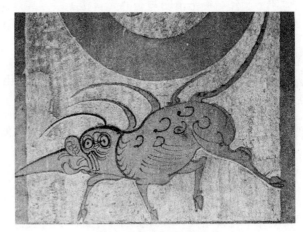

图2-12 吕梁汉墓门扉獬豸图

卢硕在《画谏》中记录了一大段关于群臣对于这些壁画的功能与价值的议论："成帝阳朔中尝坐群臣于下，指之曰：予慕尧舜理，故目是以自况。大司马阳平侯王凤拜舞而贺，曰：陛下法古为治，上稽唐虞，仁远乎

---

① 《抱朴子·博喻》。杨明照：《抱朴子外篇校笺》（下册）卷三十八，北京：中华书局，1991年版，第二六四至二六五页。

② 《论衡·是应篇》。黄晖撰：《论衡校释（附刘盼遂集解）》卷第十七，北京：中华书局，1990年版，第七六〇页。

③ 《后汉书志·舆服》。〔晋〕司马彪撰，〔梁〕刘昭注补：《后汉书志》卷三十，北京：中华书局，1965年版，第3667页。

④ 如武威2003WMM25等墓出土，现收藏于甘肃省博物馆的多件獬豸木雕。参见甘肃省文物考古研究所：《甘肃武威磨嘴子东汉墓（M25）发掘简报》，《文物》2005年第11期，第32—38页；陈愫闲：《朴拙生灵奇：武威汉代木雕》，《文明》2014年第8期，第90—105页。

哉！行之斯至。旌鼓之属，在陛下建之而已矣。至于神草灵兽，臣知不日当产于明庭，以彰上天之允答也。微臣不胜凫藻之抃。御史大夫张（忠）出，次而言曰：斯无用之物也，臣请即日圬之。且是画肇于太宗之时，凡入圣矣，开眼而睹之者，（背）面而违之，未闻有裨于治也。臣敢为陛下条举：臣尝闻文帝时，雒阳人贾谊为博士，能诵诗属书，尝为上陈古先帝王之道，汉朝正朔之法。上以公卿之任无以易谊，俄绛、灌、冯敬之伍，害其贤而毁之，遂疏而不信，傅卑湿之国，后虽征还，卒不得大用，丧志而死。至今负才藏器之徒，犹以为愤，此则善虽进而不能用也。帝又降诏，除诽谤之令，许人言事。迨中宗朝，大臣杨恽、盖宽饶以讥刺词语，皆坐大辟。先帝在东宫，言其法太深刻，中宗竟不悔，此则木虽旁午，人不敢书上也。"[1] 与大司马王凤的阿谀奉承不同，御史大夫张忠并没有借汉成帝对画发感慨之机而行奉承之事，而是举了很多生动的事例与分析来说明了画作与吏治清明与否并无直接关联，甚至建议马上把墙上的壁画给抹去。当然，事实可能也不至于这么绝对，毕竟作为臣子还是有可能通过这些图像上去揣摩圣意，从而在行为举止上有所节制和表现。

未央宫麒麟阁：人物（功臣）

《汉书·苏武传》："甘露三年，单于始入朝。上思股肱之美，乃图画其人于麒麟阁，法其形貌，署其官爵、姓名。唯霍光不名，曰大司马大将军博陆侯姓霍氏，次曰卫将军富平侯张安世，次曰车骑将军龙额侯韩增，次曰后将军营平侯赵充国，次曰丞相高平侯魏相，次曰丞相博阳侯丙吉，次曰御史大夫建平侯杜延年，次曰宗正阳城侯刘德，次曰少府梁丘贺，次曰太子太傅萧望之，次曰典属国苏武。皆有功德，知名当世，是以表而扬之，明著中兴辅佐，列于方叔、召虎、仲山甫焉，凡十一人，皆有传。"[2]

《汉书·苏武传》："张晏曰：'武帝获麒麟时作此阁，图画其象于阁。遂以为名。'师古曰：'《汉宫阁疏》云：萧何造。'"[3]

如果采用张晏的说法，那么麒麟阁就应该是武帝元狩年间所造，而

---

① 〔唐〕卢硕：《画谏》。转引自〔宋〕李昉等：《文苑英华》卷三六二，北京：中华书局，1966 年版，第 362.6b（1858a）页。

② 《汉书·苏武传》。〔东汉〕班固撰，〔唐〕颜师古注：《汉书》卷五十四，北京：中华书局，1962 年版，第 2468—2469 页。《太平御览》中所引《汉宫殿疏》《三辅故事》中均有相关的记录，但是均不如《苏武传》中详尽，甚至有讹误，不赘。原文详见〔宋〕李昉等撰：《太平御览》卷一八四，北京：中华书局，1960 年版，第 184.7b（895a）—184.8a（895b）页。

③ 《汉书·苏武传》。〔东汉〕班固撰，〔唐〕颜师古注：《汉书》卷五十四，北京：中华书局，1962 年版，第 2469 页。

《汉宫阁疏》中说"萧何造"则有误。萧何（公元前 257—前 193 年）乃高祖时人，不可能在武帝时（公元前 156—前 87 年）造作宫殿。实际上，未央宫既有麒麟殿，又有麒麟阁，《汉宫阁疏》的作者不谙实情。程大昌指出，"麒麟必先有殿，而后阁名附之以出"[①]，汉代有很多类似的宫殿与楼阁分别建造的例子。因此麒麟阁很有可能依附于（萧何所造）未央宫麒麟殿而建，阁楼有可能建于元狩元年（公元前 122 年）前后，并在其中专门描绘了麒麟形象以纪念获麟之事。

《汉书·赵充国传》载："初，充国以功德与霍光等，列画未央宫。成帝时，西羌尝有警，上思将帅之臣，追美充国，乃召黄门郎扬雄即充国图画而颂之。"师古曰："即，就也。于画侧而书颂。"[②]麒麟阁功臣画像绘于宣帝甘露三年（公元前 51 年），汉成帝时，因为西羌进犯，边境时常有警，使得成帝想起那些将帅之德，又诏令杨雄在赵充国的画像旁边书写了一段对他的颂赞文字。这种无上的荣耀甚至在立于东汉光和三年（公元 180 年）的（赵充国六世孙）赵宽碑上还被提及："协霍立宣，图形观（阙）。"[③]王充《论衡》载："宣帝之时，画图汉烈士，或不在于画上者，子孙耻之。何则？父祖不贤，故不画图也。"[④]可见时人对这种画像式的颂赞非常看重。此类画赞的历史由来已久，汉武帝时期，司马迁就曾见过张良的画像，"余以为其人计魁梧奇伟，至见其图，状貌如妇人好女"[⑤]。张良的肖像可能绘于何处呢？依邢义田的观点，也应该是在宫中的某阁。[⑥]1957 年在洛阳老城发掘的一座壁画墓（洛阳烧沟 M61 汉墓）中，其中后室壁画的含义令人费解，众说纷纭，比较有代表性的说法有两种，一种是孙作云的"大傩图"说。[⑦]他认为墙上的三个"恐"字，足以证明图像的意义。笔者也同意二者之间可能存在某种关联，但不认为整个组合为"大傩图"。另一种是郭沫若的"鸿门宴图"说，此处研究者便援引了

① 《雍录·麒麟阁》。〔宋〕程大昌撰，黄永年点校：《雍录》卷二，北京：中华书局，2002 年版，第 34 页。本页同时还引《翼奉传》佚文："孝文时未有麒麟、武台等殿。"说明麒麟殿也未必是萧何所造的，具体情况有待于进一步的考证，此处不赘。

② 《汉书·赵充国传》。〔东汉〕班固撰，〔唐〕颜师古注：《汉书》卷六十九，北京：中华书局，1962 年版，第 2994—2995 页。

③ 沈年润：《释东汉三老赵掾碑》，《文物》1964 年第 5 期，第 22—25 页。

④ 《论衡·须颂篇》。黄晖撰：《论衡校释（附刘盼遂集解）》卷二十，北京：中华书局，1990 年版，第八五一页。

⑤ 《史记·留侯世家》。〔西汉〕司马迁撰，〔刘宋〕裴骃集解，司马贞索隐，〔唐〕张守节正义：《史记》卷五十五，北京：中华书局，1959 年版，第 2049 页。

⑥ 邢义田：《画为心声：画像石、画像砖与壁画》，北京：中华书局，2011 年版，第 10 页。

⑦ 孙作云：《孙作云文集》第四卷《美术考古与民俗研究》，郑州：河南大学出版社，2003 年版，第 156—170 页。

图 2-13　烧沟 M61 汉墓紫衣人物形象

司马迁的说法，认为"画中似女子而紫衣佩剑者"是张良（图2-13）。①真相如何不得而知，但女子佩剑的情形在汉代图像中实属罕见。②

《汉书·杨恽传》中提到，杨恽"上观西阁上画人，指桀、纣画，谓乐昌侯王武曰：'天子过此，一二问其过，可以得师矣。'画人有尧、舜、禹、汤不称，而举桀纣"③。此处所谓的西阁不知是否也在未央宫内，甚至就是麒麟阁（或与之对应的阁楼），显然阁中画有尧、舜、禹、汤以及桀、纣等古帝王像，和山东武梁祠右壁上层区域中所镌刻的第一组图像颇为相似，表明了它具有说教性质。

麒麟阁十一功臣，其中十人皆有名有姓，唯独霍光例外，只写"大司马、大将军、博陆侯，姓霍氏"④，暗示了汉宣帝对待霍光的态度，处境尴尬的刘询如果完全否定霍光，其实就是否定自己权力来源的合法性，要是不予处置，又无从对自己全面打压霍氏家族的行为作出合理的解释。

甘泉宫：人物（休屠王阏氏、李夫人像）

《汉书·金日磾传》："日磾母教诲两子，甚有法度，上闻而嘉之。病死，诏图画于甘泉宫，署曰：'休屠王阏氏。'日磾每见画常拜，乡之涕泣，然后乃去。"⑤

《汉书·外戚传》："李夫人少而蚤卒，上怜悯焉，图画其形于甘泉宫。"⑥

《论衡·乱龙篇》："金翁叔，休屠王之太子也，与父俱来降汉。父道

---

① 郭沫若：《洛阳汉墓壁画试探》，《考古学报》1964 年第 2 期，第 1—7 页。
② 女子执持兵器的情形在图像中亦时有见到，如贞夫射箭图像，但从文献可知，贞夫射箭是偶然行为，是为给韩朋送去书信，属于特殊情况。参见陈秀慧：《汉代贞夫故事图像再论》，《南方文物》2017 年第 4 期，第 2017—223 页。
③ 《汉书·杨恽传》。〔东汉〕班固撰，〔唐〕颜师古注：《汉书》卷六十六，北京：中华书局，1962 年版，第 2891 页。
④ 《汉书·苏武传》。〔东汉〕班固撰，〔唐〕颜师古注：《汉书》卷五十四，北京：中华书局，1962 年版，第 2468 页。
⑤ 《汉书·金日磾传》。〔东汉〕班固撰，〔唐〕颜师古注：《汉书》卷六十八，北京：中华书局，1962 年版，第 2960 页。
⑥ 《汉书·外戚传》。〔东汉〕班固撰，〔唐〕颜师古注：《汉书》卷九十七上，北京：中华书局，1962 年版，第 3951 页。

死，与母俱来，拜为骑都尉。母死，武帝图其母于甘泉殿上，署曰：'休
屠王焉提。'翁叔从上上甘泉，拜谒起立，向之泣涕沾襟，久乃去。"①

休屠王阏氏画像约绘于金日磾"迁侍中、驸马都尉、光禄大夫"之
后，即武帝元鼎至后元年间（公元前116—前87年）。文中虽然未具体表
明画像所在宫室，但它应该画于官员等待觐见皇帝的场所或经常前往的场
所，如此才能达到宣教的目的。迄今为止，我们只在内蒙古和林格尔汉墓
中室北壁右上角处发现一幅与休屠王阏氏相关的壁画（图2-14）。这组幅

画像残泐严重，约略
可见画有重檐楼阁式
的建筑一栋，阁中立
有着红衣人物，性别
与冠式不详，人物右
侧榜题"甘泉"，左侧
榜题"休屠胡"。②"甘
泉"于此处无疑表示
建筑为"甘泉宫"，"休
屠胡"本族名，内附
南匈奴的一支③，考古
发掘报告将"休屠胡"
解读为"匈奴休屠王

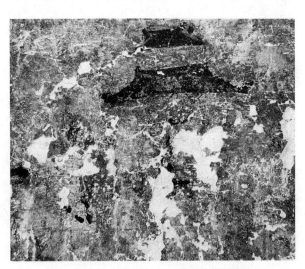

图 2-14　和林格尔壁画墓休屠胡画像

的太子金日磾"④，根据其同组画像中其他人物为赵苟（榜题"□苟"）、原谷
（榜题"孝孙""孝孙父"）、魏阳（榜题"魏昌父""魏昌"）等来推测，这
组画像表现的是孝子贤孙，因此楼阁中人物被判读为金日磾应该问题不

① "焉提"即"阏氏"。黄晖撰：《论衡校释（附刘盼遂集解）》卷第十六，北京：中华书局，
　1990年版，第七〇一页。
② 乔琛通过对陈永志、黑田彰主编的《和林格尔汉墓壁画孝子传图辑录》（北京：文物出版
　社，2009年版）第10页中图13的观察，认为"在墓的中室北壁有一幅金日磾行孝图，楼
　下门内有一着白衣的人物，榜题'休屠胡'，当是休屠王阏氏；门外侧立一着红衣人物，
　榜题'翁叔'，金日磾字翁叔"。笔者校之原书，发现：其一，楼下并无门，立者所着非白
　衣，而是红衣。作者误把壁画剥落所露出的白垩底色当成服饰之色；其二，建筑右侧的人
　物榜题几乎无法辨识，只能看到大致的"□苟"，不知作者"翁叔"二字的释读依据为何。
　其对图文的识别似有先入为主，牵强附会的嫌疑。乔琛：《休屠王阏氏与金氏家族——一
　个西汉匈奴家族的血统延续与文脉传承》，《西域研究》2015年第1期，第121—130页。
③ 青海东胜曾采集到一枚"休屠胡佰长"印，说明当时官方也如此称呼。马利清、宋远茹：
　《关于匈奴文字的新线索》，《考古与文物》2004年第2期，第49—53页。
④ 内蒙古自治区文物考古研究所：《和林格尔汉墓壁画》，北京：文物出版社，1978年版，第
　26页。

大。在同组人物画像中，其他人物均为无背景或情境的独立形象，"休屠胡"比较特别。之所以选择"甘泉宫"作为人物身份的背景，笔者认为画工在创作时可能参考了"日磾每见甘泉宫中画常拜"这个历史典故。榜题为"休屠胡"而不是"金日磾"，或许是一种春秋笔法，正如上文中所提到的麒麟阁榜题"霍氏"一样，二者都反映了某种政治态度。金日磾在西汉时期是一个比较特殊的人物，他的父亲匈奴休屠王原本计划和昆邪王一起投降汉朝，中途反悔，为昆邪王所杀，如此一来，金日磾就"与母阏氏、弟伦俱没入官，输黄门养马"，沦为汉室的官奴。在与武帝接触之后，他的命运才得以发生改变，从官奴一步步发展到托孤重臣。金日磾的人生际遇，带给他的不仅是谨小慎微，还有耿耿于怀，面对武帝的托孤，他强调说，"臣外国人，不如光"[1]，这种观念大概与汉匈的对立，汉人憎恨匈奴有关；另一方面，我们如果从和林格尔壁画墓的整体来考量，墓葬内图像的体量庞大，金日磾组画只是其中很小的一部分，从它所处的位置来看，也是很次要的一个部分，因此画工在创作这件作品时其实花费的心思应该不会特别多，这也意味着，它更能反映当时人们对于这个母题的普遍看法，尽管已经事隔百年，但是包括画工在内的绝大多数北地居民对金日磾的态度依然是很暧昧的，他们既敏于金日磾的胡人身份，又感于他的德行修为，因此才会出现"甘泉宫中的休屠胡"这样一组意味深长的画面。这个题材估计在汉代的叙述中都会遇到这样的尴尬，比如在武梁祠后壁画像第二层左起第一幅画像上的"骑都尉"金日磾。武梁祠中的这幅画像现已

图 2-15　武梁祠后壁拓片

遭到严重毁坏（图 2-15），剩下一个在建筑内隐约可以辨识形象，一个向右躬身弯腰的半身男子形象，旁有榜题"骑都尉"三字。《金石索》刊载的复原图中有一妇人坐在右侧，榜题

① 《汉书·金日磾传》。〔东汉〕班固撰，〔唐〕颜师古注：《汉书》卷六十八，北京：中华书局，1962 年版，第 2962 页。

"休屠像"（图 2-16），从其复原说明文字来看，清代金石学家冯云鹏等人在当时可能见到了"休屠像"三字的榜题，但图像已消失。① "休屠像"应该也是金日磾母亲像，不过巫鸿说："根据榜题，原来武梁祠画像中金日磾跪拜的对象是他的父亲休屠王的肖像。武梁祠的设计者有意地把死者的身份由女性变为男性。《金石索》中的复原图像是根据文献而不是根据雕刻本身。"② 巫鸿之所以做此推论，原因是武梁祠中"丁兰事父"是墓主的有意选择，意在传达墓主

图 2-16 《金石索》复原"休屠像"

希望后人拥有"对活着的母亲和对故父亲的孝心"的意愿。③ 但是笔者以为这个观点权且聊备一说，实际上"丁兰事父（母）"的典故在当时可能存在多个版本，而关于金日磾的故事却只有一个版本。结合和林格尔汉墓中的相关图像来看，"休屠像"与"休屠胡"像并没有本质区别，都是代指"休屠王阏氏"，《金石索》中的复原没有问题，符合画像石上所凿刻图像的原来旨趣。

　　此外，据《汉书·霍光传》载，盖主、上官桀、上官安、桑弘羊等人因积怨使人上书谋废霍光时，"光闻，止画室中不敢入"。如淳注："近臣所止计画之室也，或曰雕画之室。"师古曰："雕画之室也。"④ 此处的画室，沈钦韩认为它是"被告劾者待罪之所"，但王先谦、何焯、周寿昌等人亦有自己的看法，莫衷一是。邢义田经过辨析，认为何焯的观点比较可信：画室并非宫中的西阁，而是在宫外，乃霍光奉武帝所赐周公负成王朝诸侯图之室。图画来自武帝，象征武帝的信任和委托，是霍光辅政权力来源的象征，其重要性不言而喻，或因此专以一室奉画，名曰"画室"，当

---

① 原书有跋语："此石裂缺，止存骑都尉，今从《隶续》补休屠像，其都尉无名，必金日磾也。"〔清〕冯云鹏、冯云鹓同辑：《金石索》，双桐书屋藏校板清道光十六年跋刊，《石索三》，图三之十。

② 巫鸿：《武梁祠：中国古代画像艺术的思想性》，柳扬、岑河译，北京：生活·读书·新知三联书店，2006 年版，每 307 页。

③ 巫鸿：《武梁祠：中国古代画像艺术的思想性》，柳扬、岑河译，北京：生活·读书·新知三联书店，2006 年版，每 198 页。

④ 《汉书·霍光传》。〔东汉〕班固撰，〔唐〕颜师古注：《汉书》卷六十八，北京：中华书局，1962 年版，第 2936 页。

有人向他挑战时，他去画室的用意其实就是找护身符。①

　　甘泉宫还画有武帝宠妃李夫人像。说到这幅画像的绘制时间，我们首先要确定李夫人死于何时，从现有资料来看，大致可以推断是在公元104年。《外戚传》中说，李夫人卒后，武帝封李广利为贰师将军。太初元年（公元前104年），"秋八月，行幸安定。遣贰师将军李广利发天下谪民西征大宛"。②这是李广利首次出征，目的在于夺取大宛贰师城的宝马，故号其首帅为"贰师将军"。因此，李夫人去世的时间不会晚于这个节点。对于李夫人像，有人将其视为"修德之容"的象征③，我认为值得商榷，汉武帝在行为上常有出格之举，包括他对馆陶公主的内宠董偃身份的认可，甚至在他们死后还将他们合葬就是一个很好的例子。

　　另外值得注意的是，邢义田同时还指出，方士少翁以方术使武帝见李夫人一事，时间不合，少翁在元狩四年左右因诈术为武帝所杀，时间在李夫人死之前，《汉书·外戚传》恐有误。④

甘泉宫台室：天地、泰一、鬼神

　　《汉书·郊祀志》："又作甘泉宫，中为台室，画天地泰一诸鬼神，而置祭具以致天神。"⑤

　　《汉甘泉宫记》："元朔之初则作台室，以画鬼神。"⑥

　　甘泉宫装饰的壁画不在少数，但具体分布的位置不详，台室算是其中的一处。台室壁画绘于何时，文献中有两种说法，一种说法是"元朔之初"。元朔纪年是汉武帝的第三个年号，共使用了六年，从公元前128年至前123年。而《天中记》却提供了与《汉甘泉宫记》不同的说法，"建元三年，武帝因齐人少翁言，作甘泉宫中为台室。"⑦建元三年（公元前138年）与元朔初相差了整整10年时间，相比之下，《汉书·郊祀志》所录时间，即"台室建于元朔初年"或更为合理，因为至少建元三年李少翁还没有觐见过汉武帝，换言之，甘泉宫台室可能造于公元前128至前127

---

① 邢义田：《画为心声：画像石、画像砖与壁画》，北京：中华书局，2011年版，第14—15页。

② 《汉书·武帝纪》。〔东汉〕班固撰，〔唐〕颜师古注：《汉书》卷六，北京：中华书局，1962年版，第200页。

③ 蔡志伟：《德与色——甘泉宫中的李夫人像》，《美术与设计》2015年第5期，第74—78页。

④ 邢义田：《汉武帝生命中的几个女人（下）》，《文史知识》2013年第8期，第58—64页。

⑤ 《汉书·郊祀志》。〔东汉〕班固撰，〔唐〕颜师古注：《汉书》卷二十五上，北京：中华书局，1962年版，第1219页。

⑥ 〔南宋〕唐仲友：《汉甘泉宫记》，转引自《玉海》卷一百五十五，文渊阁四库全书，第155.30b页。

⑦ 〔明〕陈耀文撰：《天中记》卷十三，文渊阁四库全书，第13.58b页。

年间，但它在甘泉宫中的具体位置则不得而知。汉武帝时期，泰一神得到
了前所未有的重视，亳人谬忌奏祠泰一时说，"天神贵者泰一，泰一佐曰
五帝。"①泰一，又称太一。居中央，统摄五帝。据姚生民的观点，太一神
形象绘于元狩四年（公元前119年）齐国人少翁见武帝之后②，少翁一年后
因失信而为武帝所杀，因此，太一神像大约就画于公元前119至前118年
之间。武帝时期，天神、地神、泰一、诸鬼神都得到了经常性的祭祀。但
是这些神像在汉代的墓葬中很少见到，可见它始终是官方所宣扬的信仰神
祇，并没有在民间盛行。目前仅在陕北定边郝滩、陕西靖边县杨桥畔一村
的汉代壁画墓中见到有关的图像。如陕北定边郝滩壁画墓并没有直接绘出
太一神像，而是用一个"太一座"来象征太一神的存在（图2-17）。太一
座左右两面有围屏，后面为一鲜红色的靠背，上书"大一坐"三字。座前
绕过一飘带状物，围裹着四个戴冠男子，从动作来看，他们似在做两两交
流。关于太一座笔者后还会展开讨论，此处不赘。汉扬雄《甘泉赋》："非
木摩而不雕，墙涂而不画。"③甘泉及附近的游观处处有壁画。这很有可能
是事实，据悉，在甘泉宫遗址靠近北城墙东段南部的两个锥形高台遗迹
中，发现"其下有础石、草泥块、白色壁面，壁面上曾见朱、黑色绘画
痕"。④遗憾的是，甘泉宫的建筑遗址虽然已经确认，并找到残高 30—50
厘米的墙壁三处，但它们除了粉白的表面，已无壁画的踪影。⑤

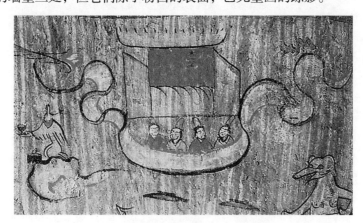

图 2-17　郝滩壁画墓太一座图像

①　《汉书·郊祀志》。〔东汉〕班固撰，〔唐〕颜师古注：《汉书》卷二十五上，北京：中华书局，
　　1962 年版，第 1218 页。
②　姚生民：《甘泉宫志》，西安：三秦出版社，2003 年版，第 16 页。
③　《汉书·杨雄传》。〔东汉〕班固撰，〔唐〕颜师古注：《汉书》卷八十七上，北京：中华书
　　局，1962 年版，第 3534 页。
④　姚生民：《甘泉宫志》，西安：三秦出版社，2003 年版，第 32 页。
⑤　姚生民《汉甘泉宫遗址勘查记》，《考古与文物》1980 年第 2 期，第 51—60 页。

需要说明的是，西汉甘泉宫是在秦甘泉宫的基础上扩建而成的庞大宫殿群。扩建时间从西汉初年开始一直持续到末年，主要在武帝时期，最后毁于大火。因此有关宫室壁画的绘制有可能从秦代就开始，断断续续地进行，主要在汉武帝时期。

二、洛阳地区

洛阳作为东汉的都城，宫殿占了将近一半的面积，以德阳殿为最，据《汉官典职仪式选用》记载，德阳殿"画屋朱梁，玉阶金柱"①，辉煌壮丽，无与伦比。惜汉末董卓之乱，"一时焚荡，莫不泯尽焉"。洛阳的壁画现在已经找不到任何遗迹了。倒是 1979 年，发掘位于汉魏洛阳城南的重要礼制建筑明堂时，发现了一些草拌泥墙皮残块，大多经火烧烤过，颜色有红、白、黑、天蓝等色（图 2-18）。②

图 2-18　汉魏洛阳明堂墙皮残块

遗憾的是，未见洛阳地区汉代建筑遗址中出土壁画的发掘报告，因此只能寄希望于将来的考古发现。现把有关的文献记录汇集如下。

南宫云台：人物（功臣像）

《后汉书·马成传》："永平中，显宗追感前世功臣，乃图画二十八将于南宫云台，其外又有王常、李通、窦融、卓茂，合三十二人。故依其本弟系之篇末，以志功臣之次云尔。

太傅高密侯邓禹

中山太守全椒侯马成

大司马广平侯吴汉

河南伊阜成侯王梁

左将军胶东侯贾复

---

① 参见〔清〕孙星衍等辑，周天游点校：《汉官六种》，北京：中华书局，1990 年版，第 210—211 页。

② 中国社会科学院考古研究所：《汉魏洛阳故城南郊礼制建筑遗址：1962—1992 年考古发掘报告》，北京：文物出版社，2010 年版，第 120 页，彩版四。

琅邪太守祝阿侯陈俊

建威大将军好畤侯耿弇

骠骑大将军参蘧侯杜茂

执金吾雍奴侯寇恂

积弩将军昆阳侯傅俊

征南大将军舞阳侯岑彭

左曹合肥侯坚镡

征西大将军阳夏侯冯异

上谷太守淮陵侯王霸

建义大将军鬲侯朱佑

信都太守阿陵侯任光

征虏将军颍阳侯祭遵

豫章太守中水侯李忠

骠骑大将军栎阳侯景丹

右将军槐里侯万修

虎牙大将军安平侯盖延

太常灵寿侯邳彤

卫尉安成侯铫期

骁骑将军昌成侯刘植

东郡太守东光侯耿纯

城门校尉朗陵侯臧宫

大司空固始侯李通

捕虏将军杨虚侯马武

大司空安丰侯窦融

骠骑将军慎侯刘隆

太傅宣德侯卓茂"①

　　南宫云台二十八将画于永平中期（公元 66 年前后），《后汉书·马援传》曰："永平初，援女立为皇后，显宗图画建初中名臣、列将于云台，以椒房故，独不及援。东平王苍观图，言于帝曰：'何故不画伏波将军像？'帝笑而不言。"②鉴于"外戚与政，上浊明主，下危臣子"的严重后

①《后汉书·马成传》。〔刘宋〕范晔撰，〔唐〕李贤等注：《后汉书》卷二十二，北京：中华书局，1965 年版，第 789—791 页。

②《后汉书·马援传》。〔刘宋〕范晔撰，〔唐〕李贤等注：《后汉书》卷二十四，北京：中华书局，1965 年版，第 851—852 页。

果，汉明帝严令"后宫之家，不得封侯与政"，对贵戚功臣也严加防范。[①]
汉明帝虽未明言，但他有意不将功勋卓著的伏波将军马援画入南宫云台，
这种做法的用意显然是要压制后戚势力的膨胀，但这种压制终于在东汉和
帝时期再次（相对于西汉而言）失去控制，东汉陷入外戚、宦官交互专权
的深渊。

省中：人物（赤泉侯五代将相等）：

《历代名画记》："灵帝诏（蔡）邕画赤泉侯五代将相于省，兼命为赞
及书。邕书画与赞皆擅名于代，时称三美。"[②]

《后汉书·胡广传》："熹平六年，灵帝思感旧德，乃图画广及太尉黄
琼于省内，诏议郎蔡邕为其颂云。"[③]

此处的"省""省内"是同一个概念，均指"省中"（或简称），前文
已经指出"省中"指皇帝日常活动的重要区域。从现有的汉代文献遗存来
看，汉灵帝不止一次诏令在省中地区图绘将相的形象。其中，胡广与黄琼
像画于熹平六年（公元 177 年）。胡广是东汉时期的名臣，历事六朝，任
"五卿七相"，博闻强识，"学究五经，古今术艺毕览之"。并留下了对研
究汉朝官制而言有重要史料价值的《百官箴》，逝于熹平元年（公元 172
年）。黄琼也是东汉名臣，遍历三公，为人忠厚，比胡广早几年（延熹七
年，公元 164 年）去世。《后汉书·胡广传》中明确记载，灵帝这次诏画
名臣形象的目的仍然是宣示德行。张彦远在《历代名画记》中记录了另一
次图绘名臣的史实。赤泉侯五代将相为杨喜、杨震、杨秉、杨赐、杨彪。
其中杨喜（生卒不详）为西汉刘邦时人，因击杀项羽有功而封赤泉侯，系
杨震的八世祖。杨震（公元？—124 年）、杨秉（公元 92—165 年）、杨赐
（公元？—185 年）、杨彪（公元 142—225 年），为弘农杨氏一门"四世太
尉"，是东汉最显赫的名门望族、经学世家，《后汉书》赞曰："杨氏载德，
仍世柱国。震畏四知，秉去三惑，赐亦无讳，彪诚匪忒。修虽才子，渝我

---

① 《后汉书·明帝纪》。〔刘宋〕范晔撰，〔唐〕李贤等注：《后汉书》卷二，北京：中华书局，
　 1965 年版，第 124 页。

② 〔唐〕张彦远：《历代名画记》卷四，影印文渊阁四库全书，台北：台湾商务印书馆，1986
　 年版，第 4.3a（812—315b）页。

③ 蔡邕为这幅画作所作的颂赞为："岩岩山岳，配天作辅，降神有周，生申及甫。允兹汉室，
　 诞育二后。曰胡曰黄，方轨齐武。惟道之渊，惟德之数。股肱元首，代作心膂。天之烝
　 人，有则有类。我胡我黄，锺厥纯懿。巍巍特进，仍践其位，赫赫三事，七佩其绂。弈弈
　 四牡，沃若六辔。衮职龙章，其文有蔚。参曜乾台，穷宠极贵。功加八荒，群生以遂。超
　 哉邈乎，莫与为二！"参见《后汉书·胡广传》。〔刘宋〕范晔撰，〔唐〕李贤等注：《后汉
　 书》卷四十四，北京：中华书局，1965 年版，第 1511 页。

淳则。"①灵帝时，杨赐、杨彪父子均在朝为官，但杨赐的地位和影响要深远得多。中平二年（公元 185 年）杨赐薨逝时，"天子素服，三日不临朝，赠东园梓器襚服，赐钱三百万，布五百匹。及小祥，又会焉。子彪嗣"。②可见杨赐之薨逝，令汉灵帝有所触动，而杨彪此时获世袭临晋侯爵位，作为一颗政治新星正如日中天。故拙见以为，汉灵帝此时（公元 185 年）下令图绘"赤泉侯五代将相"于省中的可能性最大，这个时间最迟不晚于中平六年（公元 189 年）。

南宫清凉台、显节陵：释迦倚像

《魏书·释老志》："明帝令画工图佛像，置清凉台及显节陵上，经缄于兰台石室。"③

《历代名画记》："帝乃使蔡愔取天竺国优填王画释迦倚像，命工人图于南宫清凉台及显节陵上。以形制古朴，未足瞻敬，阿育王像至今亦有存者可见矣。"④

《理惑论》："明帝存时，预修造寿陵，陵曰显节，亦于其上作佛图像。"⑤

《高僧传·兴福》："及蔡愔、秦景自西域还至，始传画氎释迦，于是凉台寿陵，并图其像。"⑥

《后汉书·西域传》："世传明帝梦见金人，长大，顶有光明，以问群臣，或曰：'西方有神，名曰佛，其形长丈六尺而黄金色。'帝于是遣使天竺问佛道法，遂于中国图画形象焉。"⑦

永平七年（公元 64 年），汉明帝因梦见"金人飞空而至"，随后派遣

① 《后汉书·杨震传》。〔刘宋〕范晔撰，〔唐〕李贤等注：《后汉书》卷五十四，北京：中华书局，1965 年版，第 1791 页。

② 《后汉书·杨震传》。〔刘宋〕范晔撰，〔唐〕李贤等注：《后汉书》卷五十四，北京：中华书局，1965 年版，第 1785 页。

③ 《魏书·释老志》。〔北齐〕魏收撰：《魏书》卷一百一十四，北京：中华书局，1974 年版，第 3026 页。

④ 〔唐〕张彦远：《历代名画记》卷五，影印文渊阁四库全书，台北：台湾商务印书馆，1986 年版，第 5.15b（812—324b）—5.16a（812—325a）页。

⑤ 〔汉〕牟融：《理惑论》。转引自〔梁〕释僧佑辑：《弘明集》卷一，上海：商务印书馆，1936 年版，第 1.14b 页。

⑥ 《高僧传·兴福》。〔梁〕释慧皎撰，汤用彤校注，汤一玄整理：《高僧传》卷第十三，北京：中华书局，1992 年版，第 496 页。

⑦ 《后汉书·西域传》。〔刘宋〕范晔撰，〔唐〕李贤等注：《后汉书》卷八十八，北京：中华书局，1965 年版，第 2922 页。

图 2-19　释迦倚像

郎中蔡愔、博士弟子秦景等人出使天竺寻访佛法。[①]他们最终于永平十年（公元 67 年）回到洛阳。从文献记载的情况来看，蔡愔等人迎取回来的可能还不是一尊佛的雕塑，而是一幅以旃檀佛像为母本，绘制于白氍（白色细棉布）之上的佛像[②]，这件作品是"优填王栴檀像师第四作"。[③]旃檀佛像是拔嗟国优瑱王（utrayang）命工匠用牛头旃檀雕刻而成的佛像，以释迦牟尼成道后在忉利天为其母摩耶夫人说法的形象为原型的写真像（即真容），区别于后世的佛像，据传这是世界上最早的佛像，后世也将其仿制像称为旃檀佛像。[④]优填王佛像有两个版本，一为倚像，一为立像。释迦倚像在龙门石窟的早期造像中还可以找到范本（图 2-19），大约武则天垂拱二年（公元 686 年）以后，这种类型的佛像就消失了。[⑤]洛阳南宫清凉台与显节陵上的壁画以优填王倚像为母本进行绘制，这些佛像的共同特点是：双腿自然下垂，跣足、倚坐（或善跏趺坐）于方台座上。左手仰置左膝上，作禅定印，右手举至胸前，

① 《高僧传·兴福》。〔梁〕释慧皎撰，汤用彤校注，汤一玄整理：《高僧传》卷第十三，北京：中华书局，1992 年版，第 496 页。从永平八年（公元 65 年）的诏书来看（明帝答楚王诏曰："楚王诵黄老之微言，尚浮屠之仁祠，絜斋三月，与神为誓，何嫌何疑，当有悔吝？其还赎，以助伊蒲塞桑门之盛馔。"〔刘宋〕范晔撰，〔唐〕李贤等注：《后汉书·光武十王列传》，北京：中华书局，1965 年版，第 1428 页），此时至少东汉上层社会对于佛法已经颇为熟悉，他们寻找佛经的目的应该是为了更为深入、系统地理解佛经教义。

② 金申即持此观点。金申：《汉藏佛教中的旃檀瑞像》，《文物春秋》2005 年第 4 期，第 31—40 页。

③ 《高僧传·译经》。〔梁〕释慧皎撰，汤用彤校注，汤一玄整理：《高僧传》卷第一，北京：中华书局，1992 年版，第 3 页.

④ 传世的"优填王旃檀佛像"，作为释迦牟尼佛"真容像"有几点较为特殊：首先是跟国王或皇帝联系在一起，其次是释迦牟尼佛的"真容"，再次是它具有"灵异性"。自梁武帝开始，它就一直由帝王供奉，非常特殊，是人君有道的重要标志。尚永琪：《优填王旃檀瑞像流布中国考》，《历史研究》2012 年第 2 期，第 163—173 页。

⑤ 金申：《旃檀佛像的源流及样式》，《文物天地》1996 年第 2 期，第 17—20 页。

掌心向外，作说法印。"皆现写真容，工图妙相。"[1] 明帝崩于永平十八年（公元 75 年），可见这两处佛像绘制时间的应该在永平十年（公元 67 年）至十八年（公元 75 年）间。在南宫清凉台上的佛像大概在中平六年（公元 189 年）"虎贲中郎将袁术乃烧南宫"之时遭到毁灭[2]，而显节陵目前尚未发掘，内中情形不得而知。

第二节　府　衙　壁　画

宫殿是汉代最高级别的建筑，除此之外等级比较高的建筑就是府第以及州县的衙署。二者性质虽然不一样，一类是皇帝赐建或赠予的住宅，另一类是官吏办公的场所，但活动或工作于其间的人员均是帝王的亲眷、子嗣或近臣，在某种意义上是离权力中枢最近的一部分人，因此与之相关的建筑规格也比较高。

一、贵族府第

董贤第：云气华花及神怪

《西京杂记》："哀帝为董贤起大第于北阙下，重五殿，洞六门，柱壁皆画云气华花，山灵水怪，或衣以绨锦，或饰以金玉。"[3]

北阙在未央宫北面，"未央宫虽南向，而上书、奏事、谒见之徒皆诣北阙，公车司马亦在北焉，是则以北阙为正门"[4]。居住于北阙者，都是皇帝特别恩赐和专宠的显贵人物。比如，惠帝因汝阴侯夏侯婴对其有救命之恩，便赐其"'北第第一'，曰'近我'，以尊异之"[5]。霍光因为在"昭宣中兴"中立下了"汗马功劳"，所以汉宣帝即位后，亦赏赐巨厚，包括"甲第一区"[6]。而汉哀帝则为有断袖之谊的董贤"起大第于北阙下"，可见隆宠之甚。

① 《高僧传·兴福》。〔梁〕释慧皎撰，汤用彤校注，汤一玄整理：《高僧传》卷第十三，北京：中华书局，1992 年版，第 495 页。

② 《后汉书·董卓列传》。〔东汉〕班固撰，〔唐〕颜师古注：《汉书》卷七十二，北京：中华书局，1962 年版，第 2323 页。

③ 〔东晋〕葛洪撰：《西京杂记》卷第四，北京：中华书局，1985 年版，第 24 页。

④ 《长安志·宫室》。〔宋〕宋敏求撰，〔清〕毕沅校正：《长安志》卷三，台北：成文出版社，1970 年版，第 3.6a（69）页。

⑤ 《史记·汝阴侯传》。〔西汉〕司马迁撰，〔刘宋〕裴骃集解，〔唐〕司马贞索隐，〔唐〕张守节正义：《史记》卷九十五，北京：中华书局，1959 年版，第 2663 页。

⑥ 《汉书·霍光传》，〔东汉〕班固撰，〔唐〕颜师古注：《汉书》卷六十八，北京：中华书局，1962 年版，第 2948 页。

　　"哀帝立两岁余"（建平三年，公元前4年）开始宠幸董贤，故兴建董贤第的时间应该不会早于这个时间点，而"贤第新成，功坚，后数月，哀帝崩。"①哀帝崩于元寿二年（公元前1年）六月，所以董贤第竣工的时间当在元寿元年（公元前2年）底至元寿二年（公元前1年）初。董贤第中一切陈设均仿照（僭越）甚至超越天子之制，"土木之功"皆"穷极技巧"。引文中的"柱壁"，对比《汉书·佞幸传》中描述董贤第的"柱槛衣以绨锦"句②，可知为"柱子与墙壁"的合称，董贤第中雕梁画壁由此可推知，其制作时间大约在公元前3年至前1年之间。以董贤第之奢华可知壁画亦是极为华美的上乘之作，可惜文献中仅一语带过："云气华花，山灵水怪。"有云纹、花纹和山水神怪，未及其他。在出土汉代壁画中，云纹的种类非常多见，山水神怪不明所指，但神怪图像在汉代画像中也是常见的，而花纹则较少见。大体上，这些都是抽象的和非写实性的图像，以装饰功能为主。

　　除董贤第位于长安地区之外，文献中能够见到的贵族府第壁画记载多为洛阳地区的，具体如下：

鸿都门学：人物（孔子、门人及学士像）

　　《后汉书·蔡邕列传》："光和元年，遂置鸿都门学，画孔子及七十二弟子像。"③

　　《后汉书·阳球传》："伏承有诏敕中尚方为鸿都文学乐松、江览等三十二人图象立赞，以劝学者。"④

　　鸿都门学设立于东汉灵帝光和元年（公元178年），位于洛阳南宫鸿都门内。⑤其前身为鸿都门待诏，第一次党锢之祸后，汉灵帝出于改革吏

---

① 《汉书·佞幸传》。〔东汉〕班固撰，〔唐〕颜师古注：《汉书》卷九十三，北京：中华书局，1962年版，第3739页。

② 《汉书·佞幸传》。〔东汉〕班固撰，〔唐〕颜师古注：《汉书》卷九十三，北京：中华书局，1962年版，第3734页。

③ 《后汉书·蔡邕列传》。〔刘宋〕范晔撰，〔唐〕李贤等注：《后汉书》卷六十下，北京：中华书局，1965年版，第1998页。

④ 《后汉书·阳球传》。〔刘宋〕范晔撰，〔唐〕李贤等注：《后汉书》卷七十七，北京：中华书局，1965年版，第2499页。

⑤ 对于鸿都门的所在，主要有两种观点：一是以宋代乐史在《太平寰宇记》（卷三）中所提到的说法为代表："鸿都门，洛阳北宫门也。"二是清代顾祖禹在《读史方舆纪要》（卷四十八）中所言："南宫正门即端门，旁有鸿都、盛德、九龙及金商、青琐诸门。"杨继刚综合考察有关文献后提出，"鸿都门的具体所在地应如顾祖禹《读史方舆纪要》所述在洛阳南宫，而不是如乐史所说的在北宫之内"。其说可从。杨继刚：《汉灵帝鸿都门学研究》，华中师范大学博士学位论文，2012年，第60—65页。

治，扶持新兴的政治力量，以及个人的兴趣爱好等方面的原因将鸿都待诏升格为一个专门机构——鸿都门学。[①]在鸿都门学宫内画孔子及门人像昭示了鸿都门学与"太学、东观"一样具有遴选人才之功能，而不仅仅是传统的教书育人之所的象征。鸿都门学的设立，不仅使得学士们以辞赋书画获仕变为可能，甚至还有可能因此取悦于皇帝而获得"不次之位"的恩宠："或出为刺史、太守，入为尚书、侍中，乃有封侯赐爵者。"[②]这是以经术匡国的儒士阶层所不能容忍的，自然就要起身捍卫自己的地位，纷纷上疏挞伐。阳球、杨赐等人奏罢鸿都文学的理由是"臣闻图象之设，以昭劝戒，欲令人君动鉴得失。未闻竖子小人，诈作文颂，而可妄窃天官，垂像图素者也。今太学、东观足以宣明圣化，愿罢鸿都之选，以消天下之谤"[③]。实际上，"松、览等皆出于微蔑，斗筲小人，依凭世戚，附托权豪，俯眉承睫，微进明时"之说失之偏颇，乐松之辈虽然出身寒门，却也绝非斗筲之辈，何况他们个个都精通文艺。灵帝下诏为乐松、江览等三十二学士画像立赞，表面上是"以劝学者"，实际上是以此对抗儒士阶层的反应。鸿学设立不到一年的时间，就有三十二学士"位升郎中，形图丹青"，此举显系刻意而为。有研究者认为："这一数字并非巧合，而是有意为之。因为当时的党锢之士相互称赞，'共相标榜，指天下名士，为之称号'，除'三君'外，有'八俊''八顾''八及''八厨'等，正好三十二人。故灵帝此举意在排斥士大夫，这是很明显的。"[④]孙明君对此提出疑义，认为"被标榜的党锢领袖明明是 35 人，不是 32 人，他选择 32 人，的确不是偶然的，但不是针对党锢之士的，而是取法于汉显宗。《后汉书·朱祐传》曰：'永平中，显宗追感前世功臣，乃图画二十八将于南宫云台，其外又有王常、李通、窦融、卓茂，合三十二人。'显然，灵帝对鸿都门学之士寄予厚望，期望他们能帮助他走出困境，走上一条振兴之路，再现往日的

---

① 有研究者称，鸿都门学相当于现代的艺术专科学校，其实不然，就其特征而言，它更像是由察举制度向九品中正制和科举制的选贤取士模式转变的有益探索和准备。而鸿都门学在后来很有可能演变成一个图书馆性质的机构。关园园、吴原：《鸿都门学特质考论》，《长春师范学院学报（人文社会科学版）》2010 年第 1 期，第 38—42 页。

② 《后汉书·蔡邕列传》。〔刘宋〕范晔撰，〔唐〕李贤等注：《后汉书》卷六十下，北京：中华书局，1965 年版，第 1992、1998 页。

③ 《后汉书·阳球传》。〔刘宋〕范晔撰，〔唐〕李贤等注：《后汉书》卷七十七，北京：中华书局，1965 年版，第 2499 页。

④ 王永平：《汉灵帝之置"鸿都门学"及其原因考论》，《扬州大学学报（人文社会科学版）》1999 年第 5 期，第 11—17 页。

辉煌"。①但这场斗争的结果以鸿都门学的存废问题不了了之而告终。

上东门东观：高彪、程信、张竦、郑纯等人物画像

《后汉书·高彪传》："（高彪）后迁外黄令，帝敕同僚临送，祖于上东门，诏东观画彪像以劝学者。"②

《东观汉记·高彪传》："高彪除郎中，校书东观。后迁外黄令。画彪形象，以劝学者。"③

《华阳国志·汉中志》："元（和）初二年，羌复来。信等将其士卒，力奋讨，大破之。信被八创，二十五人战死。五年，天子下诏褒叹信、崇等，赐其家谷各千斛；宗、展、孳等家谷各五百斛，列画东观。"④

《华阳国志·先贤士女总赞论》："刺史张乔以竦勇猛，授从事，任平南中。……南中清平，会被伤，卒。乔举州吊赠。列画东观。"⑤

《华阳国志·广汉士女》："郑纯，为益州西部都尉……纯独清廉，毫毛不犯……明帝嘉之，乃改西部为永昌郡，以纯为太守。在官十年，卒，列画颂东观。"⑥

　　上东门是洛阳城"东面最北"的门⑦，位于上东门的东观，相当于今天的国家图书馆、档案馆兼国史馆。前文"鸿都门学"一条所援引阳球奏罢鸿都文学的奏折中亦提到东观，说"太学、东观足以宣明圣化"，说明了东观与太学一样，皆为当时最为重要的文化机构。东观建于明帝时期，"升降三除，贯启七门"⑧，是一座宏伟的建筑。

---

① 孙明君：《第三种势力——政治视角中的鸿都门学》，《学习与探索》2002 年第 5 期，第 124—129 页。

② 《后汉书·高彪传》。〔刘宋〕范晔撰，〔唐〕李贤等注：《后汉书》卷八十下，北京：中华书局，1965 年版，第 2652 页。

③ 〔东汉〕刘珍等辑，吴树平校注：《东观汉记·高彪传》卷十八，北京：中华书局，2008 年版，第 843 页。

④ 《华阳国志·汉中志》。〔晋〕常璩撰，任乃强校注：《华阳国志校补图注》卷二，上海：上海古籍出版社，1987 年版，第 71 页。

⑤ 《华阳国志·先贤士女总赞论》。〔晋〕常璩撰，任乃强校注：《华阳国志校补图注》卷十上，上海：上海古籍出版社，1987 年版，第 537 页。

⑥ 《华阳国志·广汉士女》。〔晋〕常璩撰，任乃强校注：《华阳国志校补图注》卷十中，上海：上海古籍出版社，1987 年版，第 561 页。

⑦ "汉洛阳城凡十二门，东面三门，其北曰上东门。"〔清〕顾祖禹撰，贺次君、施和金点校：《读史方舆纪要》卷四十八《河南三》，北京：中华书局，2005 年版，第 2217 页。〔宋〕乐史撰，王文楚点校：《太平寰宇记》卷三，北京：中华书局，2007 年版，第 55 页。

⑧ 〔东汉〕李尤：《东观铭》。〔唐〕欧阳询撰，汪绍楹校：《艺文类聚（附索引）》卷六十三，上海：上海古籍出版社，1965 年版，第 1135 页。

　　建造东观伊始，可能就陆续在其中的一些壁面上图绘名人圣贤像作为装饰了，这些壁画描绘的对象还包括同时代的文职官员和地方上的名人贤士，其中高彪、程信、张竦、郑纯等人是见诸文献记载的，当然更多的是失载的情形。高彪文采极佳，校书东观时，曾多次上奏赋、颂、奇文，借事讽谏，得到灵帝的赞赏，在他辞去郎中这一官职履新（外黄令）后，汉灵帝诏令在东观绘其形象以供观瞻。上引诸文中，程信、张竦、郑纯等人也均在各自的岗位、领域作出了表率或卓越的成就。故而获得"列画东观"的资格，文献中如此众多的记载，也说明这被时人视为一种荣誉，它可以说是"云台阁"的候补榜，可见东观在当时是画像纷呈的，或许有点图像志的意味。

　　东观建造的时间不早于建宁三年（公元 170 年）。[1]据《魏书·董卓传》："卓以山东豪杰并起，恐惧不宁。初平元年二月，乃徙天子都长安。焚烧洛阳宫室，悉发掘陵墓，取宝物。"[2]东汉皇宫内的壁画应该在这个时候都被毁了。

大将军梁冀府第：云气仙灵

　　《后汉书·梁冀传》："冀乃大起第舍。柱壁雕镂，加以铜漆；窗牖皆有绮疏青琐，图以云气仙灵。"[3]

　　大将军梁冀的新府第始建年代很可能是元嘉元年（公元 151 年）。永和六年（公元 141 年）梁商薨逝，梁冀再无掣肘，可以为所欲为、操纵朝政了。建和元年（公元 147 年），梁冀的两个弟弟与儿子同日而封，此后（具体时间不详，但应该不早于公元 147 年），其妻亦受封为襄城君，和平元年（公元 150 年），梁冀再次增封食邑。元嘉元年（公元 151 年），"帝以冀有援立之功，赏赐金钱、奴婢、彩帛、车马、衣服、甲第，比霍光"[4]。这时应该是梁冀人生最为辉煌的时候，也是他兴建大将军府的最佳时间点。根据史书记载，梁冀兴建宫室的时候，其妻孙寿"亦对街为宅"，按说这种情况当发生在孙寿也获得封号之后，否则不大可能如此张扬地建

① 《后汉书·高彪传》载：督军御史第五永出使幽州，百官为之祖钱时，在场的官员中有议郎蔡邕，而此时高彪为东观校书郎中。《后汉书·高彪传》。〔刘宋〕范晔撰，〔唐〕李贤等注：《后汉书》卷八十下，北京：中华书局，1965 年版，第 2650 页。
② 《魏书·董卓传》。〔晋〕陈寿撰，〔宋〕裴松之注：《三国志》卷六，北京：中华书局，1999年版，第 133 页。
③ 《后汉书·梁冀传》。〔刘宋〕范晔撰，〔唐〕李贤等注：《后汉书》卷三十四，北京：中华书局，1965 年版，第 1182 页。
④ 《后汉书·梁冀传》。〔刘宋〕范晔撰，〔唐〕李贤等注：《后汉书》卷三十四，北京：中华书局，1965 年版，第 1183 页。

造自己的府邸①，因此，我们可以大抵推测，大将军府的建造时间不早于建和元年（公元 147 年），不晚于元嘉元年（公元 151 年）。

大将军府中的壁画题材包括云气与仙灵之类，其中前者很可能是做修饰的边框，而后者可能是一些独幅的壁画作品，但大将军府的级别高，因此壁画在这里是较为次要的装饰。

二、州县衙署

除两京地区之外，文献记载显示，汉代地方州府中也绘有许多壁画，有些甚至因此在文学史上留下璀璨的一笔："郡府听事壁诸尹画赞，肇自建武，讫于阳嘉，注其清浊进退，所谓不隐过，不虚誉，甚得述事之实，后人是瞻，足以劝惧，虽《春秋》采毫毛之善，罚纤厘之恶，不避王公，无以过此，尤著明也。"②应邵《汉官》中的这段文字，让我们可以管窥一二，汉代郡县流行在官府衙门的壁上画前任郡首长官以为像赞，大约始于东汉初年（建武年间），并且在当时几乎是一个通例，而能够抵制此种作风者大概只是极个别的少数。③

鲁灵光殿：神灵

《王文考鲁灵光殿赋》："图画天地，品类群生，杂物奇怪，山神海灵，写载其状，托之丹青，千变万化，事各缪形，随色象类，曲得其情。上纪

---

① 汉代女性获封列侯及获赐（造作）府邸的情况有不少实例见载。据高祖十二年诏所载："女子公主，为列侯食邑者，皆佩之印，赐大第室。"说明汉代的女性一旦获封列侯，也就意味着同时也获赐（建）大宅第。然而朱绍侯在统计的基础上，提出两汉时期"事实上公主只食邑不封侯，但享受列侯的待遇"。因此公主们"享受列侯的待遇"，是否也包括"赐大第室"在内还需要更多的文献证据来支持，但两汉时期见载的女性列侯不少，至少有 7 例是有据可查的。如西汉时期的刘邦之嫂阴安侯（具体为何人尚存争议），鲁侯奚涓之母（疵，一说名为底）重平侯，鄨侯萧何之妻（吕嬃）临光侯（又称林光侯），东汉时期的东海恭王刘强的三个女儿（名字、爵位均不详），此外，可能还存在一个鸣雌亭侯许负（此条仅见于陆贾《楚汉春秋》）。其余参见：《汉书·高帝纪》。〔东汉〕班固撰，〔唐〕颜师古注：《汉书》卷一下，北京：中华书局，1962 年版，第 78 页；尤佳：《东汉列侯爵位制度》，昆明：云南大学出版社，2015 年版，第 214—216 页。朱绍侯：《〈秦汉时期的"赐民爵"及"小爵"〉读后——兼论汉代爵制与妇女的关系》，《史学月刊》2009 年第 11 期，第 108—113 页。

② 《后汉书志·郡国》河南尹条引应邵注。〔晋〕司马彪撰，〔梁〕刘昭注补：《后汉书志》卷十九，北京：中华书局，1965 年版，第 3389 页。

③ 如朱穆。桓帝时，朱穆为冀州刺史，后征诣廷尉。"冀州从事欲为画像置听事上。穆留板书曰：'勿画吾形，以为重负。忠义之未显，何形象之足纪也。'"朱穆为人刚正不阿，居官数十年，"死守善道"，蔬食布衣，家无余财，其思想节操为人所推重，因此对冀州从事的建议作如此反应，不足为怪。参见《后汉书·朱穆传》。〔刘宋〕范晔撰，〔唐〕李贤等注：《后汉书》卷四十三，北京：中华书局，1965 年版，第 1471 页。

开辟，遂古之初。五龙比翼，人皇九头。伏羲鳞身，女娲蛇躯。鸿荒朴略，厥状睢盱。焕炳可观，黄帝唐虞。轩冕以庸，衣裳有殊。下及三后，淫妃乱主。忠臣孝子，烈士贞女。贤愚成败，靡不载叙。恶以诫世，善以示后。"①

　　灵光殿是西汉景帝之子鲁恭王刘馀在鲁国曲阜所建造的宫殿，建造的时间当在景帝前元三年（公元前154年）至元朔元年（公元前128年，刘馀薨逝）期间。②灵光殿损毁时间不详，但从它经历两汉之间的战乱时期依旧"岿然独存"，且被视为"神明依凭支持以保汉室"的征兆这点来看，它成功地躲过两汉之间的劫难并得以完整地保存。《鲁灵光殿赋》的作者王延寿（字文考）的生卒年约为公元140—165年，鉴于赋文水平之高，所以笔者以为赋文写作的时间应该在公元160年以后，换言之，在东汉中期它还是完好无损的。《鲁灵光殿赋》中，除了对灵光殿建筑群雄伟外观、精美内饰以及栋宇结构的细致进行描述以外，还对殿内壁画做了生动的记述（前引文），这些记述让我们直接联想到了嘉祥武氏祠（图2-20）。曲阜与嘉祥在空间上的距离并不远，从前文推断的时间来看，武梁祠的建造者很可能见过灵光殿中的壁画，即便这种假设不能成立，武氏祠画像与鲁灵光殿壁画之间的神似却是无法否认的。③依照今天的研究来看，当时所流行装饰建筑用的一些常见"粉本"都已经面世。

---

① 《文选·宫殿》。〔梁〕萧统编，〔唐〕李善注：《文选》卷十一，上海：上海古籍出版社，1986年版，第515—516页。

② 《汉书·景十三王传》。〔东汉〕班固撰，〔唐〕颜师古注：《汉书》卷五十三，北京：中华书局，1962年版，第2413页。

③ 关于武氏祠画像的研究汗牛充栋，其中巫鸿的研究是比较有代表性的成果之一。巫鸿推断武氏祠为"武梁本人设计的"，而不是"工匠按照粉本制作的"，笔者以为这个结论非常的大胆。《鲁灵光殿赋》是目前可见关于汉代壁画的最为详尽的早期文献遗存，其中关于壁画的文字，无论从记述的内容，还是从描述的顺序，都与武梁祠中的画像有惊人的一致性，如果要坚持说武梁祠画像"与众不同，传达了个人的思想"，则显得牵强了。据笔者看来，在精选粉本，延请良工制作之外，讨论武梁祠画像的独特性实际上很难落到实处。有关的内容参见巫鸿：《武梁祠：中国古代画像艺术的思想性》，柳扬、岑河译，北京：生活·读书·新知三联书店，2006年版，第240—241页。关于粉本问题，董睿认为"西汉晚期已经有壁画墓专用的壁画粉本"。参见董睿：《中国壁画材料和工艺流变》，《中国艺术》2017年第4期，第56—60页。

图 2-20　武梁祠西壁画像

成都府学周公礼殿[①]：人物画像（儒家人物等）

《玉海》："成都学有周公礼殿，云汉献帝时立，高胅文翁石室在焉，益州刺史张收画盘古三皇五帝三代君臣与仲尼七十弟子于壁间。"[②]

《东斋记事》："成都府学有周公礼殿，及孔子像在其中。其上壁画三皇、五帝及三代以来君臣。其屋制甚古，非近世所为者，相传以为秦、汉以来有也。其门屋东西画麟凤，盖取'感麟叹凤'之义。其画甚精，亦不

---

① 成都府学（或文翁学堂）有三处建筑，包括高胅石室、文翁石室和周公礼殿。2010年11月中，在成都天府广场东御街口出土了两通东汉太守碑，有研究者认为它们属于汉代文翁石室遗存，"很可能是属于'周公礼殿'遗存的一部分"。证据是其中一碑中有如下文字："立石表纪序，贤君良佐，列画殿堂。"张勋燎：《成都东街出土汉碑为汉代文翁石室学堂遗存考——从文翁石室、周公礼殿到锦汉书院发展史简论》，《南方民族考古》第八辑，第107—172页。

② 《玉海》卷五十七。〔南宋〕王应麟撰：《钦定四库全书·子部·玉海》，第57.7b页。

知何代所为。"①

《成都周公礼殿圣贤图考》:"殿之壁,高下三方,悉图画上古以来君臣及七十二弟子像。……嘉祐中,王公素命摹写为七卷,凡一百五十五人,为《成都礼贤殿圣贤图》。"②

《益州记》:"蜀郡太守高联修复缮立。其栾栌橑节制犹古朴,即令堂基六尺,夏屋三间,通皆图画圣贤古人之象及礼器瑞物,堂西有二石室,又以为州学。"③

　　成都府学,由蜀守文翁兴建于西汉景帝(公元前156—前141年)末年,④东汉安帝永初年间被焚毁,东汉蜀守高朕在献帝兴平元年(公元194年)重建。其中的周公礼殿,有些学者以为是重修石室时所"别建"⑤,但从《益州太守高朕修周公礼殿记》中的原文("修旧筑周公礼殿")来看,周公礼殿乃重建的"旧筑",而非新建。⑥周公礼殿是祭祀贤圣先师的专门场所,画像以孔子及七十二门人为主、陪享历代君臣,还有瑞应器物图像。画作非常精美,不仅范镇慨叹"其画甚精",连书圣王羲之都心向往之,在永和三年写给益州刺史周抚的信件中表达了想要募人"摹取"的愿望:"知有汉时讲堂在,是汉何帝时立此? 知画三皇五帝以来备有,画又精妙,甚可观也。彼有能画者不? 欲因摹取,当可得不? 信具告。"⑦

　　在西汉时期孔子画像应该很常见,目前已发现多处有关的出土遗存。孔子形象在汉代已经成为与教书育人相关文化机构中常见的壁画题材,除了成都府学周公礼殿以及上文所引鸿都门之外,老子庙也有与之相关的画

① 〔刘宋〕范镇撰:《东斋记事》卷四,北京:中华书局,1980年版,第32页。
② 费文列出的孔门弟子有七十三人,其中的蘧瑗显系后人传入,他为孔子的朋友,而非弟子。〔元〕费著:《成都周公礼殿圣贤图考》。载〔明〕冯任修、〔清〕张世雍等纂:《中国地方志集成·四川府县志辑》第1册《天启新修成都府志》卷四十六,成都:巴蜀书社,1992年版,第671—673页。
③ 〔宋〕李昉等撰:《太平御览》卷五三四,北京:中华书局,1960年版,第534.6a(2424b)页。
④ 据《汉书》载,成都府学立于"景帝末",而《华阳国志》则记为"孝文帝末年",舒大刚等人认为当以班固的说法为正。参见《汉书·循吏传第五十九》。〔东汉〕班固撰,〔唐〕颜师古注:《汉书》卷八十九,北京:中华书局,1962年版,第3624页;《华阳国志·蜀志》。〔晋〕常璩撰,任乃强校注:《华阳国志校补图注》,上海:上海古籍出版社,1987年版,第141页;舒大刚、任利荣:《"庙学合一":成都汉文翁石室"周公礼殿"考》,《四川大学学报(哲学社会科学版)》2014年第5期,第21—29页。
⑤ 《文翁石柱记》。〔宋〕欧阳修:《集古录跋尾》卷三,清光绪丁亥校刊行素草堂藏版,第3.20a(17862b)页。
⑥ 〔宋〕洪适撰:《隶释·隶续》卷一,北京:中华书局,1985年版,第1.13a(17a)页。
⑦ 书法史上又称之为《汉时(讲堂)帖》。参见〔晋〕王羲之:《与周益州书》。〔明〕周复俊:《全蜀艺文志》卷六十,文渊阁四库全书,第60.2a页。

像。壁画中目前发现最早的孔子像疑为山东东平后屯汉代壁画墓的一例（图2-21），图中第二行左向拱手作揖的老者便是。如果不论媒介的话，那么迄今为止所发现最早的孔子画像当为西汉中期海昏侯墓中出土"孔子衣镜"[①]或"屏风"背面的孔子像（图2-22）。这件作品中的孔子形象几乎无法辨识，但是因为有榜题，大量的文字说明以及孔子弟子（如子路等人）的形象佐证，该图描绘的确实是孔子，不存在辨识方面的问题。虽然我们不能就此认定刘贺的向学态度，以及他是否为一介饱学之士，但孔子像与读书之人之间的联系在西汉中期已然非常密切了。

图 2-21　东平汉墓孔子见老子图

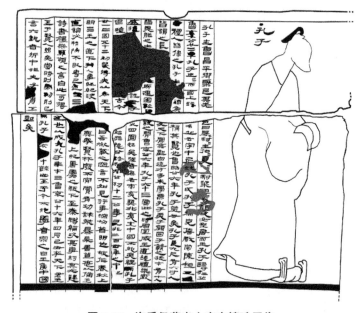

图 2-22　海昏侯墓出土穿衣镜孔子像

---

① 陈明：《从海昏侯墓孔子画像看汉代墓室绘画》，《中国美术》2016年第4期，第50—53页。

广川王刘海阳宫室：宣淫图画

《汉书·景十三王传》："（文）子海阳嗣，十五年，坐画屋为男女裸交接，置酒请诸父姊妹饮，令仰视画。"[1]

汉代皇室以及宗亲的秽乱行为真可谓数不胜数。广川王刘海阳，在《诸侯表》中，他的名字又写作"汝阳"，在位十五年（公元前63—前50年），他不仅自己行宣淫，嗣为广川王后更是肆无忌惮，还在绘有淫画的宫殿内摆酒宴请叔伯姊妹，并令她们观画，纵容诸父姊妹、幸臣等人通奸。"甘露四年（公元前50年）坐废，徙房陵，国除。"可能就是这个时候宫殿中的壁画被毁或清除了。

广川王刘海阳家族也有这种狂悖乖谬的基因，其叔叔刘去年轻时便盗墓成性，在此有一则相关的故事或许值得一提。史书记载，广川王刘去对其姬妾修靡夫人陶望卿宠幸有加，但是王后昭信嫉妒成性，欲除之而后快。然而，无论她在刘去面前如何诋毁均以失败告终，直到刘去告诉她，他在意的只有修靡夫人行为淫乱与否，于是便有了昭信对她捏造的谣言："前画工画望卿舍，望卿袒裼傅粉其傍。又数出入南户窥郎吏，疑有奸。"[2]这一段话，被许多美术史研究者当成了中国最早利用人体模特进行创作的传世文献证据，实际上，这里存在一个明显的误读，这句话说的是陶望卿裸肩露背，浓妆艳抹，行为轻佻，有意挑逗画工，"傍"字只能表明她"靠近"画工，在他旁边，不能说明她处于模特角色，尚秉和的"晨起梳妆说"亦可佐证。[3]从写生角度来讲，画工不仅不宜与模特儿相邻而处，可能还要保持一定距离才便于观察。而"画工画望卿舍"，从上下文来看，应该指的是画望卿的屋舍，给她的宫室进行壁画装饰，而把这句话解释为望卿找人为自己画肖像画，恐怕得不到合理的解释，她为什么要给

---

[1]　《汉书·景十三王传》。〔东汉〕班固撰，〔唐〕颜师古注：《汉书》卷五十三，北京：中华书局，1962年版，第2432—2433页。

[2]　《汉书·景十三王传》。〔东汉〕班固撰，〔唐〕颜师古注：《汉书》卷五十三，北京：中华书局，1962年版，第2429页。

[3]　尚秉和认为："《广川王传》'延画工画舍，望卿袒裼傅粉。'傅者，涂也。涂粉于面及项也，凡美人晨起梳妆饰，须裼去长衣，方动作灵敏，故袒裼也。"尚秉和《历代社会风俗事物考》卷四，台北：台湾商务印书馆，1975年版，第四十五页。

自己画像呢？[①] 所以这段话记述的是画工绘制壁画时发生的事情，具体画工在壁面上画了什么我们则无从知晓了。

理论上说，汉代诸侯王的宫室是不允许出现壁画的：“《新序》曰：‘诸侯墙有黑垩之色，无丹青之彩。’”[②] 然而理论是一回事，事实又另当别论了，正如萧何所言：“且夫天子以四海为家，非令壮丽亡以重威，且亡后世有以加也。”[③] 这就开了侈饰宫殿的先河，在国家经济复苏以后，以及涉及皇帝隆宠的对象时，这种禁令更加无效了，而且正如笔者所言，汉代许多禁律是令而不行或执行得并不是很严格的。[④]

吴郡太守舍：前任太守像

《三国志》：“休祖父尝为吴郡太守。休于太守舍，见壁上祖父画像，下榻拜涕泣，同坐者皆嘉叹焉。”[⑤]

---

① 《西京杂记》确实有宫人画像的记载，说的是汉元帝为后宫画像以便其“案图召幸”的故事。“元帝后宫既多，不得常见，乃使画工图形，案图召幸之。诸宫人皆赂画工，多者十万，少者亦不减五万，独王嫱不肯，遂不得见。匈奴入朝，求美人为阏氏，于是上案图，以昭君行。及去，召见，貌为后宫第一，善应对，举止娴雅，帝悔之，而名籍已定。帝重信于外国，故不复更人。乃穷案其事，画工皆弃市，籍其家，资皆巨万。画工有杜陵毛延寿，为人形，丑好老少，必得其真。安陵陈敞，新丰刘白、龚宽，并工为牛马飞鸟众势，人形好丑，不逮延寿。下杜阳望，亦善画，尤善布色。樊育亦善布色。同日弃市。京师画工，于是差稀。”然而此事在《汉书·元帝纪》中只提了一句：“赐单于待诏掖庭王樯为阏氏。”《汉书·匈奴传》的表述信息量会更大一些：“元帝以后宫良家子王嫱字昭君赐单于。”但二者均未提毛延寿作伪之事。从《西京杂记》的内容来看，它基本上是以《汉书》为蓝本，添加了宫人画像与画工弃市的想象。《后汉书·南匈奴传》所说的与《汉书》不一样，“昭君入宫数岁，不得见御，积悲怨，乃请掖庭令求行。”似乎昭君是自请远嫁的。从文献来看，最早将毛延寿跟昭君画像联系起来的人是隋代侯夫人，她在《自遣诗》中写道：“毛君真可戮，不肯写昭君。”实际上，即便当时存在画像图形的情况，以汉代壁画的水准来看，汉人的写实能力还是较低的，能否作为元帝“案图召幸”的参考，值得怀疑。《续画品录》载，“云阁兴拜伏之感，掖庭致聘远之别。”有人以为此句是掖庭绘有“昭君出塞”之壁画的文献证据，非也，其句意当作“掖庭为宫人画像之举导致了‘聘远之别’”解。参见〔东晋〕葛洪撰：《西京杂记》卷二，北京：中华书局，1985年版，第9页；《汉书·元帝纪》《汉书·匈奴传》。〔东汉〕班固撰，〔唐〕颜师古注：《汉书》卷九及卷九十四下，北京：中华书局，1962年版，第297、3803页；《后汉书·南匈奴列传》。〔刘宋〕范晔撰，〔唐〕李贤等注：《后汉书》卷八十九，北京：中华书局，1965年版，第2941页。〔南北朝〕姚最：《续画品录》，人民美术出版社，1959年版，第1页；黄蔚：《画工毛延寿小考》，《艺术科技》2018年第1期，第115、194页。

② 〔宋〕李昉等撰：《太平御览》卷一百八十七，北京：中华书局，1960年版，第187.4a（907b）页。

③ 《汉书·高帝纪》。〔东汉〕班固撰，〔唐〕颜师古注：《汉书》卷一下，北京：中华书局，1962年版，第64页。

④ 练春海：《汉代车马形像研究——以御礼为中心》，桂林：广西师范大学出版社，2017年版，第355—356页。

⑤ 参见《魏书·诸夏侯曹传》，裴松之注引《魏书》。〔晋〕陈寿撰，〔宋〕裴松之注：《三国志》卷九，北京：中华书局，1999年版，第210页。

这句话源于《魏书》佚文。曹休是曹操的族子，其祖父曹鼎（约公元115—170年）为东汉沛国谯县人，历任河间相、吴郡太守、尚书令等职，有人推测安徽亳州元宝坑一号墓的墓主很可能就是他。[①]曹休十余岁时丧父，在安葬完父亲之后，他带着母亲，渡江到吴地讨生活，被吴郡太守收留。在太守官邸里，曹休见到了墙壁上的祖父画像，遂下榻叩拜，涕泣不已。曹休在人生的低谷中，竟然遇到了先祖荣耀的一面（这幅画应该是为纪念曹鼎，宣扬他的功绩，甚至是为了奉承其身居高位而绘），联想到家族的衰微，自己人生的坎坷，乃至流离失所，不由得悲从中来。

曹鼎的画像很有可能是画于他离任太守之后、担任尚书令之时，毁于何时不得而知，至少曹休十几岁时还在，遗憾的是曹休生年不详。2010年考古人员在洛阳孟津宋庄乡三十里铺村发现了曹休墓，墓中只发现一枚印章，没有墓志，因此也无法佐证其生年，或者推测他在哪年见到曹鼎画像。

益州郡尉府舍：山神海灵奇禽异兽画像

《后汉书·南蛮传》："永平中，益州刺史梁国朱辅，好立功名，慷慨有大略。在州数岁，宣示汉德，威怀远夷。是时郡尉府舍皆有雕饰，画山神海灵奇禽异兽，以炫耀之，夷人益畏惮焉。"[②]

汉代西南蛮夷诸郡尉府舍的修饰中常见壁画，除了益州之外，还有广汉郡、蜀郡、梓潼等很多地方的郡县府廷都画有人物的图像。[③]但限于各

---

① 康栋东：《从考古材料和历史文献角度推断安徽亳州元宝坑一号墓墓主身份》，《现代人类学通讯》2012年第六卷，第102—109页。

② 《后汉书·南蛮传》。〔刘宋〕范晔撰，〔唐〕李贤等注：《后汉书》卷八十六，北京：中华书局，1965年版，第2854—2857页。

③ 以《华阳国志》中的记载为例，摘录如下：

（1）二女像。《蜀郡士女》："广柔长郫姚超二女……随父在官。值九种夷反，杀超，获二女，欲使牧羊。二女誓不辱，乃以衣连腰，自沉水中死……郡县图像府庭。"

（2）纪配像。《广汉士女》："纪配，广汉殷氏女，廖伯妻也。年十六，适伯。伯早亡，以己有美色，虑人求己，作诗三章自誓心，而求者犹众，父母将许，乃断指明情，养子猛终义。太守薛鸿图像府庭。"

（3）正流像。《广汉士女》："正流，广汉李元女、杨文妻也。适文，有一男一女而文设……父欲改嫁，乃自沉水中。宗族救之，几死，得免。太守王方为之图像。"

（4）李余像。《梓潼士女》："李余，涪人，父早逝，兄夷，杀人亡命，母慎当死。余年十三，问人曰：'兄弟相代，母能免不？'人曰：'趣得一人耳。'余乃诣吏乞代母死。吏以余年少，不许。余因自死，吏以白令；令哀伤，言郡；郡上尚书，出慎。太守与令以家财葬余，图画府廷。"

（5）敬杨像。《梓潼士女》："敬杨，涪、郭孟妻，杨文之女也。……八岁，父为盛所杀……行年十七，适孟。孟与盛有旧。……元年，盛至孟家，敬杨以大杖打杀盛。将自杀……会救得免。中平四年，涪令向遵为立图，表之。"

参见〔晋〕常璩撰，任乃强校注：《华阳国志校补图注》，上海：上海古籍出版社，1987年版，第551、579、613、617页。

郡设置时间早晚不一，因此与之相关的壁画绘制时间也就无从推断了。汉代不止蛮夷诸郡尉府舍画有壁画，应劭《汉官》载："郡府厅事壁诸尹画赞，肇自建武，迄于阳嘉，注其清浊进退，所谓不隐过，不虚誉，甚得述事之实。后人是瞻，足以劝惧。虽《春秋》采毫毛之善，贬纤厘之恶，不避王公，无以过此，尤著明也。"① 唯一可以肯定的是，边疆地区各府舍中所绘壁画具有震慑功能。

　　汉代宫室壁画的装饰其实可以分为几个层次。第一个层次是涂饰，即用某种颜色涂料对墙面、地面进行局部或整体的涂布。汉代高规格的屋宇、宫室，通常都用有色的涂料进行装饰②，前引《新序》佚文"诸侯墙有黑垩之色，无丹青之彩"在当时来说，很可能只是一种存而不行的制度条文，但它也在一定程度说明，彩饰是一种规格很高的建筑物装饰。汉代彩饰的极致是只有皇帝才能使用的"丹墀"③，即以朱漆髹饰台阶，据《三辅黄图·汉宫》载，未央宫中就有丹墀。④ 皇家宫苑中还有髹以黑色的"玄墀"，玄墀的等级低于丹墀。⑤ 但在汉代，王侯将相们也时有僭越而使用丹墀的情况，如《汉书·元后传》载："（曲阳侯王）根行贪邪，藏累钜万，纵横恣意，大治（室第），第中起土山，立两市，殿上赤墀，户青琐。"⑥ 据疑为王莽所建辟雍遗址的发掘报告提到，丹墀地面的具体制作方法是：先是 6 层夯土坯（厚共计 70 厘米左右）打底；然后垫上 2—2.5 厘米厚的草泥土，分两次抹成；之上则是谷壳细泥，也差不多有 2—2.5 厘米的厚度，最后用红色泥面抹平，厚度约为 0.1—0.2 厘米。⑦ 其他类型的地面或墙面在制作方式上也大同小异地采用了诸如此类的制作繁杂的模式。

　　第二个层次是纹饰。即在地面的四周、壁面的转角和室内各种建筑结构的局部饰以纹样。比如未央宫，宫中各种椽条、栏杆、柱子、窗户都

① 《后汉书志·郡国志》。〔晋〕司马彪撰，〔梁〕刘昭注补：《后汉书志》第十九，北京：中华书局，1965 年版，第 3389 页。

② 若把黑白也视为色彩，则另当别论。

③ "礼，天子赤墀。"《说文解字》"墀"字条。〔汉〕许慎撰，〔清〕段玉裁注：《说文解字注》十三篇下，杭州：浙江古籍出版社，1998 年版，第 686—687 页。

④ 《三辅黄图·汉宫》。何清谷：《三辅黄图校注》卷二，西安：三秦出版社，1995 年版，第108 页。

⑤ 汉成帝宠妃赵合德"绝幸"，其所居"昭阳舍"尽管"彤庭"，但与之相连的殿阶却只能髹以黑漆（玄墀），而非红漆（丹墀）。《文选·西都赋》。〔梁〕萧统编，〔唐〕李善注：《文选》第一卷，上海：上海古籍出版社，1986 年版，第 13 页。

⑥ 《汉书·元后传》。〔东汉〕班固撰，〔唐〕颜师古注：《汉书》卷九十八，北京：中华书局，1962 年版，第 4028 页。

⑦ 中国科学院考古研究所：《西安西郊汉代建筑遗址发掘报告》，《考古学报》1959 年第 2 期，第 45—55 及图版一至十。

会描绘或雕刻花纹，或是在刻凿的纹饰上再涂颜色。[①] 它们通常"彩饰纤缛，裛以藻绣，文以朱绿，翡翠火齐，络以美玉"[②]，"饰以碧丹，点以银黄，烁以琅玕"[③]。不胜繁复，有些甚至可谓极尽工巧之能事。

第三个层次是画饰。汉代宫室中的画饰可能除了壁画还有帛画等类型，但笔者在此只谈壁画。有些学者认为，饰有壁画的建筑均可称之为"画室"，可见"画室"在汉代的意义明显区别于今天。[④] 文献中相关的记载很多，比如：《历代名画记》中有"汉明（帝）雅好丹青，别开画室，又创立鸿都学以集奇艺，天下之艺云集"；[⑤]《汉官仪》中有"黄门有画室署、玉堂署，各有长一人"；[⑥]《汉书·成帝纪》中有"霍光止画室中，是则宫殿中通有彩画之堂室"[⑦]，等等。宫室衙署中壁画所绘制的内容，往往也有阶段性的变化和发展。在武帝时期，宫殿中的人物壁画尚且局限于"古列士"的范围，到了宣帝时期，则开始画当时的名臣肖像了，开万世之风。西汉麒麟阁功臣图的影响极其深远，乃东汉云台阁、唐朝凌烟阁的源头。

第四个层次是物饰。以不同材质、肌理的材料作为建筑空间中的装饰，既可以获得不同的色彩对比效果，还可以有不同质感的对比，同时材料本身所具有的象征意味也会赋予被装饰空间政治或文化的色彩。从广义上来说，前文中提到的"丹墀"，其制作材料和制作方式都非常特殊，是一个非常特殊的物饰实例。文献中不乏对汉代宫室中物饰的精彩描写。例如，为了生动地再现"昭阳特盛，隆乎孝成"的富丽堂皇，班固在《文选·西都赋》中如是描述昭阳殿内的物饰："裛以藻绣，络以纶连。随侯明月。错落其间。金钉衔璧，是为列钱。翡翠火齐，流耀含英。悬黎垂

---

① 参见《三辅黄图·汉宫》。何清谷：《三辅黄图校注》卷二，西安：三秦出版社，1995年版，第108、110页。

② 张衡：《西京赋》。转引自〔梁〕萧统编，〔唐〕李善注：《文选》第一卷，上海：上海古籍出版社，1986年版，第55页。

③ 何晏：《景福殿赋》。转引自〔梁〕萧统编，〔唐〕李善注：《文选》第二卷，上海：上海古籍出版社，1986年版，第536页。

④ 现特指造型艺术工作者或美术院校专门设置的，用于造型艺术创作的空间。

⑤ 〔唐〕张彦远：《历代名画记》卷一，影印文渊阁四库全书，台北：台湾商务印书馆，1986年版，第1.4a（812—280b）页。

⑥ 〔汉〕应劭撰，〔元〕陶宗仪辑：《汉官仪》。载〔清〕孙星衍等辑，周天游点校：《汉官六种》，北京：中华书局，1990年版，第115页。

⑦ 《汉书·成帝纪》。〔东汉〕班固撰，〔唐〕颜师古注：《汉书》卷十，北京：中华书局，1962年版，第301页。

棘，夜光在焉。"① 昭阳殿"屋不呈材，墙不露形"，可见"物饰"之丰。
《汉武帝内传》对甘泉宫通灵台物饰的描述也给我们留下了深刻的印象：
"渐台高三十丈，南有璧门三层，内殿阶陛咸以玉为之，铸铜凤凰高五丈，
饰以黄金于楼屋上。"② 未央宫"以木为芬橑，文杏为梁柱，金铺玉户，华
榱璧珰，雕楹玉碣，重轩镂槛，青琐丹墀，左城右平，黄金为壁带，间以
和氏珍玉"。③ 物饰极其奢华。

　　从装饰等级的总体情况来看，物饰、画饰都显然要高于彩饰与纹饰。
但物饰是否高于画饰，目前没有找到更多的证据。我们只能从一些已有的
迹象加以推断，或许在宫室中进行画饰需要接受相关规则的制约。相比之
下，寻常百姓除了因经济条件或社会身份限制，不能使用一些昂贵的或是
具有特殊象征意义的材料来装饰自己的居所之外，大多数情况下可以在更
大的范围内选择合适的材料来装饰自己的屋舍。综上所述，壁画在汉代宫
室装饰中应属于层次较高的类型。

　　事实上，汉代宫室装饰往往将多种类型混合使用。除了前文所举的未
央宫之例，两汉文献中的许多记载都可以找到蛛丝马迹。如蔡质《汉仪》
佚文所载："德阳殿周旋容万人。陛高二丈，皆文石作坛。激沼水于殿下。
画屋朱梁，玉阶金柱，刻镂作宫掖之好，厕以青翡翠。一柱三带，韬以赤
缇。"④ 这段佚文涉及了多种装饰宫殿的手段和方法。

第三节　寺观宗庙壁画

　　此处所谈的寺庙，从与宗教的关系紧密程度来讲，实际上可以分为
两种类型，一种是与宗教活动有关的场所，另一种为与纪念活动有关的场
所。汉代是中国儒、道、释发展的一个重要历史时期，然而它们的发展实
际上是错综复杂的，具体到每一个教派，包括它们的活动场所、图像系统
等情况又不一而同，但受限于考古发掘材料、传世文献中相关证据的不
足，我们实际上无法对以上场所、类型进行有效的甄别，所以笔者拟将有

---

① 《文选·西都赋》。〔梁〕萧统编，〔唐〕李善注：《文选》第一卷，上海：上海古籍出版社，
　　1986年版，第13页。
② 《太平御览·台下》。〔宋〕李昉等撰：《太平御览》卷一百七十八，北京：中华书局，1960
　　年版，第178.3a（867a）页。
③ 《三辅黄图·汉宫》。何清谷：《三辅黄图校注》卷二，西安：三秦出版社，1995年版，第
　　107—108页。
④ 〔汉〕蔡质：《汉仪》。转引自〔晋〕司马彪撰，〔梁〕刘昭注补：《后汉书志》卷五，北京：
　　中华书局，1965年版，第3131页。

关材料笼统地放在一起讨论，以免分析过于散乱和碎片化。

洛阳虎贲寺："黄人"像

《搜神记》："灵帝熹平二年六月，雒阳民讹言：虎贲寺东壁中有黄人，形容须眉良是。观者数万，省内悉出，道路断绝。到中平元年二月，张角兄弟起兵冀州，自号'黄天'"。①

《后汉书·五行志》："熹平二年六月，洛阳民讹言虎贲寺东壁中有黄人，形容须眉良是，观者数万，省内悉出，道路断绝。"②

文中提到的"黄人事件"发生在熹平二年（公元173年）六月洛阳的虎贲寺。事件的关键符号为"黄人"像，其性质或许存在两种情况：一种情况是，虎贲寺旧有壁画，其中的人物形象因日久而逐渐淡化、烟火熏燎之故而为人们所忽视，为人们所发现之时，其图案应该非常模糊，否则不会用"形容须眉良是"来描述他们所见到的形象；另一种情况，正如东汉著名学者应劭所认为的那样，"黄人"只不过是"走漏污处，腻赭流漉，壁有他剥数寸曲折耳"。③他所描述的情形，不禁令人联想到出土于长沙的一件同时期的（"熹平元年"）人形木牍（图2-23），其造型极为粗率、随性。当然，"黄人像"（无论是一种色彩褪去的画像，还是根据模糊轮廓展开想象的结果）本身的性质并不重要，它作为一种可辨图像（不妨称之为广义上的壁画），代表的是一种无形的力量——很可能是一种谶语，推动民众去参观，甚至也是这股力量让民众去"发现"这件作品。有趣的是，这个在寺庙里的形象却与原始道教信仰有关，董远成认为："在东汉末年，'黄人'或'黄色'，对普天之

图2-23　长沙出土人形木牍

① 《搜神记》卷六。〔晋〕干宝撰，汪绍楹校注：《搜神记》，北京：中华书局，1979年版，第85—86页。

② 《后汉书志·五行志》。〔晋〕司马彪撰，〔梁〕刘昭注补：《后汉书志》卷十七，北京：中华书局，1965年版，第3346页。

③ 《后汉书志·五行志》。〔晋〕司马彪撰，〔梁〕刘昭注补：《后汉书志》卷十七，北京：中华书局，1965年版，第3346页。

下的穷苦百姓而言，意味着某种变革，希望和解脱。"①东汉末年，人心向
"黄"，各地起义者，各种"黄龙""黄神""黄人"频现，退一步讲，如果
"黄人像"确实为一幅褪色的壁画作品，从发现时的保存状况来看，它的
创作日期要比被发现的日期（公元 173 年）至少早上几十至上百年。

洛阳白塔寺：佛像

《理惑论》："时于洛阳城西雍门外起佛寺，于其壁画千乘万骑，绕塔
三匝，又于清凉台及开阳城门上作佛像。"②

《魏书·释老志》："自洛中构白马寺，盛饰佛图，画迹甚妙，为四方
式。"③

据载，西汉末年，佛教就已经传入中国了，在已佚曹魏著名史学家鱼
豢所撰《魏略·西戎志》中曾提到："昔汉哀帝元寿元年（公元前 2 年），
博士弟子景卢受大月氏王使伊存口受《浮屠经》，曰复立者，其人也。"④
这个说法目前学界一致认为还是比较可靠的。⑤但"伊存授经"只能说明
佛教此时已经开始向中国内地传播，此后直到明帝永平十年（公元 67 年）
的将近 70 年的时间内，没有发现更多可以证明它在中土实质性"存在"
的证据或材料，说明这一时期佛教即便已经传入中国，也还未大范围传
播，否则就无法解释何以关于佛教的知识必须要"通人"才能解答这个问
题了："汉永平中，明皇帝夜梦金人飞空而至，乃大集群臣以占所梦。通
人傅毅奉答：'臣闻西域有神，其名曰佛。'帝以为然。"⑥于是明帝就派郎
中蔡愔、博士弟子秦景出使天竺，求取佛法。1924 年，金石学家马衡在
洛阳发现几块刻有佉卢文的东汉井栏残石（图 2-24），这几块石头现藏中
国国家博物馆，经释读内中的文字或为"此寺院……顺祝四方僧团所有

① 董远成：《长沙东汉"熹平元年"人形木牍》，《湖南省博物馆馆刊》（2013 年）第十辑，第
　293—297 页。
② 〔汉〕牟融：《理惑论》。转引自〔梁〕释僧佑辑：《弘明集》卷一，上海：商务印书馆，
　1936 年版，第 1.14b 页。
③ 《魏书·释老志》。〔北齐〕魏收撰：《魏书》卷一百一十四，北京：中华书局，1974 年版，
　第 3029 页。
④ 转引自《魏书·乌丸鲜卑东夷传》。〔晋〕陈寿撰，〔宋〕裴松之注：《三国志》卷三十，北
　京：中华书局，1999 年版，第 895 页。文中的"复立"应作"复豆"，形近而讹，见《世
　说新语·文学》中引文，"复豆""浮屠"皆"佛陀（Buddha）"的异译。参见余嘉锡撰，
　周祖谟、余淑宜整理：《世说新语笺疏》，北京：中华书局，1983 年版，第 214 页。
⑤ 汤用彤对有关文献进行了系统的考证，认为这个时间也比较合理。汤用彤：《汉魏两晋南
　北朝佛教史》上册，北京：中华书局，1955 年版，第 47—86 页。
⑥ 《高僧传·译经》。〔梁〕释慧皎撰，汤用彤校注，汤一玄整理：《高僧传》卷第一，北京：
　中华书局，1992 年版，第 1 页。

（僧）人皆受重"。^① 这大概是目前所能见到最早的佛教传入内地的实物证明，疑其年代约在灵、献之间。

图 2-24 佉卢文井栏残石

但问题在于，佛教传入东土的路线在佛教史上存在争议。以下仅举朱杰勤所归纳的两种说法。

一是从西北陆路传入说。此说的证据就在于蔡愔、秦景奉旨取经后，偕沙门摄摩腾、竺法兰东还洛阳。明帝乃命画工图佛像于清凉台及显节陵上。又于洛阳城西雍门外建白马寺，于寺中壁上作《千乘万骑群众绕塔图》，随同中国使者来到洛阳的天竺僧人摄摩腾、竺法兰，亦曾画首楞严二十五观之图于保福院，这些都是持此说者的证据。但是朱杰勤说这是不可能的，因为明帝求法时，西域交通已中断，使节往返在事实上不可能。

二是东南海路传入说。蔡愔、秦景奉旨取经是在永平十年，而永平八年（公元 65 年），在明帝发往全国的诏报上曾提到："楚王诵黄老之微言，尚浮屠之仁祠。"^② 可知佛教在永平年间早已盛行于楚地。因此佛教传入中国不是自西北，而是从东南方向。汉武帝锐意发展海外交通，已与印度等国相通。《汉书·地理志》即载自日南航海所通诸国，其中就包括黄支国（即《大唐西域记》中所载的印度半岛东南部的建志城）。

两种观点各执一词。当然，"梁任公于佛教之初输入一文谓为根本不能成立，图像当属附会"。如果一定要说哪个观点更为可靠的话，后者恐怕略胜一筹。朱杰勤认为"汉代能画之士，见诸载记者，不下十余人，皆京洛间产，未有以画佛名者，是佛画初入，尚不为我国画士所习，即习焉而不甚贵之也。故汉代佛教画可谓绝无。即有之亦心与黄老之道教画混合，佛之真身，吾人唯有形于梦幻而已"^③。然而，这不表明当时没有其他

① 林梅村：《洛阳所出东汉佉卢文井阑题记——兼论东汉洛阳的僧团与佛教》，《中国历史博物馆馆刊》1989 年第 13、14 期（合刊），第 240—249 页。

② 《后汉书·光武十王列传》。〔刘宋〕范晔撰，〔唐〕李贤等注：《后汉书》卷四十二，北京：中华书局，1965 年版，第 1428 页。

③ 朱杰勤：《秦汉美术史》，北京：商务印书馆，1957 年版，第 114 页。

非佛教的寺观存在，尽管有关的记载凤毛麟角，但多少还是可以反映其中画像的类型与特点，比如老子庙：

老子庙：仙人云气、孔子像

《濑乡记》曰："老子庙有皇天楼、九柱楼、静念楼，皆画仙人云气。"①

《孔氏谱》："汉桓帝立老子庙于苦县之赖乡，画孔子像于壁。"②

《濑乡记》中关于老子庙的这段佚文记录在《太平御览·居处部四》，在《居处部八》还有另一段出自《濑乡记》的佚文，曰："老子祠在今濑乡曲仁里。谯城西出十里，老子平生时，教化学堂故处也。汉桓帝修建屋宇为老子庙。庙北二里李夫人祠，是老子所生旧宅也。"③这段文字与前引文之间是什么关系现已无从查考，但它表明了老子庙乃桓帝时期（公元147—167 年）用老子生前传道授业的那栋旧学堂改建而成。宅中原有的图像恐怕与老子这个人物没有什么关系，而是与当时社会流行与教育有关的图像。汉桓帝刘志崇尚佛道，因此在重修学堂并将其改造为老子庙时，添画了孔子的画像，而且这幅孔子像当为"孔子见老子"这个典故有关的一幅画像，传达的是老子的博学，而不是孔子的向学精神。

山东地区出土的汉代画像中有很多"孔子见老子"图，前文提到的东平后屯汉墓中的孔子形象便是一例。在那幅图中，比起与他对话的人物来（可能是"老子"），孔子显得更为苍老。通常情况下，"孔子见老子"画像中老子拄拐，有时二人中间还会出现神童项橐，甚至人物周边还有明确的榜题，但此图中则一一阙如，不符合常规做法，因此遭到怀疑。另有三处"孔子见老子"壁画均出于陕西。一件是年代约为西汉中期到王莽时期的作品，出土于陕西靖边老坟梁汉墓。另外两件均为东汉时期作品，其中一件出土于靖边杨桥畔一村东汉墓前室东壁（图 2-25），还有一件出土于杨桥畔二村南侧渠树壕汉墓前室西壁。三件作品都有与年龄有关的曲拐和鸠车出现。特别有意思的是，老子形象虽然拄拐，但人物的面部和体态特征实际上传达出了比孔子形象更为年轻的特点，之所以如此表现，笔者以为画工的注意力在于传达孔子的"虔敬"和不耻下问，因为拐杖形象的出现

---

① 〔宋〕李昉等撰：《太平御览》卷一七六，北京：中华书局，1960 年版，第176.7b（860a）页。

② 转引自《魏书·仓慈传》。〔晋〕陈寿撰，〔宋〕裴松之注：《三国志》卷十六，北京：中华书局，1999 年版，第 385 页。

③ 〔宋〕李昉等撰：《太平御览》卷一八〇，北京：中华书局，1960 年版，第 180.6a、b（877b）页。

代表了"老子"作为长者的身份，而忽略了老子的年龄特征的表现，或者说画工根本就没有办法通过绘画语言来塑造年龄特征。倘若如此，东平后屯汉墓中同样存在年龄问题的"孔子见老子"图像的识读便有些许道理了。

图 2-25　杨桥畔一村东汉墓孔子见老子图

广川惠王宗庙殿门：人物画像（勇士成庆）

《汉书·景十三王传》："（广川惠王越），其殿门有成庆画，短衣、大绔长剑。去好之，作七尺五寸剑，被服皆效焉。"①

　　按理来说，广川惠王宗庙门前的画像，其作用相当于门神，汉代有把勇士当作门神的习俗，成庆（又名成荆）之外，还有申博、夏育等后世比较陌生而在当时却是家喻户晓的勇士形象。②不过从《汉书》的记载来看，这种栩栩如生的人物画像似乎还有另外的影响，就连身为广川王的刘去都在装扮上极力地模仿画像，可见它除了描绘上的精彩之外，或者还能反映任侠之风在当时的流行。成庆的画作在汉代画像中亦可以见到，在门柱上，其作用同于门神（图 2-26）。

图 2-26　萦阳出土成荆画像

---

① 《汉书·景十三王传》。〔东汉〕班固撰，〔唐〕颜师古注：《汉书》卷五十三，北京：中华书局，1962 年版，第 2427—2428 页。
② 练春海：《勇士申博图像考》，《文物》2015 年第 5 期，第 74—79 页。

虞舜庙：娥皇女英像

《陈思王画赞序》："尝从观画，过虞舜庙，见娥皇女英，帝指之戏后曰：'恨不得如此为妃！'"①

东汉明帝马皇后不仅"美于色"，而且还"厚于德"。与明帝一起"见陶唐之像"时，后指尧曰："'嗟乎'，群臣百僚恨不得为君如是。"②汉明帝时常会就前朝难以决断的政事听取马皇后的意见，说明了她具备处理政事的才能，这也是马皇后虽无子嗣却能保持其在后宫稳固地位的原因，她可能经常借助古代贤圣（如尧舜）的传说和故事间接地向皇帝进谏，以至于当他们一起在虞舜庙观画时，明帝竟然以娥皇女英像（及其所寓意）来做回应，其中不乏调侃的意味。马皇后立于永平三年（公元60年），可见此娥皇女英像此前便已经存在了。

南阳郡犨县屈原庙：延笃像

《后汉书·吴延史卢赵列传》："永康元年（公元167年），（笃）卒于家，乡里图其形于屈原之庙。"③

为什么会在屈原庙里出现延笃像？李贤在注释《后汉书》时谈到："屈原，楚大夫，抱忠贞而死。笃有志行文彩，故图其像而偶之焉。"《延笃传》周寿昌集解："案笃为南阳人，楚汉之际，南阳属楚，故有屈原庙焉。"《后汉书》中所提到的屈原庙是正史所载最早的屈原庙，其位置在今河南平顶山市鲁山县东南（张官营镇），这里之所以会建屈原庙，据说与屈原在这里出生有关。④屈原庙建成的时间应该很早，但具体时间已无从考证。从文献上来看，延笃为犨人，即现在的河南平顶山鲁山县人，他和屈原不仅在地缘上可能存在关联，更重要的还在于他们精神品质上具有高度的相似性，故而被视为一类人。

汉代壁画的应用或有一定的规范，在不同的场所（宫殿或庙宇等）中使用何种类型的壁画均有一定的讲究，总的来说以宣示礼仪、象征祭祀、树立典范等实用功能为主，装饰功能为辅。类似的图像在今天能够见到的

---

① 《艺文类聚·巧艺部》。〔唐〕欧阳询撰，汪绍楹校：《艺文类聚（附索引）》卷七十四，上海：上海古籍出版社，1965年版，第1269页。

② 《艺文类聚·巧艺部》。〔唐〕欧阳询撰，汪绍楹校：《艺文类聚（附索引）》卷七十四，上海：上海古籍出版社，1965年版，第1269页。

③ 《后汉书·吴延史卢赵列传》。〔刘宋〕范晔撰，〔唐〕李贤等注：《后汉书》卷六十四，北京：中华书局，1965年版，第2108页。

④ 这个说法争议比较大。钱征：《对〈后汉书·延笃传〉所载屈原庙遗迹的历史考察》，《云梦学刊》2015年第7期，第45—48页。

汉代石阙阙身、祠堂壁面上仍然可以见到，这些图像上的历史人物很显然有助于引导社会德行朝着理想方向发展，因为当时的人们很容易见到这些石阙和祠堂。

汝南都宫许杨庙：人物等（许杨像等）

《后汉书·许杨传》："（邓）晨于都宫为（许）杨起庙，图画形象，百姓思其功绩，皆祭祀之。"①

"建武中（公元前 40 年前后）"，汝南太守邓晨欲修复鸿郤陂，鉴于方士许杨"晓水脉，因署杨为都水掾，使典其事。杨因高下形势，起塘四百余里，数年乃立"。许杨死后，太守因其治陂有功，在都宫立庙以祀，时间当在建武中后期（公元 45 年前后），不晚于建武二十五年（公元 49年）。②许杨庙中壁画主题包括但不限于许杨的肖像及其光辉事迹，供后人瞻仰。

同样可能被画在某些寺庙中的人物还有皇甫规续妻，据《后汉书·列女传》载，皇甫规死时，其妻仍然年轻貌美。为董卓所垂涎，乃"娉以轀辌百乘，马二十匹，奴婢钱帛充路"，熟料遇到规妻殊死抵抗，最终惨死于车轭之下。鉴于她的忠烈，"后人图画，号曰'礼宗'"。③皇甫规逝于熹平三年（公元 174 年），而董卓则于初平三年（公元 192 年）为吕布所杀，因此皇甫规妻之死当在公元 174 年后不久，但具体地点不详，从时人所赠名号来看，图画肖像的地方当为一个祭祀或礼拜场所。

益州郡：李业、杨竦像

《后汉书·独行列传》："蜀平，光武下诏表其闾，《益部记》载其高节，图画形象。"④

《后汉书·南蛮传》："州中论功未及上，会竦病创卒。张乔深痛之，乃刻石勒铭，图画其像。"⑤

① 《后汉书·许杨传》。〔刘宋〕范晔撰，〔唐〕李贤等注：《后汉书》卷八十二，北京：中华书局，1965 年版，第 2710—2711 页。
② 邓晨卒于建武二十五年（公元 49 年）。《后汉书·邓晨传》。〔刘宋〕范晔撰，〔唐〕李贤等注：《后汉书》卷十五，北京：中华书局，1965 年版，第 584 页。
③ 《后汉书·列女传》。〔刘宋〕范晔撰，〔唐〕李贤等注：《后汉书》卷八十四北京：中华书局，1965 年版，第 2798 页。
④ 《后汉书·独行列传》。〔刘宋〕范晔撰，〔唐〕李贤等注：《后汉书》卷八十一，北京：中华书局，1965 年版，第 2670 页。
⑤ 《后汉书·南蛮传》。〔刘宋〕范晔撰，〔唐〕李贤等注：《后汉书》卷八十六，北京：中华书局，1965 年版，第 2854 页。

　　王莽篡汉后，广汉梓潼人李业称病辞去郎官一职，隐居故里。据《后汉书·独行列传》载，公孙述占据益州并称帝后，仰慕李业贤名，欲征聘为博士，李业继续杜门不应。公孙述恼羞成怒，令李业饮鸩自绝。东汉时期，光武帝感念其节操高尚，下诏在他的故居门口立牌坊，赐匾额，《益部纪》载录其高风亮节。①李业的德行受到了汉光武帝的表扬，对族人与邻里而言，是一个莫大的荣耀，因此在当地的寺观中图画他的形象，供人膜拜与祭祀是完全可能的。除了寺庙以外，还有一些其他建筑上也常常可以见到壁画，比如门阙。崔豹《古今注》曰："阙，观也；古每门树两观于其前，所以标表门宫也。其上可居，登之则可远观，故谓之'观'。人臣将至此，则思其所阙，故谓之'阙'。其上皆丹垩，其下皆画云气仙灵、奇禽怪兽，以昭示四方焉。苍龙阙画苍龙，白虎阙画白虎，玄武阙画玄武，朱雀阙上有朱雀二枚。"②可见，在一些建筑形式上，某些特定的图像壁画已经成了定制。

　　至于杨竦像描绘的时间要晚许多。文献中可见到的记载是，汉安帝元初六年（公元119年），卷夷大牛族封离等人叛汉时，永昌、益州及蜀郡夷也随之反叛，人数甚众，造成"破坏二十余县，杀长吏，燔烧邑郭，剽略百姓，骸骨委积，千里无人"的惨烈景象。益州刺史张乔临危受命，选贤任能，安抚一方。然而"州中论功未及上"，其从事杨竦就因旧创发作而亡，故张乔决定为他画像纪念，《后汉书》未提画像场所，但就其上下文判断，应该就在蜀郡的某处。而《华阳国志》又有一说是"列画东观"（引文见"上东门东观"条下），故疑实际上画像不止一处，但原则上说，画像的时间都不会早于元初六年（公元119年）。

豫州百城：陈寔父子的肖像

　　《后汉书·陈纪传》："(陈纪)遭父忧，每哀至，辄呕血绝气，虽衰服已除，而积毁消瘠，殆将灭性。豫州刺史嘉其至行，表上尚书，图象百城，以厉风俗。"③

　　《先贤行状》："豫州百城，皆图画寔、纪、谌形象焉。"④

---

① 《益部纪》已佚，何人撰于何时均无从考证。〔刘宋〕范晔撰，〔唐〕李贤等注：《后汉书》卷八十一，北京：中华书局，1965年版，第2670—2671页。
② 〔晋〕崔豹撰：《古今注》卷上。影印文渊阁四库全书，台北：台湾商务印书馆，1986年版，第1.9b—1.10a（850—103）页。
③ 《后汉书·陈纪传》。〔刘宋〕范晔撰，〔唐〕李贤等注：《后汉书》卷六十二，北京：中华书局，1965年版，第2067—2068页。
④ 转引自〔刘宋〕范晔撰，〔唐〕李贤等注：《后汉书》卷六十二，北京：中华书局，1965年版，第2069页。

陈寔父子"齐德同行，并著高名，时号三君，当世靡不荣之"①。据《后汉书》所载，陈寔卒于中平四年（公元187年），而陈纪卒于建安四年（公元199年）。至于陈纪的弟弟陈谌，其生卒年史书失载，我们仅知道他早早离世。从陈纪的行为来看，豫州刺史嘉奖其孝行，图像百城的时间至少应该晚于初平元年（公元190年），因为东汉时期服父丧的时间通常为三年。②从《先贤行状》的文字来看，图绘陈寔父子形象的具体时间应该是在他们三人中的最后一个离世后。综合看来，这个时间很可能是在陈纪去世之后（即公元199年之后），图绘的空间范围比较大，"豫州百城"，即豫州境内诸城中皆有。

兖州、陈留郡：蔡邕像

《后汉书·蔡邕传》："邕遂死狱中，时年六十一，缙绅诸儒莫不流涕。兖州陈留（间）闻皆画像而颂焉。"③

蔡邕，才华横溢的一代文士，只因不愿说违心之话，惨遭下狱，死于献帝初平三年（公元192年），死后兖州、陈留间多地纷纷图画其像来纪念他，这些画像是人们自发绘制的，与陈寔父子像不一样，因此绘制时间早晚不一，但肯定晚于公元192年。

犍为郡符节县：叔先雄像

《后汉书·列女传》："孝女叔先雄者，犍为人也。永建初为县功曹。县长遣泥和拜檄谒巴郡太守，乘船堕湍水物故，尸丧不归。雄因乘小船，于父堕处恸哭，遂自投水死。弟贤，其夕梦雄告之：'却后六日，当共父同出。'至期伺之，果与父相持，浮于江上。郡县表言，为雄立碑，图象其形焉。"④

叔先雄为东汉顺帝时人。永建三年（公元128年）叔先泥和被任命为符节县功曹，十月受命拜谒巴郡太守，乘船前往时堕水溺亡，而到了十二月十五日（《华阳国志》《水经注》作二年二月十五日），叔先雄乘小船至父亲溺水处自沉。并托梦给她的弟弟叔先贤，"至二十一日，与父俱出"。

① 《后汉书·陈纪传》。〔刘宋〕范晔撰，〔唐〕李贤等注：《后汉书》卷六十二，北京：中华书局，1965年版，第2069页。

② 杨树达：《汉代婚丧礼俗考》，上海：上海古籍出版社，2009年版，第176页。

③ 《后汉书·蔡邕传》。〔刘宋〕范晔撰，〔唐〕李贤等注：《后汉书》卷六十下，北京：中华书局，1965年版，第2006页。

④ 《后汉书·列女传》。〔刘宋〕范晔撰，〔唐〕李贤等注：《后汉书》卷八十四，北京：中华书局，1965年版，第2800页。

东汉采用正月为岁首，故从时间上推算，为叔先雄立碑画像的时间不早于永建四年（公元 129 年）初。[①]

第四节　民用建筑壁画

有些研究者把大将军梁冀之流的上层社会人士的府第称为民宅，如果认同这种观点的话，那么在文献中要找到关于民宅壁画的记载便轻而易举了。实际上梁冀这样的人士在汉代属于社会的精英阶层，他们的居所绝非普通民宅可以望其项背，它们的规模或内部装饰在当时都属凤毛麟角。更何况，中国古代的贵族以及不同社会等级的官员，他们的宅第通常是由皇家赐建或者官府出资督造的。

笔者所谓的民宅，主要是指民用建筑，包括普通百姓的住宅或劳作、生活、休憩的场所。此类建筑中到底有没有壁画？这个问题困扰了笔者很久，因为文献中未见相关的只言片语，现有研究中关于这一方面的资料也基本阙如。[②] 显然，文献失载并不奇怪，因为史官与文人所关心的重点通常都是上层社会的问题，民间的风俗、事件能够被注意到的情况少之又少，尤其是在惜墨（以及用以记录的纸、帛或简牍）如金的时代更是如此。然而，随着越来越多汉代图像、器物资料的出版，有关的信息让笔者意识到，汉代民用建筑中可能存在壁画，因为在考古发掘出土的文物中，经常可以发现一些建筑模型或造型上面有壁画的痕迹，而这些痕迹所表达的朴素信仰与观念，与文献中所描述的建筑中的壁画相去甚远。

我们不妨从 2003 年在陕北定边发现的一座汉代壁画墓说起。笔者一直对其中的壁画制作方式兴趣盎然。这座墓并不大，形制也比较简单，但是内部的墙面上充满了壁画，最特别的是，其壁画的制作方式不同于其他壁画墓，直接绘制在泥土基底上。从墓室壁画创作的整体情况来看，它至少要求绘制者有两个方面的能力：其一是要对泥土的土质，包括土壤的含水性、结合性等方面的特性非常稔熟；其二是要熟练地掌握在这种土洞壁面上绘制壁画的技术。陕北地区的地貌特征相对于周边地区而言是比较独特的，几千年以来一直如此。因此，在这样的现实条件下，要想找到能够

---

① 〔晋〕干宝撰，汪绍楹校注：《搜神记》卷十一，北京：中华书局，1979 年版，第 140 页。

② 庄蕙芷曾在其专文中曾提到："壁画的使用是属于上层阶级与公共建筑的，一般百姓无权使用。"但在同一篇文章中，她又说："东汉时期，一般平民居室全（绘）有壁画也成为普遍风气。"似有矛盾。庄蕙芷：《汉代壁画墓墓主等级的再思——以两京壁画墓为中心》，《南艺学报》2013 年第 7 期，第 123—162 页。

胜任壁画绘制工作的画工,首要的一点是,画工必须是土生土长,对在这种基底上绘制壁画非常地熟练。符合这种条件的画工容易找吗?实际上,迄今为止陕北定边及周边地区发现的汉代壁画遗迹极少,这种情况似乎与关中周边地区一样,关中地区的汉代壁画墓发现的也不多,但是二者不是一回事。关中地区的汉墓涉及帝陵保护的问题,目前帝陵周围的陪葬墓很少发掘。换句话说,关中地区的汉代壁画墓实际上要远比已知的多,因此在当时定然存在一批为墓葬绘制壁画且技术娴熟的画工。相比之下,陕北地区的汉代壁画墓总数并不多,可能不会出现专门绘制墓室壁画的画工。只有一种可能性比较大,那些绘制墓室壁画者是当地民宅建造者兼画工,黄土高原上人们的居住的场所不同于其他地区,很多为直接凿洞穴居,排除结构设计上的差异外,这种地下或半地下的生宅其实与墓穴的构造特点在某种程度上是一致的。这些窑洞类的民宅墙面很有可能在经过简单的处理后画了一些图案作为壁饰。在造墓时,当地窑洞壁画的画工(或者就是窑洞的建造者)因地制宜,直接照搬在窑洞绘制壁画的经验。在陕北神木大堡当出土的一座彩绘画像石墓(M1)中我们找到了一些线索。该墓墓门的两扇门柱上分别画有伏羲和女娲图像,在右门柱的上方是一座两层阁楼像,在阁楼一层画着两扇门,每扇门上画有一只朱雀,它们与阁楼两侧的猴子、阁楼屋顶的雀鸟不一样,后者周边都做了减地处理,可见是实体形象。而门上的朱雀则是作为"画中画"来处理的,由此可以佐证陕北地区的民宅中也可能存在绘画类壁饰。

1956年3月,在甘肃武威磨嘴子一座东汉中期至晚期的大型古墓群中发现了一套木制院落,如果把这个院落看成是真实民宅的微缩仿制版,那么我们可以从中得到一些启示。制作院落的部分木料已腐朽,所以院落未能完全复原。但据残存部分观察,它是一座长方形院落,长50厘米,宽40厘米,院内中部有简单的悬山形屋顶,顶面另制细木条,表示屋脊和筒瓦,全部涂黑色,顶为方形,长宽各为29厘米,高23厘米。院内后部两角各竖立一个高达34厘米的长方形木柱,未发现屋顶,可能是角楼一类建筑物。院墙也用木板制作,墙面涂白粉底,绘红色花纹。[①]在武威磨嘴子53号墓中,出土了一件造型非常简洁的木屋模型,但在上面我们却发现了内容非常丰富的壁画。木屋四壁涂了一层很薄的白粉,在前、后、左壁上有用墨线绘的画。前壁木板下部微残,残高10.5厘米,宽27.5厘米。左侧画有门,门右侧有一男子,手中持棍状物,似在喂养面前

---

① 党国栋:《武威县磨嘴子古墓清理记要》,《文物》1958年第11期,第68—71页。

的蹲犬。后壁高 10.3 厘米，宽 28.5 厘米，绘有一女子伸手作喂猪状，猪甚肥壮（图 2-27）。木屋左壁画桔槔井一座。[①] 木屋上的图像可能有两种意义，一是作为墙面的装饰，二是表现屋子周围的情境：屋前屋后墓主夫妇在饲养牲畜，屋侧有水井，非常立体。木屋上的图像反映了民间老百姓的追求与信仰，图像上所描述的内容不大可能来自上层社会或对上层社会所喜好的图像的模仿，而是底层社会现实的直观写照，也有可能是当时底层社会共同理想的写照。从壁画上都涂白粉作底这个特点来看，它们显然是在模仿现实宅第中的壁画。这个现象反映了东汉中晚期以后，壁画已经不再是权贵阶层用来装饰宅第的特权，有条件的普通老百姓也可以用壁画的形式来装饰墙壁。除此之外，陶制明器屋舍上的壁画我们也时有发现，图 2-28 是一件多层陶楼，壁面上同样画有壁画。从宫殿壁画的装饰情形来看，壁画并不是建筑的最高等级装饰，因此在应用上，来自礼制方面的制约可能也会少一些。

2009 年 8 月在焦作市马村一建设工地发现了一处古墓群，最后清理出土了两座西汉晚期（M121）至东汉初期的墓葬（M122）。[②] 在这两座墓葬中，各出土了一件彩绘陶仓楼（图 2-29），值得关注。其中 M122 墓出土的五层陶仓楼上的彩绘稍微简单一些，只有网状纹、几何纹、圆点纹、青鸟及常青树几种图案。这里着重介绍一下 M121 出土的陶仓楼。这座陶仓楼通高 112 厘米、长 66.5 厘米、宽 43 厘米，由院落、仓体、

图 2-27　磨嘴子 53 号墓出土木屋壁画

图 2-28　五层彩绘陶仓楼　　图 2-29　白庄汉墓陶仓楼

---

① 张朋川：《河西出土的汉晋绘画简述》，《文物》1978 年第 6 期，第 59—71 页。

② 焦作市文物工作队：《河南焦作白庄汉墓 M121、M122 发掘简报》，《中原文物》2010 年第 6 期，第 10—27、46 页及彩版一、二。

楼体组成，各部件之间可以拆卸组合。院落
位于主楼前，三面围墙，前墙中部建有长方
形大门，门的宽度大于高度，上有彩绘铺
首，大门两侧外墙面上绘有着橘色长袍的捧
盾门吏（图2-30）①，院落两侧的围墙上绘骏
马，通体朱红，其中左侧墙面的一幅受污，
仅能看见马蹄。主楼有四层，重檐结构。第
一层和第二层是连体结构的仓体，仓体前墙
绘制了两个男子形象。仓体两侧山墙用红线
分隔出上下两层，右侧山墙下层绘有一人持
杖疾行，左侧山墙下层的图案无法辨识，山

图 2-30 楼前有捧盾门吏图像
的陶仓楼

墙两侧的上层均绘云龙纹图案。仓体背面未分楼层，通体绘制了一株高大
的树，枝蔓扶摇而上，青鸟数只散落其间，树右绘一条升龙。第三层楼楼
体两侧的山墙上绘制树纹，背面绘龙及云彩组合的图案。第四层楼楼体
两侧的山墙均绘制了一个人物，人物肩扛竹竿，竿上挂着竹篓，楼体背面
画了一幅比较典型的虎食旱魃图案（图2-31）。②此图具有显著的汉代风
格，笔者曾在关于"虎噬人母题"的一篇研究文章中对此类图案的源流做
了较为详细的探讨，认为其来源与先秦时期的"虎噬人"母题有关。③在
与"虎噬人"母题相关的诸多图案中，人（通常是巫师）通过虎（神）实
现与天进行沟通的目的，人与虎是和谐共处、天人合一的关系，由于汉人
在文化上与先秦之人存在观念上的断层，这种图案经过前者的解读、附会

---

① 韩长松等人撰写发掘报告以及相关文章时，将大门两侧男子形象的动作描述为"手捧（圆
形）彩绘漆盘"，有误。门区附近的人物形象通常手捧盾牌或拥彗侍立，从人物手中物件
图像的特点来看，它以中轴线为基准，上下对称，亦可证明它不是上开口的盘状物，而是
盾牌。参见焦作市文物工作队：《河南焦作白庄汉墓M121、M122发掘简报》；韩长松、
成文光、韩静：《焦作白庄汉墓M121出土陶仓楼彩绘考》，《中国国家博物馆馆刊》2014
年第4期，第6—16页。

② 关于陶仓上的虎食旱魃图，韩长松等人认为"图案中虎为龙和虎的结合体。头为龙头形
状，纹饰为黄黑相间王字形虎纹，上有龙的两个犄角，为豆绿色。背及尾巴绘制为黄黑相
间的虎纹，身子为紫色，其上绘制羽鳞状，虎腿"。其描述有误，所谓的"犄角"实际上
是羽翼。所谓的龙、虎结合的形象，很可能是画工有意处理出来的一种阴阳形象，阳部为
黄黑相间的虎纹，阴部为蓝紫色带白色斑点的鳞纹。此种处理手法的目的或许是为了强化
翼虎的"神异"色彩。参见韩长松、成文光、韩静：《焦作白庄汉墓M121出土陶仓楼彩
绘考》，《中国国家博物馆馆刊》2014年第4期，第6—16页。

③ 也有人认为它与佛教"舍身饲虎"故事有关，此观点值得商榷。参见袁祖雨、袁子祠：
《南阳唐河针织厂汉画像石：不是"虎食女魃"，而是"舍身饲虎"》，《南都学坛（人文社
会科学学报）》2020年第7期，第18—23页。

图 2-31　陶仓楼虎食旱魃图

与发挥，最后演变成了汉代的虎食旱魃图案①，图案中的"人"演变成了
"鬼怪"，"虎"成了"翼虎"，人、虎之间的关系也逐渐走向对立，不可调
和成为主流意识。② 这种图案在汉代画像石中比较多见，壁画仅见于洛阳
老城西北烧沟村南发现的一座西汉壁画墓（M61），墓室门楣的上额浮雕
一羊头，羊头左边为淡墨描绘的一棵树，树枝上挂着红色的衣物，树干下
横躺着一个裸身女子，头发缠于树干上，右臂上伸。形象以墨勾轮廓，并
施填灰色。一只翼虎以右爪抓按她的头部，张口噬咬（图 2-32）。③ 构图
方式与彩绘陶仓楼背面的图案几乎一致，它或者也启发了我们去思考这样
的一种可能，即汉代墓葬中虎食旱魃图案在现实社会中的来源可能与谷仓
之类的建筑（壁画或装饰）有关，这种图案在墓葬中一般认为可以起到
辟邪的作用，那么其在现实中的意义或者可以具体到攘除旱灾，祈祷风调

---

① 尹承认为"目前可见的古人所绘旱魃图像，仅能上追至明清人的《山海经》图"，他对从
　汉代图像系统中识别出"旱魃"形象的可能性表示怀疑，认为汉代图像中所谓的"虎食旱
　魃"画像中，"旱魃"形象与"虎食人"图像中的一般人物相比，除了"袒身"这个特点
　以外并没有太大的区别，很难再找到别的途径做进一步区分，而"更重要的是，《神异经》
　所述魃最突出的特点就是身形短小（小儿状）、目在顶上，也就是识别魃的最主要根据，
　而两幅汉画皆无体现"。其说不准确，如果认真比较，我们还是可以看出，他所提到的两
　幅汉画（分别出自洛阳烧沟 M61 汉墓和唐河针织厂）中的女性人物形象确实要比一般人
　物形象瘦小，当然，也确实没有达到"小儿"的程度，但或许是不同工匠对于"身材短
　小"这个尺度的理解和把握上有差异，又或许《神异经》所载的说法只是当时流行的观点
　之一，更何况《神异经》的成书年代也存在争议，因此有关说法并不能作为"虎噬旱魃"
　形象辨识的唯一依据。参见尹承：《"旱魃"形象考辨》，《中国社会历史评论》第二十二卷，
　天津：天津古籍出版社，2019 年版，第 61—72 页。

② 练春海：《"虎噬人"母题研究》，《形象史学研究》2015 年下半年期，第 30—58 页。即使
　是在一些民间"喜闻乐见"的世俗图案中所出现的"戏虎"（合作型）情节，其中的人物
　形象也凌驾于老虎之上，虎只是表演的配合对象，但通常情况下仍以"射虎"（对立型）
　之类的题材居多。

③ 河南省文化局文物工作队：《洛阳西汉壁画墓发掘报告》，《考古学报》1964 年第 2 期，第
　107—125 页图版一至八及彩版一、二。

雨顺、五谷丰登等。总的来说，这件通体彩绘的汉代陶仓楼比较罕见，它无论在艺术欣赏层面，还是在学术研究层面都具有很高的价值。通过前文的分析，我们大致了解了陶仓楼上图像的类型（包括建筑结构、人物、雀鸟、青龙、白虎以及虎食旱魃等）与分布特点。

图 2-32 烧沟 M61 汉墓虎食旱魃图

以上所举的几个例子很有代表性，笔者以为，在那些精致的陶楼中，大量地表现绘画，这种绘画与当时的民用建筑之间可能存在如下三种关系。

一是壁画或为建筑细节的刻画。作为明器的建筑通常采用陶制或木制，不论哪种类型，它们都是缩微型的模型，因此很多细节无法表达，采用图像的方法既可以弥补制作上的不足，也可以大大降低制作成本。

二是壁画或为建筑周边景致的反映。如焦作西汉墓 M121 一楼壁面上的树形图案就有可能是房屋周边风景的再现，但壁面上所绘人物形象就比较特别了，因为他们不大可能是作为"真人"而存在，即他们不属于"房屋周边的景致"。该墓未遭盗掘，发掘时在陶楼前方放置有负粮袋俑、侍女俑、磨面俑（以及陶碓、陶磨等物），说明房屋周围活动着的"真人"形象是以陶俑的形式来呈现的，可见陶楼上的彩绘人物只能是作为图案而不是周边活动的"真实"人物的反映。

三是对现实建筑中同类装饰图案的模仿。尤其是最后一点，非常有意义，它的成立表明了汉代民宅中存在壁画，并且会根据建筑性质的不同（居住或囤粮）而使用不同的绘画题材。

第三章　地　下　壁　画

汉代地下[①]（建筑）空间的类型有很多，比如位于地下的礼仪场所、休憩场所、中转场所、存储空间以及通往地下的廊道等等，其中最典型的空间是陵墓。但关于此类空间中壁画的文献比较罕见，两汉史料中，仅在《后汉书·赵岐传》见到一则记载墓室壁画[②]的内容："赵岐字邠卿，京兆长陵人也。……年九十余，建安六年卒。先自为寿藏。图季札、子产、晏婴、叔向四像居宾位，又自画其像居主位，皆为赞颂。"[③]然而，正如本书导论中所提到的那样，往往出土视觉材料中榜题或铭文自书为"画"者，实际上有可能是凿刻或模印成像的"画像石"和"画像砖"，而不是利用毛笔或刷子直接在墙壁上绘制的壁画。

关于地下建筑中画像（包括壁画、画像石、画像砖等）文献阙如的原因，估计与如下几点有关：其一，在中国传统文化中，与丧葬有关的事物基本上被视为不祥之物；其二，地下建筑，尤其是那些饰有图像者，它们服务的对象通常都是达官显贵或者殷富豪奢，这些人物实际上也是传世或者出土文献书写或记录的主体，按理来说，应该会留下一些和他们有关的丧葬建筑的信息，但事实并非如此，因为除了包括墓葬在内的地下建筑建造者、对地下建筑进行装饰的专业工作者以及负责和管理地下建筑的相关人员外，一般人对地下建筑其实知之甚少；其三，从考古发掘出土的地下墓葬来看，汉代地下建筑中绘有壁画者在总体比例上并不高，尽管在历史上不断地遭遇盗掘（有些还是官方组织的行为），汉代墓葬可以说十室九空，但是我们还是发现了数量庞大的汉代墓葬，有时甚至在一处遗址中就可以发现几十座汉墓，所以地下壁画出土的总量并不算少。这些壁画的

---

① "地下"取"地表之下"之意。有些地下的空间处于山体内部，实际上要高出平面许多，但本书中仍然将之归于"地下"之列。

② 郑岩以"墓葬壁画"代替常用的"墓室壁画"一词，认为古代墓葬常在墓门与墓道处装饰壁画，而"墓室壁画"一词无法涵盖。后者大致包括两个方面：（一）其载体为墓葬壁面（包括天顶），（二）其图像有较为复杂的内容和构图，而不是简单的几何样类的装饰。郑岩：《关于墓葬壁画起源问题的思考——以河南永城柿园汉墓为中心》，《故宫博物院院刊》2005年第3期，第56—74页。

③ 《后汉书·赵岐传》。〔刘宋〕范晔撰，〔唐〕李贤等注：《后汉书》卷六十四，北京：中华书局，1965年版，第2121—2124页。

制作在当时很大一部分可能都是职业匠人（来自民间作坊或官营作坊者皆有）所承担，这些手艺人出于生计的需要，对于制作壁画的技艺，包括壁画制作可能会用到的模板、口诀、材料、特殊技法等均有可能采取一定的保密措施；其四，通过对汉代墓室的考察，我们发现在建造过程中和建造完成之后，乃至在下棺、闭圹之前都可能允许人们进入墓室"参观"。[①]但是，一方面，被"允许"参观墓葬者的身份和数量实际上会受到严格的控制和选择；另一方面，墓葬内部空间"公开展示"的时间极其有限，短暂的开放之后，便被封闭了。[②]如此一来，墓葬中有关的图像、文字其实给观者留下的印象是比较模糊的，更遑论细节了，它们很快便会淡出人们的记忆。相比之下，地上的宫殿、寺观等建筑的内部结构、装饰始终暴露在人们的视野之中，在它上面停留的目光有不少来自擅长文字与记录的文人士子，因此宫殿与寺观中那些精美的壁画被记录和传颂的概率要比墓葬中的壁画高出许多。

从考古发掘的实际情况来看，汉代壁画墓有在某个时间段、某个地区集中出现的特点。前文提到的赵岐墓，它很可能位于今天的陕西省西安市周边。根据笔者在导论中的统计数据来看，该地区虽然为西汉京畿所在，但正式公布的、出土的汉代壁画墓却不多，其中有一个很重要的原因是，西安地区的帝陵迄今为止没有一座被考古部门正式发掘，而西安周边的许多汉代高级别墓葬都是帝陵的陪葬墓，因此也很少被发掘。有一个值得注意的情况是，很多已发掘的西安地区汉代墓葬中都发现了壁画的痕迹，它们中有些很可能就是壁画墓，只是因为地下水的渗入而漫漶或因为被盗等人为因素的破坏使得壁画遭到损毁[③]，所幸考古发掘报告所公布为数不多的几座西安西汉墓中都出土了非常精美的壁画。西汉中期以后洞室墓逐渐

---

① 比如陕西旬邑百子村东汉墓甬道前端两壁的墨书题记："诸观者皆解履乃得入"（西壁），"诸欲观者皆当解履乃得入观此"（东壁）。参见郑岩：《一千八百年前的画展——陕西旬邑县百子村东汉墓细读》，《中国书画》2004年第4期，第54—59页。

② 关于合葬墓的封闭情况值得一提。汉代合葬非常普遍，不论竖穴墓还是洞室墓都有。合葬墓又可细分为两种，异穴合葬墓和并穴合葬墓。其中并穴合葬，既有同时下葬的，也有追葬的。日本学者太田有子以为，竖式墓在追葬合葬者时，必须再次深掘墓葬坑；而洞室墓，由于室内有较多的空间，可以从洞室旁侧打洞进出，追葬合葬者比较方便。但不论是哪一种情况，都意味着封闭墓穴的再次开启，当然开启的时间非常短暂，旋即封闭。还有一种情况，太田有子未曾提到，由于某些特殊原因，有些合葬墓虽然预留了空间，但是死者的配偶最后并未葬入，这种合葬墓实际上只进行了一次启闭。〔日〕太田有子：《中国古代的夫妻合葬墓》，杨凌译，《华夏考古》1989年第4期，第103—110页。

③ 陕西省西安考古研究院柴怡副研究员见告。据王学理推测，秦始皇陵及诸汉陵内也有壁画的存在。王学理：《秦汉相承 帝王同制——略论秦汉皇帝和汉诸侯王陵园制度的继承与演变》，《考古与文物》2000年第6期，第60—66、79页。

发展成墓葬的主流形制，在此之前，上层社会的墓葬还以椁室墓为主。东汉时期，洞室墓形制经历了上百年的发展，已臻成熟。作为东汉首善之都的洛阳，周边地区分布了大量权臣、豪富以及与之关系密切人士的壁画墓。

关于汉代地下壁画的讨论，我们很难依循建筑类型来进一步分类。除了我们比较熟悉的墓室，汉代地下的建筑其实还包括其他类型的空间，比如祭祀空间、储藏空间，它们中有一些与墓室连接在一起，但在性质上独立于墓葬空间而存在，诸如此类的建筑空间现在已经很难进行区别或者分辨。原因很多，如空间中有关的陈设和布置经历了自然的或人为的毁坏，又如这类空间原本就是一个临时性的安排，在丧葬仪式结束后便撤除或取消了。在具体的考古发掘现场，要将墓葬空间与其他空间做出恰当的区分实际上是很困难的。因此，本书将墓葬空间以及其他地下空间中的壁画统一纳入墓室壁画中加以讨论，不做区别。

第一节　墓　室　壁　画

笔者在本书的导论中指出，迄今为止发现的汉代壁画墓接近 110 座，这还不包括那些疑似有壁画的汉代墓葬，正在发掘且尚未对外公布的汉代壁画墓，以及因盗掘而无法统计的汉代壁画墓，从比例来看，汉代实际上存在的壁画墓当远远超过甚至数倍于此数。

为了更系统地对墓室壁画进行讨论，此处有必要对它们做一个分类。以往的研究通常都是根据现有行政区划来划分，这样划分的优势在于操作简便，不足之处在于人为地打散了原本在地缘上可能存在内在联系的相关墓葬。汉代的行政区划与今天的行政区划是完全不同的两个概念，虽然二者在历史渊源中有一定的内在关联，但时间跨度太大，中间环节太多，故而这样的划分并不能反映汉代行政区划的原貌①，没有现实意义。贺西林在其博士论文的撰写过程中，创造性地将地理区位与壁画制作的历史时期两种要素结合起来对壁画墓进行分类，这样的划分也有问题，由于参照要

---

① 从公元前 206 年刘邦被封为汉王开始（汉朝实际建立于公元前 202 年，中间四年为楚汉战争时期）直到公元 220 年汉献帝刘协被迫禅位，曹丕称帝，宣告曹魏开始为止，汉朝共历时 426 年（公元前 206—220 年），在此期间，行政区划实际上也一直处于动态变化的过程。

素较多，分组结果呈现了碎片化的特点。① 黄佩贤从考古学的视角出发，将它简化为六大区域，以此为基础的讨论基本厘清了各个区域内壁画发展的脉络，值得借鉴。② 贺西林、黄佩贤两位学者的分类方式各有千秋，但都忽略了从横向角度观察墓室壁画发展的内在规律。武利华根据墓葬的结构类型特点，将汉代墓葬壁画分为崖墓壁画、石室墓壁画、砖石混合墓壁画、砖室墓壁画、土坑墓壁画五种主要类型。③ 这种分法看起来直观，却失于科学，因为崖墓和石室墓从基底的本质来看属于同一个类型，都是石质媒材。考虑到壁画通常都由基底、地仗层和颜料层等部分构成，在颜料层中，不同墓葬中的这部分材料使用情况其实大同小异，地仗层在有些墓室壁画中也常常会被省略，因此在笔者看来，以壁画基底类型来作为壁画分类讨论的依据在目前看来是比较合理的。虽然这种分类方法难免要打破地域界限，甚至可能割裂具有承袭关系的壁画墓之间的关联，但这种划分的不足或许没有想象的那么严重，汉代作为一个统一国家，信息传播要比我们想象的容易。④ 换言之，这种以区域为基础的划分方式的意义实际上微乎其微。倒是不同墓葬之间的横向比较可以让我们更好地找到壁画、壁画所依托的基底，以及与之相关的时间、空间、文化观念之间的关联，从而对壁画（墓）的发展历程与壁画材料的选用（包括壁画所选用的色料、基底材质），壁画制作手法，丧葬观念（包括墓葬形制的选择和壁画母题的选择等方面的观点），甚至是墓葬建筑水平（空间结构的大小与复杂程度、建造的手法等），社会经济发展的状况之间的关系都有一个更为全面的认知。通过这种对比，我们甚至会发现，基底并非只是图案之下默默无

① 在贺西林的著述中，所使用的各种地理区位概念庞杂，如"洛阳""洛阳浅井头"与"陕西北部长城沿线地区"等这些概念在逻辑上属于不同的层级，而不是平行的地理概念，但在其著作中却时常并列处理，使得论述体系的科学性有所减弱。贺西林：《古墓丹青：汉代墓室壁画的发现与研究》，西安：陕西人民美术出版社，2001 年版，第 14—114 页。

② 黄佩贤将它们按照中原地区、关中地区、东北地区、北方地区、河西地区、东方地区分为六个区域。虽然回避了古今行政区域的差异，但除了反映墓葬的聚合程度之外（显然我们又不能简单地凭这种聚合来推断其在古代的区域归属关系），并没有反映出与墓葬类型与特征有关的特点来。黄佩贤：《汉代墓室壁画研究》，北京：文物出版社，2008 年版，第 30 页。

③ 武利华：《中华图像文化史·秦汉卷》（上），北京：中国摄影出版社，2016 年版，第 365 页。

④ 汉代从武帝中期开始，各地之间的文化差异就大大缩小了。秦始皇统一六国时，虽然在政治和文化上做了很多重大的改革，但是要完全生效，形成一个统一的文化帝国则尚需时日，但是秦代国祚短暂，未能完成这个进程。西汉立国，沿袭秦制，各地的经济文化建设顺利展开，但也经历了将近 100 年的时间，才逐渐完成这个过渡，到武帝时期，才真正形成一个在文化上高度融合的帝国，而这个时间也正是汉代壁画墓登上历史舞台的时间。另一个证明就是汉代大量出土各种从域外传播到中国的文物，或者模仿域外文明的作品，说明汉代不同地区乃至是与周边国家之间的交流还是很频繁的。

闻的支撑，它其实还隐藏了关于历史、技艺和观念上的重要线索。

一、木基壁画

图3-1　居延甲渠官出土木牍画

汉代人在木质材料上作画的情形时有发现，这些木质材料包括木简、木板（含木牍）以及木桃符等。木材在古代的自然与社会条件下是极其容易获取与加工的，同时也是非常廉价的材料，一如帛、绢以及纸张出现之前它是最重要的书写媒介（之一），木材也是绘画最原始的媒介之一。然而，木材的另一个特点是极易腐烂，最终留存下来的都是处于比较特殊的自然条件中，比如饱水状态或者严重失水状态，甘肃武威等地发现的木牍画、木简画就是比较有代表性的例子（图3-1）。我们今天通过考古发掘或调查收集所得到的带有图绘的古代木板（片）的数量，相对于当时在板上进行创作（绘画）的原始情形而言，可谓万不及一，当时的板上创作除了数量众多之外，在形式上也要远远超出我们今天能够见到的。因此，汉代墓葬中出现木板绘画，在当时的情况下是再正常不过的，是板上绘画在墓葬语境中的发展和延伸，这部分内容与我们在此讨论的木基壁画有关。

木基壁画以及下文涉及的一些壁画类型（如部分砖基壁画、石基壁画），在一定程度上都被人们视为准壁画，都带有过渡性的色彩。从出土实物来看，板上绘画的情况比较多样，根据笔者对壁画这个概念的界定，可知其中的一些板上绘画与壁画相比确实存在一定差距，但另一些则基本符合壁画的标准。正因为它们内部所具有的多样性，研究者对它们命名时无法遵从一个统一的标准，极其混乱，板上绘画或者被称为"木板画"，或者被唤作"板上彩绘"，不一而同。基于此，笔者以为，从"基底"的视角来审视这些作品有它的积极意义，那些基底为木质材料（包括构造棺状物的木板、搭建椁室的板材，甚至是内部掏空的原木侧面）的视觉形象传达便全部被转换为"木基壁画"。这个转换的完成，其实隐含着两个前提，在此有必要强调一下。首先是现实中存在"壁面"，即汉代现实生活中的宅第存在墙壁，并且它至少有部分壁面可以用来描绘图像（壁画）。这点不是问题，上一章的讨论就是关于汉代地面建筑中壁画艺术的。其次是汉代墓葬语境中存在象征性的宅邸，这似乎也不是问题。既然存在象征性的宅第，自然就存在象征性的壁面，装饰这种表面的图像也就可以被视于壁画，参见图3-2①。

由于条件限制，我们无法追溯中国古代墓葬中的"宅第"观念始于何时，也就是说，我们无法追溯丧葬中产生模拟生宅或构造象征性宅第这种愿望的时间上限，但从实物遗存来看，起码可以上溯到春秋时期。根据李梅田的研究，可知模

图3-2　杜家嘴崖墓彩陶仓房

拟生宅的意识是存在的，甚至还可以追溯到周代丧葬仪式中的"荒帷"制度。荒帷的主体是丝织品，罩于棺框（即墙柳）之上。"以墙柳和荒帷饰棺可能还有一个作用，那就是模拟生前的居室，'既载，饰而以形，遂以葬。若存时居于帷幕而加文绣'。故墙柳常做成四阿形屋顶的房屋形，上有尖顶，下有屋檐式的帷幕。"② 当然，西周时期的"荒帷"是一种临时性、附加性的棺饰，在郑玄看来，其作用主要是"以华道路及圹中，不欲众恶其亲也"③。正式下葬时，可能会因封闭木椁等原因而遭到破坏，或者是受椁内空间的制约而采取收纳或者其他方式进行随葬。荒帷的使用一直延续到汉代，在满城中山王刘胜墓中我们仍然能够见到有关的帐钩遗物。

木基壁画在汉墓中的形式有两种：一种是彩绘漆棺，另一种是木板画。

（一）彩绘漆棺

就笔者所掌握的资料来看，彩绘漆棺的历史最早可以追溯到河南安阳殷墟墓葬，不少出土的木棺遗存上发现了髹漆，发掘报告载："棺上一般涂红色、黄色漆，有的涂漆数层。少数棺上还有彩绘，有粉红、杏黄、黑、白等四色，彩绘的图案不甚清晰，多以三角、圆圈、圆点等几何花纹

---

① 附图是1993—1994年出土于广汉连山镇杜家嘴崖墓的彩陶仓房。这件作品是一件模仿居住宅第的明器。作品中除了实际制作的歇山式屋顶、方形房身之外，还绘出了门、柱、基部，特别值得注意的是，墙壁上用朱砂彩绘图案，表明壁画观念之存在。参见张跃辉等：《蜀风雅韵：广汉文物艺术精粹》，四川：四川出版集团、巴蜀书社，2013年版，图139。

② 李梅田：《略谈巫山汉墓的鎏金棺饰——兼及汉代的饰馆之法》，《文物》2014年第9期，第71—75页。

③ 《礼记·丧大记》。〔汉〕郑玄注，〔唐〕孔颖达疏：《礼记正义》卷四十五，〔清〕阮元校刻：《十三经注疏附校勘记》，中华书局影印本，1980年版，第45.356a（1584b）页。

组成。"① 1978年在湖北随县擂鼓墩附近发掘的曾侯乙墓出土了目前所知最早的彩绘漆棺，据专家推断，它制作于战国早期（不晚于公元前400年）。② 这组漆棺对我们的研究而言具有重要的意义，一方面它为我们讨论汉代的木基壁画提供了一个重要的时间坐标；另一方面，它证实了一个推断，即早在战国时期，人们的丧葬观念就已经存在关于宅第、府第的想象与建构中。从曾侯乙墓内外棺漆绘精彩的程度来看，这种利用漆绘形式来装饰棺椁的方法已经经历了长时段的发展并臻于完善。距曾侯乙薨没两个多世纪之后，也就是西汉早期，荆楚地区的饰棺方法发生了一定程度的变化，尽管如此，其核心的设计观念还是来源于战国时期的楚地文化。汉代的彩绘漆棺，在制作上与曾侯乙漆棺一样有着杰出的表现，但在精彩的漆绘表面下，又有明显的时代烙印。总体而言，漆棺都以装饰性为主，与汉代常见的壁画有所不同，壁画通常都有较明确的主题，但在制作基底的方式上，漆棺上的彩绘与建筑上的壁画是相同的。

从曾侯乙墓出土内外棺棺墙上的画作来看，那些棺壁确实是被当作宅第中的墙面来看待的，因为在彩绘棺的前后挡以及侧壁都绘有窗户（图3-3）。③ 从设计观念的角度来看，战国秦汉时期，棺椁的功能实现了一个重大的转变，成为阳间宅第在另一个世界的对应物。从这个时期开始，棺椁已经不仅仅是收纳尸体、随葬品的容器，而是转化为死者在另一个世界的宅第。从制作伊始，直到葬礼完结，整个过程中棺椁的性质经历了两重礼仪性的转换。第一重转换是在棺椁四周壁面画上象征屋宇的图案和细节之后，棺椁变成了阴宅；第二重转换是在尸体放入画棺之后，棺转换为柩（陈尸之棺④）。这两重转换其实喻示着不同历史时期的文化烙印，前者受新出现的汉代葬俗影

图3-3　曾侯乙墓主棺内棺头挡

① 中国社会科学院考古研究所安阳工作队：《1969—1977年殷墟西区墓葬发掘报告》，《考古学报》1979年第1期，第27—146页及图版壹至贰拾。
② 湖北省博物馆：《曾侯乙墓》（上），北京：文物出版社，1989年版，第461页。
③ 贺西林认为侧面的是门。贺西林：《古墓丹青：汉代墓室壁画的发现与研究》，西安：陕西人民美术出版社，2001年版，第146页。
④ 巫鸿以为，柩既可以指内棺，也可以指尸体和铭旌。聊备一说。〔美〕巫鸿：《礼仪中的美术——巫鸿中国古代美术史文编》，北京：生活·读书·新知三联书店，2005年版，第104—105页。

响，而后者却是古老的周代礼俗观念。在这些棺椁侧壁上的彩绘也可以理解为装饰墙面的壁画，所不同的是这些"壁画"是画在一个"可以移动的宅子"上，漆棺表面的绘制材料与洞室墓中壁画的绘制材料（在成分上）亦有所不同。

彩绘漆棺在汉代乃王孙贵胄所喜用的一种葬具。因此我们可以在文献史料中屡屡见到关于"朱棺"或"画棺"等记载。西汉哀帝的宠臣董贤因遭弹劾而畏罪自杀，"贤自杀伏辜，死后父恭等不悔过，乃复以沙画棺四时之色，左苍龙，右白虎，上著金银日月，玉衣珠璧以棺，至尊无以加"，颜师古注"画棺"曰："以朱砂涂之，而又雕画也。"[1]东汉和帝的生母以及外曾祖父梁竦一家为窦氏所害，和帝"亲统万机"之后，"追封谥皇太后父竦为褒亲愍侯，……遣中谒者与嬺及匽，备礼西迎竦丧。诣京师改殡，赐东园画棺、玉匣、衣衾，建茔于恭怀皇后陵傍"[2]。彩绘漆棺虽然在汉代上层社会中被大量使用，但因为木材易朽，在考古发掘中有关遗存并不多见。迄今为止，考古出土的楚汉漆画木棺保存得好的并不多，如1993年安徽寿县朱家集李三孤堆楚墓中出土的漆绘花纹木棺，该棺遭到盗墓者的严重毁坏；1950年辉县固围村1号墓亦出土髹朱漆画彩纹的棺木；1957年河南信阳长台关1号楚墓中也发现漆绘棺板[3]，等等。出土彩绘漆棺中保存完好的只有两套汉代彩绘漆棺：一套是长沙马王堆汉墓出土的漆棺（图3-4），也是战国至西汉时期出土级别最高，绘饰最为精美的一套漆棺；另一套是长沙砂子塘汉墓中出土的彩绘漆棺。

图3-4 马王堆一号墓朱地彩绘漆棺

① 《汉书·佞幸传》。〔东汉〕班固撰，〔唐〕颜师古注：《汉书》卷九十三，北京：中华书局，1962年版，第3739—3740页。
② 《后汉书·梁竦传》。〔刘宋〕范晔撰，〔唐〕李贤等注：《后汉书》卷三十四，北京：中华书局，1965年版，第1174页。
③ 湖南省博物馆：《长沙砂子塘西汉墓发掘简报》，《文物》1963年第2期，第13—24页，图版壹至柒及封底。

　　长沙马王堆汉墓群发现于长沙市东郊浏阳河旁，共有三座西汉时期的墓葬，其中一号墓规模最大，为大型木椁墓，出土了漆棺，墓主为长沙相轪侯利苍的妻子辛追，安葬于西汉文帝时期。木椁中共设有四层髹漆木棺，第一层为黑色素棺，第二层为黑地彩绘棺，第三层为朱地彩绘棺，第四层为锦饰内棺，四层棺内侧均髹涂朱漆。其中，第二层棺的外表以黑漆为地，彩绘了复杂多变的云气纹（详下文），云间穿插形象生动的神怪与异兽；棺内右侧板上部的朱漆面上，有用黑漆草率勾成的奔马与人物，勉强成形。第三层棺，盖板画像主体为二龙二虎相斗图像，头端挡板画面主体为一座形近等腰三角形的图案化高山，山两侧有鹿，周围云气缭绕。足挡画双龙穿璧。左侧画面正中也是一座高山，山两侧各有一龙纹，以及一环绕四周的虎、朱雀、仙人等。右侧亦画繁复的勾连云纹。关于这些漆棺纹饰意义的诠释，不胜枚举，巫鸿、姜生、汪悦进等学者的研究都非常地系统与详尽[①]，此处就不再赘述。据发掘报告所载："两层彩绘漆棺的绘制方法，与后世建筑彩画的做法十分相似，都是先用涂料将木材的表面刮抹平整，再用类似沥粉堆金的做法用油彩描绘花纹。"[②]虽然我们不能把漆棺等同于建筑，但它与墓室壁画之间的关联由此可见一斑。

　　1961 年 6 月，湖南省博物馆考古部清理了长沙市南郊砂子塘 1 号西汉木椁墓。[③]这座墓曾遭两次盗掘，但是在科学发掘的过程中还是获得了四十三件墨写隶书的木封泥匣和漆绘外棺等文物。外棺五面都进行了红、白、黑、棕、黄等色彩精美的涂饰，以头尾两端挡板上的纹样最为精彩。头挡黑底的正中间绘有一块深黄色的玉璧（形似出廓璧），双凤颈部穿璧，相向而立，嘴衔系结编磬的丝绳和丹药，璧与磬下端皆悬缀璎珞状物（图 3-5）。足挡正中间绘巨磬，下悬大钟一口，磬下角各悬璎珞状物两串，磬上有羽人骑回首豹，对称分布（图 3-6），两侧壁板的纹饰相同。正中有拔地而起的险峰，近顶处绘垂杨两株，山下两侧各绘一回首猛兽，流线型与菱形云彩交织，填满画面，张牙舞爪、吐舌盘旋的龙纹或隐或现于云间，一条粗黑色的斜线沿棺侧对角将画面分割成两个三角形，粗线上分布

① 巫鸿：《礼仪中的美术：马王堆再思》，载《礼仪中的美术——巫鸿中国古代美术史文编》，北京：生活·读书·新知三联书店，2005 年版，第 101—122 页。姜生：《考古马王堆一号汉墓四重棺：汉初道者眼中的死后仙化程序》，《文史哲》2016 年第 3 期，第 139—150 页；汪悦进：《入地如何再升天？——马王堆美术时空论》，《文艺研究》2015 年第 12 期，第 136—155 页。

② 湖南省博物馆、中国科学院考古研究所：《长沙马王堆一号汉墓（上集）》，北京：文物出版社，1973 年版，第 13 页。

③ 湖南省博物馆：《长沙砂子塘西汉墓发掘简报》，《文物》1963 年第 2 期，第 13—24 页，图版壹至柒及封底。

三组变形柿蒂纹。盖板中央绘一金黄色谷璧，两端各绘一璜，两边各有两磬。璧、璜、磬之间以黑带编成菱形，四周纹饰同两侧板。这件漆棺上的纹饰构思周密、精巧，亦为汉代漆棺作品中杰出的代表作。

图 3-5 砂子塘 1 号西汉木椁墓头挡　　图 3-6 砂子塘 1 号西汉木椁墓足挡

　　除此之外，还有一些虽然出土时就不是很完整的汉代漆棺，但从纹饰上看，其艺术价值与学术价值也同样值得关注。比如安徽潜山县文物部门 1992 年前后对彭岭、彰法山进行抢救性发掘，所得彭岭 58 号墓出土的西汉早期彩绘漆棺，棺上髹饰的纹样就十分精彩。漆棺分为内外两组，盖板早已朽烂，棺身基本保持完整。其中外棺长 224 厘米、高 75 厘米、上宽92 厘米、下宽 86 厘米。表面髹朱漆为地，其中头挡描绘有人物驭虎，脚挡为神异打斗的图像，两侧面绘穿璧纹（中间穿插各种狩猎、羽人等形象）（图 3-7）。[①]

图 3-7 安徽潜山出土西汉早期彩绘漆棺

---

① 傅举有：《中国漆器全集 3 · 汉》，福州：福建美术出版社，1998 年版，图 50。吕利平等：《安徽体育文化形态考辨——初析潜山 58 号汉墓棺椁上的彩绘》，《体育文史》1998 年第 5期，第 40—43 页。

　　2000年夏，山东省文物局在曲阜柴峪取土场汉墓群中也发现了使用漆棺的情况。因为木质棺身早已朽烂，漆棺彩画（实际上只是漆皮）仍然比较完好，发掘时漆皮坠至椁中，自然断裂成若干段。据悉，漆皮上绘有白、红圆点纹、卷云纹、条状方格纹等纹样，但发掘报告未附实物照片。[1]

　　除最后一件因为图像资料匮乏无法做进一步讨论外，前三件漆棺都有图像资料公开发表。通过分析那些材料，可发现它们有一个共同点：都没有楚式漆棺中习见的窗户。这是否意味着汉代漆棺在设计观念上发生了变化？设计观念源于丧葬观念，也就是说它意味着汉人的丧葬观相对于楚人发生了变化？拙见以为，恐怕不能这么简单地看待。相较于楚式漆棺，汉代漆棺在具体的装饰语言上确实发生了一些变化，没有直接传达出一个类似阴宅的丧葬观念，但它仍属于楚式漆棺系统，是一个新的渐变层次。大量云气纹饰的存在，说明漆棺所建构的意象已经超越了简单的阴宅，在空间上获得了延展，从有限发展成无限，变成一个云蒸霞蔚的世界，一个地下的小宇宙。在这里，前汉时期的宅第观念已经被宇宙观念所替代。宅第观念尽管是抽象的或象征性的，仍然对应于一个固化的几何空间，而宇宙观念，则对应无限的空间。与后来出现的墓室相比，我们不妨将楚式漆棺与汉式漆棺看成是古人对丧葬空间所进行的两个阶段性的探索，它们的递进演化使洞室墓的雏形呼之欲出。因此，出土楚式漆棺与汉式漆棺墓葬的共同点是：棺椁周围的真实空间并不大，大量的空间其实是靠棺椁表面上的漆绘呈现出来的想象空间。总的来说，长沙、随县，甚至是南昌，它们都是楚国故地或与之紧密相连的地区，整个楚汉时期，在丧葬风俗上其实是一脉相承的。

　　在楚式漆棺中，门窗符号的存在非常重要，它不仅是建筑（宅第）存在的标识，还是沟通两个世界的通道，并且通道这层意义在漆棺的发展与演变过程中变得越来越重要。前文谈到了湖北随州曾侯乙墓，其实，湖北荆门包山2号楚墓也出土了彩绘漆棺。[2]漆棺上用来象征门（或窗）的标志性符号出现了新的特点。包山楚墓在年代上要比前者稍晚，图案也有一些比较明显的变化。首先是象征门径通道的变化，包山楚墓漆棺用铺首来

① 吴双成、李振光、王磊：《曲阜柴峪汉墓出土漆棺画的分析保护研究》，《中国文物保护技术协会第三次学术年会论文集》2004年版，第71—77页。
② 据了解，1933年安徽寿县朱家集李三孤堆楚墓中出土有漆绘花纹的木棺，已被盗墓者毁坏。1950年辉县固围村1号墓亦出土髹朱漆画彩纹的棺木，1957年河南信阳长台关1号楚墓中也发现漆绘棺板。但这些墓葬都没有具体的信息，因此不好做判断。参见湖南省博物馆：《长沙砂子塘西汉墓发掘简报》，《文物》1963年第2期，第13—24页，图版壹至柒及封底。

代表（图3-8），而不是用具体的窗户或门户来代表这样的通道。到了汉代，又变成了用完全抽象的玉璧来代表这样的通道了。这个过程其实经历了两次观念上的转变，第一次转变——由门窗演变为铺首。门窗意味着它与阳宅的关系，它是人间居所中门窗的模仿结构或图像，具有实实在在的交通功能，而铺首只是门窗上的构件，在汉代墓葬中，它的实物常常用来代表门户。但是图像化的铺首，在汉代墓葬中的意义恐怕就不仅代表门窗，还是很特别的一个符号，视觉上，它们会是尺寸远比实物要大许多的图像，甚至大到突兀，这样的设计表明它们不是通常意义上的铺首，而是同时具有辟邪功能的铺首。[①] 第二次转变——由铺首变成玉璧。如果说铺首象征的是普通的门道，那么玉璧象征的则是天途。汉代人有追求死后升仙的观念，玉璧在这个观念体系中则是非常重要的道具或通道，甚至是天门。关于图像化的玉璧如何实现这种转化功能的问题，可参见包括笔者在内的很多研究者的讨论，此处不赘。[②] 总的来说，汉代漆棺作为木基壁画的一种形态，尽管在形式上与我们观念中的壁画相去甚远，但是"壁"的观念以及对"壁"的开拓（即壁画所要追求的结果）却是一目了然。

图 3-8　包山楚墓 M2 漆棺

（二）木板画

汉代还存在一些与墓葬有关的木板画，它们中有一部分亦属于木基壁画。

汉代木板画其实可以细分为三类，除了一般意义上的木板画（即在作底或不作底的木板上进行绘画）以外，还包括浅浮雕木刻画和木简画两种。木简画因为直接画在简板上，所以画面尺寸都比较小，画面的宽度一般只有2—3厘米，与用来书写的简牍无异，绘画时不做基底处理，前文所举的木牍画就是一个例子（图3-1），这件作品系1974年于甘肃居延地

---

① 练春海：《器物图像与汉代信仰》，北京：生活·读书·新知三联书店，2014年版，第56—60页。

② 练春海：《论汉墓内棺盖上所置玉璧的礼仪功能》，《美术研究》2019年第1期，第58—65页。巫鸿：《马王堆一号汉墓中的龙、璧图像》，《文物》2015年第1期，第54—60页。

区甲渠官（俗称破城子）遗址出土，约为新莽至建武初年之物，本为一宽木牍（约 6.6 厘米宽），被刻成梳子的形态，正面有隶书数字，背面有墨笔白描翼虎一只，或与辟邪有关。1972 年在甘肃居延查科尔也出土了一件残长 17 厘米、宽 3 厘米的木简。它的两面都画有墨线人物，一面画有一佩剑的官吏和一匹鞍马；另一面画有两人，居上者似为一官吏。① 这样的作品或许是当时有绘画爱好的驻防人员的信笔涂鸦，当然也有可能是某种图示，因为它与我们所讨论的主题没有密切关联，此处就不展开讨论了。但在汉代墓葬中还发现了一些尺寸比木简画要大不少的木板画，笔者拟在此做简要的讨论，以增进我们对汉人板上作画传统及其功能的认识。

　　汉代的木板画最早发现于甘肃地区。1956 年在甘肃武威磨嘴子 5 号、72 号东汉墓中发现了木板画。其中，72 号墓所出木板画，长 36 厘米、宽 8.5 厘米，所绘为胡人像。5 号墓所出木板画宽 50 厘米、高 14 厘米，木板上涂了一层白粉，用黑、红二色绘成，图像主体为主仆二人，女主人着白衣，红裙曳地，左手上扬作指示状，侍女着红衣红裙，拱手作聆听状，身后有简笔画成的树，寥寥数笔，红色写枝，墨色点叶，非常率性（图 3-9）。② 其实 5 号墓另外还出土了一件所谓的"木案"，也是木板画，板面为长 53.5 厘米、宽 40 厘米的长方形，边缘隆起，中心以白色为底，红边，内用黑红两色绘一朱雀，背面的形象较粗略，有朱雀、仙鹤、云纹等，发掘者认为是练习的底稿。③1973 年在居延肩水金关出土了由两块木板组合而成的一块木板画（图 3-10），断代更早，属于西汉时期的作品。木板画面高 20 厘米、宽 25 厘米。画面的左侧为一棵树，有二猿攀援其上，树下拴一墨线勾勒的马匹，枯笔施墨，呈剪影效果。画面的右上方为一猿，执物飞奔，右下方一人执鞭着袍伫立，空中有飞鸟若干。④ 画面拙朴、概括，对比强烈，有较高的艺术价值。次年（1974 年）在居延破城子出土了木板画两件。一件宽 9 厘米、高 6.6 厘米，画一站立的翼虎，作于王莽至东汉建武初年；另一件画面残高 3 厘米、宽 13.2 厘米，尚可辨马车与乘骑，马皆黑色，骑马者着或红或黑色的袍服，从同出物来判断，这件木板画为西汉遗物。⑤ 这些木板画反映了一个共同特点，尺寸都不是特别大，它们在绘制时，有些是按壁画来处理的，先进行做底处理。它们可能是椁井的

① 张朋川：《河西出土的汉晋绘画简述》，《文物》1978 年第 6 期，第 59—71 页。

② 张朋川：《河西出土的汉晋绘画简述》，《文物》1978 年第 6 期，第 59—71 页。

③ 党国栋：《武威县磨嘴子古墓清理记要》，《文物》1958 年第 11 期，第 68—71 页。

④ 甘肃居延考古队：《居延汉代遗址的发掘和新出土的简册文物》，《文物》1978 年第 1 期，第 1—25 页及图版贰至捌。

⑤ 张朋川：《河西出土的汉晋绘画简述》，《文物》1978 年第 6 期，第 59—71 页。

局部构件，也有可能是木翣、面罩、笭床、木盾等事物的残件，由于多数墓葬早年遭到破坏，残留的信息并不多，我们无从考证这些木板画与墓葬、棺椁之间有何具体的关联，因此也不能判断它的性质，即它是否为木基壁画（或它的组成部分）。

图 3-9　磨嘴子 5 号墓木板画

图 3-10　居延肩水金关木板画

　　之所以说墓葬中出土且尺寸不大的木板画可能为木基壁画或其组成部分，是因为从出土遗存来看，汉代墓葬存在使用多种材料结合的方式来装饰井椁或内棺的情况，有些材料又不易保存，因此，多数情况下我们只能看到那些石刻或砖雕的墓室饰件。例外的情况也偶有发现，比如江苏邳县青龙山南麓的东汉彭城相缪宇墓，发掘时可见墓室壁面中采用复合装饰的痕迹，使用了包括木基壁画和画像石在内的两种媒材。缪宇墓墓室的结构为叠涩式，由前室、后室和回廊三部分组成。木基壁画处于后室，现仅存朽木遗迹，据传早年曾有人见过墓内的漆绘，红漆底上有彩画。[1] 这些彩画的木质基底原来镶嵌在后室左、右、后壁基石上，现已腐朽殆尽，只能看到基石上残留的凹槽。经测量，横额下所凿刻的条形凹槽，上槽宽 7.5厘米、深 2.5 厘米，下槽宽 5.5 厘米、深 2 厘米，后室室顶四周也有同样

① 南京博物院、邳县文化馆：《东汉彭城相缪宇墓》，《文物》1984 年第 8 期，第 22—29 页。

的凹槽，宽 11.5 厘米、深 6 厘米。据出土墓志记载，墓主为彭城相，行
长史事，并兼任吕守长。彭城为东汉诸侯王国之一，彭城相为二千石官
吏。缪宇墓葬所采用的回廊形制，是汉代新兴的墓葬形制，最早见于西汉
初期，为诸侯王、列侯所喜用的一种特殊葬制。西汉末年王莽主政以降，
许多二千石的官吏都僭享了这种形制，缪宇可能就是其中之一。[①]缪宇墓
所采用的这种镶嵌木板画形式很值得我们注意，它可能与当时贵族的丧葬
形制有密切的关联，这种木石结构的设计也可能是一种权宜之计，使墓主
可以在享用超越自身阶级丧葬待遇的同时又避免了麻烦。因为从现有汉代
墓葬的发掘情况来看，罕见画像石墓主生前禄秩超过两千石的官吏，而缪
宇恰好处于这个上限。

　　另外，在江苏地区还发现了一些木板画，出土时位置和状态都非常明
确地反映了它们与"壁"之间的紧密关系，学界公认具有"壁画性质"[②]，
下面略作展开。

　　首先是扬州邗江县胡场汉墓。1979 年，时为邗江西湖公社的社员群
众在整修水沟时，在不到二百米的一段水沟中，先后发现了四座汉墓。其
中的 M1 墓，虽然在清理前椁室顶板已被社员们打开，但就整个墓葬而

言，它仍然是保存得较好的。
从发掘报告所提供的信息来判
断，M1 约葬于宣帝时期（公
元前 73 年至前 49 年前后）。[③]
墓中出土的彩画在断代上迄今
为止仍然是西汉墓中年代最早
的。从形制上看，M1 为一棺
一椁的长方形竖穴墓。椁内有
纵横隔梁各一，下设隔墙，将
椁室分作棺室、头厢和侧厢三
个部分（图 3-11）。横竖两道隔

图 3-11　胡场汉墓平面图和剖面图

---

① 主父偃曾经说："丈夫生不五鼎食，死即五鼎烹耳。"表明"食五鼎"被汉代人们视为贵族
　生活的一个标志。在墓葬中，使用回廊形制也可以说是一个贵族标志。《史记·平津侯主
　父列传》。〔西汉〕司马迁撰，〔刘宋〕裴骃集解，司马贞索隐，〔唐〕张守节正义：《史记》
　卷一百一十二，北京：中华书局，1959 年版，第 2961 页。
② 除了在简报中发掘者持此观点外，王伯敏也认为，"这些木板画，当时是建筑的组成部分，
　所以又可以把它看成是壁画"。王伯敏：《中国绘画通史》，北京：生活·读书·新知三联
　书店，2000 年版，第 107 页。
③ 扬江博物馆、邗江县文化馆：《扬州邗江县胡场汉墓》，《文物》1980 年第 3 期，第 1—10
　页以及图版壹至贰。

墙均为干阑式建筑雕刻（雕板）。隔墙
上部为菱形窗格（纵隔墙上部中间两
幅为建筑浮雕版画）；隔墙下部分左右
两挡，左侧为对扇木门，右侧为单扇
木门，上下皆配有门转与门臼。从这
些隔板的特点来看，椁室是仿照建筑
来制作的。头厢部分长1.52米、宽0.62
米，在深0.5米处有一厚5厘米的隔
板，把头厢分为上下两层。上层放漆
器和铜器，下层放木俑、乐器、漆奁
和木板彩画。M1出土的木板画确切
地说共有三幅，原发掘报告只说"计
两幅，一幅为'人物图'（图3-12），

图3-12 胡场汉墓人物图

一幅为'墓主人生活图'。均出于头厢下层"。其实"尚有一幅彩绘几何图
案"，只可惜漫漶不清，难辨具体形状①，这些木板彩画，"据其位置判断，
当属壁画性质"。"墓主人生活图"竖置于纵隔板的对开小门后侧，其右为
"人物图"。这些木板画绘制前先在木板上涂了一层薄薄的灰白泥打底，然
后用淡墨勾勒画稿，具备了在墙壁上作画的特点。胡场汉墓M1中所出土
的木板类画作，实际上包括木雕建筑版画和彩绘木板画两种，尤其是木雕
建筑版画，画面的形式语言与画面上表现的双阙、厅堂、大门等内容与东
汉墓葬中画像砖、画像石上所常见的造型语言非常接近，但时代要早很
多，二者之间可能存在非常直接的渊源关系。

其次是位于江苏盱眙县东阳的汉墓。其中两座在1974年8月出土
了一批木板画，墓01为一椁双棺墓，出土了5块木板画，墓6为一椁一
棺墓，出土了2块木板画，木板画均处于椁室顶板。按内容可分为三类：
①星象图。共两块，均出自墓01，出土时纵向置于棺盖之上。两顶板内
侧有相同的简化穿璧图。其中一块外侧画面内容为：左侧疑似"羿射九
日图"，九日以及一奔走之人环绕着金乌；右侧为圆月，月中有蟾蜍、玉
兔，月下一人（或为奔月的嫦娥）以及七星（图3-13）。另一块外侧画面
主体的内容为两条翼龙，周围分布六颗星。②人物故事与百戏杂技图。共
三块，均出自墓01。它们嵌插在脚箱与棺室相接处，画面朝向木棺。一
幅为"泗水升鼎图"（图3-14），板长45厘米、宽40厘米、厚3厘米。画

---

① 2020年8月11日，扬州博物馆保管部工作人员告知，木板画保存状况极差，现在连人物
都已看不出来了。

面上方为一座平桥，有车骑通过，桥下左右两面各有三人使劲拉拽打捞的绳索，桥下神鼎已经出水，一龙从鼎中探出头。"泗水升鼎图"在汉代壁画墓中较为罕见，倒是在东汉时期墓主人社会阶层较低的画像石墓、画像砖墓中较为常见，根据邢义田的观点，"泗水升鼎图"与汉代升仙观念有密切的关系，升鼎的目的是从鼎中腾跃而出的神龙，最终达到"弃鼎得仙"的愿望。① 另一幅同样尺寸的木板，上面的画幅分为两格，上格为歌舞，下格为斗兽。还有一幅内容不详，仅见二人立于兽身下方。③建筑图2块，出自墓6，画面为一座木结构房屋，梁架、斗拱以及壁带清晰可见。② 从椁室顶部出土星象图这个特点来看，盱眙汉墓与东汉壁画墓（墓室顶部出土多为星象图）在制作时所秉承的观念是一致的，二者之间在一定程度上有渊源关系，这些木板画可谓早期形态的壁画。

图 3-13　东阳汉墓出土星象图

图 3-14　东阳汉墓出土捞鼎图

2007 年江苏仪征新城官胜 2 号汉墓出土的一座椁式墓中，在长 224厘米、宽 68 厘米、厚 5 厘米的木隔板上，面向边厢的一侧阴刻有图案。图案中部为一栋对开门的庑殿顶宫殿式建筑，右侧（北侧）是一对双出

① 邢义田：《汉画解读方法试探——以"捞鼎图"为例》，载氏著：《画为心声：画像石、画像砖与壁画》，北京：中华书局，2011 年版，第 399—439 页。
② 南京博物馆：《江苏盱眙东阳汉墓》，《考古》1979 年第 5 期，第 412—426 页。

阙，阙顶刻日、月图案，建筑左侧（南侧）为穿璧纹，也有人认为它是假窗（图3-15）。① 除此之外，在仪征官胜汉墓群出土的8座西汉中期的一椁一棺墓中，椁室中间的隔板上也发现刻有房屋、阙、十字穿璧、日月纹之类纹饰，这种风格在当地的汉墓中比较罕见。② 比较特别的是，在仪征新集镇国庆村发掘的前庄12号墓中，出土了两椁三棺的葬具，椁内以直棂窗来分隔足厢和棺室，在直棂窗两侧的木板上镂空雕刻了车马出行图（图3-16）③，这样的装饰将窗户与图案合二为一，结合了实用与审美两种功能。仪征汉墓出土的这些隔板上的图案或者雕刻与东汉时期各地出土画像石棺上的图像都非常接近。

图3-15　阴刻建筑纹木隔板

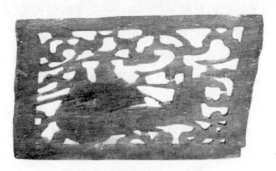

图3-16　镂刻车马出行木窗

《左传》有"椁有四阿"④ 的说法，"四阿"具体是指椁的四角设栋，还是指宫室宗庙建筑特征在墓葬中的象征性存在，已无从确考，但可知井椁有模仿礼制建筑的一面。在马王堆汉墓的椁壁上，我们曾发现悬挂的帛画，这种形制实际上源于当时宫室内的装饰，而木刻画在墓葬中的安置方

---

① 仪征博物馆：《仪征出土汉代漆木器》，南京：江苏凤凰美术出版社，2015年版，第211页。
② 仪征博物馆：《仪征出土汉代漆木器》，南京：江苏凤凰美术出版社，2015年版，第5页。
③ 仪征博物馆：《仪征出土汉代漆木器》，南京：江苏凤凰美术出版社，2015年版，第212页。
④ 《左传·成公二年》。〔周〕左秋明传，〔晋〕杜预注，〔唐〕孔颖达疏：《春秋左传正义》卷二十五，〔清〕阮元校勘：《十三经注疏附校勘记》，北京：中华书局影印本，1980年版，第25.194b（1896b）页。

法其实又与马王堆出土的帛画非常相似，它们一般画面朝向棺室，这种安排表明木基壁画与椁式墓乃至传统的礼制建筑存在观念上的联系。这些木板画，在椁室的顶板、隔板、侧板上都有出现，尺寸较小者则作为椁室中的一部分嵌合在木质或石质的井椁结构上，尺寸较大者，则以浅浮雕或者透雕的形式创作，作为隔板（或隔板组合中的一部分）立于椁室之间。实际上，出土这些木板画的墓葬一般都是较为小型的竖穴椁式墓，它们在西汉晚期多为一些有过渡意义的墓葬。过渡性表现在两个方面：其一是贵族墓葬向平民墓葬的过渡。尽管在具体表现形式上有所差异，但是木板画与贵族所喜用的彩绘漆棺、椁墓紧密联系，这种杂糅着不同丧葬观念（或元素）的墓饰文化，或为墓主人社会地位、经济状态、文化心理等状况的综合反映，这些墓主人中有些很可能就是没落的传统贵族，他们或因经济困顿，或因政治失宠而没落 ①，但又念念不忘往昔的荣耀，把这种记忆或重返上层社会的想象带入墓葬中。这些没落贵族具有两面性，在精神层面他们是贵族，但是在物质层面却是平民，这种矛盾的特性，为汉代的丧葬文化注入了一股新鲜气息。其二是竖穴墓向画像砖、画像石墓的过渡。由以上的彩绘漆棺、木板画来看，汉代木基壁画不论是在时间上，还是在形态上都属于承上启下的壁画类型，它们虽然还处于发展的阶段，但已具备壁画的基本要素，东汉时期成熟形态的壁画、画像砖、画像石等表现的主要内容、形式在这里都可以找到源头。它们的出现让新兴豪富们看到了希望，因此在自己的墓葬中淋漓尽致地表达升仙、飞黄腾达的梦想。

（三）墓室壁画

在密县打虎亭汉墓的考古发掘报告中，考古工作人员提到，在一号墓中室找到了疑似木基壁画的痕迹。他们通过对比发现，"与一号墓相邻具有同样墓室结构的二号墓中室，其东段券顶与东、南、北三壁不仅粉刷有白灰墙皮，而且还绘有大量彩色壁画。比二号墓稍大的一号墓的中室东段券顶与东、南、北三面墙壁似乎不应该是空着的。值得注意的是，我们在中室东段，距东、南、北三面石砌墙壁底脚约 0.06 米的石础地面上，发现各凿刻着一条宽约 0.06 米、深约 0.05 米的'凵'形凹槽。发掘时在部分凹槽底部，还发现残留的木质腐朽灰痕。根据此种迹象，推测中室东段的东、南、北三面墙壁和券顶表面，原来很可能镶嵌有木板墙面，木板墙

---

① 汉代自武帝实行推恩令以后，贵族的势力逐渐削弱，史书载，"其后诸侯唯得衣食租税，贫者或乘牛车"。参见《汉书·高五王传》。〔东汉〕班固撰，〔唐〕颜师古注：《汉书》卷三十八，北京：中华书局，1962 年版，第 2002 页。

面上也可能绘有壁画"。[1] 发掘者对打虎亭一号墓主室可能存在木基壁画的推测，依据大概可以归纳为三个：第一，两座墓葬形制基本一致，一号墓略大，但是除主室外，其他空间中的画像表现技法完全一致，说明这些画像应该是由同一班工匠同时期（或者二号墓可能略晚）建造的；第二，一号墓主室壁面处理得较为规整，相对于同墓中其他墓室均刻画图像的情况而言，它显得非常特殊，结合在主室墙角凹槽内所见朽木遗迹，可以推测主室本来也有（绘于板上的）图像；第三，一号墓的建造时间可能略早于二号墓，其工程的质量，尤其是图像的精细程度总体上要高于二号墓，除此之外，二号墓画像的质量不一致（其中中室东段的壁画品质较高，它很可能是最早制作的部分），甚至东耳室南侧石门上的图像上下方位还颠倒了。[2] 可见一号墓制作得比较从容，而二号墓的制作则相对仓促。既然二号墓主室都发现了壁画，显然一号墓的主室也很可能是有壁画的，而且是木基壁画。

二、泥基壁画

泥基壁画，顾名思义，这类壁画的基底直接为较为坚实的泥土。与下文中将要讨论到的砖基、石基壁画中用草泥、膏泥来做地仗层主要原料的不同之处在于，泥基壁画的基底与地仗层主要介质是同种材料。其实发现泥基壁画的数量并不多，原因之一便是，在汉代这类壁画墓总量本身就不多，由于此类壁画墓的内部空间不可能太大，它受泥土所能够支撑的拱顶的最大跨度限制，从今天陕北仍然在使用的窑洞来看，拱顶跨度最大的极限 4 米左右，一般的拱顶的跨度只有 3 米多宽。汉代，尤其是东汉时期，许多大型壁画墓都采用小砖券顶结构，其原因或许与后者可以形成巨大的内部空间有关，对于那些殷富豪民而言，墓葬内部空间的大小是他们造墓所要考虑的一个重要方面。原因二，保存不易，泥土是颗粒状物的集合体，不如石材、木材甚至是砖面来得坚实、紧致，以黄泥为基底，对壁画颜料层的吸附力也不如后者，泥基壁画墓一般都出现在雨水较少的地区，一旦遭遇地下水的侵蚀和浸泡，就会松动溃散，甚至毁灭。原因三，泥基壁画墓对土质的要求较高，后者限制了它的分布范围主要集中在黄土高原地区。其他地区的土质虽然不乏坚硬者，但直立性不如黄土，因此在实际的墓室建造中，洞穴里可能还会用砖、石等材料来加固，这样就变成了砖、石基壁画墓了。

---

① 河南省文物研究所：《密县打虎亭汉墓》，北京：文物出版社，1993 年版，第 15—16 页。
② 河南省文物研究所：《密县打虎亭汉墓》，北京：文物出版社，1993 年版，第 357—358 页。

　　甘肃地处西陲，地质条件属于黄土高原，土质坚硬，适于造作泥基壁画。1984 年发现于甘肃武威市韩佐乡红花村五坝山的西汉 7 号墓似乎可以视为泥基壁画墓。①该墓现已残毁，仅存的一组作品资料图片来自墓葬南部正中部位下方的一幅羽人图和一幅白虎图（图 3-17）。从作品的照片中可以看出，在泥质基底上涂了一层细黄土，从脱落的部位来看，这层细土涂层非常薄，然后再施一层石绿的底色。用同质材料进行壁面处理的情况（相当于做了一层地仗层）比较罕见，或者说也只有泥基底可以这么做。2003 年，在中日联合考古发掘的 25 座武威磨嘴子墓葬中，编号为 M3 的土洞墓中发现有壁画的痕迹。该墓为拱顶墓，四壁以白灰涂墙，墙皮脱落严重（这种现象在泥基壁画中常见），尚有两壁可见壁画残留，其中后壁残留着一人物的下半身，着长裤，足上着靴。西北壁上有一躯干不全的白虎，西南壁墨绘一侍者形象，头戴黑色毡帽，方形脸，着长袍，双手拢于袖中（图 3-18）。②但是拱顶及其余部位是否有壁画则因为墙皮完全脱落无法推知。相比之下，韩佐乡 7 号墓的壁画在甘肃地区出土的汉代壁画墓中，画工的技术与水准属于层次较高的。

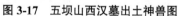

图 3-17　五坝山西汉墓出土神兽图　　　图 3-18　武威磨嘴子 M3 人物壁画

　　一个比较特殊的例子是曲江池 1 号墓。该墓由墓室、墓道、甬道、耳室四个部分组成。墓向正东面，平面呈"甲"字形。从砌券方法与用砖规格等具体的形制来看，这座墓葬是典型的汉代墓葬，年代约在西汉晚期，最迟到东汉中期。"此墓规模较大，修筑精细，并有壁画装饰，而且屡遭盗扰，这都说明墓主身份绝非平民阶层。由文献记载及考古发掘资料得知，县到州一级官员的墓葬规模大致同于 M1，所以推断墓主身份相

① 徐光冀：《中国出土壁画全集·9·甘肃 宁夏 新疆》，北京：科学出版社，2012 年版，第 2 页。
② 甘肃省文物考古研究所、日本秋田县埋藏文化财中心、甘肃省博物馆：《2003 年甘肃武威磨嘴子墓地发掘简报》，《考古与文物》2012 年第 5 期，第 28—38 页及图版三至四、封三。

当于县以上官员。"① 该墓壁画
与一般的汉代壁画墓有较大区
别②，壁画出现的位置、制作
的材料以及表现的内容都别具
一格，它们出现在墓圹第一
台阶以上壁面以及墓道第一
台阶以上的西壁，所有作品
均直接绘于浅黄色的生土壁
（图 3-19），而不是绘于墓内四
壁或甬道侧壁，壁画内容也是
不同寻常的食草类或与之类似
的大型动物；壁画制作的方法
也较为独特（或较为简单）：
仅用白粉勾出轮廓，几乎所有
细节都予以省略，所描绘的动
物形体较实物要来得大（图
3-20）。为何这些壁画会出现在

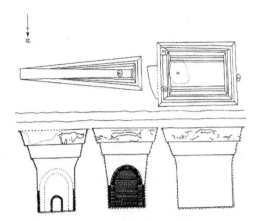

图 3-19　西安曲江池壁画墓

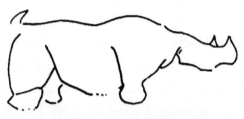

图 3-20　曲江池壁画墓犀牛图

墓道上而不是墓室内？对此发掘报告中提供了两种推断：其一，壁画的作
者可能是一般民间艺人，因参与造墓劳动，在工间休息之余，挥笔随意而
画，所以位置、用料、内容都与其他墓中壁画有别。其二，画面线条简练
流畅，应是时代的风格，从作者传神入胜的笔法与生动的造型来看，不失
为有一定造诣的画匠所绘之作。笔者以为，把它看成民间艺人在"工间
休息之余，挥笔随意而画"的说法不够严谨，毕竟这是墓主为自己，或者
是与墓主关系密切的赞助人为墓主营建的墓室，当不允工匠们在墓葬中随
意发挥；再者，延请工匠造墓是一种商业委托，存在委托协议（无论是书
面、口头、还是约定俗成的），内容或涉及造墓者有保持墓室整洁的义务。
何况那些画材虽然简陋，却非信手可得，需专门准备或事先购置，因而此
说亦值得商榷。换一个角度来看，墓葬中所有绘制壁画的表面积累加起来
逾 60 平方米，仅墓室西壁画面就长 7.4 米、宽 1.85 米，这样的尺幅即使

---

① 徐进、张蕴：《西安南郊曲江池汉唐墓葬清理简报》，《考古与文物》1987 年第 6 期，第
40—45 页。

② 程林泉、张翔宇还提到另一处类似的情况："笔者在文帝霸陵附近的一陪葬墓的墓道壁上
也曾发现过壁画。"程林泉、张翔宇：《关中地区汉代壁画墓浅析》，《考古与文物》2006 年
第 3 期，第 43—53 页。

是在现在也不可能"随手勾画",而是需要大费周章的巨型创作。那么这些工匠至少应该受到正式的委托而不仅仅是口头许可便在墓圹中绘制那些图案,至于他们的身份是专门制作墓室壁画的工匠还是普通的建筑或造墓工匠,从画作所表现出来的高水准来看,笔者倾向前者。西汉时期墓室壁画的制作特点有点像西方的湿壁画,落笔不改或者改动极小,画工若没有掌握一定的绘制技术与方法断然不敢轻易动手。从已有考古的发掘成果来看,汉代长安地区不乏技术水准相当高的墓室画工(或壁画师),距1号墓不远的曲江翠竹园西汉墓壁画所呈现的娴熟画技便是一个明证。从墓葬可能的建造时间来看,彼时汉朝已经推行"举孝廉"选士制度多年,在民间有比较深刻的影响,虽然在当时京畿地区的丧葬语境中,仍然流行比较古老的传统,多数人依旧采用土圹木椁葬制,但在当时的丧葬礼仪中,建造墓室时亲友可以参观葬仪,因此对墓葬的美化或装饰就有了现实意义。壁画被装饰于土圹墓的第一个台阶,而不是在墓内椁壁,大概是为了便于亲友观看,但这种形式显然具有探索性,表现主题也不成熟,正是出于这个原因,壁画中没有出现后来常见的说教性内容。笔者曾撰文讨论过该墓,否定了该墓壁画系造墓工匠"工要间休息之余,挥笔随意而画"的可能性,提出其成因或与地处首都长安周边有关,同时,笔者认为还可以视为"从椁墓到室墓"过渡的一个代表性墓葬。[①]

　　发掘于2003年的陕北定边郝滩乡四十里铺东汉墓M1是一座典型的泥基壁画墓。这座墓为一家族墓地中20余墓葬之一座,墓地中还建有一享堂,其中M1位于墓地中部,坐南向北,是一座带有斜坡墓道的土洞墓,墓室长4.75米、宽2.10米、高1.8—1.9米,墓室前部左边筑有一耳室形小龛,深1.15米、宽1.35米、高1.20米。[②]尽管M1在汉代时就已经遭到盗掘,2003年清理前又进一步遭到较为严重的破坏,如墓顶前面的三分之二均被挖掘机震掉,但相对于陕北地区的汉代壁画墓,甚至整个东汉时期全国出土壁画的墓葬而言,该墓壁画的保护情况都是相当不错的(图3-21),这得益于它所处的地理位置和环境。该墓处于陕北高原,陕西、甘肃、宁夏与内蒙古接壤之处,这个地区为典型的风沙草滩区,这种环境下的细沙随风移动快,墓葬周边地面近两米厚的细沙就是一个证明。

---

① Arlen Lian(练春海):"Mural Tombs in Late Western Han Chang'an", "Chang'an 26 BCE: an Augustan Age in China", Seattle and London: University of Washington Press, 2015, pp.131-152.

② 陕西省考古研究所、榆林市文物管理委员会:《陕西定边县郝滩发现东汉壁画墓》,《考古与文物》2004年第5期,第20—21页及封底。

与这个大环境不同，汉墓群所处小环境中的土质则比较特别，为红褐色胶泥土，质地坚硬，结构紧致，土质细腻并有较多的钙质结核，土层间有黑褐色干腐质物。这种土也常用于做雕塑，"得益于墓地的好土质，M1壁画才能在几千年长久的埋藏下完好保存下来"[①]。拙见以为，小环境固然重要，但墓地所处的大环境也不能忽略。周边所堆积的大量细沙对墓地内部的恒温、恒湿可能有一定的影响。据悉，在揭取壁画前测得的墓内温度为9℃，湿度为99%，这种条件可能是坚实的土质与不远处具有很强保水性的细沙共同作用的结果。

图 3-21　郝滩东汉壁画墓局部

定边郝滩壁画墓"墓室内除了左侧耳室形龛内没有绘制壁画，其他部位均绘有壁画，面积有25平方米"[②]。因机械施工导致顶部的部分壁画被震落，墓口两侧的壁画也因水浸和盗掘时的擦损而模糊不清，但是仍然留存了许多精彩的图像。发掘报告将其分为十类：夫妇并坐、庭院、农作、狩猎、车马出行、放牧、墓主升仙、西王母饮乐、星宿、神异图等。场面之宏大，在迄今为止所发现的东汉壁画墓中并不多见。从郝滩乡汉墓M1的保存情况以及发掘过程中观察到的壁画的变化来看，泥基壁画对土质的要求其实相当高。换句话说，如果泥土的条件和状况稍微差一些，那么很有可能会出现如下几种情形。

（1）因受土壤中渗出之水的浸泡而使画面变模糊。

（2）因空气氧化和水汽侵蚀而产生空鼓、起翘、开裂现象。

（3）因受外力作用而松动、震落。泥基壁画相对于其他基底的壁画而

---

① 李淑琴：《郝滩乡汉墓壁画的保护性揭取》，《文博》2003年第5期，第68—72、77页。

② 陕西省考古研究所、榆林市文物管理委员会：《陕西定边县郝滩发现东汉壁画墓》，《考古与文物》2004年第5期，第20—21页及封底。

言，画面与基质之间结合的牢固程度较差，因此只要墓葬内部的环境稍有变化就会致其剥落与败坏。而且，对于这种类型的墓葬来说，一旦遭到挖掘或破坏，原有的封闭性结构被打破，再采用原址保护甚至是就地封存保护已无可能。因此，最好的办法就是揭取、迁移保护，这点也是其他类型基质壁画无法比拟的，因为其揭取的难度系数非常低。

三、石基壁画

根据石质材料的特点，此类壁画墓可以分为三种类型，第一种是典型的"斩山为郭，穿石为藏"的大型崖墓，此类墓葬的基础是天然的石山，或以巨石为主体，人工从中掏洞、凿掘成墓穴后在其中绘制壁画。典型的代表有西汉前期的芒砀山梁王墓和东汉晚期的中江塔梁子 M3 墓。第二种是以条石或石块为基础搭建的墓葬。这种类型的壁画墓有广州南越王墓和山东出土的几座汉代壁画墓为代表。如果单纯地从图像与基质的结合关系来看，有些研究者会把画像石墓也列入壁画墓的探讨范畴。实际上，即使是从这个层面来考虑，也不能把所有石上图画都看作壁画，且不说画像石本身的特殊性（画像石的图像会"侵入"基底，最多只具备滕固所谓的"拟绘画性"），它在构图方面也有其比较特殊的层面，即受加工和制作方式的制约，画像石构图表现出了按墓室不同区域进行搭配、组合图像的特征，很少对分布于整个墓葬的图案进行全景式构图，比较典型的有门区画像组合，这样的组合在陕北极其常见，该地区画像石墓的程式化发展比较成熟，墓中有时一个区域的组合多达十余块画像石，这种图像表现模式与壁画的区别还是挺大的。第三种是砂岩石室墓，该材质介于土、石之间，非常适合保存壁画，出土的壁画往往视之如新。

（一）崖墓壁画

河南商丘永城芒山柿园梁王墓是目前发现的唯一一座西汉壁画崖墓。梁王墓位于永城芒山镇柿园村东，系 1986 年 5 月柿园村民于开山采石时发现，发现时未及时报告文物部门，村民们沿原盗洞进入墓室，随意触摸甚至刻划，使主室顶部壁画中间碰掉了一块，南壁中间以下部分及西壁部分的壁画也遭到较为严重的破坏。1987 年开始，经过考古人员的科学发掘，确认该墓为一座因山为陵的崖墓，典型的西汉诸侯王墓。墓室全长 95.7 米（由墓道口起算）、最宽处 13.5 米，由墓道、甬道、主室、巷道及八个侧室组成。墓中现保存壁画面积共有 24.92 平方米，有图像可辨识的壁画共三幅，均位于主室西部（的墙面和顶部），其中顶部、南壁与西壁门道口南北两侧各一幅。从残留的痕迹来看，原主室壁画的面积应该接近30平方米。在侧室1和5也发现了壁画的痕迹，但内容难以辨识。主室残留的三幅壁画中，顶部壁画保存最完整，画面东西长3.27米，南北宽5.14米。[1]壁画的主要内容为昆仑山、翼龙、白虎、凤鸟、鱼妇、灵芝、云气纹以及穿璧纹组成的图案，发现时颜色如新（图3-22），其他两处壁画的内容都与此幅的某些局部相似，不赘述。这些壁画在制作之前，先用黄色黏土等材料填补墙面的自然裂缝[2]，再在凹凸不平的石壁上涂一层细泥地仗，然后在抹平的泥质地仗上作画。

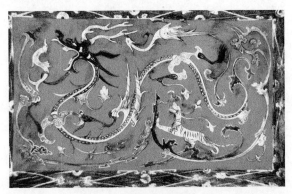

图3-22　柿园汉墓壁画天顶画

东汉时期比较典型的崖墓壁画见于中江县民主乡塔梁子M3墓中。该墓墓主为荆文君（曾担任过大鸿胪官职）后人荆子安夫妇，系无任何官职的普通封建地主，他们的下葬年代应为东汉晚期。[3]塔梁子M3墓于2002年初被盗，同年9—11月有关部门进行了抢救性发掘，发掘过程中发现了大量的壁画，还有150余字的榜书。壁画发现于塔梁子M3墓三室的左侧室右壁、后壁、左房形石棺，右侧室后壁，以及门枋右侧门框等部位，从手法上看，可分为两种类型，一种是在平涂了一层细泥地仗层底子上施彩，另一种是直接在石壁上墨绘或彩绘而不铺任何底子。第一类壁画内容均为宴饮图（图3-23），共有八幅，上

图3-23　塔梁子M3墓宴饮图

① 阎根齐：《芒砀山西汉梁王墓地》，北京：文物出版社，2001年版，第115—120页。
② 四川省文物考古研究院、绵阳市文物管理局、三台县文物管理所：《四川三台郪江崖墓群柏林坡1号墓发掘简报》，《文物》2005年第9期，第14—35页。
③ 四川省文物考古研究院、德阳市文物考古研究所、中江县文物保护管理所：《中江塔梁子崖墓》，北京：文物出版社，2008年版，第108页。

下各四幅，上面四幅保存完好，下面四幅均有帷幔，但图像多有脱落，漫
漶不清。第二类壁画共有六幅，内容为人物、雀鸟等图像。人物以墨线勾
勒为主，局部如嘴唇、衣服的袖口等处稍加着色（图 3-24），雀鸟则全身
赋彩（图 3-25）。

图 3-24　塔梁子 M3 墓双人图　　　　图 3-25　塔梁子 M3 墓朱雀图

　　参照有关研究者的观点，第一组壁画地仗层下面的石基上有些线刻人
物和动物，该墓系二次利用或经过了二次加工，壁画绘制的时间可能就在
墓主荆子安下葬前不久，因此才有这样的处理手法。[1] 笔者以为，这里面
还存在另一种可能，那就是墓室的建成时间较早，墓主入葬时，社会环境
发生了较大的改变[2]，于是赞助人追加了一些关于墓主宏伟家族史的介绍，
正如宋治民所说，追加处理的壁画的内容，"结合榜题来看，应为图画形
式追溯其家世"[3]。而不是简单地照搬程式化的图像。那些被遮蔽的图像只
是常见的插图，对于表达赞助人或墓主的认识或想法没有帮助。

①　四川省文物考古研究院、德阳市文物考古研究所、中江县文物保护管理所：《中江塔梁子
　　崖墓》，北京：文物出版社，2008 年版，第 26、57、94 页。
②　根据宋治民的观点，墓主的祖先荆文君曾因其子荆中（案涉一份诏书）而获罪并殃及族
　　人和亲属。在壁画墓中第一幅壁画的榜题中，有一句话语焉不详，可能就与此事实有关，
　　与"后辈为祖先隐讳有关，故一笔带过。因荆文君平羌有功，故赦其不死而西迁至此。这
　　幅壁画中坐着的两人，应为荆文君及同辈人。他们左边的站立者，手持便面和棒应为侍
　　从……此人虽是从者身份，但从榜题看却是县、乡级政府派来监视荆文君一家的"，因为
　　"汉代被废迁徙之大臣、贵戚是要受到地方政府的监护的"。壁画墓的建造可能耗时悠久，
　　以致家族所处的社会环境都发生了变化（如因祖先祖荆文君的去世，族中再无人为官，亦
　　无人监管他们了），在政治环境发生变化以后，造墓者可能因此改变当初的态度，而希望
　　在墓室的图像中加入有关家族史的内容。宋治民：《四川中江县塔梁子 M3 部分壁画考释》，
　　载四川省文物考古研究院、德阳市文物考古研究所、中江县文物保护管理所：《中江塔梁
　　子崖墓》，北京：文物出版社，2008 年版，第 109 页。
③　四川省文物考古研究院、德阳市文物考古研究所、中江县文物保护管理所：《中江塔梁
　　子崖墓》，北京：文物出版社，2008 年版，第 108—111 页。

（二）石室墓壁画

作为岭南地区发现的
规模最大、年代最早的一
座彩画石室墓，南越王墓
中的壁画其实很少受到关
注，遑论深入研究。壁画
发现于南越王墓前室，它
处于墓葬前部的正中位置，
呈狭长方形，南北长 3.1

图 3-26　南越王墓云气纹

米、东西宽 1.84 米、高 2.14 米。室顶被一整块大石所覆盖。在周壁、室
顶及南北两道石门上都发现了朱、墨两色的云气纹图案（图 3-26）。[①] 前
室壁画的色彩清晰古朴，但因保护不当，局部画面受到了较严重的破坏。
南越王墓中所发现的这些云气纹图案，在贺西林看来，"画面本身毕竟没
有内容，缺乏构成图像的基本要素，所以还不能称其为真正的壁画墓"[②]。
杨泓也有类似的观点，说它"只能视为壁面装饰，不足以称为壁画"[③]。但
笔者以为这些观点或可商榷。从楚汉时期所出土众多漆棺、葬具上都绘有
氤氲缭绕的云气纹（或以云气纹为主的装饰）这点可以看出，云气纹在早
期中国的使用，除了装饰之外还有更深层次的文化含义。马王堆一号汉墓
出土的三层外棺，除了最外层的黑漆素棺外，第二、三两重外棺上都绘
有极为精美的云气纹（图 3-27），可见云气纹在汉代人心目中是一种比较
特殊的图像，作用不仅仅是装饰墓葬空间，还承担着重要的使命。后文会
专门讨论云气纹，探索它与汉代具有哲学意义的气的关系，以及云气图案
在先秦两汉时期流行的原因，此处不赘。总而言之，将南越王墓中的云气
纹图案看成有主题的壁画是有学术意义的。一方面，南越王墓中的云气
纹是迄今为止能够见到的最早的两处绘于汉代墓室（石基）壁面上的作品
之一，具有艺术史坐标的意义；另一方面，云气纹可能是秦汉，甚至是渊
源更为久远的古老绘画题材。汉代壁画、画像石、画像砖中如此众多的云
气纹，或许不完全如颜娟英所理解的那样，"云气纹的源流来自殷商青铜
器中构成地纹的羽状纹或简化的爬虫纹，到后代的变相图为止始终扮演着

---

① 广州市文物管理委员会、中国社会科学院考古研究所、广东省博物馆：《西汉南越王墓》，
　 北京：文物出版社，1991 年版，第 27—28 页。

② 贺西林：《古墓丹青：汉代墓室壁画的发现与研究》，西安：陕西人民美术出版社，2001 年
　 版，第 17—18 页。

③ 杨泓：《束禾集：考古视角的艺术史》，北京：中国社会科学出版社，2018 年版，第 66 页。

配角的角色"①。云气纹在汉代墓葬语境中的很多场合依然扮演着重要的角色，甚至成为一些画面中不可或缺的部分。

图 3-27　马王堆一号墓出土黑地彩绘漆棺

　　石基壁画规模较大者发现于山东地区，一处为东平后屯汉墓（又称物资局壁画墓）群。该墓群中 M1、M12、M13 三座石室墓中都发现了精美的壁画，这三座壁画墓下葬的大致年代为西汉晚期至新莽时期。②M1、M12 绘制壁画前先在石板上用白灰浆铺底，M13 则直接在石板上作画。M1 在绘画语言和风格上与其他两座略有不同，色彩丰富、艳丽，人物、动物具有严谨的写实特征，比例协调、形象逼真，人物面部的表情丰富、栩栩如生，艺术水平相当高。这些壁画是山东迄今发现年代早且保存极为完好、艺术水平非常高的早期壁画，其品质在全国范围内也很罕见，它或许与墓 M1 的墓主人（或赞助人）的偏好，以及下葬年代略晚（约为新莽时期）于另两座墓葬有一定的关系。在壁画绘制技法上，墓 M13 与其他两座墓不一样，它直接在打磨后的石面上进行图像绘制，手法近于南越王墓，画风较为粗犷。在这三座壁画墓中，表现最平凡的为 M12，仅在墓室门楣和墓门外北侧的砖墙上有壁画，严格地说来，其中 M12 的部分墙面为砖基，M12 应该算是一座石基、砖基混合墓葬。另一处为巨野金乡羊山汉代 M1—M4 壁画墓，这些墓葬基本都采用石板铺底，条石砌墙，大条石盖顶的建筑形制，其中 M1、M2 因长期受水浸泡，画面已脱落，漫漶不清；M3 墓内壁画受损亦非常严重，仅有个别形象，如张着血盆大口的鬼怪以及将其降服的将士还保留完好，画面清晰；M4 墓西室的壁画保存得较为完好，中室漫漶严重，不可辨识，东室无画。M4 墓的壁画绘

---

① 〔日〕肥田路美：《云气纹的进化与意义》，载石守谦、颜娟英：《艺术史中的汉晋与唐宋之变》，台北：石头出版股份有限公司，2014 年版，第 169—192 页。

② 山东省文物考古研究所、东平县文物管理所：《东平后屯汉代壁画墓》，北京：文物出版社，2010 年版，第 102—103 页。

满了四壁及墓顶，题材非常丰富，涉及人物、鬼怪以及神人等，绘制得非常精美。与其他地区不一样的地方在于，它用黑色而不是用朱色画粗线作界格，并且，从内容上来判断，其题材与山东地区画像石上的非常接近，如被推断称为"离珠"之类的较为怪异的形象（图3-28）[1]，这类形象在画像石中较为常见，因此这类图像的绘制者很有可能同时也是当地画像石墓的画工。

　　1949 年以前，日本学者在辽东地区（主要集中于辽阳）发掘的多座壁画墓，如迎水寺墓、南林子墓、玉皇庙墓、北园壁画墓、棒台子1号墓等均以采自辽阳耿家屯的页岩或本溪南芬页岩中淡青的石板建成。如发掘于1918年的辽阳迎水寺墓，系用淡青页岩大石板支筑而成，此墓年代在东汉晚期（2 世纪末至 3 世纪 30 年代）。据介绍，石壁上彩绘的壁画内容有对坐宴饮人物图、牛车出行图、车马图和庖厨图等。发掘结束后该墓曾被迁到旅顺博物馆，致使壁画全部脱落。[2] 又比如，发现于辽阳文圣区南郊的三座石板墓中，坐落于东侧的一座，年代大约为东汉中期，墓葬中也发现了壁画。壁画分布于墓葬正门两侧的门柱以及墓室内的前廊、侧廊、后室、耳室、棺室的门柱上，它们被直接绘于用以构筑墓室的淡青石板上，但由于水浸和土碱的侵蚀，有些画面已不太清楚了

图 3-28　羊山汉墓 M4 出土多头神人或离珠画像

图 3-29　辽阳南郊汉墓 M1 门吏图

（图 3-29）。该地区的丧葬礼仪明显受到中原地区的影响，但在文化表现上有一定的滞后现象。与全国汉代壁画墓相比，辽阳地区汉墓的独特之处在于，形制比较复杂的墓葬往往是石基墓葬，而不是砖室墓，壁画墓的基底

① 李德渠：《金乡汉画》，青岛：青岛出版社，2015 年版，第 31 页。
② 李龙彬、马鑫、邹宝库：《汉魏晋辽阳壁画墓》，沈阳：辽宁人民出版社，2020 年版，第 9 页。

一般都是石基类型。

崖墓壁画与石室壁画之间不只是在基底（亚型）之间存在区别。从基底来看，崖墓的内部空间根据墓室结构的需要和安排进行掏空处理。因此，它的基底是从整块岩石内部掏挖出来的连续的石质表面，而石室墓则是根据墓室结构需要就近取材，由预加工成一定形状的巨型石块支筑起来的，基底由多块石头结构而成。前者的壁面只要雕凿合理，一般不需要太多处理就可以直接在上面作画，而后者因为拼合的缘故，会存在一些缝隙、参差，所以至少在这些接合的局部需要做一些填缝处理，当然，有时造墓者为了省事，不对基底进行太多处理，而是根据石板块面大小来规划图像的大小，使得图像与图像之间相对独立。崖墓壁画与石室墓壁画之间更重要的区别是，两者所代表的墓主社会阶层不大一样。西汉的崖墓壁画目前我们仅发现一例。作为汉代诸侯王级别的墓葬，其壁画艺术精美卓绝，壁画的绘制主体、绘制内容都反映了与众不同之处。东汉晚期的崖墓壁画也很特别，主要分布在四川地区，极具地方特色。从墓葬的特点来看，四川崖墓墓主的社会地位可能不是很高。而石室壁画墓则代表了由早期墓葬形制或汉代上层社会墓葬形制向画像石墓以及它所代表的汉代中下层阶层（或者是在经济上有一定基础，但地位并不高的社会阶层）墓葬过渡的类型。

（三）砂岩室墓壁画

砂岩的特点：遇水成泥，遇风成沙。

内蒙古鄂托克旗巴彦淖尔乡坐落于鄂尔多斯高原西部毛乌素沙漠北端，境内有一座凤凰山，它的相对高度为 50 米。1987 年，在文物普查时，首次在此地区发现了一座露出地面的壁画墓，1990 年，考古部门进行了抢救性发掘。凤凰山汉代墓葬群位于凤凰山的阳坡，地势较为平缓，红沙岩层结构，墓地大多数开凿于其中，无坟冢，均为有斜坡墓道的洞室墓。[①]从墓葬基底的特点来看，砂岩室墓介于崖墓与泥基室墓之间，砂岩墓室开凿的难度近于石室墓，但是它的结构特点却近于泥基室墓。

这类壁画墓有正式发掘记录和文献资料留下来的有三处，八座。第一处只有一座，即前揭凤凰山汉代壁画墓，编号为 90EBFM1，通称凤凰山M1。该墓除了漫漶不清之处外，共发掘到了壁画 10 余组。现均作原址保存处理。第二处为鄂托克旗乌兰镇米拉壕汉墓群，距凤凰山汉墓群约 40

---

① 魏坚：《内蒙古中南部汉代墓葬》，北京：中国大百科全书出版社，1998 年版，第 161 页。

公里，这批壁画墓中共发现壁画墓五座。[1] 墓葬地层堆积有五层，其中墓葬所在的地层为砒砂岩层，砒砂岩土质松散潮湿。这类墓葬对于保存墓室壁画而言有两面性，一方面是壁画极易空鼓、脱落，另一方面是壁画的色彩可以保存得很鲜艳。以《双猴图》为例（图 3-30），这幅揭取自其中一墓左壁的壁画，为了保持其典型的地域特色，在托裱时，还特意用原址的细沙来补做地仗层。这件作品，以黄色打底，顶部绘红色白边帷幔，两端下垂，下方两座墨山、三棵红树交错排开，七只墨绘的鸟儿或栖息或盘旋于树上，中间之树左右两侧分别绘猴子一只，左边通体涂黑者作爬树状，右边线描勾勒者似在爬山，画风拙朴。第三处为乌审嘎鲁图汉墓群，共有1号、2号两座墓，1号墓保存情况略好于2号墓。2号墓存壁画约10余幅，1号墓则有近20幅。墓中绘制了武库、车骑游猎、放牧牛耕、乐舞宴饮、楼阁、孔子见老子以及日月星象等图案。[2] 从墓葬中的图像色彩来看，砂岩室墓对色彩的保存条件确实非常好，能够长久地保存色彩，经久不褪。这种特性在比较典型的泥基墓葬中也有同样的表现，例如陕西定边出土的郝滩汉代壁画墓。

图 3-30　内蒙古米拉壕汉墓出土《双猴图》

　　总的来说，石基壁画墓的筑陵水平（尤其是墓葬顶部结构设计水平）没有得到显著提高，其发展状况很大程度上与取材便利与否有关。当地如果有大量的石材，甚至是石山可供选用，那么只要墓主家庭经济条件许可，便有可能选择石基墓葬，这也是何以四川崖墓墓主虽然社会地位不高，却可以营建崖墓之故。如果自然条件不允许，只能放弃石基墓葬而改

① 杨文宗、尹春雷：《鄂托克旗乌兰镇米拉壕墓葬壁画抢救性揭取保护》，载周天游：《色·物象·变与辨：首届"曲江壁画论坛"论文集》，北京：文物出版社，2014 年版，第 11—28 页。

② 鄂尔多斯博物馆、鄂尔多斯市文物考古研究院、乌审旗文物管理所：《内蒙古鄂尔多斯巴日松古敖包汉代壁画墓清理简报》，《文物》2019 年第 3 期，第 38—64 页。

用其他葬制，如南昌地区发现的西汉海昏侯刘贺墓那样，其实刘贺在担任昌邑王期间，已经斩山为椁，为自己预建了崖墓，但被贬到南昌之后，条件所限，他也只能为自己修建形式更为古老的竖穴墓了。

四、砖基壁画

汉代墓葬形制发生转变的一个最大特点就是以小砖为建筑原料建造的墓葬迅速在全国范围内蔓延开来，以小砖为基础的墓葬也是壁画墓中数量最多的一种类型。砖基壁画具体地说来，可以细分为两类：一类是型砖基壁画。空心砖墓最早出现在战国晚期，刚开始都是将其垂直立于棺侧，或平置于木棺顶部，构成箱型椁，其意大概是想营造成棺椁套叠的效果，从而达到对高级墓葬形制在形式上的效仿，但是西汉中期以后，墓葬空间发生了明显的变化，墓室顶部不再是平顶构造，出现了梁架式结构的屋殿顶（图 3-31），有些墓葬会简陋一些，但也至少是"人"字形脊顶（简化的屋殿顶），"说明新兴的埋葬理念已经普遍渗透到一般中小型墓葬中去了"[1]。

图 3-31　洛阳新区西汉壁画墓顶结构

这种类型墓葬的出现，为墓室壁画的发展提供了更为充裕的空间，同时也使墓葬建造摆脱了地质条件的制约，取得了空前的自由。以大型空心砖为基底，这种壁画很有可能是根据预先的设计规划，在单块或成组的砖上预先绘制好壁画，然后在造墓时按照顺序加以组合；另一类则是小砖基壁画。墓葬先以小砖造好墓室，然后整体做地仗层，再绘制壁画。虽同为砖基壁画墓，但是建造墓室与绘制壁画的时间顺序不太一样。

（一）型砖墓壁画

型砖壁画墓采用大型空心砖造墓，比较典型的型砖基壁画墓都出现在洛阳地区，长安地区似乎未见此类壁画墓。代表性的型砖壁画墓有西汉卜千秋壁画墓、烧沟 M61 西汉壁画墓、浅井头西汉壁画墓、八里台西汉壁画墓、磁涧西汉壁画墓、新区西汉壁画墓等，这些墓基本都出于西汉时期，最多到新莽时期。还有大英博物馆藏、加拿大皇家大略博物馆藏的两

---

[1]　黄晓芬：《汉墓的考古学研究》，长沙：岳麓书社，2003 年版，第 100 页。

组壁画，据传也出自洛阳地区，但具体出土信息无从考证。

　　型砖壁画墓中的壁画大多数绘制水平较高，例如八里台汉墓壁画中的人物形象形神兼备，人物的动态、表情生动自然，用线精炼、浓淡相宜，惜墨如金，却能把人物的性格、现场的气氛渲染得入木三分，实属不易。

　　型砖壁画中有一类比较特殊，可以称之为模（戳）印型砖壁画，以洛阳偃师出土的壁画为代表。一个例子是 1991 年发现于偃师高龙乡辛村的新莽壁画墓，该墓前室东西耳室门外北边的两幅执戟门吏画像，它们不是绘于表面平整的型砖上，而是绘于高 0.89 米、宽 0.27 米，戳印有简单装饰纹样的画像砖上，同墓其他壁画均绘于表面平整的画像砖。发生这种情况的一种可能是，在向作坊购买素面砖时，因作坊存货不足，用了两块模印砖凑数；另一种可能是作坊在预制型砖时，误把两块准备绘制壁画的素砖坯当成了画像砖坯而戳印了图案。在实际建造墓室时发现，由前室通往耳室的门洞需要有门吏图像来加强防卫的力量，因而用壁画的人物形象来覆盖原有的戳印图案（图 3-32）。另一个例子是 2008 年发现于偃师的一组型砖壁画（图 3-33）。这组型砖中间减地，四周有突起的围栏，围栏上模印各种几何纹样，减地中间画有云纹和各种人物、动物形象。学界对这组壁画持有怀疑态度，普遍认为其色彩过于鲜艳、造型板滞，可能是赝品。

这组壁画确有其可疑之处，其一，西王母形象不同寻常，两汉壁画中很少见到这种造型的西王母；其二，两个不带传统色彩的正方形组合填入不同的颜色；其三，仅有头部形象的图案（传统图案中只有饕餮纹如此处理）；其四，伏羲女娲的蛇身太长且颜色也非常复杂，等等。至于壁画中男女不详倒不是个问题，因为在烧沟 M61 汉墓中也有类似的情形。此外，加拿大皇家安大略博物馆收藏的一组洛阳出土的汉墓壁画似乎也可以归入到这个范畴来，那组壁画在有模印图案

图 3-32　偃师辛村新莽壁画墓东西壁门吏图

的型砖上着色，使图像具有浮雕感。

图 3-33　偃师新莽墓出土壁画

（二）小砖墓壁画

小砖基壁画墓的代表有洛阳的宜阳县尹屯新莽壁画墓、新安县铁塔山新莽壁画墓、道北石油站东汉壁画墓、金谷园东汉壁画墓、偃师杏园村东汉壁画墓、西工东汉壁画墓、偃师朱村东汉壁画墓等，西安交通大学西汉墓，以及陕西靖边杨桥畔的东汉壁画墓、旬邑百子村东汉墓等，河北安平逯家庄东汉壁画墓、河北望都县一号与二号汉墓等，山西夏县王村东汉墓等。

细究起来，小砖墓壁画其实还可进一步分为两类：一种是有地仗层，另一种是没有地仗层，仅刷一层薄薄的白石灰。

先说第二种，代表性墓葬为新安县铁塔山新莽壁画墓 M4。[①]这座墓发现于洛阳西郊的新安县城西，为小砖券单室墓，坐西朝东，由墓和墓室组成。墓室呈长方形，拱券顶，东西长 5.98 米、南北宽 2.06 米、高 1.96 米。墓顶从 1.1 米处起券。[②]壁画分别绘在墓门内侧、墓室南北两壁、后壁、墓室顶部。东壁墓门两侧各绘一吏，西壁（即后壁）绘有三人（图 3-34）。中间一人为墓主形象，人物身形魁梧，凭几袖手，盘腿而坐，双目圆睁，左右各跪侍一人。墓室北壁绘舞蹈、宴饮及观舞图。墓室顶部

①　洛阳市文物工作队：《洛阳新安县铁塔山汉墓发掘报告》，《文物》2002 年第 5 期，第 33—38 页。

②　另一说从 1.27 米处起券。洛阳市文物管理局、洛阳古代艺术博物馆：《洛阳古代墓葬壁画》（上），郑州：中州古籍出版社，2010 年版，第 168 页。

绘日月星云、四神及枭羊等形象。南壁绘奏乐者五人，但壁画现已不存，发掘时的图像记录资料也已佚失。[①]这座壁画墓不像其他小砖类壁画墓那样先用泥做好地仗层再行绘画。绘制前，画工先在砖壁上涂了一层极薄的石灰浆，然后勾线赋彩。从出土随葬

图 3-34　铁塔山新莽墓墓主图

品的丰富性来看，墓葬不像是为了节约经济而如此行事，倒有可能是因为赶时间，毕竟如果要做地仗层的话要花费较长的时间来制作与候干，但如果只是浅浅地刷上一层石灰浆的话，既可以迅速地提高墙面底色的亮度，便于作画，也可以节省时间。换言之，壁画在汉代墓葬中的观赏性其实并不太重要，而其存在的意义是首位的，对于赞助人而言，"在场"即可，"好坏"不重要，这也是何以很多壁画画得比较草率的缘故。此外，孔子、荀子等人认为墓葬中所殉之物当"貌而不用"之说也可以作为佐证。[②]当然有些壁画也确实反映了画工绘画技艺的高超与手法的熟练，画面虽然不乏即兴的因素，但却显得无比生动，无拘无束，大胆泼辣。其原因也在于此，墓室壁画是出于赞助人的要求而绘制，什么情况下让画工觉得可以在墙壁上任意挥毫？只有一种情况，那就是壁画的品质不是赞助人评判和验收的标准，壁画的内容和数量才是基本要求。正是基于这一点，笔者以为：汉代壁画墓中，图像的可观赏程度与画工的自我修养和水平有关。有些画工的素养较高，即便赞助人没有要求，他也会尽量把壁画画好，而画工的技术水平往往在条件合适时会自然流露。

　　另外，西安交通大学壁画墓、理工大学壁画墓也比较有代表性，它们

① 徐蝉菲函告，受条件限制，原墓在拆迁和（在洛阳古代艺术博物馆）复建时对壁画的损伤都很严重。而墓葬发掘报告又编写得比较晚，编撰时一手资料已经有所遗失。

② 《礼记》中孔子对明器的一段定义，荀子将它解读为"明器貌而不用"。巫鸿认为："明器应该保持实用器的形式但是拒斥其可用性。"并列举"东周墓葬中出土的很多青铜兵器的锡含量高到使它们无法在实战中使用的程度"，"很多唐代三彩俑的头部不挂釉和上色"，"曾侯乙墓中出土的一个著名的高足豆——在极其繁复的外表下却只有浅而粗糙的内部"等具体的实例。壁画中的草率绘制以及下文中的局部着色等表现或许也与此同出一辙。参见巫鸿：《黄泉下的美术：宏观中国古代墓葬》，北京：生活·读书·新知三联书店，2010年版，第93页。

的基底处理方式也同于铁塔山新莽壁画墓，基本不做处理。这种类型的壁画有一个特点，壁画的画面通常都能够保存得比较完整，除了极个别的原因（如新安县铁塔山新莽墓属于破坏严重）外，以这种基底处理方式来制作壁画，不容易剥落（当然也不容易揭取）。这种墓葬类型主要流行于西汉末到东汉初。

有地仗层的砖基壁画墓其实也可以细分为两类，第一类只有单层地仗，第二类有复合地仗层。只做单层地仗的墓葬代表有和林格尔壁画、宜阳县尹屯新莽壁画墓等比较大型的壁画墓，这类墓面积很大，如果做复合地仗层要耗费大量的时间。在和林格尔壁画墓中，"壁面先抹一层石灰，经过打磨，在上面绘画"①。就这样还比宜阳县尹屯新莽壁画墓来得精致，后者的发掘报告称："此墓所存壁画的绘法，是在砖壁上粉刷一层白灰为底，再用红、黑、黄诸色作画。"②复合地仗层与单层地仗层的区别仅在于，前者通常会在抹白灰之前先抹一层草拌泥，以增加墙面对颜料的吸附力，如定边郝滩 M1 的地仗层便有复合式地仗层。③

（三）混砖墓壁画

所谓的混砖壁画墓，指的是建造墓葬空间的材料既有大型空心砖，也有小砖，二者混合在一起使用，如金谷园新莽壁画墓、密县打虎亭汉墓、平陆枣园村汉墓以及和林格尔汉墓等都是具有代表性的墓葬。

1972—1973 年间，在内蒙古自治区和林格尔县新店子公社小板申村发现的新店子一号汉墓是迄今为止所见规模最大的一座东汉壁画墓。全墓长 19.85 米，由墓道、墓门、前室、中室、后室及三个耳室组成。这座墓葬形制比较特别，连封门上都绘有壁画："墓门方向东偏北 3°，有三层封门砖，封门砖表面用石灰抹平，有模糊不清的虎形彩绘。"④但是发掘报告中未附相关图片。全墓的壁画，除因年久剥落及被盗掘者破坏者以外，还有四十六组，五十七个画面，所有壁画中的形象是作为一个整体来构思的，这座墓葬的特点：一是图像丰富；二是榜题众多，可辨识者达

---

① 内蒙古自治区文物考古研究所：《和林格尔汉墓壁画》，北京：文物出版社，1978 年版，第 31 页。

② 洛阳市第二文物工作队：《洛阳尹屯新莽壁画墓》，《考古学报》2005 年第 1 期，第 109—126 页以及图版柒至贰拾肆。

③ 陕西省考古研究所、榆林市文物管理委员会：《陕西定边县郝滩发现东汉壁画墓》，《考古与文物》2004 年第 5 期，第 20—21 页及封底。

④ 内蒙古自治区文物考古研究所：《和林格尔汉墓壁画》，北京：文物出版社，1978 年版，第 1 页。

二百五十条，这是迄今为止在汉墓中为数最多的。[①] 和林格尔汉墓的建造方式是东汉末年典型的代表，墓壁砖采用平铺和横砖侧立的交互叠砌，这样的墓室构造对绘制壁画而言是非常合适的。

型砖基壁画墓与小砖基壁画墓在洛阳地区的区别非常明显，基本以新莽时期为界，西汉时期以型砖基壁画墓为主，东汉时期则以小砖基壁画墓为主。墓葬形制发生转变的主要原因是建筑技术水平的提高，小砖可以起券，如此一来墓葬的空间可以进一步扩大。东汉以后，之所以偶尔会见到混砖壁画墓，很有可能为了节约成本或者是因为建筑材料不够而以另一种材料取代的结果。在壁画画面处理上有明显的时代特征，即以小砖壁画为主导，因此在形式上其实还是统一的。

五、其他壁画

除了前文提到的四种基质不同的壁画，也有研究者认为，还存在两种类型的壁画，其一为以上四种类型之外的壁画类型，如织物类壁画；[②] 其二为以上四种类型壁画的任意组合，即复合型壁画（如画像砖画像石组合壁画等）。

先说第一种类型，即织物类的壁画。邢义田认为汉代道德宣传、神仙信仰等观念的盛行，使得在宫室殿堂里以张挂织锦文绣或者以绘制壁画的形式装饰墙壁的现象蔚然成风。[③] 从纣王筑鹿台"锦绣被堂"[④]，到汉武帝所造建章宫"木土衣绮绣"[⑤]，桓文之世，"富者木土被文锦"[⑥]。这种情形也反映在汉代墓葬中，便是悬挂于棺壁的绢绮或帷幔（及其遗迹）。

1958年湖南省文物工作队清理了长沙烈士公园3号木椁墓时发现，"在外棺内壁四面裱糊着四幅刺绣，西、北两壁上的刺绣已被淤泥和积水冲坏，东、南两壁尚保存完整"。这两件刺绣"粘贴在外棺内壁东端挡板与南边壁板上。前者长54厘米、宽39厘米，在极细密的丝绢上面，以链环

① 内蒙古自治区文物考古研究所：《和林格尔汉墓壁画》，北京：文物出版社，1978年版，第5页。

② 栗淑萍：《中国古代壁画制作技术初步分析》，《中国文物科学研究》2009年第2期，第89—92页。

③ 参见董睿：《中国壁画材料和工艺流变》，《中国艺术》2017年第4期，第56—60页。

④ 《说苑·反质》。〔西汉〕刘向撰，向宗鲁校证：《说苑校证》卷二十，北京：中华书局，1987年版，第516页。

⑤ 《汉书·东方朔传》。〔东汉〕班固撰，〔唐〕颜师古注：《汉书》卷六十五，北京：中华书局，1962年版，第2858页。

⑥ 《汉书·货殖传》。〔东汉〕班固撰，〔唐〕颜师古注：《汉书》卷九十一，北京：中华书局，1962年版，第3682页。

状的针脚绣着龙凤等图案，显得劲健有力（图 3-35）；后者长 120 厘米、宽 34 厘米，左面绣有一凤，也十分雄健有力"。[①]

图 3-35　长沙烈士公园 3 号墓外棺东向挡板上刺绣摹本

我们更为熟悉的，此类壁画中比较典型的代表作为长沙马王堆三号西汉墓出土的两幅长方形帛画，该墓椁室用椁板分隔成五个相互独立的空间，四周为边厢，中间为棺室，两幅帛画悬挂在棺室的东西两壁，西壁悬挂的是《车马出行图》（图 3-36），东壁悬挂的是《游乐图》（图 3-37）。

图 3-36　《车马出行图》帛画

图 3-37　《游乐图》帛画

---

① 高至喜：《长沙烈士公园 3 号木椁墓清理简报》，《文物》1959 年第 10 期，第 65—70 页。

《车马出行图》为长 2.12 米、宽 0.94 米的巨幅帛画，画面上人物、车马等形象比较丰富，场面浩大。画面除了局部残损外，总体而言，保存质量还算不错。这幅帛画作品研究的人较多，一般的观点认为是车马出行的仪仗图，但也有人认为它表达了军阵送葬的主题。[①] 金维诺等学者则认为是誓社和耕祠之类的活动[②]，而刘晓路干脆称之为帛画兵马俑。[③] 众说纷纭，莫衷一是。笔者在此主要探讨的是作品形式问题，故不对其内容与意义做进一步辨析。

《游乐图》出土时残损严重，揭取后除两组相对完整的车马人物与划船图像之外，其他部分都已成为大大小小若干图像残片，仅存一轮、一马腿、一毛人、一龙或一鱼以及一些不完整的建筑碎片，无法辨别主题。陈建明通过把碎片与相关图像进行比较，认为该帛画中的形象包含了两种类型：一是神话意义上的形象，二是现实生活中的形象。因此，《游乐图》很可能是一种想象与现实交织的画面。[④] 汪悦进对此的解读稍微深入一些，他认为有六人（其中有女子）乘一黑船，其间一人手持弓箭的帛画残片与周代的"射鱼及献鲔鱼于宗庙之礼"有关，这项礼仪乃《月令》冬春之季的"射鱼荐鲔"情形，而另一幅"䡶车"残片则为"《月令》春季'聘名士，礼贤士'的场面"。[⑤]

关于这类帛画的性质，郑岩曾说："在马王堆 3 号墓发现了悬挂在内棺左右侧板上的帛画，其性质与 T 形铭旌不同，更接近于壁画。似乎由于空间和材料的限制，人们难以直接在棺内绘制壁画，只好采取了悬挂帛画的形式。这一现象或者说明该墓中产生了对壁画的需求，或者说明这一

---

① 这些与葬礼有关的图像之所以会出现在墓葬中，在郑岩看来，其原因在于秦汉时期墓葬形制以及随葬品种类都大大扩展了，"在这种情况下，刚刚过去的葬礼，便有条件被呈现于墓葬之中"。毕竟"葬礼从根本上说，是生者面向死者的奉献，这种仪式化、程序化的行为本身，有理由与那些盆盆罐罐一起，被复制到死者最后安身的墓葬之中"。根据他的观点，马王堆三号墓中这件帛画极可能制作于柩墓抵达墓地之后，椁墓封闭和墓圹填土之前，这中间的间隔时间会有多长？如果时间太短，可能根本无法完成帛画的制作，那便只能像一号墓那样，匆忙间将没有图像的罗绮挂上去。笔者揣测，是否存在一种可能，即事先预制了此类图像？毕竟送葬图像并不一定非要参照现实去画，或者此类程式化的行为无须参照对象也可以想象出来。湖南省博物馆、湖南省文物考古研究所：《长沙马王堆二、三号汉墓·第一卷田野发掘报告》，北京：文物出版社，2004 年版，第 109—111 页。郑岩：《葬礼与图像——以两汉北朝材料为中心》，载复旦大学文史研究院：《图像与仪式：中国古代宗教史与艺术史的融合》，北京：中华书局，2017 年版，第 79—102 页。
② 金维诺：《谈马王堆三号墓帛画》，《文物》1974 年第 11 期，第 40—44 页。
③ 刘晓路：《论帛画俑：马王堆 3 号墓东西壁画的性质和主题》，《考古》1995 年第 10 期，第 937—941 页。
④ 陈建明：《湖南出土帛画研究》，长沙：岳麓书社，2013 年版，第 165 页。
⑤ 汪悦进：《入地如何再升天？——马王堆美术时空论》，《文艺研究》2015 年第 12 期，第 136—155 页。

时期已经在其他墓葬中出现了壁画，又反过来对传统的丧葬系统产生了影响。"①从前揭汉代墓葬中出土木板画的情况来看，在棺椁中进行绘画或安放板上绘画并无不可，因此"空间和材料的限制"并不是一个充分的理由，相反，根据地面建筑中也有悬挂画布的情况来看，它很有可能是悬挂式的壁画，或者是"把悬挂帛画当成如同宫室壁画或悬挂图画一般"②。对此，李零也表示赞同："中国的壁画墓，多在北方，属于洞室墓。南方的木椁墓，没有壁画，只有这种东西（即帛画）。它们之间，恐怕存在类似。"③

织物作为壁画理解起来可能还不是很困难，比较麻烦的是画像石和画像砖，许多学者甚至直接把它们当成壁画来研究，但它们的情况其实比较复杂，这也是迄今为止它们仍然以"画像"之名在中国艺术史上占据一席之地的缘故。汉代的画像石、画像砖，现在所能见到的多数都是线面结合或者纯粹是块面、线条形成的剪影效果，其实从极少数画像石、画像砖出土时尚见着色痕迹的情况，如陕西神木大保当出土的彩色画像石，在河南南阳陈棚、四川郪江、山东邹平等地也出土了彩色的画像石④，我们大致可以推断建造墓葬时，画像石、画像砖可能都是五彩缤纷的⑤，但它们在制作方法上与壁画不同，因此：①出土画像石的主要视觉特征是刻工所留下的凿刻或模印之痕，只有极少数情况下会见到一些墨线和赋彩；②画像砖多数呈现的是模具纹样的痕迹。⑥本书在导论中规定，壁画的根本特征

---

① 郑岩：《关于墓葬壁画起源问题的思考——以河南永城柿园汉墓为中心》，《故宫博物院院刊》2005 年第 3 期，第 56—74 页。

② 陈建明：《湖南出土帛画研究》，长沙：岳麓书社，2013 年版，第 211 页。

③ 李零：《中国古代的墓主画像》，载《万变：李零考古艺术史文集》，北京：生活·读书·新知三联书店，2016 年版，第 263—277 页。原文亦刊于《中国历史文物》2009 年第 2 期，第 12—30 页。

④ 河南南阳陈棚所出彩色画像石相关报告见蒋宏杰等：《河南南阳陈棚汉代彩绘画像石墓》，《考古学报》2007 年第 2 期，第 233—266 页；四川郪江所出彩色画像石相关记录见国家文物局：《2002 年中国重要考古发现》，北京：文物出版社，2003 年版，第 87—92 页；四川省文物考古研究所等：《四川中江塔梁子崖墓发掘简报》，《文物》2004 年第 9 期，第 4—33 页以及李曰训、郑希敏、郭立民：《山东邹平发现汉代墓地》，《中国文物报》，2007 年 9 月 14 日。

⑤ 关于这个误会，和我们对于古希腊雕塑的误会一样，希腊雕塑原本都是彩色的，但由于历史的原因，后人看到的只有大理石的本色了，人们竟然以为这就是希腊雕塑的本来特点，并依此误读创造出完全不同于古希腊雕塑的"仿制"作品来。

⑥ 对于画像砖，滕固曾认为它比画像石更接近绘画形态的作品。尤其是画像砖"乘坯将干未干而施以刻画，笔致锋利"和"壁画如出一辙"。至于画像石，他也认为如孝堂山画像之类的作品可以称为"拟绘画"。如果按照这个思路，画像砖、画像石墓皆可以称为壁画墓。滕固：《南阳汉画像石刻之历史的及风格的考察》，载沈宁：《滕固艺术文集》，上海：上海人民美术出版社，第 280—292 页。该文亦刊于胡适、蔡元培、王云五编的《张菊生先生七十生日纪念论文集》（商务印书馆 1937 年版）。

是绘画性的呈现，而在画像砖、画像石中，基底与图像往往会互相"侵入对方的内部"，画面的表现也因此受到制约，故单纯的画像石、画像砖不在本书的探讨范畴。

第二种类型，也就是复合壁画，在汉代墓葬中其实很常见。前文讨论过的中江塔梁子M3墓，从墓葬构造的材料和图像分布的特点看其实就是一个壁画、画像石结合的墓葬，这样的例子还有河南新密的打虎亭汉墓和山东济南青龙山汉墓。而且从出土的遗迹来看，塔梁子墓中的画像石也是彩绘，这种赋予了彩的画像石与壁画的结合是否也意味着，在当时人们的眼中，壁画与彩色画像石在某种程度上被认为是相近的艺术形式，或者在某种意义上，彩色画像石其实是作为壁画的替代者出现的，如果这种情况属实，那么原因又是什么？是为了回避可能产生的僭越问题吗？这个问题很值得进一步追究。复合壁画除了这种平面图像与平面模印或雕凿图像相结合的情形之外，还有平面壁画与立体雕刻相结合的情况，如河南洛阳烧沟M61汉墓，隔梁前后两面都有壁画与透雕相结合的作品（图3-38）。隔梁上层为前面三块、后面两块透雕彩绘砖背对背组合而成，下层砖为两块长条形砖拼接，前面有壁画，背部为素面。隔梁上层背面的中间为一组仿玉璧、窗格和半开门的砖雕，是一组介于明器与雕刻之间的形象。还有在壁画中雕刻立体羊头的情况，有关细节详见下文。

图 3-38　烧沟 M61 汉墓隔梁前面壁画雕砖

第二节　浮雕装饰

汉代墓葬中浮雕并不少见，但主要出土于画像砖、画像石墓。汉代艺术中的浮雕作为一种造型手段，其本来用意在于把形象从周边环境中突显出来，具体到人物、飞禽走兽或者器具形象本身，多数时候，画工们是通过平面的细节勾勒、着色渲染等绘画的方式来让它们变得更加立体，这也是为何当时的人们将之称为"画"的缘故。当然画像石中也有少数形象，用西方艺术史的眼光来看，具有浅浮雕或浮雕的立体特征，如吴白庄汉墓中的形象几乎可以说就是圆雕，如果把形象边缘的过渡处理和画面的减地处理都算作浮雕手法的话，那么汉代大多数画像石、画像砖的处理其实都介于浮雕与平面之间。前面提到，壁画中也有一些透雕的情况存在，其本质也属于"把形象从周边环境中突显出来"的情况，所不同的是，透雕完全去除了画面之"底"，让它悬置于空中。壁画画面的这种处理实际上让隔断之墙呈现了园林建筑中的漏窗效果，虽然我们不能说它是后世园林中类似结构的起源，但是显然在汉墓中起到了相近的作用。除此之外，壁画中也有一些形象的细节会被处理成立体的形式，这些细节似乎含有特殊用意，这些形象包括如下两类。

一、浮雕羊首

此处笔者要谈的羊首图案比较特别，它一般表现为正面朝外且居于画面中央，在汉代墓葬门区附近经常可以见到，比如在龚家湾第一号墓第三道门上的羊首形象壁画（图 3-39）。简报称墓门门楣"中心处画一个怪兽头似羊，两长角向下弯曲呈弧形。两眼圆睁，注视着前方"[1]。此处表现的羊首似为一具写实性的羊头骨，与通常墓中所见的羊首形象略有不同。一般来说，羊首形象在画面中都会绘制得比较精致，富有装饰性，很多时候它们甚至被表现为悬浮状图案，仿佛是粘贴或者镶嵌在画面上的饰物。汉代人喜欢在墓葬中绘制（或雕刻）羊首的习俗源于他们的世俗生活，他们倡导"视死如生"的丧葬观，把逝者生前的生活习俗也带入墓葬中，但在具体的表现形式上又有所变化。《杂五行书》载："悬羊头门上除盗贼。"[2]《新言》亦云："初年悬羊头，磔鸡头，以求富余。"[3]说明汉代人过年时会在宅第的门额上悬挂羊头骨，这种习俗被认为既可以防止盗贼，同时也能为宅主带来吉祥之运（比如招财纳福）。

---

① 孙润德、贺雅宜：《龚家湾一号墓葬清理简报》，《考古与文物》1987 年第 1 期，第 1—9 页。
② 《杂五行书》。转引自〔宋〕李昉等撰：《太平御览》卷九百二，北京：中华书局，1960 年版，第 902.4a（4002b）页。
③ 裴玄：《新言》。转引自〔宋〕李昉等撰：《太平御览》卷九百二，北京：中华书局，1960 年版，第 902.6a（4003b）页。

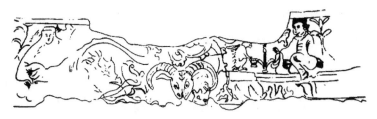

图 3-39 龚家湾第一号墓第三重门的摹线画

线绘或浅浮雕（即画像）在汉代画像石墓中多见。仅《中国画像石全集》第三卷，编号 152、154、155、158、167、169、179、180、181、227 等十多块出自山东地区的画像石上都有浮雕羊首图案。[1] 汉代崖墓中也有羊首浮雕，如在三台郪江金钟山 I 区一号墓（金 IM1）中室甬道中部，也发现了一处高 12 厘米、宽 19.5 厘米的羊首高浮雕，但风化严重，细节几乎无从辨识，只有外轮廓还算完整（图 3-40）。有些画像石因为失去原来的墓葬环境，无从确知所属墓葬的信息。如东京国立博物馆东洋馆收藏了一件山东临沂附近出土的画像石，上面也有浮雕羊首，细节刻画清晰可辨[2]，但出土信息缺失。

在汉代壁画中，还可以见到高浮雕或圆雕的羊首，如在传为八里台西汉墓出土的一组型砖壁画中，位于正中位置的方砖上就有浮雕羊首（图 3-41）。这组壁画的型砖似取自墓室中的隔梁，从组画左右两侧三角形砖面上的壁画痕迹来看，左侧持节人物前方还有猛虎形象，右侧三角形画像砖中最左侧为一回身着白衣男子形象，在组画上层三块砖上的人物形象似围绕着羊首在举行仪式。前揭洛阳烧沟 M61 汉墓也有浮雕羊首形象，浮雕羊首形象位于墓门内侧的门楣上方，羊首下方为虎食旱魃壁画。此外，在一些

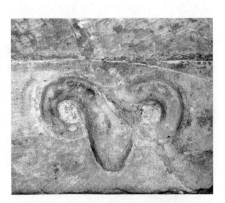

图 3-40 郪江金 IM1 墓浮雕羊首

图 3-41 八里台汉墓浮雕羊首

---

[1] 中国画像石全集编辑委员会：《中国画像石全集·3·山东汉画像石》，济南：山东美术出版社，2000 年版，第 132—162、211 页。

[2] 邢义田：《画为心声：画像石、画像砖与壁画》，北京：中华书局，2011 年版，第 79 页。

画像石与壁画混合的墓葬，如济南青龙山汉画像石壁画墓前室、中室北壁的门楣上也可以找到羊首浮雕形象。[①] 为什么这些壁画墓中的羊首形象会采用高浮雕甚至圆雕的手法来制作呢？

前面说过，在汉代人的文化观念中，羊首与吉祥有关，因此在墓葬中出现这种符号并不奇怪。正如大家熟悉的画像石、画像砖一样，在汉代人看来，平面化的图像表现作品中，似乎出现局部的浅浮雕甚至整体的高浮雕都是完全可以接受的。因此，画像砖、画像石在汉代同样被视为"绘画"。杨泓在谈到这个问题时曾指出："洛阳烧沟 61 号西汉墓的墓门额处浮塑出正视的羊头，双角向左右盘曲，似模拟悬羊头的习俗。"[②] 他的观点似乎告诉我们，高浮雕或高浮雕形式的羊首形象或别有深意，这种立体形态的，或者是直接表现实物形态的羊首（即模仿的是羊头骨）形象，实际是对现实的模拟（或复制），目的是模仿一种行为，而不在于把这种行为用图像记录于墙面，模拟更逼近事实，因此可以获得更强的驱邪能力。就像在烧沟 M61 汉墓中的壁画一样，旱魃在汉代人看来是招致旱灾（或其他殃疾）的邪灵，普通辟除邪祟的方式（比如棺柩入圹前方相氏的驱邪仪式）还不能解决问题，因此，墓葬制作了立体的浮雕羊首，藉此永久镇慑邪灵。

前面提到"悬浮状"的羊首形象，我们也可以把它看成是模仿立体羊首的效果。此时羊首其实是突出于基底的，假如我们从其正前方注视它，羊首给我们的感受恰好就是"悬浮状"的，作悬挂其上的状态，由此可见古代工匠在处理形象上极其智慧。

二、穹顶球

笔者在导论中曾提到洛阳金谷园汉墓穹顶的高浮雕结构，这就是穹顶球，巫鸿称之为"五个圆点"[③]，龚诗文将它们称为"藻井垂瓜"[④]。汉墓中的这种结构，主要出现在洛阳及周边地区带攒尖顶结构的墓葬中，但未见有关讨论。就已知的信息来看，这种结构最早出现在洛阳市金谷园新莽墓。但该墓的发掘简报并未对这一细节加以描述。根据《洛阳汉墓壁画艺术》一书所提供的资料来看，墓室纵剖面图表明，前室顶部有不少于三处

① 济南市文化局文物处：《山东济南青龙山汉画像石壁画墓》，《考古》1989 年第 11 期，第 984—993 页。
② 杨泓：《大吉羊：文物中羊的艺术造型二三事》，《收藏家》2003 年第 2 期，第 10—13 页。
③ 巫鸿：《黄泉下的美术：宏观中国古代墓葬》，北京：生活·读书·新知三联书店，2010 年版，第 157 页。
④ 龚诗文：《象生与饰哀：汉墓石刻画像研究》，台北：新文丰出版社，2017 年版，第 364 页。

的隆起，结合墓前室内景的照片，不难发现墓室顶部应该有五个球状物，中间一颗，周边环绕四颗，与墓壁精美的图像相比，这五颗穹顶球制作得较随意（图3-42）。[1] 相比之下，在金谷园发掘的另一座年代比新莽墓略晚一些的墓葬中，虽然只有一颗穹顶球，但这颗球的制作要精细许多，它位于前堂的墓顶，球上沿纵向绘有红、白、青三色的细条纹。其南面绘太阳与白虎，北面绘朱雀与月亮。这种结构在洛阳道北石油站东汉壁画墓中也可以见到（图3-43），在该墓中室墓顶中部以两块砖封堵顶部，向下隆起，形成穹顶球，球面涂成红色，环绕穹顶球的四颗球状物则涂成褐色，制作相对粗糙。这种结构在洛阳宜阳县尹屯新莽壁画墓中室顶部藻井中发生了一些变化，室顶的中部为日月所占据，其四周有四个方形的结构，每个方形结构的中间都绘一圆形图案，这些图案或与穹顶球相关，但最后并未制成立体的球状物，而是用图绘的形式替代（图3-44）。除此之外，我们还发现徐州龟山西汉第六代楚襄王（刘注）王后墓中也有类似的穹顶球，在四川郫江胡家湾群一号墓（胡M1）后室顶部的天花藻井中，也发现了这样的穹顶球，发掘报告称之为"直径0.2米的变形莲花"。[2] 在郫江松M1后室及后室左侧室的顶部均发现多处类似的球状结构，但很明确，这些球状物显系对柱头突出部分的美化而来，并且所处的位置也不居于墓室的中央。[3] 关于这些穹顶球，笔者以为它们与北斗或极星，亦即紫微宫有关。从汉人的观念来看，太一神常居此宫，汉代壁画中对星宿的描绘，有利用它来建构墓葬内部空间的用意（详见下文），也可能包含了引导墓主灵魂升天的努力。将星宿制作立体的球状物，是对该图像的一种强化表达，这种强化表达的方式一如前揭浮雕羊首。

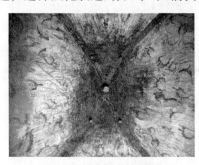

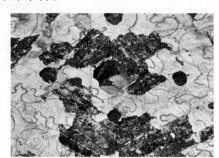

图3-42　金谷园新莽墓前室穹顶　　　图3-43　道北石油站汉墓穹顶球

① 韦娜：《洛阳汉墓壁画艺术》，洛阳：河南美术出版社，2004年版，第103—104页。

② 四川省文物考古研究院、绵阳市博物馆、三台县文物管理所：《三台郫江崖墓》，北京：文物出版社，2007年版，第261页。

③ 四川省文物考古研究院、绵阳市博物馆、三台县文物管理所：《三台郫江崖墓》，北京：文物出版社，2007年版，图版一四六、一四八。

图 3-44　宜阳尹屯新莽墓室顶线描图

第三节　源 流 问 题

从概念上来说，汉代地下建筑还应该包括：低于地面的建筑空间（如半地下室和地下室），以及与墓室相连且同处于地下的祭祀祠堂等建筑类型，但是由于一直没有确切可靠的此类建筑遗址发现，相关信息实际上是一片阙如，因此无从讨论这类建筑上的壁画。换言之，现有条件下，我们只在墓室壁画这一块占据相对丰富的材料，因此，关于汉代壁画的溯源问题，我们能够有效讨论的范围其实也仅限于墓室壁画。删繁就简，我们把汉代壁画的起源问题简化为墓室壁画的起源问题，这样研究对象就一目了然了。

迄今为止，我国发现的一百多座汉代壁画墓中，建造最早的当属河南永城西汉梁王墓，这座墓葬大约建于西汉武帝建元五年（公元前 136 年）或稍晚（最迟不晚于元狩五年，即公元前 118 年）。[①] 这个时期发现的带有壁画的墓葬很少，已知的有两座，另一座墓为广州南越王墓，前文已经很系统地说明了把它视为一座壁画墓的意义。[②] 总之，汉代前期的壁画墓比较少见，而且在内容上也极其简单。然后就是西汉后期，中间有一段空挡，西汉后期的汉代墓葬其实也不多，有六座：洛阳卜千秋墓、洛阳浅井

---

① 此墓很有可能是梁共王之墓，梁共王死于公元前 136 年，因此当葬于前 136 年或稍晚一些的时间。阎根齐：《芒砀山西汉梁王墓地》，北京：文物出版社，2001 年版，第 237 页。

② 黄佩贤的观点与笔者不同，她不认为广州南越王墓是壁画墓。参见黄佩贤：《汉代墓室壁画研究》，北京：文物出版社，2008 年版，第 31 页。

头壁画墓、洛阳烧沟 M61 壁画墓、洛阳"八里台"壁画墓、西安交通大学附小壁画墓、西安曲江池 1 号壁画墓。[①] 从形制上来看，这些墓本质上都差不了太多，都是竖穴式墓葬。总体而言，墓葬的形制也较为简单，贺西林把这些墓葬归入到汉代壁画墓的"开创形成期"，不无道理。[②]

就已有考古发掘材料来看，影响汉代墓室壁画形成的图像系统不外乎三种，第一种是地面建筑中的壁画，尤其是生者所居宅第中的壁画；第二种是布上绘画，特指宫室宅第中用以饰墙的帛画、绢画，墙面附近的帷幄等；第三种是先秦丧葬仪式中所使用的荒帷。这几种图绘无论是在形式上，还是在具体的画面题材上，都与墓室壁画有紧密的联系。因此，从考古学的视角来看，汉代墓室中壁画的主要来源还是比较明确的，但很多学者讨论壁画渊源的时候，喜欢把汉代各种图像都囊括进来，此举不仅过于宽泛，也容易冲淡我们对于汉代壁画来龙去脉的认识，其他的绘画形式与内容可能和墓室壁画有一定的相关性，但对它的影响有多大值得商榷。

在某种意义上，墓室壁画的直接来源可以概括为两个。生者宅第中墙壁和帷幕上的图饰和饰柩的荒帷。前者是横向的传统，虽然汉代以前的墓葬也号称与宅室有关系，但彼时的"阴宅"与阳宅并无关联，基本还是以"藏"为主要特点，而不是以"仿照生宅"为目标。后者为纵向传统，竖穴墓与横穴墓是继承与发展的关系，洞室墓中的很多细节都可以在竖穴墓中找到源头。

一、生宅中的图饰

（一）壁上画作

生者宅第中的壁画是汉代墓室壁画的重要渊源，这一点学界已基本达成共识。此处笔者只讨论生者的宅第，因为它是墓室壁画的主要来源之一，虽然地上建筑中其他建筑（如谷仓、宗庙、公共建筑等）上的装饰可能会影响到墓室的壁画，但那不是主要来源。生者宅第壁画与墓室壁画的关系反映在如下两个方面。

其一，生宅中的壁画为墓室壁画模仿的主要对象。对于这一点，研究者们的分歧不大，但是具体到壁画中的特定形象，其实我们很难判断它们

① 笔者不对汉代墓葬进行时间上的分期，现有的分期太乱，不是过于精细（分为六期或更多）就是过于简率（分为三期及以下），对于壁画的讨论都没有意义，更何况壁画的发展在不同的地区和阶段内并不是直线式地发展的。关于分期问题的讨论亦可参见黄佩贤《汉代墓室壁画研究》（北京：文物出版社，2008 年版）第 38 页。

② 贺西林：《古墓丹青：汉代墓室壁画的发现与研究》，西安：陕西人民美术出版社，2001 年版，第 14 页。

到底是来自哪里：①对汉代地面建筑壁画的模仿。②对地面建筑中其他艺术形式作品的模仿，如浮雕等。③对地面建筑（尤其是墙壁）周围静态事物或活动事物的图像化呈现（关于这个问题，亦请参见第二章第四节相关内容）。④人们想象中的（即不可见的）形象在墓葬语境中的"显现"。[①]出现在墓室壁画中的形象有些可以被直接辨识，但有些却模棱两可，无从知晓其来源。比如在墓葬空间中的一些甬道或门洞结构，它们在墓葬环境中象征着门、门廊、过道甚至是阙门，在这些结构的周围会画上一系列与"门"或"过道"相关的图像，包括"迎宾""防护""辟邪"等形象

图 3-45　望都一号汉墓寺门卒画像

（图 3-45）。这些图像可以说是对现实中有关场景的记录或再现。像大连营城子汉墓中出土相关位置的图像就比较复杂，其中有一些是墓葬语境中才有的辟邪形象，不能看作是对与生宅有关形象的模仿。营城子汉墓中的门区出现了两组形象，其中一组为门吏、士卒，这些人物可以视为生宅及其周边的写照，但是门额上的怪物形象以及门侧的白虎形象属于另一个系统，因为生宅毕竟还是生者出入之所，过于凶邪的形象出现在它周围，能不能防鬼倒在其次，惊吓到家中之人或亲友恐怕更经常。

　　其二，生宅（建筑结构）成了墓室壁画模仿的对象，地面建筑的构造成了墓室壁画再现的内容之一。墓室结构对地面建筑的模仿实际上不能看成壁画的组成部分，但因为采用了绘画的形式来呈现，所以它们也很难再从图像中完全剥离出来。我们习惯于把汉代典型的墓葬空间的称为"室墓"或者"洞式墓"，这在事实上强调了墓室对"生宅及其空间"进行模仿的特点，而且汉代人也的确如此行事。在一些考古发掘现场，如永城保安山二号墓，在墓葬的门道中，我们发现了大量诸如"东宫东北旁第一""东宫东南旁第三一""西宫西南旁第一""西宫西北旁第二二""西宫西南旁第二二""西宫西北旁第三五""西宫西北旁第三二""东车""西

---

① 这类形象在生宅中是不可见或不存在的，如神异或怪物，因此它们不是对民宅中壁画形象的模仿，也不是现实中某种形象在壁面上的投射。但是在墓葬中，造作者却用"图像"的方式把它呈现出来了。

车"之类的刻字（图3-46）。[1]汉代画像石墓中"室""室宅""吉宅""舍"之类的题记更比比皆是：1971年在陕西米脂官庄发现的4号墓，题记自称"万岁室"；1919年发现于山西离石马茂庄西圩塌梁的一座汉代画像石墓，内有题记曰"万年庐舍"；绥德白家

图 3-46　永城保安山二号墓"东车"刻字拓本

山永元十六年张文卿墓则有篆文题记"张公之室"，等等。[2]通过对比，我们会发现，这种模仿其实仅止于观念和抽象层面，在现实中，室墓的内部空间与生宅的内部空间完全是两回事。墓室中那些在视觉上尚属毛坯级别的、勉强方正的视觉空间，有些可能仅在墙面用涂朱或墨描的方式勾勒梁柱，没有真正意义的、立体形态的梁柱，但它们都被视为对生宅的模仿。实际上，画工根据画面的需要，把地下"豪宅"的某些结构呈现出来，一举两得，既构建了一套分割空间的"框架"，一套地下建筑强有力的"支撑"，也丰富了壁画图像的表现。关于后一点，在对墓室壁画的构图研究中，我们还会继续谈到，此处我们仅就墓葬建筑结构模仿现实宅第问题稍作展开。汉代比较系统地模仿现实宅第的墓葬有宜阳县尹屯新莽壁画墓与和林格尔壁画墓等，以宜阳县尹屯新莽壁画墓为例：宜阳县尹屯新莽壁画墓发现于2003年。该墓坐南朝北，是一座以小砖构筑的多室墓，由墓道、前室、中室、东侧室、后室及前室两侧的两个耳室组成（图3-47）。墓葬早年被盗，墓道中部和前室顶部各有一个盗洞，所幸壁画没有遭到严重的破坏。该墓中的壁画主要分布在中室和后室的四壁与顶部，其中中室的壁画分上下两层，用浓重的红彩勾勒出仿木的立柱和梁架，梁、柱之间则为浅色的斗拱。除了东壁以外，梁架的高度基本相同，整体上表现出进深三间，面阔四间的双层木构。后室壁画只分布在墓室的顶部，但没有彩绘的梁架结构。[3]通常模仿建筑结构的墓葬都是比较大型的墓葬，但是墓葬空间是否模仿了死者生时所居之宅很难界定。当然，如果死者生前拥有豪华的居住空间，它无疑会成为死者墓葬空间的"精神模型"或"理想模型"。

① 河南省文物考古研究院：《永城西汉梁国王陵与寝园》，郑州：中州古籍出版社，1996年版，第100—121页。

② 杨爱国：《幽明两界：纪年汉代画像石研究》，西安：陕西人民美术出版社，2006年版，第72—80页。

③ 洛阳市第二文物工作队：《洛阳尹屯新莽壁画墓》，《考古学报》2005年第1期，第109—126页以及图版柒至贰拾肆。

因此，即便不存在"复制"的事实，但也不排除象征的可能。

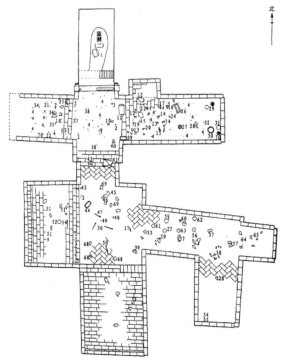

图 3-47　宜阳伊屯新莽壁画墓平面图

（二）帷幔纹饰

　　汉代贵族所居住的宫室中并不全都有壁画，或者那些绘制壁画的宫室也未必每一堵墙上都有图像，那些没有图像的壁面之前通常会悬挂帷幔，更高级的建筑内则可能在墙上装饰金属壁带或其他类型的精美物饰。那些悬挂着的帷幔，上面可能会绣有精美的装饰图案或纹样，它们或大或小，或长或短，在当时均为贵族宫室壁面装饰的寻常之物，故而屡见汉代歌赋中不厌其烦地描写它们。两汉时期，这些地面建筑中所悬挂的并且饰有纹样的帷幔，如果以图绘的形式表现在墓葬语境中，那便是壁画。在汉代壁画中，仍然保留着一些原生态的帷幔形象，比较典型的类型便是垂帐纹。现实中悬垂此类布幔的目的在于遮障边角及丰富壁饰的层次，垂帐纹在壁画中的表现往往是在壁面上方出现一行带饰，比如西安曲江翠竹园一号墓中分割天顶与四壁画像的便是一周垂帐纹。内蒙古鄂托克旗凤凰山 1 号墓中的红色云纹垂帐则是其中较为典型的代表，绘制得极为精美，遗憾的是有关的图录都把这部分内容当作可以任意裁切的部分予以处理，因此图录上几乎找不到形制较为完整的照片，无法一睹全貌。

在马王堆一号汉墓中，北边厢四壁的周围出土了帷幔一幅（图3-48），全长约730厘米、宽约145厘米，用幅宽48厘米的三整幅单层的原色罗绮缝制而成，罗绮的形制有些特别。[①]仔细考查北边厢所盛放的殉葬物品，可知"北边厢的中部，陈设着漆钫、漆勺和陶壶等酒器，以及放置在漆案上的漆卮、漆耳杯和盛有食品的小漆盘等宴享用品。北边厢的西部，陈设着漆屏风、漆几、绣枕、熏囊和两套梳妆漆奁等起居用具。北边厢的东部，有着衣女侍俑、着衣歌舞俑和彩绘乐俑。另外，还出土了一件夹袍、两双鞋，以及陶熏炉、竹熏罩、小竹扇和木杖等物"[②]。可见北边厢的陈设象征了死者生前的生活场面，与其他几个表示储物空间的边厢性质是完全不同的，此处出土的帷幔是死者生时所居宫室布置的象征，在现实生活中，悬挂在宫殿的帷幔通常都绘有一些图案，或繁缛，或简练。作为殉葬品出现的帷幔有可能被"素化"处理，故意去除图案、纹饰，即它遵循了丧葬礼仪中明器"备而不用"的原则，笔者有另文讨论[③]，此处不赘。

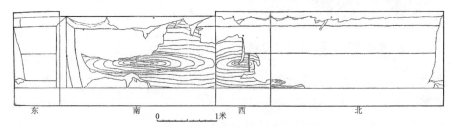

图3-48　马王堆一号墓饰棺帷幔张挂情形

二、饰柩的荒帷

荒帷在《周礼》《仪礼》《礼记》等先秦史籍中多有记载。在周代丧礼中，要给棺柩加一个棺罩作为装饰，装饰时除用织物将棺包裹严实之外，还要给棺加上一个龟甲形的木框（即墙柳），用丝织品围起来（即荒帷），上面垂下五彩绸带和串贝、铜鱼等坠饰，再用绸带将之与棺束紧。荒帷的颜色往往五彩斑斓，并依墓主身份等级差异而绘有龙、火、

---

① 湖南省博物馆、中国科学院考古研究所：《长沙马王堆一号汉墓（上集）》，北京：文物出版社，1973年版，第73页。

② 湖南省博物馆、中国科学院考古研究所：《长沙马王堆一号汉墓（上集）》，北京：文物出版社，1973年版，第35页。

③ 参见练春海：《器物图像与汉代信仰》，北京：生活·读书·新知三联书店，2014年版，第4—8页。另外，曾磊认为素色也与丧礼有关。曾磊：《秦汉社会礼仪中的用色考察——以丧礼和降礼为例》，《形象史学》2018年下半年期，第76—85页。当然也不能完全排除因为时间太短促，准备不及，而临时采用素色罗绮代替的情况。

图 3-49　绛县横水 1 号周墓出土荒帷

黼黻等图案①，称为"画帷"。《周礼·天官·缝人》郑玄注："孝子既启，见棺犹见亲之身，既载饰而以行，遂以葬，若存时居于帷幕而加文绣。"②说明荒帷既是先秦丧礼中的饰棺之物，更是对生者居室的模仿。当然荒帷这种高规格的棺饰在当时只有贵族才可以使用，至少在出殡之前荒帷就要被装饰于棺外，如此方可以起到"华道路"的作用。《礼记·丧大礼》郑玄注所云："饰棺者，以华道路及圹中，不欲众恶其亲也。"③文献中虽未提及荒帷最后如何处置，是否进入墓葬成为殉葬之物，但从考古的情况来看，荒帷的蛛丝马迹屡有发现，偶尔也会发现保存较好的情形，如西周中期的山西绛县横水 1 号墓出土的荒帷，该墓被认为是倗国"倗伯"④夫人墓，出土了目前我国考古发现时代最早、保存最好、面积最大的红色丝织品荒帷遗迹，上面绣有精致的凤鸟图案，总面积达 10 平方米（图 3-49）。⑤2007 年，河南新郑战国古墓群 M80 也发现了荒帷，形状为圆角长方形，南北两面荒帷的上部，垂落形成褶皱且颜色鲜艳，帷上所织的图案以鲜花为主，东面荒帷红色斑驳，帷周长 10 米、高 1.1 米。M80 位于墓群中部，属于该墓群中的第二大墓，长 3.5 米、宽 2.8 米、深 8 米，使用一椁一棺，荒帷垂挂于椁内壁，距离

---

① 《礼记·丧大记》："饰棺：君龙帷，三池，振容。黼荒，火三列，黼三列。"〔汉〕郑玄注，〔唐〕孔颖达疏：《礼记正义》卷四十五，〔清〕阮元校刻：《十三经注疏附校勘记》，中华书局影印本，1980 年版，第 45.355a（1583c）—43.356b（1584a）页。

② 《周礼·天官·缝人》。〔汉〕郑玄注，〔唐〕贾公彦疏：《周礼注疏》卷八，载〔清〕阮元校刻：《十三经注疏附校勘记》，中华书局影印本，1980 年版，第 8.54b（692b）页。

③ 《礼记·丧大礼》。〔汉〕郑玄注，〔唐〕孔颖达疏：《礼记正义》卷四十五，〔清〕阮元校刻：《十三经注疏附校勘记》，中华书局影印本，1980 年版，第 43.356b（1584a）页。

④ 田建文、李永敏：《绛县横水西周墓地：不为人知的倗国——史籍失载的倗国》，《中国文化遗产》2006 年第 2 期，第 67—69 页。

⑤ 吉琨璋、王金平：《千年奇遇的荒帷》，《中国文化遗产》2006 年第 2 期，第 65—67 页。

棺稍远。① 荒帷与棺之间已经存出现较大的空间，暗含了它与壁画墓之间的内在关联。

荒帷在汉代诸侯王墓中应该也是很重要的饰棺之物，近年在南昌发掘的海昏侯刘贺墓便发现了它的痕迹，薄薄的纺织品上，图案排列有序，并饰有用朱砂染线绣成的汉式花穗。但在汉代级别更低一些的墓葬中尚未找到有关的痕迹，倒是从西汉开始到东汉基本完成的墓室结构的演变，表明了这些级别更低的墓葬很有可能借鉴了诸侯王墓葬中使用荒帷饰棺的做法，正如李梅田所言，扩展后的墓葬空间"比竖穴墓更便于模仿生宅，再以画像石、壁画等方式装饰墓壁，则墓葬建筑本身就承担了原来的墙柳与荒帷仿生宅的功能"②。当然壁画与荒帷之间的关系可能不是简单的替代或模仿关系，因为壁画还有可能模仿棺椁上的漆画或生宅的内饰等情况，甚至是多种因素的综合影响。

关于汉代墓室壁画的渊源，已有研究中较为系统地讨论过这个话题的研究者只有贺西林。③ 一方面他将墓室壁画的渊源追溯到远古时期的壁画，另一方面他认为汉代墓葬绘画与战国荆楚墓葬绘画一脉相承。在他的溯源分析过程中，几乎把先汉时期出现的所有绘画形态都视为汉墓壁画的形成因素和影响因素。但实际上，这无助于增进我们对汉代壁画形式来源问题的理解。举一个例子，一般情况下，有图案的布匹并不会成为壁画的来源。出土各种战国织绣上的图案虽然与墓室壁画中的某些花边或纹饰相近，但是它们不能视为汉代壁画艺术的形式来源，我们最多只能得出这样的结论，二者有一个共同的来源，同属于一个艺术语言系统。再者，即使如帛画之属，前文谈到它与墓室壁画有渊源关系，但帛画其实有很多类型，只有其中的一种或几种类型与墓葬中的壁画来源有关。④ 从发掘出土的实物来看，墓葬中的帛画至少可以分为三种，第一种是随葬的帛画（如

① 李鹏为：《荒帷》，中国考古网：http://kaogu.cn/html/cn/kaoguyuandi/kaogubaike/2013/1025/34176.html，2010 年 8 月 28 日。

② 李梅田：《略谈巫山汉墓的鎏金棺饰——兼及汉代的饰棺之法》，《文物》2014 年第 9 期，第 71—75 页。

③ 贺西林：《古墓丹青：汉代墓室壁画的发现与研究》，西安：陕西人民美术出版社，2001 年版，第 138—168 页。

④ 李零认为，楚墓帛画、汉墓帛画既是铭旌的前身，也可能是壁画墓的前身。理由是马王堆 1 号墓、3 号墓，金雀山 9 号墓等出土的帛画，所表现的内容"都是以后汉墓壁画所有的"，"它以日月象天，在上，四时享受地，在下，也与壁画墓的传统如出一辙"。不可否认，帛画与壁画有着观念上的传承，但在渊源上的紧密性还可以再商榷。李零：《楚汉墓葬中的帛画和中国壁画墓的起源》，载氏著：《入山与出塞》，北京：文物出版社，2004 年版，第 165—170 页。

军事图、导引图之类），第二种就是覆于棺盖上的帛画，第三种是作为壁饰的帛画。只有后两种帛画才有可能成为墓室壁画的来源。本节的讨论旨在厘清汉代墓葬壁画的形成渊源，至于汉代墓室壁画所表达的内容，诚如贺西林所言，几乎在汉代以前的各种艺术类型上都可以见到，没有什么特殊性，故不在此赘述。

　　墓室壁画的渊源，笔者将之概括为两种：生者宅第和饰枢的荒帷。讨论的重点基本围绕着图像展开，部分内容也涉及形制的渊源。比如作为墓室壁画来源之一的生者宅第，它既是图像的渊源，也是形制的渊源，在墓葬中具体如何安排与布局壁画，通常情况下我们认为它会模仿地面建筑，但也不完全如此，例如，壁画的图案也有可能直接取自于棺椁上的纹饰。郑岩在讨论永城柿园汉墓时，提出该墓壁画可能"出自一位装饰棺的画工"，"墓葬中的壁画借用了棺画的画稿"，而"壁画的设计者并没有着眼于墓室本身的结构，他似乎更习惯于棺的装饰，整套画像就像是从棺上直接'搬'到了墓室中"。①

---

① 郑岩：《逝者的面具：汉唐墓葬艺术研究》，北京：北京大学出版社，2013年版，第62页。

第四章　壁画题材类别

在各类传世或出土文物的表面，通常我们可以看到一些特意制作和加工的纹饰，非常华美。古代的工匠们借助雕刻、琢磨、模铸、印染、戳印、镶嵌等工艺性手法，使物体表面产生有规律的起伏，或者质感上的变化，以增强感官体验；相比之下，采取非工艺性手法，如绘画性表现手法，在汉代出土文物上并不常见。后者我们只在帛画、壁画以及少量的画像石上可以看到，在这些媒介的表面，工匠们通常使用柔软的笔尖（如毛发）而非木石或金属等硬质材料或模具与之相接触造成特定图案。[①] 其中帛画残留最少，目前已知的共计 25 件[②]，包括马王堆一号墓出土的 1 幅、三号墓出土的 12 幅、山东临沂金雀山九号墓出土的 1 幅以及武威磨嘴子54 号墓铭旌 1 幅。此外，山东银雀山 9、13、14、31 号墓以及山东临沂民安 4 号墓、南越王墓等汉墓中均有帛画或残片出土，其中有些图像根本无法辨识，仅 10 幅左右可以进行研究。画像石上偶尔也可以见到一些线描，比如在陕北某画像石上的画像基本上都是毛笔画完之后再行镌刻，少数画像石刻完之后再行补画，因此也留下了线描的痕迹（图 4-1），但绘画性遗存主体还是壁画。尽管这些壁画的水平参差不齐，但是对这类作品的研究仍然是认识汉代绘画及其表现手法最重要的途径。

图 4-1　山西汉墓门楣画像残石

---

① 使用金属笔尖（或类似物）进行绘画性表现的作品在汉代也可以见到，比如使针刻或锥刻手法在漆器表面刻出图案，此方法对匠人技艺的要求较高，代表性的作品有马王堆利狶墓出土的锥刻狩猎纹漆妆奁。笔者曾在湖南省博物馆见过实物，在展柜灯光条件下只能看到光洁的表面，看不出任何刻线与细节。因此，观者只能通过有关的图录来领略该器表面生动的刻画细节。参见湖南省博物馆：《长沙马王堆汉墓陈列》，北京：中华书局，2017 年版，第 182—183 页。

② 武利华：《中华图像文化史·秦汉卷》（上），北京：中国摄影出版社，2016 年版，第 102 页。

第一节　纹饰类题材

关于汉代纹饰类图像深入、系统地研究并不多见，有关的探讨通常只是专题性研究中捎带分析的附加性内容，可见重视程度远远不够。在题材先行的艺术史观中，纹样装饰往往处于次要地位。[①]从艺术发展的历程来看，至少有两个原因使我们不但不能忽略那些纹样，甚至还要加强对这一部分内容的研究：①在早期绘画艺术或艺术史中，纹样占有极为重要的地位。就壁画而言，其早期表现形态多为一些简单的纹样组合，然后才逐渐扩展成为具象的主题性、全画幅式的创作。纹样作为一种题材在图像系统的发展过程中慢慢被边缘化，刚开始它可能是图像系统中唯一的形式，较典型的例子就是前文提到的广州南越王墓出土的壁画。该墓残留的壁画遗迹虽然不多，仅在该墓前室（周壁、室顶及南北两道石门）上可见一些施朱、墨两色彩绘的云纹，从已知的云纹分布状况以及该墓并未发现其他纹饰和图案来看，云纹即使不一定是墓葬中唯一的装饰，也会是最重要的装饰之一。②纹样并非"无意义"，或只是单纯视觉愉悦功效的代名词，而是拥有另一套诠释系统的主题绘画。这个体系源远流长，它发端于人们对自然万物的观察，直到两汉时期，这些纹饰体系还在一定程度上被传承下来，它们所代表的意义对汉代人而言，不言而喻，无须专业诠释。但是由于社会背景和文化语境的变迁，今天我们再面对它时，因为远离了与图像相适应的具体语境，那些图像变得晦涩难懂，意义流失严重，只剩下装饰层面的意义了。就好似今天对大多数人而言，无须解释就知道带一个缺口的苹果符号代表什么意义，但随着时间的流逝，未来笔记本电脑和手机都不再是人们所追求的高科技产品，这个曾经在国际上著名的企业标志也随之淡出人们的记忆，人们对这个符号会越来越陌生，有关的解读会越来越困难，这种困难就像今天我们无法准确地解读中国古代的柿蒂纹一样。当然不能解读并不影响人们去欣赏，这大概就是古代那些装饰意味很强的图像或符号很容易被人们归入装饰或者工艺美术研究领域的主要原因。

一、云纹

汉代墓室壁画表现的内容丰富多彩，有人物、楼阁、车马、舞乐、百戏、典故、神仙、怪兽、瑞应、星宿、狩猎等，其中出现得最多的一类图

[①]　关于这点，主要表现在两个方面：一是艺术史中对它的讨论十分有限，二是把纹饰放在设计史或者设计艺术史中加以讨论。

像符号是云纹，它既可以单独成图，也可以作为各类主题的背景，或者以
组合形式出现。通常情况下，我们谈到云纹，最可能联想到的画面可能是
一些舒卷回环线条组合成的图案，如广州南越王墓室内壁面上残留的那
样。实际上，汉代的云纹或惊若游龙，或静如凝丝，千变万化。笔者接
下来所举的几个例子，它们看上去似乎都和云纹没什么直接关联，实则
不然。

　　陕西兴平茂陵出土的一块画像砖（图 4-2），砖面上模印着左右对称
的玄武图，其中的蛇形象确切地说是一条头上长着犄角，背上有脊刺或鳍
的龙，而龟的嘴角则长着枝蔓状的长须，两只玄武呈对称状分布，对称的
中位线被表现为一个树状物，形态上与茂陵陪葬坑一号墓出土的金黄涂
竹节熏炉有几分神似，有底座，甚至树上的竹节状突起都被精心地刻画
出来。这样的画面，要说它与云纹有关系，恐怕不容易被大家接受。无
妨，我们再看一个例子，四川新津出土的石棺上也有一组与云纹有关的图
案（图 4-3）。如果仔细辨认，不难发现，它的细节其实具有蒙太奇效果。①
与前一例子不同，这幅图案中的玄武形象基本上是一个幻象，作顾盼之姿
的蛇头或龟首从龟身左侧探出，在龟身右侧，贴着龟身有一道粗线，下端
卷曲成尾巴状，上端从背部中间突出呈树干状，与左侧的一道粗线相交并
向两侧伸展开来，上面开着鲜花或长着灵芝，立着朱雀。还有一个例子
更特别——河南永城梁王墓室顶部的那幅非常独特的壁画（图 3-22）。永
城汉墓是迄今为止发现的汉代唯一一处有壁画的诸侯王墓，因此，墓中的
壁画被认为很可能出自宫廷画师的之手。这幅天顶壁画的主题为四神，画
面正中是一条长约 5 米的巨龙（或青龙），龙身两侧分别为朱雀和白虎，
巨龙口吐长舌卷住鱼妇，在《山海经·大荒西经》中记载为蛇与鱼相结合
的怪物，从图中各形象之间的关系来看，它在这里象征北方方位神。② 这
幅图构思非常精巧，空间安排疏密得当，用线紧劲，在细节的处理上非常
巧妙，龙身、雀尾等多处幻化为花卉枝蔓，奇诡而不失典雅，艺术水准相
当高。在此，除了环绕龙虎下方及前后的云纹表现得比较直观之外，其龙
爪、龙尾以及虎耳部位所幻化出来的花朵，亦与云纹有关。总之，汉代的
云纹图案是具有丰富内涵的题材，表现形式也灵活多变。具体而言，可以

① "蒙太奇"，是从法语 montage 音译而来的术语，意为构成、装配，在艺术领域中通常指把
　有意涵的时空人为地拼贴、剪辑在一起。这种手法最早用于电影艺术，后来逐渐在视觉艺
　术领域被广泛运用。
② 方位神的形象标志在西汉中期时尚不稳定，尤其是北方神，其形象标志尚变化多样，时而
　为龟，时而为玄武（即龟蛇组合），鱼妇作为化鱼之蛇，兼有蛇的特点，也因此成了玄武
　形象标志之一。

细分为云气纹、拟物云纹和云樯纹以及一些与云相关的纹饰等。以往的研究通常只注意到汉代云纹图案的装饰性，很少提到它可能存在其他功能与作用，更是忽略了数量众多完全以云纹为主题的图案的深层文化内涵。

图 4-2　陕西兴平茂陵画像砖

图 4-3　四川新津出土石棺侧画像

（一）云气纹

　　云气纹又称"景云"或"庆云"，林巳奈夫认为它的原型是早期青铜器上面的羽状纹①，小杉一雄则把这种"羽状纹"称为"简化了的爬虫纹"，提出它在秦汉时演变为具有瘤状结节的"龙唐草"，而后逐渐形成云气纹。②罗森则认为它最初可能源自西方的涡卷纹，传入中国后又进一步发展。③云气纹图案在汉代人的心目中比较特别，据《后汉书志·礼仪志》载："诸侯王、公主、贵人皆樟棺、洞朱、云气画。"④可见，云气纹并非

---

① 〔日〕林巳奈夫：《中国古代の遗物に表はされた"气"の图像的表现》，《东方学报》1989年第 61 册，第 1—93 页。

② 〔日〕小杉一雄：《宝云纹样への展开》，载氏著：《中国纹样史の研究·殷周时代爬虫纹样展开の系谱》，东京：新树社，1959 年版，第 159—167 页。

③ 其实罗森所提到的云只是汉代诸多云纹样式中的一种，即通常所谓的卷云纹，因此她的观点不能解释中国云纹图案的来源问题，最多只能说明此类云纹（卷云纹）图案的形成可能受到西方影响。〔英〕杰西卡·罗森：《莲与龙：中国纹饰》，张平译，上海：上海书画出版社，2019 年版，第 66 页。

④ 《后汉书志·礼仪志》。〔晋〕司马彪撰，〔梁〕刘昭注补：《后汉书志》第六，北京：中华书局，1965 年版，第 3152 页。

一种普通的纹样图案，它的
发展与演变有非常悠久的历
史，先秦时期云气纹图案就
开始大量地被应用于玉璧、
棺椁、马车和各种实用器具
的装饰，有些因为与重环纹、
垂鳞纹、龙纹、窃曲纹甚至
饕餮纹混淆而未能辨识。

图 4-4　针刻云气纹漆案

　　到了汉代，云气纹更是
被大量运用，尤其是在耳杯、
面罩、奁、笥、碗等漆器上[①]，有些甚至取得了极高的成就，达到我国漆
艺装饰史上的高峰。比如 2005 年在仪征新城烟袋山 8 号墓出土的一件西
汉中期云气纹漆案（图 4-4），面板上用两色来区隔空间，但实际上只有一
种图案，即云气纹，采用了游丝线描手法，图案用线紧劲连绵，画面异常
精美。在马王堆汉墓、南越王墓等墓葬中也同样出土了许多以云气纹为主
题的器物。总体来看，以上器物虽然都采用云气纹来装饰，但物体的尺寸
不同，云气纹的具体表现手法也会有所区别。较小的器物，基本上使用单
纯的云气纹来装饰，但注重风格的变化；较大的器物，除了在云气纹表现
风格上作出变化之外，细节上也更强调复杂化与多样化结合，比如马王堆
一号墓出土的"乘云绣"（图 4-5），五彩丝线所绣的飞卷流云中其实隐藏
着凤鸟的形象，"云中隐约露头的凤鸟，寓意'凤鸟乘云'"[②]。基于这样的
认识，我们来看修复后的南越王墓屏风，就会发现它上面的云气纹饰"略
显朴素"了。这座屏风结构比较复杂，据推断，"原来屏风的两面当有彩
画，出土时屏风位置中所见朽余的残余漆皮大多数是黑色的，只有少许在
黑地上用红白二色描绘卷云纹，采集到的标本都是指甲大小的残片"，导
致"绘画的内容无法复原"。[③]修复后呈现在人们面前的是一座满饰云气纹
的屏风，只是在细节处理上还是略显简单。虽然在一定程度上让我们了解
了该屏风可能的原始形制，但也误导了我们对汉代高级屏风的整体认识。
以云气纹为主要表现对象的纹样不仅与汉代的日常生活与信仰有极其密切

① 《西京杂记》载："成帝设云帐、云幄、云幕于甘泉紫殿，世谓三云殿。"这些以"云"为
　　名之物，很有可能都满饰精美的云气纹。参见〔东晋〕葛洪撰：《西京杂记》卷一，北京：
　　中华书局，1985 年版，第 5 页。
② 湖南省博物馆：《长沙马王堆汉墓陈列》，北京：中华书局，2017 年版，第 211 页。
③ 广州市文物管理委员会、中国社会科学院考古研究所、广东省博物馆：《西汉南越王墓》，
　　北京：文物出版社，1991 年版，第 447 页。

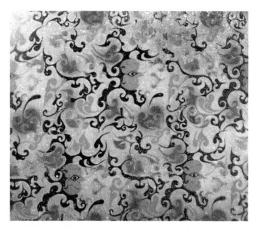

图 4-5　马王堆一号出土"乘云绣"

图 4-6　西安理工大学壁画展开图

的关系，在墓葬中也同样有所反映。比如，在西安理工大学 M1 的墓室壁画中，除了靠近墙脚处和云气纹中间所穿插的一些四神与雀鸟形象之外，大部分壁面描绘的都是氤氲云气（图 4-6），西安交通大学汉代壁画墓墓室顶部与后部图像表现形式跟理工大学 M1 墓的壁画非常相似，日月星辰若隐若现，笼罩在云蒸霞蔚之中。内蒙古鄂托克旗巴彦淖尔的凤凰山 M1 墓的天顶壁画基本上也是如出一辙的云气纹，月轮、星宿掩映其间，没有日轮，仿佛月夜的星空，这种情况可能与在汉人看来墓葬的属性为阴有关。内蒙古和林格尔壁画墓中也可以找到表现云气纹主题的作品，在其前室北耳室四壁的上半部分，除了表示梁架结构的粗线界格外，空间中填满了云气纹。同样的纹样装饰亦见于洛阳宜阳县尹屯新莽壁画墓中室、后室的券顶，只是在云气纹中还会随机点缀一些星宿、神祇等形象。在洛阳浅井头西汉壁画墓中，除了墓室顶脊三分之二的砖面上绘有主题性的形象外，其余顶脊壁面与斜坡则充满了奔放的云气纹，蔚为壮观。汉代还有一种云气纹比较特殊，我们现在一般将之归入"鸟篆纹"，其实它是把文字与云气纹结合起来的一种形式，代表性作品为满城汉墓出土的两件"鸟篆文铜壶"，壶盖、壶身以自由回转、流畅奔放的线条（云气纹）交织成文字，显得异常雅致美观。[1] 由此可见，云气纹在汉代其实是一个非常典型的纹样类型。

---

[1]　中国社会科学院考古研究所、河北省文物管理处：《满城汉墓发掘报告》，北京：文物出版社，1980 年版，第 43—49 页。

（二）拟物云纹

拟物云纹指的是所表现的云纹模拟或幻化为某种事物，它有两种基本形态，一种是局部拟物，比如陕北出土的一些画像石上，虽然整体上看还是云纹，但它们的一些局部其实已经表现为龙首、鸟首或者其他形象。典型的例子如绥德四十铺出土王君威墓横额石上的画像，画面中的云纹局部便表现为龙首（图4-7）。另一种是完全幻化为某物，比如秦始皇陵北2号建筑遗址、河北秦皇岛金山嘴秦代建筑遗址以及汉代再利用的秦离宫黄山宫遗址出土大瓦当头部的云纹装饰，作品呈半圆形，图案沿中线对称分布，整体看起来像一座山、一棵树或是一片大叶子（图4-8）。①又如大云山1号墓所出土的青铜编钟、编磬梁架上方造型华美的云气纹装饰，幻化成山（居中）和龙首（两头朝外各一）的造型，并在其中镶嵌了三枚银璧，它们实际上都是拟物云纹的组合（图4-9）。在马王堆一号墓出土的朱地彩绘漆棺上，拟物云纹的表现手法可以说发挥到了极致。漆棺盖板上的龙纹、虎纹以及云纹交织在一起，若不详加辨别，很容易将它们当成一团搅扰在一起的纯粹的云纹。龙纹、虎纹的细微区别仅在于异兽们身体上描画的是鳞片还是斑纹，神龙的后半部仍然保留云彩的形态不做改动，龙首稍微突出，相比之下，虎形倒是略显隐晦。该棺头挡、足挡以及左侧壁板上的云纹也都在一定程度上拟物化，右侧壁板描绘的则是更为纯粹一些的云气纹。在壁画中，较为突出的作品应该是1959年在山西平陆县枣园村汉墓出土的四壁中层的一组四神图，可惜现已残毁。从保留下来的照片可见，至少玄武图的绘制极富创造性（图4-10），此处所谓的玄武只有龟（有研究者径称之为玄龟），不见与之相缠的蛇，龟背部用堆积的卷云造型来代替龟甲的纹路，既塑造了龟壳的意象，又传递了云纹的本质，不似青龙、白虎那般写实。当然还有一些比较特殊的云气，比如陕西定边郝滩东汉壁画墓、陕西杨桥畔一村东汉墓出土的众多云车（图4-11），虽然形式上云车前都有象征曳力的龙或鱼，但车舆却完全是云朵的形态，故也应该被视为云气，只是它在图像中被赋予特殊含义。乌审嘎鲁图1号墓前室顶部的壁画，"正中绘一只龙凤同体的神兽，前为龙头，后为凤体，周围满绘云气"②。从龙凤同体以及周围都是云纹这点来看，这组壁画仍然是拟物

---

① 同样的瓦当在秦代行宫遗址——石碑地秦碣石宫遗址也有发现，说明它为皇家专用的符号。参见辽宁省文物考古研究所：《姜女石——秦行宫遗址发掘报告》（上册），北京：文物出版社，2010年版，第402—404页。

② 鄂尔多斯博物馆、鄂尔多斯市文物考古研究院、乌审旗文物管理所：《内蒙古鄂尔多斯巴日松古敖包汉代壁画墓清理简报》，《文物》2019年第3期，第38—64页。

形态的云纹。

图 4-7　绥德四十铺王君威墓横额

图 4-8　秦黄山宫出土大瓦当

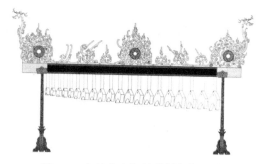

图 4-9　大云山青铜编磬梁架复原图

图 4-10　枣园村汉墓玄武图

图 4-11　龙车升仙图

　　云气纹、拟物云纹，包括下文要谈的云檼纹有时并不易区别，它们也经常混合使用，从《后汉书志·舆服志》中大行载车"云气画帷裳，檼纹画曲辀"句来看[①]，云气纹、云檼纹在汉代人的眼中是完全不一样的图案或纹饰，其中最主要的原因是，这些纹饰中包含有等级观念。

　　（三）云檼纹

　　云檼纹，有时也被简称为檼纹，这个概念首见于《后汉书志·舆服志》，通过文献与考古发掘实物的对比，可知这种纹饰指的是一种特殊的云气纹，汉代壁画或者画像中所描绘或雕刻出来的这种纹饰，在云气中有许多神兽、飞禽、神人等形象出没。也有人认为，之所以称为"檼纹"，是因为它跟钟檼有关，但这种说法显然与《后汉书志·舆服志》中的记录并不吻合，至少这种纹饰的使用不限于钟檼，出土钟檼的青铜（残）件上此类纹饰并不常见。在汉代云气纹中，云檼纹是等级最高的一种，比较特殊。其特殊之处表现在两个方面：一是使用者的身份比较特殊。《后汉书志·舆服志》有多条相关的记录："乘舆、金根、安车、立车，……檼纹画辀。"[②] "太皇太后、皇太后法驾，皆御金根，加交（络）帐裳。非法驾，则乘紫罽轓车，云檼纹画辀，黄金涂五末、盖蚤。……皇太子、皇子皆安车……黑檼纹，画轓文辀，金涂五末。"[③] "大行载车，其饰如金根车，加施组连璧交络四角，金龙首衔璧，垂五采，析羽流苏前后，云气画帷裳，檼

① 《后汉书志·舆服志》。〔晋〕司马彪撰，〔梁〕刘昭注补：《后汉书志》第二十九，北京：中华书局，1965 年版，第 3651 页。

② 《后汉书志·舆服志》。〔晋〕司马彪撰，〔梁〕刘昭注补：《后汉书志》第二十九，北京：中华书局，1965 年版，第 3644 页。

③ 《后汉书志·舆服志》。〔晋〕司马彪撰，〔梁〕刘昭注补：《后汉书志》第二十九，北京：中华书局，1965 年版，第 3647 页。

纹画曲辀，长悬车等。"[①] "乘舆，……橚纹画辀，……皇太子、诸侯王，……
橚纹画辀辐。"[②] 从这些文字来看，云橚纹通常只有皇族成员，包括皇帝、
太皇太后、皇太后、太子、诸侯王，以及一些圣宠正隆的官吏方有资格享
用。二是图案表现的内容独特。云橚纹不仅强调云彩，更为重要的是在云
彩之间会有神兽、飞禽、羽人等形象穿插其中。例如，马王堆一号墓中出
土的黑地彩绘漆棺表面就描绘有云橚纹（图3-27）。[③] 漆棺上那些分布规律
的流云中，各种神异形象，或者骑马，或者斗豹，或者捕鸟，或者相峙，
穿梭其间，形成的氛围极为诡异。

在一些诸侯王墓所出土的器物中，比如广陵王国出土的漆器，如面
罩、笥、樽、奁等，上面有龙、蛇、虎、豹、熊、獐、鹿、狐狸、猪、
羊、狗、兔、雁、凫等图案，甚至还有九尾狐等具有神异能力的奇禽异兽
图案，有时同一件器物上的神仙异兽多达数十种，它们或彩绘，或贴金，
构成平面形态的云橚纹。云橚纹还有立体形态，比如博山饰，最有代表性
的汉代博山饰器物有满城汉墓出土的错金银博山熏炉和茂陵陪葬坑出土的
金黄涂竹节熏炉，二者被认为是汉代最精美的两件熏炉。它们的炉盖其实
就是立体的云橚纹，云气起伏，猎人、虎、豹、猴子等形象杂厕其间（图
4-12）。据艾苏珊介绍，弗利尔美术馆藏的一件熏炉上也装饰了这样的橚
纹（图4-13），所不同的是，后者在纹饰中间还镶嵌有宝石，但作者认为
它"显然是后来才添加上去的"[④]，其说可信，毕竟宝石与云气纹没有什么
关联。在以往的研究中，多数学者都认为博山饰为海上三山，笔者也一度
怀疑这种纹饰或与植物有关，比如花蕊。[⑤] 但综合壁画、画像以及汉代相
关器物上的纹饰来看，博山熏炉的炉身与炉盖表现的重点有所不同，高级
别的熏炉炉盖以表现云橚为主，一些造型较为简单的熏炉，其炉盖则直接
表现云气纹，也有不少熏炉会将炉身所表现的植物特征延伸至炉盖，即

---

① 《后汉书志·舆服志》。〔晋〕司马彪撰，〔梁〕刘昭注补：《后汉书志》第二十九，北京：
　　中华书局，1965年版，第3651页。

② 《后汉书志·舆服志》。〔晋〕司马彪撰，〔梁〕刘昭注补：《后汉书志》第二十九，北京：
　　中华书局，1965年版，第3652页。

③ 马王堆汉墓的墓主们之所以可以使用此类图案为饰，或许与两个因素有关：一是长沙国的
　　地位在西汉（初期）比较特殊。长沙国为西汉南部的军事屏障，具有重要的意义，因此在
　　政治待遇级别较高。二是西汉初期在一些纹饰使用的礼仪规范上还没有那么严格。利仓作
　　为由中央派驻的监国丞相，本质上是刘邦安插在封国的心腹，因此他及家人也有可能享受
　　特殊的待遇。

④ Susan N.Erickson 撰：《答威利之疑：论弗利尔美术馆馆藏汉代博山炉的风格与年代》，宋
　　莉译，《西北美术》2002年第3期，第42—44页。原文发表于 Oriental Art, Vol. XI 11 No.4
　　（1996/7）。

⑤ 练春海：《器物图像与汉代信仰》，北京：生活·读书·新知三联书店，2014年版，第44页。

把炉盖做成花蕊或叶片覆盖的一个锥形物体，后者可参考拟物云纹来解读。博山熏炉就像植物（如具有通天功能的建木）一样，被人工地"（种）植"于人间（主要是在王公贵胄的宫殿中），是静态的云橔纹。在炉中燃烧香料造成的氤氲云气，则可表示动态的云纹，是前者的延伸。这样的人造景致，可以满足时人——与那些纹饰中的珍禽异兽一起——乘云（或驾驭云气中的异兽）飞升的梦想。[①] 从现有出土带博山饰的器物来看，我们所知年代最早的当为南越王墓出土的瑟枘，王龙通过对瑟枘上浮雕图案的分析指出，"从其造型上看，作器者所要突出的其实是上面的龙、虎、狮等兽类，山形纹只是背景衬托"。并且"目前出土的许多西汉早期的瑟枘都有兽形等浮雕的突起"。[②] 王龙所谓的"山形纹"即云气纹，实际上是橔纹的云气部分。这种纹饰在汉代诸侯王的墓葬中更是经常见到，应用最多的地方便是漆器，有些研究者称之为云兽纹、云龙纹、海上仙山、山形纹等[③]，这些解读都背离了该纹样的本质。

图 4-12　汉代金黄涂竹节熏炉局部　　　图 4-13　弗利尔美术馆藏熏炉

马王堆一号汉墓中出土的黑地彩绘漆棺上的橔纹可能是汉代具有典型图像[④] 意义的橔纹图案，但与之相似的图像在壁画中并不易见到，反倒是红地彩绘漆棺上那种与典型橔纹有较大区别的画面在壁画中容易找到类似

---

① 东晋葛洪在其所编撰的《抱朴子·微旨》中说："黄帝于荆山之下，鼎湖之上，飞九丹成，乃乘龙登天也。"该书所载上起战国，下讫东晋，内容与这一历史时期人们对升仙等道家观念的认识与态度有关。博山熏炉的使用或与此有关。王明：《抱朴子内篇校释（增订本）》，北京：中华书局，1985 年版，第 129 页。

② 王龙：《山东地区汉代博山炉研究》，山东大学 2013 届文物与博物馆学专业硕士学位论文，第 17 页。

③ 参见张洁：《汉代漆器云兽纹样研究》，载《中国汉画学会第九届年会论文集》，北京：中国社会出版社，2004 年版，第 91—165 页。

④ 典型图像概念参照考古学中的典型器 / 标型器概念建立，指的是代表某种文化类型的图像成为判断该图像的指征性图像。

的例子。如此看来，樚纹在汉代实际存在两种表现形式：一种是官方所规定的特定群体方可使用的图案，即前文所讲在云气中穿插着众多异兽飞禽的图案。以马王堆一号汉墓所出黑地彩绘漆棺上的纹样图案为代表，云气在图案中占据了主要的地位，这种图案的使用有严格的礼仪规范，普通人不得随意使用。另一种，云气中只有四神或者龙虎、仙鹿等异兽形象出现，后者的数量虽然不多，但在画面中却显得比较突出，云气在那里反而退隐为环境或背景，甚至可能拟形为山石等物，围绕着神怪异兽。换句话说，云气在图案中的地位有所下降。这两种樚纹看似截然不同，实际上本质是一致的，前者相当于远眺之景，后者则为近观之景，似前者的局部特写，而且是带有很强的装饰性的特写。就马王堆汉墓而言，红地彩绘漆棺较黑地彩绘漆棺更靠近尸身。从这个角度来看，永城汉墓室顶部那幅壁画描绘的便是这第二类樚纹的典型代表，这类图像甚至可以追溯到较早的洛阳卜千秋墓脊顶壁画。①

　　当然，在更多的时候我们会发现，汉代壁画墓中有些图案与樚纹有几分神似，但又有区别，它们或者隐去了云纹，或者加入了别的形象，之所

图 4-14　枣园村汉墓山峦院落图

以如此处理可能与避嫌（如让人误以为僭越了等级）有关。比如，山西平陆县枣园村汉墓墓室北壁东段上层出土的一处壁画（图 4-14），从形象语汇的构成来讲，与樚纹也很接近。这幅画发现于枣园村汉墓北壁东段的上层，从图像上来看，二者确实有很多相似之处，如作品的主体为山峦叠嶂，树木、飞鸟、奔鹿穿插其间，值得注意的是画面的语言以勾线加晕染为主。在这件作品中，云雾不是主体，只是作为装饰出现（尽管它在画面中所占的比例并不小）。另一方面，画面下方出现的坞堡式合围院落以及后侧的重楼都在强化这幅壁画的写实特性，与典型的樚纹拉开了距离。周怡对此壁画提出了自己的看法，认为壁画中的飞鸟"并非一只自然界中的飞

---

① 王小盾认为卜千秋汉墓壁画所描述的内容或为"黑水"，备为一说。王小盾：《经典之前的中国智慧》，北京：北京大学出版社，2016 年版，第 47 页。

鸟，而是反映了死者升仙的意图"①，其说有待商榷，毕竟在如此写实的图景中，要是没有更多的证据支持，升仙观很难得到证实。

山西省夏县王村东汉墓前室东券顶出土的《仙人导引图》表明了它的构图与樌纹也有一定的关联，反映了樌纹图像世俗化的特点。该壁画分为上下两部分，上方造型如同博山纹饰，粗线勾勒出的云气或山峦之间用细若游丝的线条勾勒出穿行其间的仙禽神兽。壁画下方的人物被解读为两位导引的仙人，一人骑着有翼神兽，一人立于大鱼之背。② 这件作品说明，樌纹的使用虽然可能会受使用者的社会等级以及使用场合的限制，但这并不影响汉代民间对它的模仿与利用，于是便有了民间版本的樌纹，或者说是广义上的樌纹。它将仅限于汉代上层社会流传的樌纹图式与中国古代神话中的建木结合起来，变成了一种在似树非树、似云非云之物上有各种仙禽异兽向上攀援的纹饰，此类图像在陕北汉代画像石墓中可以找到许多范例（图4-15）。③ 陕北地区出土的墓室画像在汉代图像系统中可谓独树一帜，很多在其他地区表达较随性、形式较多样的母题，到了陕北都会被标准化，同样的图案，仿佛是从一个模板中复制出来的（但显然不是），极其规整，在不同的墓葬中反复出现，甚至连出现的位置都一成不变。因此，各种常见的汉代墓葬图像在陕北东汉画像石墓中往往能找到一些品质较高的范本。长着根的云状物在壁画墓中偶尔也可以见到，比如内蒙古鄂托克旗米兰壕1号汉墓。该墓坐西向东，在墓室北壁西段上层有一幅亭台楼榭

图（图4-16），以红色实线为栏框，顶部栏框上绘以彩色纹，云纹为白色，作二方连续排列，下方是亭台楼阁，在楼阁的左侧，我们可以看到一道以灰、白二色为主的似树非树的云纹，"云根"植于楼阁的左侧。楼阁周边环绕用蓝色颜料绘成的树，每棵树上都栖有雀鸟，唯有云状树上空无一物，其目的或在强调其本质为

图 4-15　东汉王孟元墓墓门组合

① 周怡：《中国早期鸟造型与鸟图腾的演变》，《民族艺术》1999年第3期，第107—118页。
② 徐光冀：《中国出土壁画全集·2·山西》，北京：科学出版社，2012年版，第13页。
③ 这类图像再进一步发展，就演变成可以称为都柱的柱状物，上面爬满仙禽、异兽以及羽人等。在山东与四川等地汉代墓葬，我们均可以见到此类柱子，它们一般处于墓室的正中央。关于汉代画像石中云纹与神树（建木等）之间的关系的讨论可参阅拙著《器物图像与汉代信仰》（北京：生活·读书·新知三联书店，2014年版）第67—75页。

云而非树。

　　云气纹的类型除了前述分类，其
实在具体的图像风格上也可以分为多
种：第一种是自然卷曲型。内蒙古鄂
托克旗米兰壕1号墓墓室北壁中段的
一幅表现围猎场景的图案中，野兔、
梅花鹿、山羊分布于几道云纹之间，
云纹像烟岚舒卷，又像山峦起伏，或
者尘土飞扬。在陕西杨桥畔二村南侧
渠树壕汉墓后室也能看到类似的图景，
这种云气偶尔也会起到模拟山川等自
然景物的作用，让人不辨山与云，从
而起到分割画面的作用。第二种是二
方连续型（图4-19）。规则型的云气纹

图4-16　米兰壕1号墓亭台楼榭图

可见于河南新密打虎亭东汉墓中室甬道券顶藻井周边界格内的云纹，不规
则的有内蒙古和林格尔东汉墓前室北耳室中的碓舂、谷仓图（图4-17），
这种图式或与瓦当上的纹样有联系。第三种是折线型。这种云纹有古风，
在先秦青铜器物的纹饰中较为常见，像河南荥阳王村乡苌村汉墓前室壁
画那样用来分隔画面的情况倒是不常见（图4-18），云纹把云气与界格整
合在一起，既大气又美观。第四种非常特别，看起来像充满褶皱的"脑
珊瑚"，如旬邑百子村东汉墓中出土的以黑、红、黄三色绘成的云气图
（图4-19）。

图4-17　和林格尔汉墓碓舂、谷仓图

图4-18　苌村汉墓前室壁画

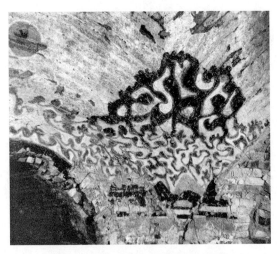

图4-19　旬邑百子村东汉墓云气图

从汉代的文化语境来看，云纹之所以被广泛地运用于汉代日常、礼仪以及丧葬事物上，绝不仅仅是因为它有很强的艺术表现力这么简单，而是与汉人的观念和信仰有关。在汉代，云与气是紧密相连的，可以说前者是后者的图像化和视觉化呈现的形象。"气"这个概念在《白虎通义·天地》中又称为"元气"，"（天）地者，元气之所生，万物之祖也"。①在《管子·内业》中则称为"精气"，认为它是一种非常细的物质，"下生五谷，上生列星"，是高于宇宙万事万物的范畴，是一切物质现象的来源，自然万物和生命的根源。②《庄子·知北游》曰："人之生，气之聚也，聚则生，散则死……故曰通天下一气也。"③与"气"相结合而发明的语汇非常丰富，诸如"生气、气息、气象、气色、神气、气机、心气"等，它们均与人的举止、情状有关，"气者，人之根本也"。④因此，气的存在对于人的形骸而言，意义重大，在墓葬中也同样如此，人们不论是想永久地保存形骸，让肉身不朽，还是想让自己的精魂在墓葬中修炼成仙，完成宗教或者哲学意义上的超越，第一步就是要把静寂的地下墓室转化成一个"云气充沛"的氤氲世界，在我们所熟知的众多壁画墓中，如和林格尔东汉壁画墓、陕西交通大学东汉壁画墓、陕西靖边杨桥畔二村汉墓汉墓等，都可以见到纷繁的云气图像，它们或者单独，或者与其他形象结合在一起，分布于墓葬的

① 《白虎通义·天地》。〔清〕陈立撰，吴则虞点校：《白虎通疏证》卷九，北京：中华书局，1994年版，第四二〇页。
② 《管子·内业》。黎翔凤撰，梁运华整理：《管子校注》卷十六，北京：中华书局，2004年版，第九三一至九三七页。
③ 《庄子·知北游》。〔清〕王先谦：《庄子集解》卷六，北京：中华书局，1987年版，第186页。
④ 《难经·八难》。凌耀星：《难经校注》，北京：人民卫生出版社，1991年版，第12页。

甬道、耳室、天顶等各处，把藏纳尸身的九泉之地，转化为涵养死者精魂的场所^①，使死者的精魂受到滋养而得以实现肉身的转化，甚至成为不死的仙人，如此一来，汉墓中出现大量的"云纹"便可以理解了。^②

二、穿璧纹

汉代还有一种很重要的纹饰就是穿璧纹，它在壁画中出现的频率不如在画像砖、画像石上来得高，其中的原因很值得我们去思考。一种可能的原因是：在汉代壁画墓中，"玉璧"多数时候是以实物形态出现的，如汉代文献中提到的大行载车"加施组连璧交络四角"^③大概就是其中之一，在一些级别较低的画像石、画像砖墓葬中，对玉璧进行图像化表现的需求更大。穿璧纹又可以细分为交龙穿璧、云纹穿璧、绶带穿璧等类型。

在汉代图像系统中，最典型也是最精彩的交龙穿璧图像出现在马王堆汉墓出土的T形帛画中。马王堆汉墓出土了两幅帛画，其中一号汉墓出土的T形帛画在汉代同类帛画中保存品质最高，而且在出土时具有明确放置方式的帛画作品（图4-20）。T形帛画是发掘者据其外形所取的名称，但它们在汉代的原名究竟为何，非衣、画荒、画幡，还是铭旌？众说纷纭，莫衷一是。相比而言，似以马怡的"旐"说较为可信。^④因为名称

① 在陕西靖边老坟梁东汉墓M42东壁上，我们甚至可以看到在世俗活动场景中人物形象周围布满云纹的场景。参见陕西省考古研究院：《2008年陕西省考古研究院考古调查发掘新收获》（《考古与文物》2009年第2期，第13—26页）一文图八。

② 马王堆一号汉墓中发现了大量保存完好的染织、丝织品，据同时出土的竹简记录可知，其中包含一件名称为"长寿绣"的实例。在平织的绢布上，用丝线绣着自由流转的云纹，纹样生机盎然，充满律动感，日本学者肥田路美指出，马王堆一号墓中出土的信期绣、茱萸绣、乘云绣等纹样表现的基本都是云气纹，其中以长寿绣上的云纹最具流动感与气势，"正呼应了增强生命力带来长寿的意义"，为吉祥纹样。其推断很好地诠释了云气纹与升仙观念形成联系的内在逻辑。参见〔日〕肥田路美：《云气纹的进化与意义》（载石守谦、颜娟英：《艺术史中的汉晋与唐宋之变》，台北：石头出版股份有限公司，2014年版，第169—192页）一文。

③ 《后汉书志·舆服志》。〔晋〕司马彪撰，〔梁〕刘昭注补：《后汉书志》第二十九，北京：中华书局，1965年版，第3651页。

④ 马王堆帛画名称，"非衣说"出处：《座谈长沙马王堆一号汉墓》，《文物》1972年第9期，第52—54页；"画荒说"：陈直：《长沙马王堆一号汉墓的话若干问题考述》，《文物》1972年第9期，第30—35页；"画幡说"：孙作云：《长沙马王堆一号汉墓出土画幡释释》，《考古》1973年第1期，第54—61页；"铭旌说"：《座谈长沙马王堆一号汉墓》；安志敏：《长沙新发现的西汉帛画试探》，《考古》1973年第1期，第43—53页；马雍：《论长沙马王堆一号汉墓出土帛画的名称和作用》《考古》1973年第2期，第118—125页。马怡指出："马雍认为马王堆一号汉墓帛画的名称是'铭旌'，并说'铭旌的名称很多，或谓之铭，或谓之明旌，或谓之旐，或谓之丹旐，或谓之柩'。这种将铭与旐、铭与铭旌、旐与铭旌全部混一的说法有未安之处。"马怡：《武威汉墓之旐——墓葬幡物的名称、特征与沿革》，《中国史研究》2011年第4期，第61—82页。

不详，因此，关于它的功能也就无从谈起了。
过去关于 T 形帛画之功能主要有如下几种推
断：引魂升天[①]、安魂[②]，或引导棺柩等。根据
马怡的观点，T 形帛画（即旐）的功能是"在
送葬时启引棺柩，下葬时随棺柩入圹"[③]，这是
目前所见较为合理的观点，但这就是帛画的全
部功能了吗？换言之，引导棺柩进入墓圹以
后，T 形帛画的使命是否就完成了呢？笔者在
一篇相关的文章中探讨了这个问题，马王堆帛
画在墓葬中的保存方式很特殊——正面朝下覆
盖在内棺之上，结合马王堆汉墓出土内外棺之
间只有非常有限的几件器物（一件玳瑁璧及若
干桃人）来看，表明它与汉代墓葬中所见的穿
璧纹、半开门等事物或图像的性质相近，功能
都相当于说明书，用于引导死者灵魂的活动。[④]
在这幅帛画或与之相关的仪式中，玉璧图像是
最核心的，并且与实物玉璧密切相关。

**图 4-20　马王堆一号出土
T 形帛画**

　　与马王堆帛画具有异曲同工之妙的壁画图
像不少，洛阳市金谷园村汉墓出土的一幅交龙
穿璧图便是一例。金谷园村汉墓建造的时间比
马王堆汉墓稍晚一些，但是壁画的写实程度还比较高，它们被绘制于墓葬
后室的顶脊中，这组壁画作品的形式比较特殊，四件一组，每一件都制作
成方形，并且相互之间是独立的（图 4-21）。首尾两幅分别代表日月（或
者阴阳），中间两幅可以说是 T 形帛画的壁画版，它们也是上一章中"帛
画为墓室壁画形制来源之一"这个观点的又一有力物证。这些壁画由南
至北分为四个单元（从南向北编号 1—4），其中编号 1、4 两幅表现了日
孕金乌和月亮图像；编号 2 画面中共绘玉璧四件，二龙穿过其中三件玉

① 商志醰：《马王堆一号汉墓"非衣"试释》，《文物》1972 年第 9 期，第 43—47 页；孙作云：《长沙马王堆一号汉墓出土画幡考释》；刘敦愿：《马王堆西汉帛画中的若干神话问题》，《文史哲》1978 年第 4 期，第 63—74 页。
② 游振群：《T 形帛画与魂魄之说》，载《中国汉画学会第十届年会论文集》，武汉：湖北人民出版社，2006 年版，第 61—64 页。
③ 马怡：《武威汉墓之旐——墓葬幡物的名称、特征与沿革》，《中国史研究》2011 年第 4 期，第 61—82 页。
④ 练春海：《论汉墓内棺盖上所置玉璧的礼仪功能》，《美术研究》2019 年第 1 期，第 58—65 页。

图 4-21　金谷园新莽墓顶壁画位置示意图

璧，龙首相对，张口衔持第四璧；编号 3 与编号 2 的场景相同，但内容较之复杂许多，四件玉璧中我们不仅可以看到四神形象，同时还有一人驭龙穿梭其间（图 4-22）。[①] 这组壁画非常独特，其所具有的说明性色彩为同类图像在墓葬中具有引导墓主人升仙之功能提供了脚注。[②] 在洛阳烧沟 M61 西汉壁画墓中，前室隔梁后面的壁画砖雕中，其实也存在双龙穿璧的图式，与通常表现不同的是，设计和制作者根据隔梁的梯形特点，把两组羽人驭龙图像分置于左右两侧三角形区域内，龙身下为云气造型[③]，隔梁顶部为 5枚玉璧联成一排，玉璧下方的半开门说明它有"通道"的作用。整组壁画雕砖所表达的意义同于"双龙穿璧"，尽管它处于"待穿越"或"前穿越"状态（图 4-23）。其实在该墓前室隔梁前面壁画上的两组绶带穿璧，虽然在形式上为单独的悬挂在绶带上的玉璧，但因其为两侧的熊和怪兽一前一后所夹持，所以现场的氛围看起来像是已经为一场即将发生的"穿越"活动做好了充分的准备。因此，汉代图像中经常见到的绶带穿璧符号也应该视为交龙穿璧的一种变形图式。

图 4-22　金谷园新莽墓顶壁画

图 4-23　烧沟 M61 汉墓隔梁后壁

前面所讨论的穿璧图形，在画幅中出现的玉璧数量是有限的，有时成

---

① 洛阳市文物管理局、洛阳古代艺术博物馆：《洛阳古代墓葬壁画》，郑州：中州古籍出版社，2010 年版，第 150 页，线描图见同书第 154 页。

② 练春海：《论汉墓内棺盖上所置玉璧的礼仪功能》，《美术研究》2019 年第 1 期，第 58—65 页。

③ 龙身下有云气纹，表明了它与横纹有关。

双成对，有时只有一件，因此这些图像原则上不可称为穿璧纹。接下来要讨论的类型则为多璧连缀的情形，它们有些以前揭某类穿璧图为基础，在同一画幅中重复出现，在理论上它们可以无限量地增加或者循环下去，所以作为纹样的装饰意义显然高于其原本含意。我们已经讨论过永城柿园汉墓天顶壁画的主体部分（图3-22），其实它四周边框的穿璧纹也非常精彩，这些穿璧纹不同于一般的绶带（表现为直线）穿璧或神龙穿璧，而是云纹穿璧[①]，璧上的谷纹清晰可辨，具有极强的写实性，这种穿璧纹其实较为罕见。1953年山东梁山县后银山东汉墓前室北壁出土了一组穿璧纹，从山东博物馆所提供的摹本来看，纹饰画得比较轻松随意，但是璧与绶带穿插、交错的细节处理还是较为严谨的。[②]

　　穿璧纹演变最抽象的形式就是以两组平行线（60°—90°角）相交组成网格，在网格交点的周围画上代表玉璧的圆圈，有时连这些圆圈也省去了。在西安交通大学西汉壁画墓中主室的腰部便有相应的例证，两道红色的平行粗实线之间，分布着若干组红色的交叉线（图4-24）。抽象穿璧纹，有一些学者认为它的本质是绫纹。在笔者看来，也有可能是相反的情况，即有些棱纹是从穿璧纹演化而来，因为我们无法解释为何要将绫纹图案应用于墓葬环境中，但是将当时司空见惯、寓意美好的穿璧纹应用于织物却是再正常不过。也有研究者通过考证认为，汉代画像中的穿璧纹很可能是建筑中的"琐"纹，我们也确实在宋代的《营造法式》中发现了与穿璧纹有异曲同工之妙的"琐文"图案，只是宋代的文献年代太晚，在汉代文献中，"青琐"只有天子才能使用，因此墓葬中的穿璧纹即便确实源于"青琐"，它能不能叫青琐也是个问题，何况"青琐"在民间还有变异的可能

图4-24　西安交通大学壁画腰部画像

---

① 或者换一句话说，正如文中所讨论的，该龙纹的本质是拟物云纹，所以解读成龙或云在此穿璧纹中并没有区别。

② 徐光冀：《中国出土壁画全集·4·山东》，北京：科学出版社，2012年版，第32—33页。

（包括造型细节的变化和用色的变化等）。①

　　总体而言，写实的或者抽象的穿璧纹饰在汉代壁画中其实都较为罕见，但是在汉代画像石中，却可以见到大量的不同类型的穿璧纹，说明了汉代壁画与汉代画像石、画像砖在创作题材上的区别还是比较明显的。

　　除了云气纹、穿璧纹，其实壁画中还有很多其他类型的纹饰，如柿蒂纹②等也很值得讨论。纹样、纹饰的研究在西方艺术史系统，尤其是风格学研究系统中有非常深入的探索，但在我国传统的物质文化遗存的研究中还是比较欠缺的。

第二节　写实性题材

一、墓主形象

　　汉代画像石墓、壁画墓中，随处可见以系列人物形象为主体的画面，有许多还带有榜题，或者即使没有榜题，通过表现主题的相关性、主题情境的设置、情境的变换以及主要人物形象的出现规律等特点，我们也可以大致推导出那些成系列出现在墓葬重要位置的主题画其实是一系列具有传记意义的图像叙述，很多学者称之为墓主履历，这类的画像实际上可以分两类：墓主肖像与墓主经历。

　　在墓葬中所出现的各种人物形象中，肖像一直是壁画中最具争议的内容。毕竟大部分图像，不论有无榜题，其实跟死者、文献所载人物都很难建立联系，倒是那些所谓的"墓主"或者那些疑似为"墓主"的图像很容易令人发现某些"蛛丝马迹"，从而建立起种种与墓主之间的可能联系。从战国时期长沙子弹库楚墓出土《人物御龙帛画》中的御龙飞天者，到马王堆一号汉墓中出土 T 形帛画中心部位的拄拐老妪，再到河南新安县铁塔山新莽壁画墓西壁中身形较两旁侍者大出许多的宴饮者，他们共同的特点都是居于某种视觉或心理上的"中心"位置，这种位置自然而然地会令观者将它与一墓之主建立联系，但是墓葬中除了这些在视觉上表现出显著

---

① 参见王媛：《"青琐"及"青琐窗"的建筑史解析——从汉画像石纹饰说起》，《同济大学学报（社会科学版）》2016 年第 6 期，第 89—95 页。

② 柿蒂纹很可能与犁有关系，而犁又与民生有关，《左传·昭公二十九年》："祝融，明貌，其祀犁焉。"〔周〕左秋明传，〔晋〕杜预注，〔唐〕孔颖达疏：《春秋左传正义》卷五十三，〔清〕阮元校刻：《十三经注疏附校勘记》，中华书局影印本，1980 年版，第 53.421a（2123b）页。而李零认为柿蒂纹应该叫成"方花纹"或者"方华纹"，其中"方华"（或"方花""芳华"），意为标志四方的花，或芬芳的花，一语双关。李零：《"方华蔓长，名此曰昌"——为"柿蒂纹"正名》，《中国国家博物馆馆刊》2012 年第 7 期，第 35—41 页。

差异的形象之外，有些人物在墓葬中其实并不那么突出，有些甚至可能还处于比较偏的位置，但是研究者们通过推断也认为他们中有些或许就是墓主，比如在一组车马出行图中，可以通过榜题和马车等级的高低等信息来辨别人物的身份。

可以纳入墓主履历这个范畴来讨论的图像有很多，但因为画像或者壁画语言不如文字来得可靠。因此，我们在讨论这部分内容时，只选择那些具有明显指向性的图像。粗略地归纳一下，墓主履历类的图像可分为两种，一种是墓主在世时真实经历过的事件，这类图像周边会有榜题（有时仅存榜而无题），例子有很多，它们有一定的图式化的趋势；另一种是想象出来的死者来世生活的景致。

作为第一种类型的履历图像，比较有代表性的作品见于内蒙古和林格尔汉墓、山西夏县王村东汉墓、河南荥阳苌村东汉壁画墓、四川中江塔梁子三号墓等。从和林格尔汉墓中的壁画来看，墓主是东汉王朝派往北方边疆地区的一个重要官吏。从举孝廉担任"郎"官开始，历任西河长史、行上郡属国都尉、繁阳令、护乌桓校尉等职。最为重要的是，这座汉墓还给我们提供了当时的城市图景写照，多达五幅，这对于今天去研究汉代多民族交融的边关城市与社会活动而言，是非常重要的图像遗存。这些城市地图是难得一见的东汉地图，可以分为两类：一类比较简单，只有一层城垣雉堞，没有子城；另一类较为复杂，如宁城图（图 4-25）、繁阳城图等，除了城垣雉堞之外，还有子城。尤其是宁城图，包括城墙、城门、街道、市场、衙署等，可知这些图像大概是参考具体实物来绘制的。结合汉代出土的明器陶楼，以及汉代辽东地区的人文地理环境，大抵可以推测，这样的建筑群组合其实反映了当时镇守一方的地方大员的真实生活情境。在该墓前室西壁上部的人物组图中，依次有榜题"门下功曹""门下游徼""门下贼曹""门下计""追（槌）鼓掾""□□掾"等具有现实指向性的官吏衙属，这些随员很有可能就是对死者生前属吏的图像再现；而经前室到中室壁画上众多如"使持节护乌桓校尉""使君从繁阳迁度关时"之类的榜题则建立了死者与具体历史时空的对应关系。这一系列的榜题把死者生前的荣耀带到了九泉。山西夏县王村东汉墓出土壁画显示，墓主（裴将军）生前曾为"安定太守""为上计掾""式（弌）进与功曹""进守长"等一系列非常具体的人物身份[1]，同时我们也可以再考察一下墓葬北后室东端出土的两幅并列的院落图像，图像中院内各有殿堂一处，殿堂四周为廊

[1]　山西省考古研究所、运城地区文化局、夏县文化局博物馆：《山西夏县王村东汉壁画墓》，《文物》1994 年第 8 期，第 35—46 页。

庑，这两个并列的院落并不像是对住宅的抽象性表达，而是对现实场景的真实再现，因此它们都说明了图像描绘的是墓主的真实的经历。

图 4-25　和林格尔汉墓宁城图

作为第二种类型的履历图像，比较有代表性的有河北省安平逯家庄汉墓。在这座壁画墓中，中室的四壁上绘有四层首尾相连的车马出行图（图 4-26），包括车、骑、步行仪卫之类的导从仪仗。在西壁北侧，我们可以看到榜题有"主车、骑吏八骑、门下贼曹、门下督盗贼"等文字的马车，以及执戟伍伯等人物形象，单从仪仗图中的车马数量来说，其规格俨然超过了当时的礼仪所规定最高级别的卤簿。但如果我们对之详加考察就会发现这幅仪仗图的表现有些不同寻常之处，之所以如此或许是赞助人尚有顾忌。比如，出行队伍中罕见高级别的车（如驷马车），乘车之人均不配剑就是一个很好的说明。[①] 在这座墓葬中室右侧室北壁的西侧，我们发现了规模宏伟的府舍图，图中最突出之物为一座高耸的望楼，楼体呈方柱形，庑殿顶式高台侧立一旗杆，赤色旗帜做随风飘扬状，台上建有一鼓。围绕着望楼，为多重院落，外有围墙。从画面来讲，这样的图像应该有所

---

① 汉代墓葬语境中也可能存在摄盛的礼仪问题，即为了彰显丧礼的隆盛，墓葬中所出现的器物、图像有时会高于死者平时所享受的礼仪等级。但如果图像中出现了这种情形，那么它看起来应该是比较模糊，不确定的，或有所缺失的状态。参见 Arlen Lian（练春海）："The Shesheng Adjustments to the Rites in Early China", Journal of the American Oriental Society（《美国东方学会志》）, Vol. 128, No. 4 (Oct. - Dec., 2008), pp. 723-735.

图 4-26　安平逯家庄汉墓车马出行图

本，但它会不会是墓主人生经历中的一部分呢？笔者认为值得商榷。我们不妨将它与和林格尔汉墓中类似的画面做一个对比，同样的画面，后者的处理方式显然与前者是很不一样的，它们不仅写出了那些场所的名称，如"莫（幕）府、莫（幕）府大廊"等，而且在墓葬不同位置的画面上会反复表现这些内容，因为它是死者生前很重要的一部分，甚至是一种荣耀，所以在墓葬中会不断地被强调。同样，在望都汉墓的壁画中，我们也没有看到这样的具有一定"重复特征"的图像，可见它们很有可能也是想象出来的履历。其实，这种类型的图像（包括车马出行、带有坞堡的庄园等）在当时的墓葬中还是比较常见的，新莽时期的山西平陆县枣园汉墓、山西夏县王村东汉墓，墓中都出土了带有典型地域色彩的庄园图像、坞堡图像壁画。汉墓中经常见到此类图像与两汉之间社会动荡不安的形势有关，有钱有势的豪强地主阶层都会努力构建自己的武装自卫力量，而没落的贵族或者经济实力较差的殷富豪绅，即使他们在现实中不能拥有同等的装备力量，那么在一切皆有可能的黄泉之世界里，定然会有人毫不犹豫地为他们配置齐全。①

　　还有一种墓主人履历图像非常特殊，魂车图就是其中一例。在这类图像中并不见墓主人形象②，取而代之的是死者生平所乘之车，车上只有驭

---

① 作出这种安排的可能是死者本人，也可能是他们的亲友。作出这种安排的目的可能是为了死者的享受，也可能是为了创造一个让死者乐不思蜀的异域他乡，从而不会回到人世惊扰亲友或者乡邻。1973 年在南阳发现的一方汉画像石，上有题记："……许阿瞿，□，年甫五岁，去世离荣。遂就长夜，不见日星，神灵独处，下归窈冥，永与家绝，岂复空颜。谒见先祖，念子营营，三增伏火，皆往吊亲，瞿不识之，啼泣东西，久乃随逐（逝），当时复迁。"可为例证。

② 练春海：《汉代车马形像研究——以御礼为中心》，桂林：广西师范大学出版社，2017 年版，第 138 页。

图 4-27　百子村东汉墓出土无盖辒车图

者，而车主（即墓主）之位则空着。典型的例子为陕西旬邑东汉邠王墓出土的两辆无盖辒车，辒车无盖，表明它是魂车，送葬时魂车的车盖取下作为柩车之盖（图 4-27），但并不是所有的车都会取下车盖，有时只是在车上虚左位来表示魂车（图 4-28），如河南荥阳市王村乡苌村汉墓前室中部出土的赤盖轩车图像（图 4-29），这辆车通体着赤色，只见驭手，车左位虚空，非常独特，前有斧车导引，代表着墓主所享有的荣耀。

图 4-28　靖边杨桥畔一村东汉墓辒车图

图 4-29　荥阳苌村汉墓轩车图

　　迄今为止，我们尚无法确认，墓主（或赞助人）如此大费周章地描绘自己（或死者）生前的"辉煌"履历，甚至是精心地编造这样一份死者从未经历过，甚至不敢想象的人生履历，用意何在？依笔者的推断，大致有两种：一是墓主希望自己来生可以享受或者继续享受这样的人生，二是墓主需要这样的图像来激活自己生前的记忆。依《楚辞》来看，古人觉得天上地下，四面八方都是不安全的，唯有"魂兮归来，返故居些，归返故室"，才可能"长乐无害"。[1] 正因如此，楚人甫一死去，其家人或亲友便会立即拿起他最重要的衣物（若是官吏则为官服），爬上屋顶招魂，如果楚人逝于家中，招魂者就站在最高屋顶的西北角，如果死于路上，就站在车轮上，在连呼三声："皋——某复！"然后把衣物覆于死者身上。这一系列招魂行为的核心理念在于，死者的魂魄离开尸身后，便会变得茫然无知，像失忆了一样，对自己姓甚名谁，要去何处，完全没有概念，此时恐

① 〔清〕蒋骥：《山带阁注楚辞》，上海：上海古籍出版社，1958 年版，第 162—166 页。

怕只有死者的贴身衣物，他最熟悉的事物，才能吸引死者之魂魄的注意力，引导它重回肉身。还有一种可能是，墓主要用这些材料在另一个世界去证明自己是谁，拥有什么样的权势、财富、地位等。这样的证据比比皆是，除了图像以外，还有殉葬的死者平时所用的公私印章，比如南昌海昏侯墓出土的"刘贺"印、广东南越王墓出土的"文帝行玺"等，此外，江陵高台 18 号墓出土的告地书①等亦列入此类证据的范围。

二、历史典故

汉代画像石中有很多历史典故，比如孔子见老子、泗水升鼎、荆轲刺秦、周公辅成王、闵子骞失棰、楚昭贞姜、高祖斩蛇、秋胡戏妻、完璧归赵等忠臣、孝子、烈女等类型的故事②，它们被学者们反复地加以解读和讨论，因此我们对这部分内容其实是比较熟悉的。但是关于壁画中的历史典故，我们知道的却不多，就已知的情况而言，明确发现有历史故事的墓葬大概有五座。其中内蒙古和林格尔汉墓最具代表性，该墓出土了包括孝子传图、孔子弟子图、列女传图、列士图等历史故事图画九十余幅，不仅人物众多，而且几乎每个人物都带有榜题。其中有许多图像都非常珍贵，比如仅孔子弟子图就有三十多幅，最具规模的莫过于墓室西、北壁的第三、四层以及南壁所绘的列女传图（图 4-30）。这些列女传图可以说是汉代最为系统的列女图，风格独特，自成一体，比武梁祠上的列女图还珍贵，武梁祠中只出土了八幅，而和林格尔汉墓却有四十三幅之多。其次可能要数洛阳烧沟 M61 壁画墓，出土了"二桃杀三士""孔子师项橐"等多个历史故事，共有 13 个历史人物图像。洛阳的另一座汉墓（八里台汉墓）出土了赵氏孤儿、周勃拥汉、姜后脱簪等历史故事，内容比较简单。还有三座发掘于陕北地区的汉代壁画墓中也发现了孔子见老子图像。一座为靖边杨桥畔镇二村的渠树壕新莽墓，在墓室前室西壁上栏南侧有一组孔子见老子图像。这类图像中一般都伴随出现玩鸠车的项橐，有时鸠车上并不见鸠鸟，但是玩鸠车之孩童形象的意义指向在汉代图像语境中是非常确切的，因此完全可以确认。在前室西壁上栏的北侧，画像脱落较多，有两个

---

① 告地书内容见于木牍 M18：35 丙上："七年十月丙子朔，庚子，中乡起敢言之，新安大女燕自言：与大奴甲乙、大婢妨徒安都，谒告安都，受名数。书到为报，敢言之。十月庚子，江陵龙氏丞敬移安都丞，亭手。"告地书之下，还附录户籍的具体材料。湖北省荆州地区博物馆：《江陵高台 18 号墓发掘简报》，《文物》1993 年第 8 期，第 12—20 页及图版贰。文字释读参考马媛媛：《带往阴间的通关文书——论告地书在丧葬文书发展历程中的地位》，《贵州文史丛刊》2014 年第 3 期，第 72—77 页。

② 张道一在其著作《汉画故事》中甚至提到了多达七十二个在汉代画像中可见到的历史故事。参见张道一：《汉画故事》，重庆：重庆大学出版社，2006 年版，第 1—2 页。

主要人物上半身的彩绘都剥落了，但是所幸还能看到一个用细线勾勒的台子，上有两个桃子，可见这组图像表达的主题就是"二桃杀三士"。另一座为靖边老坟梁 42 号西汉中晚期至王莽时期墓，距离渠树壕新莽墓仅一公里，也出土了一幅孔子见老子画像，也是常规构图，即在拄曲拐的老子与孔子之间有一个拖着鸠车的项橐，区别仅在于项橐的头上还画了一朵云纹（图 4-31）。还有一座为靖边县杨桥畔杨一村东汉墓，墓前室东壁上层画有七个人物，左边的三个人物为"孔子见老子"画像，其表现细节要比渠树壕汉墓清晰许多，老子拄着曲拐，项橐拖着鸠车，描绘的线条疏密、轻重有别，同墓前室西壁上层中段也有一组人物，被认为是"秋胡戏妻图"。

图 4-30　和林格尔汉墓中室孝子列女图摹本

图 4-31　靖边老坟梁壁画墓孔子见老子图

　　也有一些图像中的历史典故尚未被有效地辨识。比如东平后屯汉代壁画墓 M1 的两组图像（图 4-32a 及 b）。它们位于 M1 墓室前庭的北部，分布于墙角的两侧，它们所从属的壁画大致可以分三层，其中 a 图位于北壁的上方，b 图位于西壁北侧的上方，两组图像的下方都画了一道墨线来分割画面。关于这两组画像，朱华对它做了尝试性的解读，认为它表现的主题是"梁高行拒王聘"。他在文章中指出："梁高行站于左方，头戴花冠，身前一男子跪拜双手持聘书，梁高行伸手呈接收状。另一幅则是右手持镜

a   b

图 4-32 东平汉墓壁画

照面的场景，而左臂长袖后甩，似是拒绝来者之意。"①这种解读容易引起争议之处在于，它把一个典故切割成了两个部分，分别对应 a、b 两幅图，一部分为"梁高行接受聘书"，另一部分为"梁高行拒绝来者"，这样的切割是否合适？这样的解读是否有效？需要打一个问号。我们可以找一幅内容比较明确的梁高行故事画像做比较，这幅作品就是山东武梁祠后壁的梁高行故事图（图 4-33）。它是一幅位于祠堂中的画像，可见当时会有较多的机会被人们注意到。在该画像中，梁高行右手持镜，根据冯云鹏、冯云鹓《金石索》的复原图像可以看到，她左手持刀，所面对人物有榜题"奉金者"。单从解读的文字来看，朱华对后屯壁画墓相关图像的描述也存在矛盾，梁高行既然"接收"了聘书，又何来"拒绝"一说？再者，就图像表现而言，图像似乎应该选择那些最能传达主题的关键时刻，甚至是选择莱辛所谓的"顷间"来表现主题才对，但从朱华的视角来看，东平后屯汉墓中的梁高行图像并未遵循这个原则。当然，这是问题的一个方面。而另一方面，其实笔者发现，一些被人们忽略的细节倒是支持了图中人物为梁高行的说法，比如，a、b 两组画像下方画工刻意画了一道墨线以示与下方图像的区别，可见，在画工看来，它们有共性，是一组图像，性质上区别于下方的图像，属于一个共同的主题（或典故），朱华所谓的"聘书"应该是"名刺"②，接收有身份之人的名刺不算失礼，也不会与后来的"拒绝"相

① 朱华：《东平汉代墓葬壁画及其相关问题》，《海岱考古》第十辑，第 461—470 页。
② 名刺是古人拜访时通姓名用的简牍或纸札，形制大抵同现在的名片，上书来访者的爵里姓名等信息。

冲突。a 图右侧之人手中持黑色袋状物，似可断为"奉金者"。b 图左侧之人（或梁高行），手中所持之物或为镜，只是画得不好，但可以肯定不是鼓。①

图 4-33　武梁祠梁高行故事《金石索》复原图

图 4-34　烧沟 M61 壁画墓后山墙壁画

图 4-35　偃师新莽墓壁画

如烧沟 M61 汉墓后室后壁中的图像（图 4-34），图中左侧为两个伫立者，或执戟或佩剑，左三位置端坐一青灰色怪兽形象，体型巨大，怪兽右侧侍立一人，侍者右侧有一人似在烤肉，一人持角杯饮酒。这组图形，有人认为它表现的是"打鬼图"或"傩戏飨事图"，也有人认为是"鸿门宴图"，但没有一种解释能令人信服。就壁画人物图像（及其组合）的解读而言，烧沟 M61 汉墓的图像还算有迹可循，但更多的图像其实是根本找不到任何可以辨识的线索。以发现于河南偃师的新莽

① 发掘报告说："右手执一带柄鼓形物。"若为鼓，则以手执持的一般是鼗鼓，画中的鼗鼓形象通常会在两侧出双耳，不符。所以图中形象当为镜子。参见山东省文物考古研究所、东平县文物管理所：《东平后屯汉代壁画墓》，北京：文物出版社，2010 年版，第 26 页。

墓所出土一幅壁画为例（图 4-35），这幅画作中有两个人物形象，着青衣者为男性，着白衣者（红色勾线）疑为女性，男性手持弓弩，女性手中所持为何物则众说纷纭。马怡认为这件作品可能描述的是梁高行故事，虽然有人曾提出女性手持之物或为梳子，但马怡则认为她所持之物为小刀或许更合理。① 对此类细节的图像志解读关系到后期对图像组合的图像学阐释，但反过来，又因为图像组合所要表达意义指向性的不明确，细节也就无从辨识了。传洛阳八里台汉墓出土，现藏于美国波士顿美术馆的一组位于墓室前山墙的壁画，除了中部刻意制成立体形式的羊首外，梯形构图中的左右两侧及下方还精心绘制了十多个人物形象，或持节，或持斧，或交谈，或跪拜，其中或许包含了不止一个典故在内，然而由于信息的严重缺失，我们已然无从辨识。② 当然有时某些特别的细节可以成为人们破译图像的密码。比如在汉代画像石中，经常会见到如图 4-36 中所示的人物形象，人物跽坐，脸部朝左，其右手举一有孔之物，该物同侧旁出两带状物。这个细节非常重要，通常情况下，人物右手高举的环状且中间带孔之物都是一块玉璧，连接在玉璧右侧的带状物为系在玉璧上的绶带③，与之相关的典故便是"完璧归赵"，持璧之人便是蔺相如，因为这个细节得到了有效解读，那么我们就可以顺藤摸瓜，知道人物左侧的柱状物，不论是笔直的，还是弯曲的④，都代表铜柱，铜柱的另一侧通常会出现一个神情紧张的人物，那便是秦王。这样的例子还有很多，比如泗水升鼎、贞夫故事等。对于泗水升鼎图像组合的解读已经非常成熟，但凡画面中有一组人在桥上打捞铜鼎，有时鼎口还会腾跃出一条巨龙，张口咬断绳索，我们便可判定它是这个典故的传神写照。至于贞夫故事，壁画中仅见于洛阳八

---

① 此说为马怡见告。

② 汉代的画像石、画像砖中，有较多的格套或者粉本，通过对比，笔者发现工匠们经常会把一些典故中的组合，比《如完璧归赵》或《荆轲刺秦》等故事粉本中的一个或者多个人物形象抽取出来，与其他故事或者人物进行组合，目的在于填充画面，这样的任意组合自然遮蔽了作为（典故）组合中的元素所代表的意义，但实际上因为存在完整的（或理想的）样本，所以还是可以找到每个造型的本义的。但是在壁画中，因为样本总量小，所以破译的希望就极为渺茫。

③ 这个细节特别容易与鼗鼓相混淆，事实上后者在图像中表现为一个实心的圆，两侧出耳，陈秀慧对这两种细节进行了细致的比较。参见陈秀慧：《陕北汉墓完璧归赵画像考——从神木大堡当 M16 门楣画像谈起》，《艺术学》2007 年第 1 期，第 7—74 页。

④ 汉代画像中，铜柱处理成弯曲状，形式非常特别，郑岩认为它是对陕北出土汉代墓葬中的仙山图像的模仿，这个观点或者还可以再商榷，二者可能是一个平行关系，它们可能都源于对汉代神树的模仿，渊源比较复杂，笔者拟另文探讨。参见郑岩：《弯曲的柱子——陕北东汉画像石的一个细节》，载郑岩、巫鸿、朱青生：《古代墓葬美术研究》第二辑，长沙：湖南美术出版社，2013 年版，第 149—168 页。

里台西汉墓一处（图4-37），更多的例子见于画像石与铜镜，以往学界对于它的辨识一直存在偏差，观点各异，有王思礼的"公孙子都射颖考叔"之说、蒋英炬的"舜登涂禀"之说，李发林更是将其分为"崔杼弑齐庄公""齐宣王弑荀子""防风神射夏禹"三类，实际上这些说法都没有抓住要害，陈秀慧通过对浙江出土汉镜以及山东、河南出土画像石上女子射箭这一细节的系统梳理，厘清了宋康王、梁伯与孺子图像的关系，指出了汉代贞夫故事的核心要素与发展变化情况。① 总体而言，许多比较有代表性的历史典故图像都被研究者反复讨论，因此有关的辨识问题笔者在此就不做进一步地展开，我们还是要把注意力集中到考察历史典故图像在汉代壁画墓中的功能上来。

图4-36　蔺相如画像

图4-37　贞夫射书韩朋壁画

关于历史典故的功能，最流行的观点认为这类图像出现在墓葬中的主要作用是教育子孙后代及族人。从前文所列举的实例来看，大多数情况下我们也确实可以从中挖掘出它们所具有的教育意义。事实上，这种观点并不可靠，有先入为主之嫌。墓室与祠堂不一样，祠堂建于地上，且通常对一定范围内的公众（祠主后人、族人、门生乃至其他途经者）不定期开

① 陈秀慧：《汉代贞夫故事图像再论》，《南方文物》2017年第4期，第207—223页。

放，让他们进入祠堂进行拜谒或者参观，因此在祠堂墙面上所雕刻或描绘包括历史典故在内的说教性图文确实可以起到教育的作用，而墓室在举行丧葬仪式期间可能会短暂开放，仪式结束后，墓室入口及墓道也同时永久性地封闭了，在这段短暂的开放期间，能够进入墓室进行参观的人其实是非常有限的。常理而言，人们不大可能为了这短暂的展示而"费资巨万"去精雕细绘那些图像，尽管汉代中下层社会中流行的画像石墓、画像砖墓中，有很多榜题或铭刻表明那些精致的图像或许与墓主后人沽名钓誉的倾向有关，但是如果把它上升为整个社会的普遍现象，认为这是人们谋求仕途发展（被举孝廉）的结果似乎不妥。墓室的主要功能是作为"闭藏"的封存空间而不是展示或炫耀的开放空间，这个空间原则上只为墓主而设置，因此说与之相关的图像具有教育功能恐怕言过其实。

关于历史典故图像的功能，目前比较有代表性的一个观点是，认为它在墓葬中可以辟邪。这种说法虽然比较新奇，但是不妨备为一说。在张文靖看来，以《史记》为代表的汉代文献反映了一种观念，即当时的学人更倾向把历史与神话传说混为一谈，因此使得墓葬中所出现的周公、孔子之类的圣人图像与肩生羽翼的羽人图像一样，都是可以引领墓主前往仙境的向导，至于荆轲、公孙接、田开疆、古冶子等历史故事中的人物形象，则因他们具有"足以辟邪镇墓的力量"而被"墓葬设计者"所选择。[①] 汪小洋在谈及历史典故（或历史人物）在汉代壁画墓中的出现频率要比在汉代画像石墓中低这个现象时，也提出了类似的说法，他说历史人物"在汉代的国家宗教中，是一种信仰的符号。当这样的符号在画像石墓中置于西王母之下，突出了西王母至上神的地位，突出了长生信仰的巨大影响。与此相反，在壁画墓中，历史人物图是包含着国家宗教内容的图像，可以说与神话传说人物同构，但是与现实生活中的人物就不能这样了。"[②] 在他看来，这种现实的冲突是导致历史故事在壁画中较为罕见的原因。当然，笔者认为这个说法还有待商榷，历史典故类图像少也许与要留出更多的空间来描绘云气、星宿之类的（在上层社会看来）更重要的图案有关。

历史典故在墓葬中的功能，或许还与升仙有关。关于这一点，邢义田对秦始皇捞鼎画像寓意转化的探讨很值得我们注意。[③] 他提出鲁南地区画

① 张文靖：《论汉代墓室画像石中三个历史题材的辟邪镇墓功用》，载《中国汉画学会第九届年会论文集》，北京：中国社会出版社，2004年版，第280—319页。

② 汪小洋：《汉墓壁画的宗教信仰与图像表现》，上海：上海古籍出版社，2012年版，第139页。

③ 邢义田：《汉画解读方法试探——以"捞鼎图"为例》，载氏著：《画为心声：画像石、画像砖与壁画》，北京：中华书局，2011年版，第399—439页。

像石中相当常见的"泗水升鼎"以及"渭水断桥"（图4-38）之类的故事，或许在某种意义上是个人情感而不是家国大事的反映，这些图像化的历史典故与司马迁所记载的版本相比，被赋予了更多的求仙含义。事实也是如此，笔者一直强调，要在汉代的语境中去理解汉代的图像，我们今天看待汉代历史典故，很多时候是从《史记》出发，而不是从汉代普通民众的视角出发。我们是用"史家""学者"的眼光看待那些图像，而不是从"寻常"的视角去阅读它们，因此在解读上自然也就不易贴近事实。

图4-38　鲁南地区"渭水断桥"画像

此外，我们也要注意到，历史典故类图像在汉代社会生活中很有可能是随处可见的图像，正如众所周知的那样，它们在当时的社会生活中具有极强的教化功能。对于文化普及率不高的古代社会而言，图像在对民众进行德行教化方面的重要性不言而喻，也正是因为这种形式的采用，图像在教化功能之外的形式美感也为人们所注意，这就有了历史典故的装饰功能，它可以说是一种伴生功能。同样是历史典故，因出现的场所不同，所反映出来的对装饰与教化功能的偏重并不一样。在祠堂中，历史典故基本上可以视为教化的媒材，其装饰层面的功能几乎可以忽略不计，对于地下的墓室而言，情况可能正好相反。在儒学兴盛的山东地区，墓葬中能够见到的历史典故图像很多，但是在汉代北部边境地区，墓葬中所出历史典故类的图像就比较少见，这种反差的出现与不同地区的社会环境有很大的关系，在中原地区或东部地区，人们远离战争，生活相对平静，他们对于生活秩序、社会地位的追求就会更加强烈，因此，礼教之风就会更加浓郁，这就促进了具有教化意义的图像的盛行，这类图像泛滥后便沦为一种带有价值观的修饰，形式的意义甚于内容。在墓葬语境中也是如此，大量有教育意义的图像（包括历史故事）成了人们下意识的选择，与其说他们想在墓葬语境中推行教化，不如说是他们习惯于此类图像。但是这样的图像在陕北地区却是罕见的，在边境地区，人们时常生活在战争威胁中，生存下去的渴望成了日常的主要状态，因此在墓葬中更常见的是关于射猎、备战等具有军事意义的图像（图4-39），这些图像在其他地区可能与射爵等吉祥语有关，但是在边境地区却必然是与军事和辟邪有关的符号。^①同理，在汉代，壁画墓是等级较高的一类墓葬，墓主生前的生活环境中或许经常可见历史典故类的图像，但是此类图像可能对他而言意义不大，影响甚微。

图4-39　西安理工大 M1 骑马射猎图

　　如何正确阐释历史典故，是汉代历史文献中的一个比较重要却又没有引起足够重视的问题。我们似乎很难摆脱某种制约去诠释汉人对典故的认知，从而一遍又一遍地落入窠臼，如果我们能够跳出这个怪圈来看问题，或许可以更为迅速地找到解读墓葬图像的关键。比如荆轲刺秦，这个无论是在今天还是汉代的政府逻辑来看都是地道的暗杀行为，但这种表现刺杀最高统治者为主题的图像似乎在汉代被认为是合理甚至是合法的，其中或许还包含了某种当时最高统治者默认的逻辑。这种特别的逻辑是什么呢？它对于我们要如何去解读同类图像非常重要，值得深入地探索。

　　当然，从文献来看，汉代历史典故在墓葬中的表达按理来说都应该遵循一定规律，有些甚至发展成较成熟的"格套"，但是我们也要避免认识的僵化。一个典故，在某些墓葬中可能是如此这般地表达，但是到了另一些墓葬，它可能会被打散、重组，而与原先的那个故事或故事的要素无

---

① 　练春海：《止戈为武：汉代陕北军事题材画像的特点与意义》，《中国美术研究》2017年第4期，第64页。

关，构成典故的形象组合便被打乱，碎片化地出现在一个新的语境或组合中，可能被赋予新的意义。比如四川发现的一些汉代墓葬中，有些出土的图像与道教产生联系，其意义与功能与中原地区的同类图像不同。所以，一类图像可能具有的功能，不仅要从它所处的时代、空间，或许还要从当地的人文环境来着手才能较为准确地把握它的意义。

三、神话传说

神话传说中的形象应该是汉代壁画中辨识难度较大部分，现有相关研究中很多结论其实只能算是推测，大部分结论的依据只是文献中的片言只语，有时一时言之凿凿的结论，却会因新材料的出现而被推翻。有些原本被纳入神话研究范畴的图形图像，很有可能在重新探讨之后又被看成是对具有巫傩背景的祭祀行为的记录，或者与早期道教或佛教相关的图像。但无论如何，关于壁画中的神话传说研究所得出的结论，在具体应用时应当斟酌再三。

关于这一点，我们可以通过两个形象（组合）的分析来加深理解。第一例是神话传说中的"鱼妇"。鱼妇形象出现在墓葬中，或者与《山海经·大荒西经》中所记载的"颛顼借蛇化身为鱼妇之机乃重生"的故事有关，这个故事中所蕴含的能量据说有助于墓主死后重生，这类图像似乎在很多早期出土图像与实物上都可以找到它的踪迹。最早可以追溯到1949年被盗掘出土的长沙陈家大山一座战国楚墓中的《人物龙凤图》帛画（图4-40）。这件作品长31厘米、宽22.5厘米，图上绘一凤、一人、一弯月状物以及被称为"夔"或"龙"的立兽，学者对该帛画内容辨认分歧较大，所以对其命名也不尽相同，有《夔凤人物图》《迎宓妃图》《龙凤导引升天图》《龙凤人物御舟图》等，以《人物龙凤图》最常见。[①] 这幅图"初摹本中所绘立兽仅有一足"，左侧之兽因此被郭沫若释为"夔"，后因1973年《人物御龙图》帛画（图4-41）的出土而被修正为"龙"。[②] 实际上，该兽的造型不止一足，左侧稍低一点的位置，还有另一足，只是痕迹不明显。这种形象介乎龙、蛇之间，存在两种可能：一是这种双足的形象在画工看来就是"鱼妇"；[③] 二是该兽只有两足，是否存在画工在绘制

---

① 陈建明：《湖南出土帛画研究》，长沙：岳麓书社，2013年版，第4页。

② 陈建明：《湖南出土帛画研究》，长沙：岳麓书社，2013年版，第7页。

③ 理由：一是今天我们只能在《山海经》中见到对鱼妇形象的描述，但在汉代或许还存在其他说法，其特征也完全不同于前者；二是画工对于鱼妇形象的认识可能加入了个人的理解，因此与通常所说的形象不一样；三是鱼妇形象在汉代不同时期和不同地区的表现也有所不同。

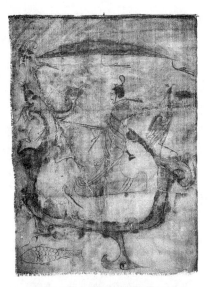

图 4-40　《人物龙凤图》帛画　　　　图 4-41　《人物御龙图》帛画

"鱼妇"图像时出错了，或者是在画完凤鸟之后，顺手给立兽"误添"了双足，而后意识到问题，又半途中止绘制了。这种情况不是完全没有可能，因为立兽的"双足"与凤鸟之足的造型几乎一样，可见乃机械复制的结果。《人物御龙图》帛画有确切的发掘记录，出土时它被覆盖于内棺盖上，长37.5厘米、高28厘米，画面正中为一男子，正驱一龙状云车（而非神龙）遨游天际，在云车下方有一条鱼，笔者以为它应该被视为更接近鱼而不是蛇的"鱼妇"。实际上，《人物龙凤图》中"仅有双足的立兽"如果看作"转化过程中"的"鱼妇"的话[①]，那么《人物御龙图》与《人物龙凤图》便在图像逻辑上有了共性。其实在更为晚出的马王堆汉墓T形帛画中我们也可以找到类似的结构，一号墓、三号墓所出帛画最下部位均出现了两条作相交状的鱼，构图几乎完全一样，其中一号墓帛画中的鱼头甚至具有了龙首的部分特征，表明它与普通之鱼是有区别的。因此，它们或许也是鱼妇。与马王堆汉墓同期修造的还有永城汉墓，这座诸侯王墓的天顶壁画，形制很特别，在这个级别的墓葬中只有这座发现了如此壮观的壁画。壁画主体描绘了一条遨游天际的长龙，呈S形，周边环绕云气、走兽。神龙前伸的舌头上钩卷着一条介于鱼、蛇之间的水生物。武利华将它描述

---

① 这种"转化过程"包括两层含义：第一层含义是鱼妇从蛇到鱼之间的变化，这个过程有各种可能，也许"鱼妇"长出双足或翅膀，但最后的形态却变成了龙或蛇等事物。第二层含义可以指画工努力画好"鱼妇"，在绘制过程中努力避免出错或减少出错，或者根据实际需要尽量修改和调整，使所画"鱼妇"尽量接近人们（主要是赞助人）心目中的样子。

"为一鸭首、鳞身、鱼尾的怪兽"。[①]笔者认为这个形象就是"鱼妇",但为何被表现为卷绕在龙舌上的状态,龙在用这样的方式帮助它转化吗?墓葬中并没有提供理解它的线索。这种似鱼非鱼、似蛇非蛇的形象在很多汉代壁画中均可见到,比如卜千秋壁画墓中靠近日轮一端的似龙似蛇者[②],以及前文所举山西夏县王村东汉墓中《仙人导引图》中的大鱼,它们究竟是普通的鱼、蛇,还是鱼妇?其实我们很难通过一两幅图像来落实,对于它们的认识还有待于更多的文献与出土材料来做进一步的讨论。

第二个例子就是汉代壁画中比较罕见的"太一神"。对于汉代画像系统中"太一神"形象的辨识,笔者一直持比较审慎的态度,原因在于太一神是汉代上层社会或统治阶层所倡导祭祀的神祇,而不是民间信仰与崇拜的对象,有关其在民间流传的文字描述和图像表现更是罕见。正如李淞在其博士论文中所言,"太一(太乙)是官方礼祀的神,主要是宇宙论的意义,虽有大量的文献记载,但要和图像实物对应却十分困难"。[③]汉代壁画墓比较特别,其墓主的社会地位大概为中上阶层[④],亦有个别人生前为诸侯王,因此在壁画中也不易见到太一神像。

就现有材料来看,与"太一"相关的壁画图像或有两处,它们都出现在陕北地区,第一处见于陕西定边郝滩乡的汉代壁画墓,在该墓东壁南部上方有一对称性图案,图案上部为辎车舆部的造型。红色的背屏上书"大(太)一坐"三字,下半部以"莼菜条式"白色飘带状对称性的构图来传达"云车"概念,中部为作顾盼之姿的四人(图2-17)。从整体上看,他们似坐在分厢式辎车(或重舆)的前舆位置,相当于驭手,后舆空

---

① 武利华:《中华图像文化史·秦汉卷》(上),北京:中国摄影出版社,2016年版,第302页。

② 这个形象原发掘报告认为是黄蛇,贺西林认为是鱼妇。贺西林:《古墓丹青:汉代墓室壁画的发现与研究》,西安:陕西人民美术出版社,2001年版,第28页。

③ 李淞:《论汉代艺术中的西王母图像》,长沙:湖南教育出版社,2000年版,第5页。

④ 关于壁画墓墓主的社会地位问题,学界的看法分歧较大,杨泓、郑岩等认为墓主多为二千石以下的官吏,汪小洋等则认为墓主系中上阶层的贵族与官员。庄蕙芷通过对比两京地区的汉代墓葬提出,同为汉代壁画墓墓主,西安地区的墓主或具有列侯以上的社会地位和身份,而洛阳地区的墓主社会地位则更低,但经济实力可能更强。笔者认为,通过对比的方式来看汉代壁画墓墓主的社会地位或许是一个比较理想的方法。总体而言,西汉壁画墓墓主的社会地位要比东汉壁画墓来得高。从两汉壁画墓的分布来看,西汉壁画墓比较集中,东汉壁画墓比较分散,因此,东汉的情况会更复杂一些,墓主社会地位的波动范围会更大,但如辽东地区、内蒙古地区出土的壁画墓墓主地位,从墓葬相关信息来看还是比较高的。参见杨泓:《中国古代墓葬壁画综述》,载《中国古兵与美术考古论集》,北京:文物出版社,2007年版,第233—254页;郑岩:《魏晋南北朝壁画墓研究(增订版)》,北京:文物出版社,2016年版,第165页;汪小洋:《汉壁画墓墓主人阶层探讨》,《南京艺术学院学报(美术与设计版)》2006年第1期,第24—27页;庄蕙芷:《汉代壁画墓墓主等级的再思——以两京壁画墓为中心》,《南艺学报》第7期(2013年12月),第123—162页。

无一人，为"太一神"之座，整个构图为正面朝外的形式。"太一座"的左侧为西王母端坐昆仑山顶，右侧为乘坐鱼车赶来与她会合的东王公，在构图上形成以"太一座"为中心的对称性分布，这幅图所传达的主题还是比较清晰的。[①]另一处"太一座"图像出于陕西靖边县杨桥畔一村东汉墓前室东壁下层南段，图案与前者非常相似。云车上部没有屏板，造型近辎车[②]，图案周围也没有任何榜题，前舆坐有三人，后舆无人，但立一伞盖，也是正面朝外的构图，王望生称此图为"云车升仙图"[③]，值得商榷，邢义田称之为"太一座"，甚是。这两处壁画均只见太一神的云车（神座）而不见太一，因此邢义田认为"太一座"象征的是星座[④]，倒是在河南省博物馆院收藏一组由九块石板（高137厘米，总宽368厘米）组成的画像石见到了疑似太一的神人（图4-42）。画像石组合正中间端坐一头戴山形冠者，四周环侍四神与伏羲、女娲，学者们将戴冠者称为"太一"，从众多神祇在空间中分布的情形来看，此说有一定的合理性。马王堆一号汉墓出土T形帛画中处于最上方的人首蛇身形象也被认为可能是太一神（当然该形象更多研究者认为它是女娲），其所遵循的逻辑与此相同。当然汪悦进提出了较为独特的观点，他认为帛画最下方那个赤身裸体、双腿分跨的形象才是太一。[⑤]不论如何，这些形象因为处于一个比较特殊的位置，这个在事实上或观念上的中心位置成为研究者判断它为太一神的唯一出发点，但没有更多证据表明它与汉朝统治阶层所推行的太一神祇之间有何关联。

图4-42 河南出土神祇画像组图

① 汉代分厢式辎车的讨论参见练春海：《汉代车马形像研究——以御礼为中心》，桂林：广西师范大学出版社，2017年版，第230—231页。
② 从图像上来看，两幅太一座云车图都没有严格地参考现实生活中的车，郝滩乡汉墓中的车舆部的造型更接近轩车，而杨桥畔一村汉墓的云车舆部造型更接近辎车，都没有根据分厢式辎车的实际造型。这或与加强图像表达的艺术效果有关。
③ 徐光冀：《中国出土壁画全集·6·陕西上》，北京：科学出版社，2012年版，第77页。
④ 邢义田：《今尘集：秦汉时代的简牍、画像与文化流播》（下册），上海：中西书局，2019年版，第549页。
⑤ 汪悦进：《马王堆棺画与帛画究竟体现了何种仪式？》，载复旦大学文史研究院：《图像与仪式：中国古代宗教史与艺术史的融合》，北京：中华书局，2017年版，第1—16页。

图 4-43　渠树壕汉墓五龙云车图

如果不特别强调这种空间位置的关系，笔者以为，其实靖边杨桥畔二村南侧渠树壕汉墓前室顶部的一辆云车图或许也与"太一座"有关（图 4-43）。这辆云车与前述两处"太一座"图像的造型特征非常接近，也是采用那种飘带式的图像来表现车舆，不同之处在于，这辆云车是侧面构图而不是正面构图。云车上有驭手和车主各一人，人物的空间关系虽然无法判断前后舆之别，但前面驭车的羽人身形较小，后面的端坐者头戴高冠，双手笼袖，前方建一杆，杆上旌幡飘扬，云车由五条翼龙牵引。王先谦注引《王度记》曰："诸侯驾五。"① 实际上除了容庚所辑《颂斋吉金录》所载的一件东汉错金银车马漏壶②，和汉代画像铜镜中偶尔见到驾五马的軿车图像之外，驾五马的图像在出土汉代文物中比较罕见，它可能代表着非常特殊的含义。至于御五龙的云车，很可能与比较高级别的神灵，包括太一神有关。

邢义田对定边郝滩汉墓和靖边杨桥畔一村汉墓中的两处"太一座"图像有较为深入的剖析，认为"太一座"图像的表现与"太一生水"说有关，整个研究非常具有启发性。③ 但笔者也有一些困惑，比如，他将"太一座"图像中华盖下"瀑布状"的细节解读为"水"在"太一座"图像中的表现，但是汉代石刻与壁画中找不到其他完全一样的画水例子，我们如何证明"太一座"中的就是"水"呢？因为通常情况下，汉画中的水都是用空白来表示的。邢义田所列举的相关水纹图案表现的例子中，三台郪江崖墓中壁面所刻凿的平行组线，形式如明清官服下摆中"海水江崖纹"，笔者以为它们未必是要表现水波纹，而是一些做了交叉处理简单装饰线而已，未必有意义，很多画像石板的背面都可以看到用类似手法平整过的痕迹。至于博山熏炉上的纹饰，笔者在前文讨论云楣纹时已有分析，它应该

① 〔清〕王先谦撰：《后汉书集解》，北京：中华书局，1984 年版，第 29.7b（1344b）页。

② 参见王振铎遗著，李强整理、补著：《东汉车制复原研究》，北京：科学出版社，1997 年版，第 52 页。

③ 邢义田：《今尘集：秦汉时代的简牍、画像与文化流播》（下册），上海：中西书局，2019 年版，第 537—552 页。

与水纹没有什么关联，此处不赘。另一方面，我们倒是可以找到一些画法接近于"太一座"的云车造型，如杨桥畔一村汉墓中"太一座"图像下方的"象车升仙"图，大象的后面是一排云车，车上或立或坐四人（图4-44），其中云车的造型正是所谓的"瀑布状"，但它们显然不是水。

图 4-44　杨桥畔一村汉墓象车升仙图

汉朝中央政府推出以太一为最高神祇的官方信仰符号系统，也是出于政治上的需要，统一观念或树立新的权威，太一神在汉代主流社会信仰系统中的确立也有一个较长时段的发展过程，并且在京畿地区和僻远郡县所表现出来的影响力也完全不一样。所以从图像上来讲，这套靠行政力量强行推广的信仰系统受禁忌等因素的制约，其不确定性大大增加了，与之相关的图像稀少并不奇怪。要表现这样的图像已经很困难了，更何况作为等级不是特别高的壁画墓要去表现那些非常玄奥的学说与观点，可能性应该不是很高。

当然，壁画在保存信息方面有其长处，有些细节对于我们理解包括神话在内的汉代图像极有助益。"西王母"头发的色彩问题就是一个很有代表性的例子。在汉代壁画墓中，西王母图像虽然和太一神图像一样，都属于罕见题材，但是产生这种现象的原因却截然不同。西王母信仰主要是在汉代中下层社会中传播的观念信仰，故在代表中下层社会阶层的画像石墓和画像砖墓中，大量发现与之相关的图像，但在象征墓主具有较高社会阶层的壁画墓中见到它的概率就要小很多。然而，为数不多的西王母壁画图像却有十分重要的研究意义，它能为我们揭示一些在画像石、画像砖中无法反映的细节。综观两汉时期甚至更晚的西王母文献与图像，可知对她的图像化表达其实一直在变化，从西汉中期取自《山海经》的"豹尾虎齿"形象到《汉武帝内传》中的"视之可年卅许，天姿掩蔼，容颜绝世"，并

图 4-45　西王母境壁画

且持续演变，朝着越来越年轻貌美、雍容华贵发展，直至最后取下玉胜，戴上"太真晨婴之冠"。[1]不过有汉一代，戴胜是其基本特征之一。实际上，在两汉的大多数时间内，西王母可能都是一个"皓首"形象。首先注意到这个特征的是李淞，他在探讨偃师辛村壁画中的西王母时（图 4-45），发现其头饰的造型，与我们通常所见的西王母"玉胜"略有不同，"辛村西王母的胜略呈扁圆形，而不是中间圆、两头呈三角形的造型。似乎可以认为，辛村这种胜是未成熟、未定型的一种头饰，可以看作是典型的初期阶段"。[2]

他特别提到了"同墓壁画中的男女形象都填黑发，惟西王母像填以白发"这个细节，但未做进一步诠释，倒是马怡对此有专文阐发。她认为西王母崇拜现象的发展与王莽的推动有关，"在西王母崇拜大兴之初，其形象乃是一位白发的老妇"，这个形象是王莽刻意经营的结果，王莽为了密切与王政君，亦即当时的太皇太后的关系，扩大她的社会影响，将她塑造为"历代母"，从而为自己代汉称帝铺垫道路。[3]马怡提示我们注意，定边郝滩壁画墓中太一座附近的西王母形象，乃至朝鲜平壤市郊东汉乐浪郡王盱墓所出漆盘上的西王母也是白发形象，但是在山西吕梁市离石区石盘村的彩绘画像石上的西王母图像显然已经是黑发形象，该墓所出左门框上部所绘身着红衣，跽坐于云柱悬圃，四分之三侧面的西王母高髻乌发，年代约为东汉晚期（桓帝和平元年至灵帝熹平四年，公元 150—175 年），同一时期的西王母形象，色彩可辨者均为黑发，可见这一时期西王母黑发高髻已成为一个常态。而在东汉早期至中期的陕西神木大保当 16 号汉墓门楣画

① 参见施爱东：《"弃胜加冠"西王母——兼论顾颉刚"层累造史说"的加法与减法》，《青海社会科学》2011 年第 5 期，第 194—201 页。
② 李淞：《论汉代艺术中的西王母图像》，长沙：湖南教育出版社，2000 年版，第 42—43 页。
③ 马怡：《西汉末年"行西王母诏筹"事件考——兼论早期的西王母形象及其演变》，《形象史学研究》2016 年上半年，第 29—62 页。

像中的西王母形象或许如马怡所说的那般也是白发，至少可能性相当大。众所周知，画像砖、画像石上的色彩脱落严重，多数西王母形象的头发色彩也因为颜料脱落之故而无从知晓，但从汉代壁画来看，早期的西王母形象应该以白发为主，之后她的形象便由偶然的黑发演变到以黑发为主，到东汉末年完全为黑发形象。总之，西王母形象的这个细节解读在目前看来基本是合理的。汪小洋认为，"汉代墓室壁画在世俗类题材上存在两个体系：一是侧重于现实类图像而多描写西王母等新兴神仙题材体系；二是侧重于历史类题材而多描写传统神灵的天界题材体系"。① 他在这里所讲的"壁画"还包括画像石、画像砖，依据他的观点，汉代壁画墓中对天空的表现与汉代画像石、画像砖墓中的天空表现是有区别的，前者其实更经常表现的是星宿，这在考古发掘中已经得到了很好的印证。天象图中最杰出的作品几乎都来自陕西地区，比如西安交通大学汉代壁画墓（图1-5）和靖边县杨桥畔渠树壕东汉壁画墓M2中的天象图（图4-46）。尤其是后者，可以表现如此复杂的天象，说明死者（或者其家属）与汉代上层社会之间的关联非常紧密，因此对于天文知识有非常深入的了解与掌握。在把识字都被视为阶级特权的历史时期，天文历法知识是普通大众难于触及的禁区，林圣智曾提到过一个相近的观点，"墓葬中天文图像有其特殊性，与其他类别的墓葬图像有所不同，这是因为天文图像在中国古代图籍分类上属于秘画珍图，具有特殊的秘传性"。② 因此，庄蕙芷认为能够完整描绘二十八星宿圆形图的粉本很可能出自宫廷："天象图愈完整，愈具科学性，很可能墓主接触到秘藏科学星图的机会愈大，则墓主身份可能也较高。"③对于汉代社会底层民众而言，采用神话的图像形式来表达自己对天的理解与认识或许是一种更为理想的途径。④ 西王母信仰早期的发展显然受到了以王莽为代表的上层社会的影响，但也正如王莽新朝的迅速溃败一样，这

① 汪小洋：《中国墓室壁画史论》，北京：科学出版社，2018年版，第77页。
② 林圣智：《中国中古时期墓葬中的天象表象》，载巫鸿、郑岩：《古代墓葬美术研究》第一辑，北京：文物出版社，2011年版，第131—162页。
③ 庄蕙芷：《汉代壁画墓墓主等级的再思——以两京壁画墓为中心》，《南艺学报》2013年第7期，第123—162页。
④ 在汉代壁画中经常可以见到既画星宿，也画与之相关神话传说图像的情况。比如在靖边县杨桥畔的渠树壕壁画墓、西安交通大学壁画墓、定边郝滩壁画墓、洛阳宜阳县尹屯新莽壁画等墓葬的天象图中，都可以看到类似的画面：在牛郎、织女、五车、天市、史角、毕星、斗宿、毕宿、鬼宿等星宿附近，同时也描绘对应的神话形象，如端坐于织机上的织女，和作踞坐状，手牵一头白色公牛的牛郎，双人舆鬼等。此手法除了丰富画面之外，大概也反映了壁画绘制者对于星宿知识的不自信，或者星宿本身画得较随意，增加图示便于更加直观地识读图像。参见徐光冀：《中国出土壁画全集·6·陕西上》，北京：科学出版社，2012年版，第8—10、47—48、50—54页。

种影响也迅速（至少从上层社会的观念中）消退，西王母图像亦如此，很快地就在汉代壁画墓中消失了，但在民间社会的生活与信仰中它却一直流传下来（东汉以后还转变成王母娘娘）。

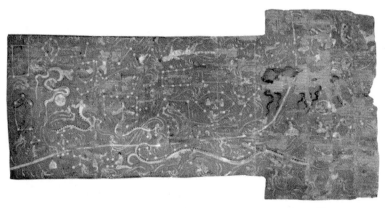

图 4-46　渠树壕东汉壁画墓 M2 星象图

有很多图，如定边郝滩乡壁画墓拱顶东北部的"巴蛇吞象"图（图 4-47），我们到现在也无从确知它的具体含义是什么。有人从生物学的角度来阐释，认为四川的蟒蛇确实可以大到足以吞噬小象的程度。也有研究者从文学人类学的角度来谈，认为它是"巴蛇吞象"的变异版。然而这都不能解释为何这种图像会出现在墓葬中。

图 4-47　西安交通大学汉墓"巴蛇吞象"图

当然，神话传说除了在揭示细节上的图像志意义以外，这类图像在墓葬中所具有的建构功能也颇值得研究。比如，在汉代墓葬中，当太阳被画成金乌时，有时会被画成头朝下飞翔的姿势，可能为了在墓葬中传达某种特殊的意义：比如传达墓葬空间中与日常经验不同的方向观。总结神话传说图像在墓葬中的分布规律，笔者倾向于，神话图像在建立墓葬空间中的秩序感中有特殊的作用，这些图像在历史叙事的框架下形成序列，关于这个问题的讨论，参见拙文《论汉代图像的秩序建构》。①关于神话作为墓室图像中的一部分，如何参与墓葬中秩序的建构，详见第六章，此处不赘。

四、生活场景

汉代墓葬中的生活场景，包括乐舞百戏、宴饮、庖厨等，内容丰富多样，它们往往被看成与升仙、历史、神话等图像性质不同的表现。这些图像从表现上来看，似乎确实与墓主的升仙追求无关，而与他（们）在黄泉世界的"长乐未央"与幸福生活有关。尤其是当我们把那些图像与墓葬中所出土的大量明器（含建筑、水田模型、仆从陶俑）、日常用具（工具、器物等）、食物遗骸（种子、动物骨架）等联系起来看，这种"在为另一个世界的生活做安排"的推论就更加合理。因此，汉代墓葬中的众多图像也顺理成章地被看成两个系统：一个图像系统表达了汉代人希望自己可以超越死亡，成为不朽或永生的存在；另一个图像系统则代表了汉人不得不面对自己终究要撒手尘寰、魂归九泉的无奈。无论如何，死后会发生什么情况无人可以预知。人们对于无法干预的死后世界，能做的事情只有一件，那就是为可能发生的一切，不论是死后升仙，还是长眠黄泉，尽最大的努力做充分的准备，汉代墓葬中的图像便是汉代人将各种相互龃龉的观念杂糅在一起的结果。但事实果真如此吗？如果我们仔细品味那些非常生活化的图像细节，会发现其中蕴含着某些超越世俗的旨趣，因此前述观点值得进一步推敲。

以乐舞为例。它的历史非常久远，几乎从人类为了生存而开始劳作以来，舞蹈就成为人们生活中的重要组成部分了。时隔两千年，今天我们面对汉代墓葬中出土的那些仪态万千的舞蹈人物形象时，我们还会联想到汉代文献中所描述的"妙丽善舞"的李夫人。事实亦表明，我们在展开对这类图像的讨论时，往往会从舞蹈语言的本身（给人视觉享受的直接层面）与美学观念（观者带入的现代审美经验）加以解读，容易出现偏差。不可否认，中国古典舞蹈的实践探索，在编排具有汉风的古典舞方面已经取得了一些成果，但它的本质是借鉴，是以当代美学视角审视、剪裁那些金石上的倩影。在认识论上，其实存在"以今观古"的误区，或者说是误读，

---

① 练春海：《论汉代图像的秩序建构》，《南京艺术学院（美术与设计）》2008 年第 3 期，第 102—106 页。

不是研究层面的或破译层面的解读，它甚至可以看成基于汉代舞蹈图像的当代创作。而在图像志、图像学上，我们对汉代图像中"舞蹈"的研究其实非常阙如，遑论对细微动作的深入解剖了。

笔者一直强调研究古代的文化艺术要从它所属的原境中去观照它们。① 多数情况下我们都是从今人的视角去看待汉代的舞蹈、杂技、音乐演奏等图像，很少考虑到汉代并不存在今天所适用的艺术分类方式，它们在当时实际上可能从属于一个类似"娱神 / 自娱"的二元对立系统，这个系统的边界是很模糊的。如果这个假设成立，那么它与研究者惯于把汉代墓葬图像区分为两个系统的态度倒是契合，而与之相关的很多话题也就随之而来。

墓葬中那些乐舞百戏图：表演者的周边，通常会环绕着众多人物，包括墓主、亲友、侍从等。这种富有诗意的日常情境，通常都会被认为是墓主对自己死后生活的想象，但是这种想象往往忽略了图像化的墓主（死者的魂魄）所代表的意义，以及乐舞图中所出现道具的象征意义等。如果换一个角度来看待这些图像，很多以前未被注意的细节的意义就会突显。比如从宗教或信仰角度来研究乐舞百戏壁画的情况还比较少。画像石中有一个较有代表性的例子是沂南北寨汉墓中室东壁上横额的一组画像，在这组画像中，三匹装扮成龙的马拉着载有建鼓的乐车，装扮成凤鸟（雀戏）、鱼（鱼龙戏）、怪兽等形象的演员，表演马术、飞剑、履索和额上缘橦的裸着上身的百戏表演者，还有鼓、笙、钟、磬、琴、瑟的演奏人员，应有尽有（图 4-48）。现场中的观众倒是寥寥无几，如果不仔细分辨，几乎可以忽略。这些观众是谁？其中有没有重要的观众？这件作品通常被认为是娱神或者巫傩表演，这种说法具有一定合理性。实际上，拙见以为从宗教信仰层面来解读此类图像应该成为一个重要的尝试。在壁画中，可以见到不少类似的画面，虽然有些画面构图非常简单，但从旨趣来看差别不大，或许均与升仙观念有关联，内蒙古鄂托克旗凤凰山 1 号墓东壁南段中层的百戏图为我们提供了理解这层关联的线索（图 4-49）。② 在这幅壁画作品中，至少有两件器物与升仙信仰有关。这两件器物，一件为鼎，另一件为博山饰物（或为熏炉）。关于鼎，不少文献资料都显示它与如下行为或观念有关：一是炼制丹药。鼎为道家炼丹必备之器，因此它的出现喻示了升

① 参见廖明君、练春海：《视觉形象材料与早期中国的文化艺术——练春海博士访谈录》，《民族艺术》2012 年第 4 期，第 45—49 页；练春海：《重塑往昔：艺术考古的观念与方法》，北京：社会科学文献出版社，2019 年版。

② 徐光冀：《中国出土壁画全集·3·内蒙古》，北京：科学出版社，2012 年版，第 3 页。

仙观；二是御龙升天观。前文已经讨论过"泗水升鼎"这个典故，鼎在有关的图像中其实是"弃鼎得仙"的隐喻。[1] 至于另一件博山饰物，杨泽蒙将其释读为"博山炉"[2]，愚以为或许称之为博山奁更合适，关于带博山饰之物与修仙的关系，前文已申，此处不赘。

图 4-48　沂南北寨汉墓画像

图 4-49　凤凰山 1 号墓百戏图

其实从身体语言的角度来看，乐舞百戏中的表演者与马王堆出土导引图上的人物形象颇有相似之处，有不少人物形象都赤裸着上身，做着特定的动作，所以从某种意义来说，壁画中出现的乐舞百戏，很有可能不仅仅是用表演来娱鬼或娱神，而是一类与修炼有关的行为与仪式。在乐舞图

---

① 更多的讨论，详见练春海：《器物图像与汉代信仰》，北京：生活·读书·新知三联书店，2014 年版，第 203—216 页。

② 徐光冀：《中国出土壁画全集·3·内蒙古》，北京：科学出版社，2012 年版，第 3 页。

中有些形式即使今天看来也是比较奇怪的，比如盘舞①，各地出土的壁画、画像石中经常可以看到。笔者曾在一场研究性的舞蹈汇报演出中亲见舞蹈表演者模仿这种古老的艺术形式，可以说盘舞对于舞者的要求极高，因为限制太多，实际整个过程并不流畅、连贯。但显然汉代人非常着迷这种形式，其深层次的原因可能是与星宿有关，尤其是七盘舞，或与北斗七星有关，在墓葬中描绘盘舞图案，其目的可能是建立与天的某种联系。因此，像这样的图案及其伴随仪式，可以看成仪式或仪式的变体。②

有些壁画中的乐舞图像，本身就有双重设定，既是表演的场景，也是人造仙境。这类图像非常明确地传达了图像的作用不是娱神而是仙界的自娱。上文谈及定边郝滩壁画墓中的太一座图时，我们只探讨了太一座及其左右两侧对称分布的西王母、东王公图像的情况，实际上这个组合处于一个更大的情境当中，包括西王母、东王公以及"太一座"云车上众多仙人在内的人物组合，他们都在观赏一场盛大的歌舞表演。画面上各种异兽在击磬敲钟，吹箫弹琴，情境与鄂克托凤凰山1号墓的百戏图极为相似，好不热闹，其中最醒目的是一条神龙在踏盘而舞，其周围的盘多达十六件，前方有一只蟾蜍在掷盘。其乐融融的氛围似乎在营造一个极乐世界，一个遗世独立、为墓主而营建的永恒家园。姜生把此类歌舞、宴饮图像都看成是"为死者举行的成仙庆祝仪式"③，把墓主或其亲友的愿望——墓主可以在死后升仙——看成一个已经实现了的事实，其观点或许还可以再作商榷。

六博、投壶等游戏也是汉代日常较受欢迎的消遣活动。六博作为我国古代的一种游戏，始于先秦时期，在汉代社会中非常盛行。博局有棋子十二枚，六黑六白，每人各执六枚。博弈时先投箸，后行棋，获箸多者为胜。在汉代的画像石、画像砖、陶俑中表达此类主题的作品很多④，仅画像一类，在四川新津、成都、彭县，河南新野、南阳，陕西绥德，山东，江苏徐州、邳州等地发掘的汉代墓葬中随处可见。汉代关于六博的文献有很多，比如北京大学所藏西汉竹书中的《六博》卷，《风俗通义》中记载

---

① 盘舞是较常用的概念，在盘舞中所使用之盘的数量不定，以七件居多，故也称七盘舞，当然道具也不一定就是盘，也有使用耳杯的，参见内蒙古鄂克克旗凤凰山1号墓百戏图、内蒙古乌审旗嘎鲁图1号墓的乐舞图等。如徐光冀：《中国出土壁画全集·3·内蒙古》，北京：科学出版社，2012年版，第3、17页。

② 徐光冀：《中国出土壁画全集·4·山东》，北京：科学出版社，2012年版，第3页。

③ 姜生：《汉帝国的遗产：汉鬼考》，北京：科学出版社，2016年版，第419页。

④ 姜生认为汉代墓中所见的六博，不是俗间游戏的模仿。姜生：《汉帝国的遗产：汉鬼考》，北京：科学出版社，2016年版，第53页。

的汉武帝与仙人对博故事①，年代再晚一点，曹植《仙人篇》中也涉及仙人博②，在众多的汉代画像中，仙人博弈图像也占了很大的比例，比如四川新津老君山崖墓出土东汉画像石棺残件上的仙人六博图便很有代表性，这些图文无一不表明六博在汉人观念中或与仙人有关，可见六博在墓葬中是一种特殊的时空建筑方式，至于是否如姜生所言："汉墓中代表弈棋博戏的符号，是界定墓室为仙窟的标识，喻其为'练（炼）形之宫'。因此，博局图出现在哪里，哪里的炼仙时空就会被加速运转，死者将很快进入绝妙的仙域而得不朽。换言之，博局表示墓室乃神宫。"③笔者以为观点还可以斟酌，毕竟在汉代墓葬中，画工们选择绘制哪种图案以及在何处绘制可能会带有一定的随意性。倒是姜守诚的观点："博戏图在墓葬中出现还代表了另外一层含义——引魂升仙。"④拙见以为，或许更接近六博图在墓葬中的功能。

　　目前已知最早的六博图壁画是河南偃师辛村新莽墓 M1 中室西壁上的一幅（图 4-50）。画面居中为一博具，位于博具左边的人腰身挺直，双手置于膝上，右面的人物则显得神情激动，作跪状，身体前欠，左手外展，右手上扬，眼神专注于博局。位于四川三台县郪江金钟山 II 区墓群的一号汉墓（金 II 墓 1）后室右壁上层壁板后端也出土了六博图，图高 55 厘米、宽 63 厘米。画面上两人相对踑坐，正聚精会神地注视着中间所放的两个方形博具，一人双手持长条形博箸，一人双手前伸作博弈状，似正在投棋。两人均着长袍、戴冠。距离三台县不远处的中江县塔梁子 M3 三室右侧室后壁有一幅"双人图"，原发掘报告描述为"墨绘二人对坐于两席，因墨迹已淡仅隐约可见，似二人对饮或对弈。坐左边者左手向下，坐右边者右手上指，两人中间似用红彩绘有方形棋盘或案之类的物品"。⑤其实二人在玩六博游戏应该可以肯定，因为这幅图中人物的动作表现与偃师辛村新莽墓 M1 中的人物表现几乎一模一样。如此看来，在汉代有一种情形在时人看来是非常熟悉的，即在博弈场合中人们时常表现得情绪比较激动，所以六博图的绘制工匠便选用这个典型的"顷间"来表现六博游戏，从前

---

①　《风俗通义·正失第二》，〔东汉〕应劭撰，王利器校注：《风俗通义校注》，北京：中华书局，1981 年版，第六十九页。

②　《仙人篇》中有"仙人揽六著，对博泰山隅"句。参见〔曹魏〕曹植撰，赵幼文校注：《曹植集校注》，北京：人民文学出版社，1984 年版，第 263 页。

③　姜生：《汉帝国的遗产：汉鬼考》，北京：科学出版社，2016 年版，第 60 页。

④　姜守诚：《出土文献与早期道教》，北京：中国社会科学出版社，2016 年版，第 275 页。

⑤　四川省文物考古研究院、德阳市文物考古研究所、中江县文物保护管理所：《中江塔梁子崖墓》，北京：文物出版社，2008 年版，第 63 页。

述李重蓉的研究中所列举诸多六博陶塑的实例来看，这种较为夸张的动作
也是塑造六博陶俑，生动地再现博弈现场的一个依据。

图 4-50　偃师辛村新莽墓六博图

　　除了上述题材，宴饮、庖厨也是汉代壁画中常见的表现主题，这些
图像与耕种、纺织、屠宰、酿造等关系都较为密切，生活气息浓厚，很值
得深入研究，限于篇幅，此处笔者就不对汉代壁画中有关的具体图像展开
讨论了。《论衡》中说："闵死独葬，魂孤无副，丘墓闭藏，谷物乏匮，故
作偶人以侍尸枢，多藏食物以歆精魂。"① 如果我们把长生或不死看成是生
命的直线式延长，那么宴饮之类的日常生活与耕织之类的劳作图像或许便
可视为与生命循环式延长② 相关的图像，毕竟，墓葬规模再大，空间也是
有限的，能够进入陪葬的物质在数量上更是大大受限，而维持生命所需要
的物质消耗与补充在理论上来说是要远远超过那个数量。因此，设置一个
"循环机制"在这样的背景下便显得非常重要，这便是那些充满生活气息
的图像的意义所在，它们绝不会是对俗世生活进行记录那么简单。

五、宗教与礼仪

　　从总量上讲，汉代壁画墓中直接表现佛教、道教观念的图像并不多。

---

① 《论衡·薄葬篇》。黄晖撰：《论衡校释（附刘盼遂集解）》卷二十三，北京：中华书局，
　　1990 年版，第九六一页。
② 以生老病死作为一个生命周期，人在世间的死亡成为在另一个世界中生命的开端。如此一
　　来，在九泉下的生活则完全可以视为一个新的生命循环，当然，这种循环观在汉代应该与
　　佛教信仰的轮回观念没有什么关系，但通过后来的道教信仰来看，似乎又可以看到"轮回
　　观念"与"生命循环观念"有融合的趋势。

但是在意义更为宽泛的信仰层面（礼仪）上的图像便可找到许多，包括根据《山海经》之类的神话传说创作出来的图像，由对现实仪式中的记录而形成的图像，以及早期形态的宗教形象等。

先说佛教、道教图像，关于汉代壁画中究竟存不存在此类图像，或者哪些图像可以归入此类图像，这个问题其实一直都存在争议。一个原因是，很多壁画图像的绘制年代并不明确；另一个原因是，在图像的具体表现上它们的细节其实是比较模糊的。前文也提到，佛教大概从西汉末年传入我国，一直到在东汉末年还远未发展为一个成熟的宗教，它在汉代的传播，尤其是在图像方面的传播，很大程度上是借助于西王母信仰，人们对于它的接受实质上是非常有限的。在当时的社会环境中，中国本土的神仙思想和早期道教观念占据汉代民众信仰的重要位置，佛教还处于附庸状态。

汉代画像中，学界比较认可的佛教因素画像有两处，一处是江苏连云港市孔望山汉代摩崖石刻中发现的一批佛像，这些图像中的佛教人物具有高肉髻、项光、施无畏印、结跏趺等鲜明的佛教艺术特征，并具有一定的佛教内涵；另一处是四川乐山麻浩崖墓享堂的门楣上，刻有一结跏趺坐，右手施无畏印，头有肉髻，绕头有佛光的佛像。除此之外，很多驯象、乘象、舞象、狮子、莲花等也被视为与佛教有关系的图像。①

图 4-51　仙人骑白象图

在汉代壁画中被认为可能与佛教有关的图像其实很少，内蒙古和林格尔东汉壁画墓南侧西壁或有一例。壁上可见一身着红衣、头部已残的人物形象，骑在白象身上，右上角墨书榜题，漫漶严重，从现有资料上可见"□□骑白象"，余字漫漶，疑为"仙人骑白象"五字（图 4-51）。

---

① 郑岩认为大象和莲花在两汉的图饰中已普遍存在，象甚至在商周青铜器中就是一种常见装饰了，所以不能证明它们与佛教有关。郑岩：《魏晋南北朝壁画墓研究（增订版）》，北京：文物出版社，2016 年版，第 152—153 页。

俞伟超认为此"一望即知是佛教图像"，因为汉代桓帝、灵帝时期，汉文所译佛经中把尚未修成佛的各种佛徒叫作仙人的情况非常常见。[①]据此，党寿山认为甘肃武威韩佐五坝山东汉壁画墓北壁画像中，"右侧右下角"仅存一臀部的动物亦为大象，因为它"有短尾，躯干有羽，似为一头生翅膀的大象。大象背上似有一人骑坐，画面形象已不可辨"[②]。其实汉代出现大象的壁画非常少见，遑论带翼大象了，仅凭一个局部恐难立论。俞伟超在研究中还提到，和林格尔壁画墓前室北面顶部的舍利图像也与佛教有关。从他所转录内蒙古自治区博物馆工作人员李作智的补充记录《和林（格尔）汉代壁画墓初次调查记》来看，"在'东王公'的北侧下一些的地方有一盘状物内放有四个圆球形的东西，在其左上方题有'猞猁'二字"。俞伟超认为其中的"猞猁"即"舍利（它在佛教信仰中指佛骨）"的借字，"在与'仙人骑白象'对应的位置上画出'猞猁'图，正表现出是把它当作佛本尊一样的礼拜对象看待"[③]。邢义田从安阳画像石中发现有"舍利也""舍利禽"等榜题图像出发，推测"汉人想象中的'舍利'是一种动物或神兽，也就是'猞猁'不是佛骨"。并由此怀疑李作智所见的"猞猁"二字实际上应该写作"舍利"，因为"舍利"作为兽名加反犬旁为时甚晚，在文献中也找不到它与佛教相关的痕迹。[④]从汉魏之际的画像来看，舍利与受福图像经常成对出现，而受福图像中常常会出现盛放颗粒状物的盘状道具，作为早期的舍利图像，张冠李戴也不是不可能，而李作智所见很有可能是仅存道具和榜题的残像。

　　道教图像也有类似的表现，与道教信仰相关的画像如铜鼎等在全国各画像产区见过，但直接表现道教的内容很少见到，壁画上的相关图像就更少了。前文提到的武威市韩佐乡红花村五墩山七号墓南壁壁画（参见图3-17），有研究者认为它或许与道教有关。该壁画上部残缺，画面正中的主体部分为一只猛虎和一棵树（仅残余树干），猛虎张着血盆大口，露出森白利齿，四肢微伏，瞪眼做观察状，尾长似鞭。以往学界多将其解读为"开明兽与不死树"[⑤]，但姜守诚提出，它很有可能是"一只猛虎立在或拴

---

① 俞伟超：《先秦两汉考古学论集》，北京：文物出版社，1985年版，第157—158页。
② 党寿山：《甘肃武威磨嘴子发现一座东汉壁画墓》，《考古》1991年第11期，第1052—1053页。
③ 俞伟超：《先秦两汉考古学论集》，北京：文物出版社，1985年版，第157—160页。
④ 邢义田：《今尘集：秦汉时代的简牍、画像与文化流播》（下册），上海：中西书局，2019年版，第508—521页。庞政提出，"舍利"或为"含利"。其观点在《试论汉晋时期的"含利"图像》一文有讨论，文章待刊。参见朱浒：《东汉佛教入华的图像学研究》，北京：科学出版社，2020年版，第144页。
⑤ 王小盾：《经典之前的中国智慧》，北京：北京大学出版社，2016年版，第120—121页。

在松树树下（壁画并没有反映出系绳的细节，但从树与虎身的位置判断，画师显然要暗示虎与树的某种特殊关联），藉此守护墓室及亡魂……而这一习俗乃是源于中原及西北汉人所奉行的猛虎及柏木可以镇劾和驱逐外力（方良、罔象）的传统思想"。① 这种观点没有更多的材料和细节来证明，因此也只能备为一说。从虎尾、虎腿的动态造型生动、多变来看，画工应该知道如何处理并且也有能力处理其中的空间关系，笔者怀疑此虎与其背上的"树干"可能是一个组合关系，"虎"或为器座。在汉代墓葬中随处可见与升仙有关的图像，但是升仙信仰与道教还是有区别的，作为一种宗教，存在一定的教义与教规，而升仙信仰则不然。但即便是升仙信仰，作为一种广义的宗教观念，我们也不可以任意地扩大化，比如看到五枚玉璧放在一起就解读成五行，这种先入为主的态度很容易误导我们，它们的存在或者另有原因，因为五行的表达和排列遵循特定的规律，一般不会随意改变。②

从更为久远的巫傩传统来看，汉代墓葬中可以找到的与宗教相关的图像还有更多，不过它们的巫傩色彩早在文明的淘洗中褪尽，现在一般被学者归入中国古代神话系统。汉代墓葬中出现的此类形象，最古老的当首推女娲，马王堆一号汉墓中出土的帛画中，就发现了她的形象，但是对她的认定一直存在争议，有人认为她是女娲，但也有人认为她是升仙后的墓主形象。而在东汉及更晚建造的墓葬或祠堂中，比如山东武梁祠，这个形象就有比较明确的认识（参见图 2-20）。武梁祠西侧山墙画像自上而下被分割为五层，每层图像之间都存在一定的内在逻辑③，这个逻辑结构反映了当时人们在处理这一系列图像时的态度。女娲形象在汉代的地位逐渐为西王母形象所取代，她在汉代有一定的现实针对性。汉代民间最重要也最流行的宗教活动是对西王母的崇拜信仰，它是有着较广泛的信仰基础的准宗教，甚至与后来发展起来的道教都有一定的关联，但笔者倾向将它们归入神话系统，而不是与宗教（尤其是道教）有关的符号。西王母在汉代墓葬的主神系统中是最具宗教意义的一个符号，早先的女娲虽然也出现在壁画、画像砖、画像石上，甚至更早的帛画中都有她的身影，但随着其地位的下降，在汉代主神系统中她基本上表现为一对交尾的人首蛇身形象

---

① 姜守诚：《出土文献与早期道教》，北京：中国社会科学出版社，2016 年版，第 271 页。
② 贺西林：《古墓丹青：汉代墓室壁画的发现与研究》，西安：陕西人民美术出版社，2001 年版，第 20 页。
③ 也正因为这个内在的逻辑关系，巫鸿在对武梁祠进行了较为深入、系统的研究后，得出结论认为武梁祠为武梁本人所设计的结论。巫鸿：《武梁祠：中国古代画像艺术的思想性》，柳扬、岑河译，北京：生活·读书·新知三联书店，2006 年版，第 230 页。

（图 4-52）。这样的一对形象基本上表达了包括"阴阳"在内的象征意义，"交尾"这个细节可能加强了这个概念，被赋予了一些新的意义与联想，包括道教方面的阴阳调和等。大概是受道教观念的影响，汉代人也为西王母形象进行配对，意图把它发展成与伏羲女娲组合一样的与时空、阴阳有关的象征符号，我们也确实见到不少东王公在画面的一端，西王母在画面另一端的图像，但是在某种意义上来说，汉代墓葬系统中的东王公图像在地位上难于跟西王母相比拟。关于西王母信仰的图像研究很多，如前揭李淞的博士论文《论汉代艺术中的西王母图像》便是一个比较有代表性的成果。西王母信仰是诠释汉代墓葬图像的一把重要的钥匙，有些图像看似与西王母关联不大，但如果从《山海经》等文献出发，还是可以在一个更大的文化语境中找到它与西王母之间的蛛丝马迹。比如关于凤鸟的讨论，凤鸟在汉代壁画中是比较常见的图像，很多凤鸟图像，我们都可以看到"衔丹"的细节。有些细心的研究者，发现有些壁画（图 4-53）中的凤鸟所衔之物明显要比一般的丹丸大出许多，因此他认为那些鸟类所衔之物当为"卵"，指出其依据在于《大荒西经》所载"沃国之民"以"凤鸟之卵"为食，食卵之人可以"长生不死"。[1] 汪小洋认为汉代壁画墓，作为主流社会的墓葬，为"缺乏西王母图像的题材体系"[2]，但是如果放在广义层面来看，那便是另一种情形了。

图 4-52　武梁祠左石室后壁伏羲女娲画像

图 4-53　偃师汉墓出土凤鸟图

汉代壁画中有很多关于活动或行为的记录场景，它所具有的宗教性质其实是被忽视的，这些场景要

---

① 庞政：《汉代"凤鸟献药"图像试探》，载王煜：《文物、文献与文化：历史考古青年论集》，上海：上海古籍出版社，2017 年版，第 187—200 页。
② 汪小洋：《中国墓室壁画史论》，北京：科学出版社，2018 年版，第 75 页。

么被当成普通的活动，要么被看成一个特定的行为，但都与宗教没什么联系，比如祭祀性的活动就是其中的一种。辽宁大连营城子壁画墓出土了一幅疑似有宗教意味的作品（图4-54），位于主墓室北壁。这个墓室的朝向是172°，基本上接近坐北朝南，北壁是墓葬主室中最重要一个壁面。这面墙一般情况下画有墓主肖像。从营城子墓中北壁的画像来看，其上层中一个头戴通天冠、身佩长剑的人物形象应该是墓主，这个人物相对于其他人物形象要稍微大一些。而在下一行的图像中，陶亮认为它是"属吏为墓主祷祝升仙场面"。[①]原因是画上有三个男性形象不但依次做顿首、跪拜、揖手的动作，关键是他们皆"手持笏板"。笔者以为"笏板"不能成为识别"属吏"的唯一标志，这幅图像或还有商榷的余地，在墓葬这样的重要空间，不画自己的子孙后代，却画同僚来为自己祷祝是很值得怀疑的。对于这组图象，姜生倒是从宗教学的角度作出了阐释，在他看来，这组画面中可能并不存在墓主形象，他认为"墓主人正是东汉初年王充所质疑的那种'学道死者'"，那三个男性则为"已受道书，将饮玉浆的死者"，这是否表明他们在墓葬中所起到的作用是示范呢？至于那个佩剑者，他认为"正是太上老君"，依据是"其双足所蹈大龟，头尾图像甚明晰"，结合周边的羽人、青龙等形象，姜生认定这组图像是"老子真形图"。但笔者仔细辨认过原图，并未从佩剑者足下之物看出龟的造型，倒是觉得他所蹈或

图 4-54　营城子壁画

---

① 　徐光冀：《中国出土壁画全集·8·辽宁吉林黑龙江》，北京：科学出版社，2012年版，第2页。

许亦为云纹，对比人物左侧的云纹可知，二者在造型上有相近之处，不同的是，此处云纹画得较为死板，毫无灵性可言，可以说是画得比较失败的部分。① 再者，如果三个男子施礼的对象是佩剑者，为何画工不将他们的位置关系处理成正面相向呢？把人物画成正面相对的形式对于汉代画工而言应该不会有问题。总而言之，关于这幅图像的辨识疑点还很多。

目前关于汉代壁画的宗教性研究，较有代表性的研究者有汪小洋、姜生以及姜守诚等，姜守诚的研者与前者稍有不同，主要从文献的角度解读壁画，他们的研究都对壁画中的宗教与信仰方面的问题做了一些探索，当然，从宗教角度来研究汉代壁画在目前还是比较欠缺的。

从礼仪的角度来看，较有代表性的图像是汉代壁画中为数众多的车马出行图。它们不仅通过出行卤簿来反映礼仪中不同车类的配置，如斧车、戏车、象车、乐车，可在不同的情况下与辂车、轩车、辎车、辇车等进行组合；也通过车舆的具体装饰如帷数、色彩等装饰的变化，以及通过车载人数、车辆在车队中的位置来反映马车的等级特征等。汉代车马出行图在某种意义上还代表了死者或其亲友的态度，不论死者生前社会地位如何，他们都希望墓主在另一个世界可以拥有这种前呼后拥、车马出行的尊显地位，享受高品质、大富大贵的生活，从这一点来看，此类图像也成为一种祝祷。关于汉代墓葬中的车马图像，在拙著《汉代车马形像研究》已有专论，此处不再赘述。②

这种礼仪性的图象还有很多，但研究者的注意力往往集中在那些分布广泛、数量众多的有限形象上，对于分布在特定地区，或者是数量不多却散见于各地的礼仪性图像则缺乏讨论。举一例：在大多数壁画墓、画像石墓门区附近出现的侍从或门吏形象通常被描绘成执戟或拥彗的人物形象，执戟表达的是肃穆与庄严的仪卫，而拥彗则表现了主人的隆重与谦恭。但在内蒙古鄂托克旗凤凰山1号墓、乌审旗嘎鲁图1号墓的门区附近，我们发现在门区附近还有一类手抱着被研究者称为"囊吾"之物的人物形象（图4-55），这类人物形象通常为一些站在门区附近的侍从，手中所抱之"囊吾"外套红袋、黑袋或白色带花纹的袋子，这些形象可以说比较特别。在西安曲江翠竹园一号墓南壁东部，有两个人形象，被认为是侍女，一前一后站立，前者手捧漆盒，后者被认为是"身背红色包袱"。③对比内蒙古乌审旗嘎鲁图1号墓前室西壁画的画像，我们发现与门框右侧

① 姜生：《汉帝国的遗产：汉鬼考》，北京：科学出版社，2016年版，第152、327页。
② 练春海：《汉代车马形像研究——以御礼为中心》，桂林：广西师范大学出版社，2017年版。
③ 徐光冀：《中国出土壁画全集·6·陕西上》，北京：科学出版社，2012年版，第30页。

怀抱"囊吾"并着一件红色长袍的男性侍者相呼应的是左侧所立的两位侍女，其中身着白衣的侍女手中所持为一件博山熏炉（详见下节），另一侍女手揽红色长袍。门左右两侧同时出现"红色长袍"表明了绘制者想通过事物的相关性来强调门框两侧图像的对应关系，故博山熏炉与囊吾对应，换言之，它们都与日用（器）物有关，所以曲江翠竹园一号墓侍女手中的"红色包袱"应该也是一件日用器物才对，才能与南壁其他侍女手中的漆盒、博

图 4-55　怀抱囊吾图

山熏炉相呼应，其实从侍女手腕下部的"红色包袱"局部来看，它的造型与乌审旗嘎鲁图 1 号墓中的"囊吾"该部位的造型几乎是一模一样的，换言之，它也应该是件"囊吾"，只是这件"囊吾"的造型比较失败，看起来像是包袱，或者是绘制者干脆把它画成"包袱"，但如果是"包袱"，在这个图像系统中它就失效了，不能够表达什么意义。无论如何，它在这个图像组合中确实显得有点突兀。此例中的图像出现在门区，门区在汉代墓葬中比较重要，因此这里不妨再补充一个相关图像的例子。在营城子汉墓 2 号墓中，主室南壁门洞内壁的两侧发现了侍门图像，侍卫或执戟或执彗、髦头、髭须张扬，这种形象也还算常见，该门区最为特别之处在于门框的上方，内外两侧均绘有神人或怪物。在门外侧上方为一神人，戴冠，须眉浓密，赤裸着身子，全身毛发浓密，瞪着巨大的眼睛，张着血盆大口，双手外张，手上分别执持着蛇和巾幡（图 4-56）；在门的内侧上方和形象略有残缺，似为一个饕餮之类（有首无身）的怪物。门洞两侧均描绘了具有辟邪性质的图像，不仅说明了墓葬门区的重要性，还指出了双向防卫的存在。[1]这种礼仪的图案表现不仅具有辟邪的功能，而且这种功能还

① 关于双向防卫的问题，最早由朱青生在其著作《将军门神起源研究：论误解与成型》中提出，陈亮对这个问题展开了深入的讨论，写成硕士学位论文《汉代墓葬门区符箓与阴阳别气观念研究》（2005 年北京大学美术学专业），全文发表于《中国汉画研究》第三卷（桂林：广西师范大学出版社，2010 年版，第 33—227 页）。

是双向的，既防止墓葬之外的魑魅魍魉攻击墓主的尸身、魂魄，也防止死者的魂魄从墓中出来乃至给生者带来麻烦。囊吾形象也出现在墓葬中的其他位置，比如，在河南背后安县铁塔山汉墓后壁上部，我们就发现墓主形象两侧分别跪侍着一个怀抱囊吾的男仆和一个双手托盘的侍女，这两个形象似乎象征着近距离地保护和伺候着墓主人。

图 4-56　营城子汉墓神人图像

六、瑞应符号

汉代壁画中的瑞应（或祥瑞）符号有一些很容易与神话形象相混合，比如西王母图像组合通常被认为是神话传说，它的图像组合非常之多，鲁唯一（Michael Loewe）总结了十项，包括戴胜、龙虎座、捣药玉兔、神龟、三足乌、执兵器之侍卫、祈福者、九尾狐、六博戏和昆仑山等。[①] 李淞的分类与之稍有不同，将与之相关的图像要素分为核心图像、必要图像、辅助图像与区域图像四个系统，可以列入这个组合的内容有玉兔、九尾狐、蟾蜍、三足乌等。[②] 其中蟾蜍、三足乌等除了是西王母神话组合中的图像之外，其实本身也是象征阴阳的日、月轮图像系统中的符号之一，并且本身也可以独立成为一个吉祥符号，之所以进入西王母系统，是因为它"是作为不死之药存在的证据"，因此，当它单独出现在壁画上时，人

---

① Michael Loewe, Ways to Paradise: The Chinese Quest for Immortality, London: George Allen and Unwin, 1979, p103.

② 李淞：《论汉代艺术中的西王母图像》，长沙：湖南教育出版社，2000 年版，第 311 页。

们就特别容易混淆它的本质。当然，瑞应符号与神话图像通常还是比较容易区别的，比如，神话形象通常以人物形象（或者是具有人格的神、兽、怪物）为主，但是瑞应符号多以物（包括动物、怪兽等）为主。

瑞应符号是汉人非常重视的图像系统之一，汉人认为瑞应是人和天交流与对话的机制。[①] 这套系统也延伸到墓葬中，它在墓葬中的功能与在现实生活中略有差别，发展为引导事物朝着"积极""正面"方向发展的作用。从某种意义上来说，这种功能是通过间接的方式起作用的。笔者在后文（第六章）还会专门谈到壁画的"祈福禳灾"的功能，这个功能具有直接的针对性，与瑞应的象征性或隐喻性不同。汉人重视瑞应，从统治者多次因瑞应出现而更改年号，文献中频繁记载瑞应的发生等现象便可管窥一斑。各地壁画墓中发现的瑞应符号数量多寡不一，以内蒙古和林格尔汉墓中出现的瑞应符号最具代表性，多达四十九个，且多有榜题，具体可以释读的有："青龙""麒麟""灵龟""木堇荚""神鼎""醴泉""三足乌""一角敖""白狼""比翼鸟""木连理""九尾狐""赤爵""白象""比肩兽""玉圭""赤罴""玉马""甘露""浪井""明珠""白狐"等，这些瑞应可以分为地瑞、天瑞、植物瑞、动物瑞、矿物瑞、器物瑞、神仙瑞等若干种。[②] 其中青龙、神龟之类的形象象征了四时有序，是吉祥的符码。这些瑞应在汉代画像石墓、画像砖墓、祠堂中大量出现，笔者曾系统地梳理过此类图像，将它们分为枝灯、熏炉、玉璧、鼎、铜镜、兵器、玉胜等十类[③]，这些图像中有一些在过去甚少引起人们的关注，比如弓弩就是其中的一种。

一般来讲，弓弩之类的图像通常与勇士形象联系在一起，勇士给人的印象既有威武的一面，也有粗野的一面，因此人们惯于把这类形象与辟邪功能联系在一起，而此类武士形象"常所用"的物件，基于巫术的通感原理，也通常会被认为同样可以用来辟邪。

但事实上，单独出现的弓弩形象很可能是一种祈盼男丁兴旺的吉祥符号。在山西省夏县王村东汉墓甬道中出土了一组人物图像（图4-57），

---

① 《西京杂记》载："樊将军哙问陆贾曰：'自古人君皆云受命于天，云有瑞应，岂有是乎？'陆贾应之曰：'有之。夫目瞷得酒食，灯火花得钱财，干鹊噪而行人至，蜘蛛集而百事喜，小既有征，大亦宜然。故目瞷则咒之，火花则拜之，干鹊噪则喂之，蜘蛛集则放之。况天下大宝，人君重位，非天命何以得之哉？瑞者，宝也，信也。天以宝为信，应人之德，故曰瑞应。无天命，无宝信，不可以力取也。'"〔东晋〕葛洪撰：《西京杂记》卷三，北京：中华书局，1985年版，第21页。

② 内蒙古自治区文物考古研究所：《和林格尔汉墓壁画》，北京：文物出版社，1978年版，第25页。

③ 练春海：《器物图像与汉代信仰》，北京：生活·读书·新知三联书店，2014年版，2014年版。

图 4-57　夏县王村汉墓迎奉图

图 4-58　弧帨图

图像褪色较严重，依稀可辨人物戴冠着袍，双手捧着弓弩，身体向右微躬，从图像所处位置与人物姿态特征来看，他们或许是在"迎候"包括墓主在内的重要人物，发掘者称之为《迎候图》。一般情况下，这个位置附近出现的迎奉人物通常都捧盾和拥彗，捧弓持箭者较为罕见，所以这组图像或许不能排除与祈盼男丁兴旺有关的寓意，他们所迎奉的可能是一些神祇类的特殊角色。

1987 年，在洛阳北郊石油站东汉壁画墓中也发现了与弓弩有关的图像符号，在这座壁画墓中室东壁左侧绘有一把弩机，弩机的弦上悬挂着一幅布幔状物（图 4-58），图像比较罕见，笔者曾以为是"悬弧之庆"，最近对它的认识又有了一些新的发展。关于这幅图，发掘报告最早将之称为《弓鞴图》。① 未详其据，笔者揣测它或许与《礼记·月令》有关："是月也，玄鸟至。至之日，以太牢祠于高禖，天子亲往，后妃帅九嫔御。乃礼天子所御，带以弓鞴，授以弓矢，于高禖之前。"② 在郑玄看来，弓鞴乃求男之祥，《月令》中所提到的高禖祭祀乃"天子之礼"，一般人或不可用。该墓是一个由"前、中、后室组成的三穹隆

---

① 洛阳市文物工作队：《河南洛阳北郊东汉壁画墓》，《考古》1991 年第 8 期，第 713—721、768 页及图版四、五、八。

② 《礼记·月令》。〔汉〕郑玄注，〔唐〕孔颖达疏：《礼记正义》卷十五，〔清〕阮元校刻：《十三经注疏附校勘记》，中华书局影印本，1980 年版，第 15.133a（1361c）页。

顶多耳室砖室墓。这种类型的汉墓在以往的洛阳考古工作中很少见到”。[①]它的级别不低，但它能否使用与高禖祭祀相关的弓韣图作为装饰，我们不得而知。尽管如此，我们稍加辨别，便知此说尚有不妥之处：“韣”指的是弓袋，从图形上来看不符合。因此，贺西林提出它可能是旌旗，应该叫“弧旌图”，其中“弧”为星宿名，弧旌象征天弧，主射杀奸邪，镇凶镇墓。[②]他的说法有待商榷，毕竟没有直接的证据显示墓葬与天弧有何关联。对此，笔者提出“弧帨”说，依据在《礼记·内则》：“子生，男子设弧于门左，女子设帨于门右。”认为“画像中带弓的图像实际上很有可能是一幅弓与帨的组合图，象征人丁兴旺，而与之对应的人物形象也应该是墓主或者其在世子嗣的象征”。[③]当时的考虑，其实还忽略了“帨”与图像之间的联系。最近，扬之水对四川彭州市太平乡出土东汉画像砖（图 4-59）以及重庆博物馆藏成都市郊出土画像砖的研究给了笔者很大的启发[④]，她的研究指出画像砖中人物所掮之物为“弩靳幡”，分析颇为合理。由此，安平逯家庄东汉壁画墓出行图中几位骑马的先导，肩上所掮之物亦可能是“弩靳幡”(图 4-60)，这些“弩靳幡”象征了死者生时的荣耀。前引数例的“弩靳幡”均由特定身份的人物所掮举，而洛阳北郊石油站东汉壁画墓中所出现之物则为静态的悬挂之物，但这并不妨碍我们的判断，后者应该也是“弩靳幡”，它在造型上与前者非常相似，尤其是与彭州出土画像上的“弩靳幡”相似，功能上或为象征死者的荣耀，又或者是祈祷子孙能够建功立业。

图 4-59　四川彭州出土东汉画像砖

图 4-60　安平东汉壁画墓导骑图

① 洛阳市文物工作队：《河南洛阳北郊东汉壁画墓》，《考古》1991 年第 8 期，第 713—721、768 页及图版四、五、八。

② 贺西林：《洛阳北郊石油站汉墓壁画图像考辨》，《文物》2001 年第 5 期，第 65—69 页。

③ 关于这一个图案，更为详尽的讨论参见拙著《器物图像与汉代信仰》（北京：生活·读书·新知三联书店，2014 年版）第 199—202 页。

④ 扬之水：《藏之于物的风俗故事》，北京：人民美术出版社，2015 年版，第 43—45 页。

　　还有一些壁画图像带有明显的地域色彩。比如博山熏炉图像，也可能是一种祥瑞，这种图像大量发现于陕北地区的画像石中[①]，也偶见于陕北及内蒙古南部地区的壁画中。博山饰在汉代图像系统中与升仙有关，"汉朝故事诸侯王出阁则赐博山炉"[②]，因此在时人眼里，博山熏炉与上层社会的荣华富贵有密切关联，完全有可能转化为一种祥瑞图案。这种符号在不同社会阶层的文化系统中有不同的表现，在代表家境殷富但社会地位不是特别高的富户墓（即画像石墓）中，则体现为大量的画像，而在众多诸侯王墓中，通常都殉以实物，精美程度不一。墓室壁画比较特别，是一种层次与级别都明显高于墓室画像的墓葬装饰形式，所以博山熏炉图像在壁画墓中并不多见，尤其是图像中还经常存在变形或者简省形式，很容易被误认为是豆或者其他事物。出土博山熏炉壁画地区与出土熏炉画像的地区大致重合，表明二者有共同的文化渊源或社会基础。壁画形式的熏炉或许只是一种图像母题的探索，但这种探索的结果表明，在壁画墓中它最后消失了，倒是在特定地区的画像石墓中得到了发展。西安地区博山熏炉壁画的代表性作品是西安翠竹园 M1 南壁的博山熏炉图（图 4-61）。从空间关系上看，熏炉似为侍女所持，但仔细观察，会发现侍女双手的动作其实是笼袖，可见人物与器物之间使用了两个不同的模板，或者熏炉是后来补绘的。该博山熏炉形象较为清晰，从画面来看，画工还特意强化了熏炉座柄中的竹节（实际上它表现为一个球形的细节），用了较重的墨色，用线也较粗，但是炉盖上的博山饰和炉身各

图 4-61　曲江翠竹园 M1 人物端熏炉图

① 其他地区画像石中博山熏炉形象较为罕见，目前仅在南阳汉画像馆的两块画像石发现了疑似熏炉的图像。参见凌皆兵、朱青生：《汉画总录·11·南阳卷》，桂林：广西师范大学出版社，2013 年版，第 117、243 页。关于陕北地区有关例子的讨论，参见拙著《器物图像与汉代信仰》（北京：生活·读书·新知三联书店，2014 年版）第 57—66 页。

② 〔明〕周嘉胄撰：《香乘》卷二十六，影印钦定四库全书，台北：台湾商务印书馆，1985 年版，第 26.2a（844—560）页。

处可能出现的龙纹形象显然被简化了。近年
（2015年），在发掘于陕西靖边杨桥畔渠树壕
的汉壁画墓中，前室南北两侧壁画的下半部
分各绘有一件竹节博山熏炉（图4-62）[①]，形
制较为高挑，柄部竹节结构明显，但是色彩
发暗，不能确定最初为何种颜色[②]，与陕北地
区画像石墓中的同类图像构图（及其组合）
较为接近。内蒙古南部与陕北地区在汉代同
处北部边境地区，此处所见壁画墓在性质上
可能存在僭越以及文化滞后现象，因此壁画
墓的级别未必能与西安、洛阳周边地区的壁
画墓相提并论（辽东地区壁画墓的情况亦如
此）。在内蒙古乌审旗嘎鲁图1号壁画墓前
室西壁北段的下方，描绘了两位侧身相对的
侍女，其中左侧的一位身着淡绿色右衽长
袍，内穿白色中衣的侍女，《中国出土壁画
全集·3·内蒙古》中对这个侍女形象作如
此描述："右手持托盘，左手执豆。"[③]该说法
值得商榷，笔者以为，侍女左手端着炉身，

图4-62　侍女熏炉图

---

① 陕西省考古研究院、靖边县文物管理办：《陕西靖边县杨桥畔渠树壕东汉壁画墓发掘简报》，《考古与文物》2017年第1期，第3—26页。

② 竹节熏炉在汉代或许有特殊含义。从汉代最有代表性的熏炉之———茂陵陪葬坑出土的金黄涂竹节熏炉来看，"节"或者"竹节"也是设计熏炉的构成要素之一，许多出土的铜熏炉、陶熏炉炉柄上通常都设计成带有一个（竹）节，可见这种熏炉在汉代较为典型。其形制的来源目前不是特别明晰，笔者曾在关于博山熏炉的讨论中提到，它的柄部造型或与"建木九欘"有关。此外，"节"或"竹节"在汉代文化中有特别的意义。《后汉书·光武帝纪》李贤注曰："节，所以为信也，以竹为之，柄长八尺，以旄牛尾为其眊三重。"持节在汉代通常是皇帝特使的凭证，持节者受皇帝委托，（持节）代表皇帝视丧、从事巫术、巡行天下等。在很多汉代画像中我们均可见到持节者的画像，比如陕西子洲淮宁湾墓门右立柱最上一层的图像以及武梁祠王陵母与汉使得画像中均可看到持节形象，在壁画中也有不少表现，如洛阳八里台汉墓、烧沟卜千秋汉墓中均可见到持节者形象。在汉代升仙传说中，它成了仙人的使者，因此，带节之物也可以说是一种与升仙有关的事物。练春海：《器物图像与汉代信仰》，北京：生活·读书·新知三联书店，2014年版，第63页。《后汉书·光武帝纪》。〔刘宋〕范晔撰，〔唐〕李贤等注：《后汉书》卷一上，北京：中华书局，1965年版，第一〇页。

③ 这幅图因褪色之故，侍女右手的细节消失，与所执之物的关系不明，可以是"托举"也可以是"抓持"，故我们无法通过这个细节来对其所执之物的特征做进一步推断。参见徐光冀：《中国出土壁画全集·3·内蒙古》，北京：科学出版社，2012年版，第14页。

图 4-63　乌审旗嘎鲁图 1 号壁画墓侍奉图

图 4-64　米拉壕汉墓烛台熏炉图

右手执炉盖，所以手中所持实为一件博山熏炉（图 4-63）。但是因为所绘炉盖造型不是很严谨，尺寸与炉身看起来并不协调，因此令观者产生两者为不同事物的联想。实际上"豆"类器物本身通常带有器盖，侍女不大可能拿着一件不完整的器物形象出现在画像上（特殊情况除外），何况汉代典型的博山熏炉通常为豆型物。侍女右手所持之物为盘的可能性较低，器盖上有多个隆起，博山饰的造型特征明显，从着色范围来看，大致仍然可看出一个接近半圆的形状，只是画面处理时或采用了直接赋色法，而没有（用其他颜色）勾勒盖上弧形面的边线（盖底有墨线勾勒），同时因为所赋之色为较浅的粉绿，与墙面底色差别不大，因此也容易令人产生错觉。2010 年在内蒙古米拉壕汉墓中也发现了博山熏炉图像（图 4-64），只是这幅图中所绘图像较为简括（也有可能是细节残泐），仅见石绿色平涂的剪影式轮廓，色彩非常鲜艳，柄部竹节结构明显。河南新密打虎亭村西 2 号墓中室北壁东段下部后室门东侧，画面上绘有五位侍女，其中第二位手中所持之物，主体涂成红色并施加黑色斑点，分上下两部分，中间的柱状结构颜色已经褪尽，疑为博山熏炉图像。①目前，在其他地区出土的汉代壁画中尚未发现熏炉图像或侍女等人物形象手中持有同类物体。

其实瑞应符号也应该包括天象图，以往的研究很少意识到这一点。如果从所占墓内画面的比例来看，天象图是墓葬中最基本的组成部分。汉代壁画墓中的天象图，有时甚至可以占到单室墓整个墓葬内部墙面的二分之一以上，整个室顶或四壁上半部分的壁面都是关于天象的内容，这些天象图有时甚至把别的图像也吸纳到画面中，构成更为庞杂的语言系统。这些图像除了构建墓葬中的空间结构以外，还有一个重要的功能就是瑞应的功能。上文提到，与画像石、画像砖比起来，壁画形式的天象图具有更复杂的表现形式、更专业的内容表达，但从天文学或技术科学史的角度来讲，我们又会发现，这些图像的表现实际上并不严谨，不能反映当时的天文学成就，更多的是反映当时上层社会的"常识"，如果这些图像不放在瑞应符号体系中进行阐释，我们可能很难理解为什么那些带有写意性且不严格反映事实的天象图在汉代壁画墓中大行其道。

此外，瑞应符号有时也和当时人们的宗教信仰、世俗文化交织在一起，如前文所举和林格尔汉墓壁画中的"仙人骑白象图"，它与当时佛教文化在中国的传播有关，而同一墓后室北壁有一幅桂树双阙图，双阙旁有一棵茂盛的桂树，树下站有二人，左侧之人仰首，左手上指，右侧之人正引弓欲射。树中有榜题"立官桂树"。盖山林认为，"在木棺之前画桂树的真正用意"是企图托桂树的"神灵"使死者的灵魂升天，并让子子孙孙"攀仙桂，步青云"，永葆富贵荣华。②把当时人们的升仙观念、出仕观念糅合在一起。此外也有一些瑞应符号的来源比我们想象的要复杂，比如前文提到的"浪井"，这种符号目前仅发现两处，另一处见于武梁祠，缪哲怀疑这个瑞应符号与"王莽政治宣传的残余"有关。③

在汉代壁画墓中有一类祥瑞符号的本质是升仙符号的降格形式。例如前面所提到的山西平陆枣园村汉墓的壁画（图4-14），山峦之间有一只白色的飞鸟，有研究者认为："这并非一只自然界的飞鸟，而是反映了死者升仙的意图。"④从一般经验出发，我们会发现，汉代墓室画像中但凡有日月出现之处，几乎都可以在其中发现点缀的雀鸟（朱雀、金乌）或蟾蜍形

---

① 徐光冀：《中国出土壁画全集·5·河南》，北京：科学出版社，2012年版，第80页。
② 盖山林：《和林格尔汉墓壁画》，呼和浩特：内蒙古人民出版社，1977年版，第84页。
③ 缪哲：《浪井与西王母——与王莽有关的四种画像石主题》，《民族艺术》2007年第1期，第102—108页。
④ 周怡：《中国早期鸟造型与鸟图腾的演变》，《民族艺术》1999年第3期，第107—118页。

象，但是如果倒过来解释就会出现问题，对枣园村汉墓中的飞鸟图像诠释也是这个道理，脱离具体的情境（在此处便是雀鸟的周围没有日轮形象），图像的意义就会发生变化。何况壁画和其他形式的图像一样，多数并未经严格设计，形象的选择与结构安排有一定的随意性，画工在使用这类符号的时候并不一定严格地对应图像本身的意义，很有可能是把它当作一个更为宽松的符号来对待，也就是说，这类图像很可能是在一个更为广义的范围中使用的，比如吉祥符号。这样的符号有很多，比如伏羲、女娲，甚至西王母图像，他们在汉代墓葬中的出现，有时不一定就是代表阴阳协调、长寿、升仙等非常具体的概念，仅仅是因为当时的人们喜闻乐见而已，相互之间完全可以替换。

与瑞应不同，辟邪的本质是辟除不祥，因此它的功能是带来吉祥，虽然不直接，但是能够在墓室中起到转化的作用，把墓室中的氛围调整至符合墓主理想的状态。这类符号在壁画中也有不少，代表性的作品是位于百子村东汉墓前室南壁西侧的"方相氏"与"□苑"的组合图像（图 4-65）。这组画像中除了头戴红色面具，身穿黄衣，手执长矛的方相氏之外，其身后不远处，有两匹黑马拴在黑色拴马桩上，桩顶蹲踞一黄色小兽，或为弼马瘟。但这个弼马瘟形象主要是针对骖马的局部场景而绘，而不是针对墓葬的整体语境设置，因此只能算是一个次级的辟邪符号，对图像有效，但对墓葬而言却未必有效。实际上，还有一类形象，那就是长相比较凶猛，甚至是怪异、狰狞的人物形象（包括高鼻深目的胡人形

图 4-65　方相氏图像组合

象），可能也与辟邪有关，它们在墓葬语境中也可以视为吉祥符号。如山东后屯汉墓 M1 前室南北两侧门楣上的一组人物形象，他们或头发蓬乱、满脸皱纹、络腮胡须、嘴唇鲜红、赤臂露膊，或者胡子张扬、头发横出、面目可憎，尤其是该墓前室西壁南侧壁画的下层，所绘执斧人物更为典型，面目凶恶，双目圆睁，须发飞扬（图 4-66）。这些人物似乎与普通意义上的门吏或侍从有所不同，有些门吏或侍从形象温顺，显然是在迎候墓主人及

**图 4-66 东平后屯汉墓 1 号墓
人物图**

其亲友，如梁山县后银山东汉墓位于墓前室西南壁西侧都亭两侧的门吏形象，其中右侧为一执盾人物，身着黑衣，捧盾，躬身向右作行礼状，与之相对的另一侧的形象着红衣，须发飘逸，执戟，身体略向左躬，郑同修认为其亦作行礼之状。有意思的是，在其前上方有榜题"怒士"二字（图 4-67）[①]，该榜题与通常情况下我们在同类人物形象附近所能见到的"门亭长"之类的表示职务性质的榜题不同，它似乎更强调人物形象的气质、性格和精神状态，这种榜题或许有标榜人物的精神功能。"怒士"形象可能与中国民俗文化中的门神有更为本质的关联。有时壁画中的一些普通的形象或者符号，比如建筑形象，因为所使用的环境

或者用来表现它的色彩及材料不同寻常，可能会产生辟邪的功能。以洛阳机车工厂汉墓为例，按发掘者的说法，它可能是一座二次葬墓，墓中原有壁画，壁画被白膏泥覆盖后，"每隔一段便画出朱红色竖柱"，这种现象颇为罕见，因此发掘者在报告中说，"外层的朱红色立柱意义不明"。[②]如果"二次葬"之说成立，那么笔者便不揣谫陋，作一个大胆的假设：这种

图 4-67 都亭人物图

---

① 郑同修将这两个字释读为"怒（？）士"，其实"怒"字的释读应该没有问题，同样的写法亦见于汉代帛书，倒是"圡"字的释读或许还有商榷的余地，严格地说来，"圡"字当为汉代"土"字的俗字，古人写字常常会添笔、减笔，但根据本图的原始情形来看，此"圡"字或为"士"字，汉代工匠写字经常写错字或别字，不足为奇。此外，马怡也赞同将之释读为"怒士"。关于这种猛士形象以及与之相关的榜题研究，可参见笔者的相关研究：《勇士申博图像考》（《文物》2015 年第 5 期，第 74—79 页）。
② 洛阳市文物工作队：《洛阳机车工厂东汉壁画墓》，《文物》1992 年第 3 期，第 26—34 页。

图 4-68　金谷园壁画墓"珠树"

图 4-69　彩绘漆鹿角"镇墓兽"

间隔一段便画出一根的朱红色立柱，很有可能具有辟邪功能，如此密集地出现，用意在于隔绝墓室中新旧意义上的两重空间。

我们如果没有真正地理解图像所表达的意义，很有可能会认为它只是墓葬中可有可无的装饰而忽略其真正的功能。比如金谷园东汉壁画墓前堂东西两壁耳室券门的北侧"各绘一棵珠树，树干红色勾勒，平涂黑色，树干粗且扭曲，树枝淡墨，叶作红点，枝条稀疏细长。一树高0.58米、宽0.90米，另一树高0.76米、宽0.72米"。[①]复制者的描述笔者认为值得商榷，尤其通过对东壁这棵所谓"珠树"的观察（图4-68）更加深了这种感受，它的造型实在特别，为何造墓者要在这个位置绘制这样两棵奇怪的树？它们让笔者联想到楚式"镇墓兽"（图4-69）。楚式镇墓兽始见于春秋中期，消失于战国末期，持续了四百多年，出土这种镇墓兽的地域涉及鄂、湘、豫、皖四省。[②]在空间上是有关联的，在时间上呢？实际上战国以后，镇墓兽这种事物的影响并未完全消失，可能是以一种更为隐晦的形态继续留存下来。至少在杨怡等人看来，马王堆二号、三号汉墓，芒砀山柿园汉墓，长沙象鼻嘴汉墓M1以及长沙咸家湖陡壁山汉墓墓道中

①　洛阳市文物管理局、洛阳古代艺术博物馆：《洛阳古代墓葬壁画》，郑州：中州古籍出版社，2010年版，第200页。

②　宋亦箫：《楚"镇墓兽"功能新解》，《民族艺术》2016年第1期，第70—75页。

两两相对而坐且头插鹿角的墓俑，它们与镇墓兽的性质都是相同的。[①] 金谷园汉墓中的"珠树"有没有可能是这种镇墓兽的图像化表达呢？笔者以为完全有可能。高崇文关于河南淅川和尚岭 M2 出土的一件镇墓兽的研究，为我们建立"珠树"与镇墓兽之间的关联提供了依据。[②] 河南淅川出土的镇墓兽自名"且埶"，实即"祖重"，先秦时期此类事物均"用木雕凿而成"，用途是作为死者灵魂凭依的神坐。商代礼制，"祖重"置于祖庙，楚制"祖重"造型变得非常可怖，具有保佑后世子孙免除各种灾祸的功能，随棺柩葬入墓内。到了汉代，这种木式的怪物是否有可能成为一种图像遗存呢？其实这种"奇怪的树"，我们也可以在更早的楚文化脉络中找到实物证据：2000 年在湖北荆州天星观 2 号墓中便出土了一棵以自然物为基础，经雕琢髹漆而成的怪树。[③] 当然，对于金谷园东汉壁画墓中"珠树"的内涵解读，尚待更多的发现来佐证。

＊　＊　＊

现有关于汉代壁画的研究中，对抽象题材的涉猎较少，很重要的一个原因是研究者容易被壁画中精美的写实形象所吸引，壁画相对于绝大多数表面黯淡无光并且制作也比较粗糙的画像石、画像砖而言，确实要精彩许多。汉代壁画中的抽象形象远不如画像石、画像砖以及各种漆器中的抽象形象出现频率那么高，而且它在壁画中所处的位置通常也更加边缘化。正因为如此，对画像石、画像砖、漆器中抽象图案的研究要更加充分，研究的结论往往被默认为同样适用于壁画中的同类图案，而关于壁画中这部分图案的研究则被进一步忽略。本章在第一节对壁画中两个比较有代表性的抽象母题进行了分析和探讨，通过对比可知，壁画中的云纹、穿璧纹等抽象纹样在汉代墓葬体系中的表现其实比较特别，其地位与意义应该被重新审视与挖掘。

壁画墓中情节性题材的描绘是其表现内容中最突出的部分。这些具象题材的绘制，除了前文中谈到的秩序建构等功能外，还有如下三点值得我们特别注意：第一，两汉墓室壁画中，墓主形象的特点其实一直在变。在墓葬空间的发展和在墓室壁画图像秩序框架的形成过程中，墓主形象先后取代了伏羲、女娲和西王母、东王公之类的神话与传说中的人物，并在图

---

① 杨怡：《楚式镇墓兽的式微和汉俑的兴起——解析秦汉灵魂观的转变》，《考古与文物》2004 年第 1 期，第 54—60 页。

② 高崇文：《楚"镇墓兽"为"祖重"解》，《文物》2008 年第 9 期，第 46、54—60 页；《再释"且埶"》，《中原文物》2017 年第 3 期，第 106—110 页。

③ 湖南省博物馆、首都博物馆：《凤舞九天：楚文化特展》，北京：科学出版社，2015 年版，第 191 页。

像上逐渐演变成为汉代墓葬中实际的主角，此外，墓主形象还形成了向心的作用，他（她）既是图像框架中的核心形象，也是图像与死者（尸身）之间的链接纽带。第二，汉代墓葬中所出现的各种形象有完全不同的来源，包括丧葬传统、巫傩传统等，墓主的身份与社会地位所形成的传统，以及死者亲友和赞助人（可能的）愿望等。这些来源的交织，实际上影响到图像系统的选择，这也就是为什么在山东地区盛行的孝道图像在四川地区却不易见到，而这一带常见的丹鼎在其他地区也不多见，在某些地区的墓葬中，毫无关系的图像又会被安排到同一画面中。第三，相对于画像石、画像砖而言，壁画在汉代墓葬中更具"现场性"。壁画是在墓葬建造过程中完成的，与墓葬空间的建成同步，不像画像石、画像砖，有很多是由制作者在手工作坊内完成的，图像与墓葬之间的关系比较疏离。尽管工匠们也尽量按照画像在墓葬中可能出现的位置来设计和预制画像砖、画像石，但是这些画像的最终应用很有可能会受到意外的干扰，包括来自赞助人及其家属的干扰，而作坊主为了达到最好的销售效果，也会从"最受人们欢迎的题材，而不是与墓葬及其直接相关的题材"来推销预制品。

对壁画进行不同体裁的分类研究本来就非常不易，不同的学者有不同的看法，因此分类的依据也各有千秋。本章只选取部分较具代表的题材作一些简要的分析，让大家对汉代壁画不同题材有一个宏观了解，因为这部分的研究很多，也很充分，此处便不多说。

第五章　制作与工艺

第一节　制作技术

从制作与工艺角度来研究壁画，是壁画研究中较少涉及的部分。以往的壁画研究关于制作与工艺的内容不是一带而过，就是把它穿插在画面剖析的过程中顺带讨论，完全不能突显它与壁画之间的关系。在本书中，笔者将它单独列为一章来探讨，就是强调它的重要性，在讨论的过程中重点挖掘它与壁画艺术表达的效果之间的关联。在制作技术方面，我们可以从纵向和横向两个角度来考察汉代的工匠们如何来制作壁画。以往横向层面的相关研究比较多，因此可参考的成果也较为丰富，而涉及纵向方面的讨论为数不多，主要集中在考古报告中，视角较为单一。近年来实验考古与科技考古的发展较快，对壁画材料与制作技术的定量分析日益增多，这便为系统地研究壁画表层之下的材料、结构、组织等细节创造了条件。关于壁画制作工艺与技术的探讨与笔者在本书中所采用的壁画分类方法关系密切，因而此处的梳理，可以进一步加深对后者的认识。

一、纵向结构

从技术层面上讲，汉代墓室壁画与先秦时期地面建筑中的壁画、棺椁上的漆画都存在着一定的渊源，笔者在此对这几种绘画形式的制作方法做一个简要的回顾，并重点考察汉代壁画的实际制作情况。

首先是漆画的制作。中国的漆画发展得比较早，西周时期，漆工已经掌握了大面积髹漆的工艺，漆棺或为当时制作难度系数最高的工艺品（之一），但是由于漆棺的胎体为木质，不易保存。迄今为止所发现的漆棺都出土于古楚地区，当地的地理环境较为独特，葬制也迥异于他处，因此有利于漆棺的保存。上文提到的西周中期横水1号墓椁室，出土了目前我国考古发现的时代最早、保存最好、面积最大的红色丝织品荒帷。出土时，荒帷"套盖在外棺"上，但是发掘报告并未提及外棺表面是否髹漆，从荒帷朽而不毁的迹象来看，外棺的表面应该进行了髹漆，正因为这层髹漆，漆分子在长时段的移动作用下，逐渐渗透到荒帷的纤维中，使得丝织品获得了漆的某些特性，漆的耐腐蚀性强于丝织品，所以综合了大漆特性的荒帷在恶劣的淤土浸泡环境中仍能够长期保存，这与古代车迹或其他漆器能够得以保存的原理是一样的。战国时期，古人制作漆器的水平又有了长足的进步，髹漆不仅可以保护棺木，还可以调入不同的色粉以绘制精美的图案，于是原来作为棺饰的荒帷便被取代了，荒帷失去存在的理由，战国以后的墓葬中罕见有关的遗迹。[①]

随着时间的推移，漆艺发展出了与汉代壁画相似的技术。以战国早期出土的曾侯乙漆棺内棺为例，漆棺内壁的基底制作反映了成熟的处理技巧，漆工在木胎表面"先抹 0.2—0.4 厘米厚的漆灰泥，反复打磨平滑"[②]，然后在漆灰泥上髹黑漆、红漆各一层，最后用黑、金黄等色在上面绘龙、蛇、鸟、兽、神人等形象（图 5-1）。从图像风格上看，它们与某些地区出土的汉代壁画还是比较接近的，说明先秦时期人们处理图像的手法和汉代人之间已有类似之处，而且汉代壁画的制作程序与先秦漆棺棺面髹漆的程序也十分相似，因此二者之间或有渊源关系。

图 5-1　曾侯乙内棺漆绘

从材料上讲，汉代壁画的纵向组织通常包括三个构成部分（图 5-2）：①基底层，也叫支撑结构或支撑层。除了石壁（包括石质的岩壁或者方块

① 入汉以后，荒帷棺饰几乎未见，只有满城中山王刘胜墓中发现疑似一例，墓中出土的铜帐钩，经复原，所得物具有四坡顶结构，与文献中提到的荒帷非常相似。

② 湖北省博物馆：《曾侯乙墓》（上），北京：文物出版社，1989 年版，第 28 页。

的石头砌成的石壁）、砖墙、木板、泥墙以外，还有一些用特殊材料（如布帛等）以及多种材料组合构成的复合基底。②地仗层，也叫打底层、灰泥层、泥层等。地仗层介于壁画表面的颜色层与基底之间。③颜色层。或者称为画面层。实际上，基底层或地仗层之上，中国传统绘画颜料堆积所能达到的厚度十分有限，否则在一些表面比较光滑的壁面，甚至是墓室的天顶，壁画表层（有时和地仗层一起）会因自重以及附着力不足等原因，

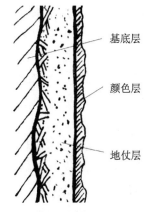

图 5-2　墓室壁画剖面结构示意图

迅速剥落。壁画的颜色层、地仗层与基底层的结合度其实是有限的，这从在考古发掘现场中对壁画保存状况的观察便可知。

（一）基底层

多数情况下，壁画墓的基底材料类型通常与当时的自然与社会条件下人们所能够获得的材料有关。比如山东东平汉墓中的基底材料，从表面上看，它与当地常见的画像石墓是一样的，对这种石质基底进行处理的手法和制作的工艺都是一样的。这些墓葬建筑所用石料均为水成沉积岩，其沉积层里有明显的泥质层，含有大量的石英，都是产于山东本地的石灰岩青石。①基底材料的确定是汉代墓葬建筑设计、建造的前提，一般情况下，人们没有多大的选择余地②，特定的地区、特定的时代会有特定的自然环境、人文环境，因此也就出现了相应的墓葬。黄土高原的黄土直立性和胶结性好，所以才有可能出现以泥土为基底的壁画墓。如果某个地方只有砂土和平原，那么利用高大的石山和岩洞来建造的崖墓就不可能出现。如果没有甘肃武威的干燥，我们恐怕就不会见到木材基底的壁画遗存。这些环境不仅影响当时的墓葬特点，甚至还影响到今天我们能够看到什么，以及能否借助那些遗存去理解墓葬、理解历史。

作为绘画基底的各种材质，表面一般会经过加工。加工的目的有两个：一是取平，二是增加摩擦力。在山东东平汉墓中，基底为制成形状较为规则的石块或石板，厚度 30—40 厘米，长度约 150 厘米，宽度 30—60

① 徐军平、鲁元良、王云峰、宋朋遥、宗树：《东平汉墓壁画制作工艺初探》，载《东平后屯汉代壁画墓》，北京：文物出版社，2010 年版，第 113—120 页。
② 帝王诸侯的情况有所不同，他们有足够的条件和权力去驱使劳动者为之劳作，如长距离的物质输送工作。

厘米，每一块的造型都比较接近，这些石块暴露在外的表面都经过了人工的凿磨，与当地汉墓中出土画像石表面上的减地工艺完全相同。从中可以看出，备料时这些用作壁画基底的石材大概和制作画像的石材是一起加工的，并没有特殊的制作标准。在画像石、壁画均有出土的东平后屯汉墓M13，我们便可以看到作为壁画基底的石材与制作画像的石材在尺寸与规格上都完全一样。

同样是基底，不同材质处理的方式也不一样，黄泥基底如果要增加附着力，通常的办法是在壁面上抹一层草拌泥，这个办法实际上把基底的表面处理与地仗层制作结合在一起了，它和纯粹的地仗层处理的区别在于，地仗层一般对整个壁面做统一处理，而基底处理有时是局部性的，如西安等地的汉代壁画墓，以坚实的黄土作为基底，但局部地方可能会出现松垮或者缺陷，有必要采取一些措施来弥补，以西安理工大学曲江校区西汉壁画墓为例，经过检测，发现局部地方做了草拌泥底，这就属于基底处理的情况。①

（二）地仗层

《汉官典职仪式选》中说："尚书奏事于明光殿，省中画古烈士，重行书赞。省中皆以胡粉涂壁，紫素界之，画古烈士。"②这是传世文献对汉代宫殿制作壁画之法的唯一记录，记录表明，汉代工匠在制作壁画前，先把胡粉涂在墙壁上，然后再画壁画，可见胡粉是汉代壁画地仗层中常见的材料之一。胡粉是一种人造白色粉末，就是现在的铅白，中国最早的人造铅颜料，《释名》曰："胡，糊也。脂以涂面也。"这种材料在兵马俑身上就可以见到使用，是女性敷面经常用的一种材料，为女性早期常用的化妆品之一，也是墓室壁画地仗层中的常见材料。

汉代墓葬中地仗层的制作方式多种多样，包括：①直接抹灰泥、白膏泥或砂泥。例如西安翠竹园壁画墓、西安理工大学壁画墓等大都直接抹白灰泥。这种地仗有时也不是一次完成的，会分成几次，以多层的形式来制作，比如济南青龙山汉画像石壁画墓就是一个例子，"墓内壁画以石墙为地，在石表面抹一层厚约0.5厘米左右的泥土，在泥土之上再抹一层厚0.2—0.3厘米的白灰，最后刷一层很薄的白灰面"。③目前已知的芒砀

① 西安文物保护考古研究院：《西安西汉壁画墓》，北京：文物出版社，2017年版，第129页。
② 〔东汉〕蔡质撰，〔清〕孙星衍校集：《汉官典职仪式选》。载〔清〕孙星衍等辑，周天游点校：《汉官六种》，北京：中华书局，1990年版，第204页。
③ 济南市文化局文物处：《山东济南青龙山汉画像石壁画墓》，《考古》1989年第11期，第984—993页。

山柿园汉墓，以砂泥为地仗层，制作地仗层时还掺入了一定量的石灰。①
②抹混合材料。上文所提到西安理工大学曲江校区西汉壁画墓有些局部地
仗层比较厚，除了抹草拌泥来增加附着力外，还抹了白色的膏泥，构成
复合的地仗。②壁画制作时，有时也会在泥里混入木片，同样也是为了起
加固作用。③前面这两种地仗层，在上完墙后，通常制作壁画的工匠还会
在表面做进一步的处理，使之平整。如在内蒙古巴彦淖尔凤凰山 M1 墓葬
中，我们发现壁画制作者在壁上抹了一层约 0.5 厘米的白泥，经压磨光亮
后，才在上面作画。④在东平后屯汉墓壁画中，地仗层的表现情况比较复
杂，"观察发现，壁画颜料层下面有大量红色颜料，在画面下是随着图案
轮廓均匀分布，在白灰层下则是不规则的大面积存在"。⑤这种情况表明该
壁画至少存在朱砂层、白灰层等两层以上的地仗层。③白色黏性矿物质。
考古发掘者在乌审嘎鲁图 1 号墓、2 号墓的壁面中发现，"壁画绘制一般
是先在平整的砂岩表面抹一层较薄的白色黏性矿物质作为绘画的地仗，然
后压平抹光，再在其表面作画"。⑥"黏性物质"或者是专门针对砂岩表面
使用的添加物，估计相同基底的墓葬都有这种需求，因此它实际上也可以
算是一种混合材料。④无地仗层。在内蒙古张龙圪旦汉墓前室至中室的甬
道上绘有壁画，"壁画直接绘于砖面上"⑦，该墓前室、中室原本都绘有壁
画，但因白灰脱落，导致壁画不复存在，过道上的壁画，恐怕是额外加画
的，因此没有（或来不及）制作地仗层便直接在上面画，由于这个原因，
画面反倒保留下来了。其实对于有无地仗层的认定，研究者的标准并不一
致。如河南省新安县铁塔山汉墓，其墓顶的云纹直接描绘在拱形砖面上，
墓葬后壁的墙上薄薄地刷了一层白浆，然后作画。这种类型的壁画，其实
和东平汉墓壁画墓、西安理工大学壁画墓的基底处理方式是完全一样的，
但说它们有（薄）地仗层的情况有之，或说它无地仗层的情况亦有之，前
者认为凡是壁画都有地仗层，厚薄差异而已；而后者则从视觉特征出发，
把那些不能达到填补缝隙、平整墙面目的的壁画处理排除在地仗层之外。
区分地仗的有无，有时是确定采取何种方法保护壁画的重要依据之一。"对

① 阎根齐：《芒砀山西汉梁王墓地》，北京：文物出版社，2001 年版，第 120 页。
② 西安文物保护考古研究院：《西安西汉壁画墓》，北京：文物出版社，2017 年版，第 129 页。
③ 阎根齐：《芒砀山西汉梁王墓地》，北京：文物出版社，2001 年版，第 119 页。
④ 魏坚：《内蒙古中南部汉代墓葬》，北京：中国大百科全书出版社，1998 年版，第 169 页。
⑤ 山东省文物考古研究所、东平县文物管理所：《东平后屯汉代壁画墓》，北京：文物出版
　 社，2010 年版，第 117 页。
⑥ 鄂尔多斯博物馆、鄂尔多斯市文物考古研究院、乌审旗文物管理所：《内蒙古鄂尔多斯巴
　 日松古敖包汉代壁画墓清理简报》，《文物》2019 年第 3 期，第 38—64 页。
⑦ 魏坚：《内蒙古中南部汉代墓葬》，北京：中国大百科全书出版社，1998 年版，第 267 页。

图 5-3　百子村东汉墓益金子像

于有地仗壁画，就是把壁画连同地仗层一起铲切搬迁；对于无地仗壁画，就需要把壁画与部分支撑体一起铲除并进行搬迁。"①无地仗壁画揭取主要采取"胶布粘取"法，因此可能会涉及切割壁面的问题，存在比较大的风险。但如果基底是砖基或者石基，则可能无法揭取保护，只能原地填埋保护了。汉代壁画墓的一个共同点是，壁画的地仗层都比较薄。而以砖基或石基为支撑的地仗层，发掘后基本无法采用揭取的方法来进行保护。

地仗层通常需要掺入一些胶质物来调和色彩与泥料，这些胶质材料的调入比例不同，结果也不同，有时也会影响到壁画的绘制效果。比较明显的有百子村东汉壁画墓。近距离观察墓葬中出土的壁画，不难发现它的地仗层是由浅灰色细泥与一些木片之类的物质构成的混合基底，在某些局部位置，我们还可以看到飞白的笔迹（图 5-3），因此，画工在这样的壁面上不得不使用较浓的墨水来描绘轮廓和填涂色块，其笔墨浓重的效果可以通过"益金子"这个人物形象管窥一二。以笔者的经验来看，这种表面不但非常光滑，甚至可能还略带一点油性。这么做（调入胶质材料）大概是为了使笔墨不会太快地被地仗层吸收，令行笔流畅而不滞涩，这与后来出现的纸质书写材料表面的技术处理大概有异曲同工之妙。

（三）颜色层

颜色层是壁画的最外层。它其实也可以分为两层，一层为底色层，目前已知陕北的一些汉代壁画墓喜欢在地仗层上先涂一层底色，如靖边杨桥畔渠树壕东汉壁画墓在制作壁画时便先涂一层绿色为底。定边郝滩 M1 的地仗层为复合式的，由草拌泥层和白灰面两层组合而成，上面也刷一层青

---

① 杨军昌、王啸啸：《陕西墓葬壁画现场保护之最新进展》，载陕西历史博物馆：《2014 陕西历史博物馆壁画论坛——"全球视野下中国古代壁画保护研究"》，第 30—40 页。

绿色的颜色为底色，最后在上面作画。[①] 河南永城芒山柿园的梁王墓，从墓室顶部的壁画来看，壁画涂了一层朱砂为底。这一层也有可能涂胶，用来提高表层颜色的附着度，西安交大附小的壁画就是按此法处理的。另一层则为壁画的表层，也是建构可识别图像系统的层次。颜色层的规划与前两个层次不一样，就已发掘的汉代壁画来看，大致可以分为两种，一种是先分区规划，然后分区完成。这类壁画随意性比较大，区块与区块之间基本没有太大的关系；二是整体规划，分块完成。较有代表性的壁画墓就是洛阳烧沟的卜千秋墓、洛阳西郊浅井头汉墓、洛阳新安的磁涧西汉壁画墓等，这些型砖壁画墓的共同点是将墓室顶脊的壁画画在一组巨大的型砖上，在完成图像规划之后，先做一层薄薄的地仗层，在地仗层上画线稿，然后逐砖编号，并分块完成壁画上的形象绘制，因此在相邻的一些砖面上，我们会看到有些图像的线条是错位的，甚至偶尔还有细节遗漏的情况发生（图 5-4）。三是整体规划，整体完成。这种通常都出现在东汉中晚期的大型壁画墓中，如和林格尔汉墓、望都一号和二号汉墓、安平东汉壁画墓等。

图 5-4　卜千秋汉墓壁画局部

这三个组织层之间，在制作工艺上，还有一个清理、打磨、修补的过程。每一层都有一些特别的工艺，比如，草拌泥层事先要进行"烘烤"[②]，表层的膏泥可能需要"打磨"等等。[③] 这些组织层之间有时可能也会交错进行，根据需要，有些层可能会因时间关系或其他特殊原因被直接省略，而有些壁画的表面又会施予一些保护的材料，相当于增加了一个保护层，但不是所有壁画都有保护层。

① 陕西省考古研究所、榆林市文物管理委员会：《陕西定边县郝滩发现东汉壁画墓》，《考古与文物》2004 年第 5 期，第 20—21 页及封底。

② 西安文物保护考古研究院：《西安西汉壁画墓》，北京：文物出版社，2017 年版，第 132 页。

③ 西安文物保护考古研究院：《西安西汉壁画墓》，北京：文物出版社，2017 年版，第 104 页。

二、色彩分析

（一）壁画色系

首先，从壁画色彩的来源看，壁画中所使用颜料至少可以分为三类：第一类是矿物质颜料，第二类是植物颜料，第三类为人造颜料。这些颜料一般是就地或就近取材来加工或制作，当时获取颜料原料的最主要和最便捷的途径是从矿藏中筛选天然矿石来制作颜料，因此矿物质颜料的使用占绘制壁画所用诸色中的绝大多数，各地出土壁画的色彩系统又会因地域的不同，矿石所含成分的不同，呈现出一定的差异。

关于植物颜料，在多数学者看来，其在壁画创作中普遍的使用是唐代以后的事情[①]，因此在汉代壁画中，植物颜色难得一见，但偶尔也会发现。[②] 比如汉墓中使用的靛青色就是一种植物颜色。在柏林坡 1 号汉墓前室下部中央板门西侧门板上，画有高 33 厘米的人物，其发髻用靛青画成，所着袍服亦为靛青色[③]，此外，中室和后室的立柱斗拱亦为靛青色（图 5-5）。四川崖墓中也发现植物颜色的使用情况，"在中江柑桔梁子崖墓人像浮雕、中江天平梁子崖墓兵器架浮雕、罗江略坪崖墓壁头浮雕中，先后发现均在其浮雕画布施彩的情况，其基本色仍然为靛青色、土红色"。[④] 有一些颜色并不常见，研究者通过考察，认为有可能使用了植物性颜料，比如在叶磊等人的讨论中提到，"郝滩汉墓出土的车马出行图与以往出土有明显的不同，就是壁画底色，值得我们思考与考究。壁画的底色为绿色，绿豆的颜色，据我的推测是用陕北当地'绿豆'磨制而成的，当作颜料使用"。[⑤] 事实是否如此，可以通过科学的办法，包括使用实验考古方法或科学的鉴定方法来加以确认。[⑥] 当然，为了使色彩更为丰富，有时候画工也会在植物颜料中混入矿物质颜料来获得他所想要的色彩，比如，西安交大附小壁画墓中的黑色是由蒙脱石基料加入树脂类物质（或焦煤类粉末）调和而

① 关于这一点，蒋玄台认为与唐代染织的发达有关。他说："一般地说，唐代以前以矿物颜料为主，唐以后因植物染料随染织之发达而逐渐利用与绘画。"蒋玄台：《中国绘画材料史》，北京：中国书店出版社，1987 年版，第 94 页。
② 参见龚晨：《汉代墓室壁画色彩研究》，上海大学 2015 届艺术学理论专业博士学位论文，第 20 页。
③ 范小平：《四川崖墓艺术》，成都：巴蜀书社，2006 年版，第 115 页。
④ 范小平：《四川崖墓艺术》，成都：巴蜀书社，2006 年版，第 116 页。
⑤ 叶磊、高海平：《汉墓丹青——陕西新出土四组东汉墓室壁画车马出行图比较浅探》，《湖北美术学院学报》2010 年 4 期，第 16—21 页。
⑥ 如付倩丽等人通过分析绿色底层的成分与物相，并将它与国外已知的绿土对比，得出它为绿土的结论。参见付倩丽、夏寅、王伟锋、杨军昌等：《定边郝滩东汉壁画墓绿色底层颜料分析研究》，《文物保护与考古学研究》2012 年第 1 期，第 38—43 页。

成。^①有时，画工甚至会用多达三种原料来调和颜色，如百子村壁画墓中所用的紫色，至少有部分是用青金石、石金和铅丹调和而成。^②汉代壁画墓中出现了一些人工颜色或化学颜料的使用情形，这些颜料的使用或与道家修仙文化的发展有关系，它们很有可能是炼制仙丹的产物。比如百子村汉墓壁画中发现的"汉紫""铅丹"就是人工合成的色彩。^③至于矿物质颜料，它作为汉代壁画墓中所使用颜料的主要材料，有关的讨论比较多，此处便不做专门讨论了。

图 5-5　柏林坡 M1 后室

其次，从壁画色彩的丰富性来看。汉代壁画中的色彩按丰富程度可以分为三种类型，第一种为单色系壁画，第二种为彩色系壁画^④，第三种为复合色系壁画。

单色系壁画通常会采用黑色、白色或者某种具有特殊意义的色彩来作画，画面原则上只出现一种颜色，但有时也会因为不同时间或批次所调配

① 陕西省考古研究所、西安交通大学：《西安交通大学西汉壁画墓》，西安：西安交通大学出版社，1991年版，第62页。
② 惠任、刘成、尹申平：《陕西旬邑东汉壁画墓颜料研究》，《考古与文物》2007年第3期，第105—112页。
③ 美茵兹罗马－日耳曼中央博物馆、陕西考古研究所：《考古发掘出土的中国邾王（东汉）壁画墓》，美茵兹：美茵兹罗马－日耳曼中央博物馆出版社，2002年版。
④ 在讨论壁画的色系时，有两个前提值得注意：其一，统计色种类的数量时，不包括壁画的底色；其二，黑白在西方绘画系统（或色彩学）中，它们只有明度变化，没有色相变化，被视为极色，不算彩色。白色在中国传统绘画中的情况比较复杂，除了偶尔需要用白色颜料渲染和厚堆之外，大多数情况下，传统绘画中的"白"都是"预留"出来的宣纸或壁面本色，因此时而被视为"虚空"（即"无色"），时而又因墨线、墨块的围堵被视为（空）白色，但在汉代墓室壁画中，绘制或涂抹出黑白二色所使用的材料不尽相同，同时中国传统绘画中的"留白"在此时也未形成系统的理论，因此，黑与白在本书中均计为一种颜色。

色料或色粉的比例不同，使本来应该相同的颜色在画面上出现了偏差，或者是因为颜料与壁面表层的物质发生了物理或化学反应而显得有差异，它们在本书的探讨中均属于可以忽略不计的范畴。从在墓葬中出现的时间来看，单色系壁画要早于彩色系壁画；从在墓葬中出现的比例上来看，彩色系壁画占绝对优势，因此单色系壁画（包括复合色系中的单色画）较少为学者所关注，此处稍作补充。

单色系壁画主要分为两种，第一种为白色系。"白色作为丧葬礼仪的主色调延续了几千年。"①它与丧葬语境的关系最为密切，在某种意义上也是与之最匹配的颜色，正因如此，它几乎沦落成了一种背景，容易被忽略。汉墓中所用白色颜料的制作原料有白垩（又称白土粉）、铅粉（又称胡粉）、蛤粉（又称珍珠粉）等，以白垩为主，少数也用白云母（如河南永城芒砀山柿园汉墓），或当地出土的特殊石料（如陕西旬邑百子村东汉墓就很可能使用了当地所产的料浆石②）。汉墓白色系壁画的代表性作品是西安曲江池 1 号墓，墓中只有以白粉单独勾画的轮廓，不施色彩。第二种为黑色系。壁画中所使用的黑色，或源自石墨，或源自松烟。汉代较为高级的墨采用陕西扶风、隃糜（今千阳）、终南山等地所产松树来制作，状大如丸，十分名贵。《汉官六种》载："尚书令、仆、丞、郎，月赐隃糜大墨一枚，小墨二枚。"③可见一斑。

武威磨嘴子墓 M3 葬，前述泥基壁画墓时已有讨论，该墓因墙皮脱落严重，壁画残存较少，从残留图像的艺术水平与画工运笔的速度来看，这些偏远地区壁画的绘制往往画得比较粗糙，可以视为中原葬俗在当地的延伸，是远走他乡的移民或者边关卫戍者思乡情怀的寄托，因此仅用了一些墨线加以勾勒，加上墓葬相对简陋，壁画墓造价应该不高，墓主的社会地位也无法与中原地区相比。

比较有代表性的为河北望都一号东汉墓墓室北壁门洞两侧分别用黑色描绘的"主记史"和"主簿"两个形象。人物端坐于枰上，人物及家具均以墨色勾填，墨分五色，浓淡相宜。在人物脸部和手部所使用的白色与底色略有差别，底色略微泛黄，反映了画工对不同的色彩原料之间的差别有较深入的了解，对于色彩的感受也很微妙，水平颇高。在枰的前方有两方

---

① 曾磊：《秦汉社会礼仪中的用色考察——以丧礼和降礼为例》，《形象史学》2018 年下半年期，第 76—85 页。

② 惠任、刘成、尹申平：《陕西旬邑东汉壁画墓颜料研究》，《考古与文物》2007 年第 3 期，第 105—112 页。

③ 〔汉〕蔡邕撰，〔清〕孙星衍校集：《汉官典职仪式选》。载〔清〕孙星衍等辑，周天游点校：《汉官六种》，北京：中华书局，1990 年版，第 206 页。

圆形砚台，砚台上立有椭圆形墨丸一枚（图5-6），但不能判断墨的品种。黑色系壁画的代表性墓葬有营城子壁画墓及武威磨嘴子M3等。[①] 前者1931年出土于大连市营城子，现原址保存。代表性的作品有两组，都用极其简练的线条一挥而就，非常粗犷。其中有一组位于主墓室南壁门洞上部及两旁，从构图的角度来看，这组作品显然是以门为中心展开的创作。门的左右两侧各画一卒，左边门卒髭须浓密且上扬，左手执彗，右手执剑；右边门卒头戴黑帻，手持长枪；门口上方绘有正面向外的异兽一只，巨口圆眼，双臂横展（图5-7）。该异兽形象与河南偃师高龙乡辛村新莽墓前室勾栏上方梯形横额中出土的形象非常相似，二者之间的关联很值得讨论，它们都处于门额上，也都张开双臂。高龙乡新莽墓的这个形象被称为"方相氏"，命名还是比较可靠的。综合各种迹象来看，它有可能是表现为面具形态的熊。但有一个现象比较令人困惑，营城子壁画中的人物都被点了朱砂，笔者怀疑，这些朱砂可能不是作为一种颜色，而是作为一种仪式中的材料来使用。前文所提到的汉代壁画中可能存在礼仪僭越的情况，以及下文中会谈到的画面遮盖现象，都涉及丧葬礼仪的问题，这些壁画的价值是为了配合仪式，仪式完结之后，壁画便失去价值，可被任意处置。关于壁画的功能，后文还会展开进一步讨论。

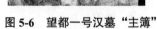

图5-6　望都一号汉墓"主簿"　　　　图5-7　门卒与神兽图

　　彩色系壁画是指使用两种及以上颜色来创作的壁画，它们在汉代墓葬中是主流，所表现的内容通常比单色系壁画来得复杂，本书所讨论的内容也主要围绕这类壁画展开。在彩色系壁画中，其基本形象设定单元[②] 至少

---

① 甘肃省文物考古研究所、日本秋田县埋藏文化财中心、甘肃省博物馆：《2003年甘肃武威磨嘴子墓地发掘简报》，《考古与文物》2012年第5期，第28—38页及图版三和四、封三。

② 从壁画的角度来讲，用来表达一定主题的作品往往可以分解为背景、人物、道具等要素，而以"人物"为例，要素又可以细分为男性墓主、女性墓主、胡人、侍女、仪卫、亭长等具有特定身份的形象，这些具体的形象就是"基本形象设定单元"。

有一部分是彩色的，并且着色与否在设计稿中（如果有的话）或起稿前就已经规划好，壁画中的所有内容是作为一个整体一次性完成的。比如旬邑百子村东汉墓的壁画中，有些人物形象如"丞主簿"和"将军门下走"[①]等基本以墨线与墨块绘成，但从整体画面的效果来讲，它们是一幅彩色系壁画作品的局部。"丞主簿"画像位于墓葬前室北壁西侧右下方（图5-8），人物前方为身着朱红衣服的射箭者，上方为朱红色的帷幔。就人物形象本身来看，肩部以上部分墨迹脱落较甚，面部细节完全缺失。在后室西壁的九个人物形象中，左起第四至第六个人物形象（图5-9）从画面效果来看，也基本以线描手法为主，仅唇部点了朱砂，在人物头部附近都有榜题"将军门下走"。[②]这九个人物从气势上看像是一次性完成的，前后两头的人物形象都是彩绘的，唯独中间这三个形象无彩，似乎画工有意将其处理成单色形式，我们不知道它是否与榜题中的"门下走"有关系，表明了三者的特殊性，无论如何，后室西壁的这组人物作品也应该归入彩色系作品中。

图5-8　射雀射猴图

图5-9　将军门下走

---

① 对"将军门下走"榜题中最后一字的释读目前有三种情形。一是将该榜题释读为"将军门下掾"，参见陕西省考古研究院：《壁上丹青：陕西出土壁画集》（上），北京：科学出版社，2009年版，第154页。同书第157页的"门下掾"，164页的"朱掾夫人"等榜题中同字均被释为"掾"。二是将该字释为"走"，参见徐光冀：《中国出土壁画全集·6·陕西上》，北京：科学出版社，2012年版，第123、124页。三是笔者认为该字释为"走"较妥，因为"走"字在汉代为男性在书信中常用的自谦语之一，表"驰走之人"之意。参见彭卫、杨振红：《秦汉风俗》，上海：上海文艺出版社，2018年版，第532页。
② 同组人物中，还有"画师工""诸□使"等形象，这两个人物身着朱砂色服装，但唇部并未点朱砂，可见这种处理似乎正好是有意地给这三个几近于白描的人物形象"一点颜色"。

彩色系壁画有时也会夹杂着单色系的壁画，即同一墓葬中，既有彩色系壁画，也有单色系壁画，这种壁画笔者称之为复合色系壁画，它与前面提到的彩色系壁画中局部为单色的情况不易区别。在彩色系壁画中出现单色系画作，其原因不明，或为补救的一种手段，因为遗漏或者在审查时觉得有必要补入某些形象，因此会有用某一种色彩草草勾画而成的情况。比较典型的例子是旬邑县百子村东汉墓中的"益金子"像。"益金子"像位于该墓前室东耳室内北壁，在他前方有三位侍女，面部均残，仅中间侍女头部发髻可见，三位侍女的着装完全一样，裙摆均为黄紫两色搭配而成，手上都端持着案板，从左至右，第一人捧一朱案，案上置一尊一耳杯；第二人捧两层叠案，各摆两盘十杯；第三人捧三层叠案，上置杯盘数目不详。"益金子"立于三人之后，人物形象处理成四分之三正面，通高不及侍女的一半，可见画工表达的应该是一个孩童形象。这个人物形象很有可能不是画工原设计稿中所有，应墓主或有关赞助人的要求而补加，当然也不排除画工漏画，后来补入，但这种可能性较小。因为这个形象的身份比较特殊，有榜题，他可能是墓主人特别喜欢的一个侍童。

（二）工艺与技法

1. 线描法

线描这种壁画绘制方法较简单、便捷，无须做太多的材料准备，短时间内便可一挥而就，但它为汉代壁画墓中出现较早的制作方法的可能性较小。一方面，前文提到墓室壁画的源头多为一些绘有彩色图像的事物；另一方面，在墓室中绘制壁画是汉代较为奢侈的丧葬方式，而且已知绘有壁画的汉代墓葬级别也较高，很难想象当时的人们会寻找一种较为廉价的替代方式。我们今天所见汉代墓葬中的线描壁画，可能有两种情形，一为原本就是单色线描，它们或者是在极为仓促的条件下完成的；二是彩色图像褪色后残存的线描效果。比较典型的线描作品见于西安南郊曲江池1号壁画墓、陕西咸阳龚家湾新莽壁画墓（图3-39）、山东东平县后屯M13墓、甘肃武威韩佐五坝山东汉壁画墓等。

2. 没骨法

从绘画的技法角度来看，没骨法就是在绘制壁画时采用团块的色彩涂抹出事物的形体，而不用线条来勾勒轮廓，因此可以做到一气呵成。这样的技术处理手法，在汉代墓室壁画中也时常见到。比如在陕西省旬邑县百子村东汉墓、内蒙古鄂托克旗米兰壕1号墓中都应用了这种壁画创作技法。确切地说，旬邑县百子村东汉墓中的壁画基本是采用了线描法与没骨

图 5-10　百子村东汉墓贵妇图

图 5-11　五坝山壁画墓羽人图

法相结合的技法来绘制形象。在位于该墓前室东壁东耳室北侧所谓的贵妇图中，画面右侧有一棵大树，树冠采用没骨法以白、紫两色绘就，整体呈团云状。其实树下所立前后两位贵妇（二人头部附近均有榜题，前者的榜题不详，后者的榜题为"亭长夫人"）除脸部轮廓为墨线勾勒之外，其余结构均以没骨法画成（图 5-10）。在同一墓葬中的日轮图和月轮图，从形状上来看，也是用没骨法画成的。为了使日轮、月轮中的色彩更为鲜艳，在图像的后面，画工先用白色画了一层打底，然后才在上面涂以朱色或者黄色。日中的三足乌也是直接用黑颜色一挥而就，虽然墙体剥落，使得其头部残缺，但剩下的翅膀与尾部也足以反映绘制时的原貌。月中的蟾蜍倒是采用了墨线进行勾勒，估计是因为蟾蜍的颜色与月亮的黄色太过于接近之故。该墓中线描法与没骨法相结合来表现的形象比比皆是，说明画工以色彩造型的技艺非常娴熟。

除了百子村东汉墓，西安交通大学附小壁画墓、洛阳金谷园壁画墓、洛阳石油站壁画墓、洛阳机车工厂壁画墓、河北安平壁画墓与内蒙古和林格尔壁画墓

等均可见到没骨法。在甘肃武威五坝山壁画墓（7号墓）出土了羽人图

（图 5-11），羽人形象亦直接以没骨法完成，在此基础上，画工用墨线勾勒了衣服上的边线、人物的须发，并以墨点睛，加强了画面的明度对比。

没骨法要求绘画时下笔成形，一次性完成填色与造型，对画工要求较高，他们须对人物的形体和动态、事物的特征烂熟于胸，用笔、调色娴熟。由此可见，在中国绘画史上占有重要地位的没骨画技法在汉代就已经发展到了较高的水准。

3.设色勾勒

设色勾勒指的是中国传统绘画中运用线面结合方式处理形体的手法，在汉代壁画中这种手法已经发展得非常娴熟，它根据设色与勾勒先后顺序的不同，可以区分为三种类型：一是先设色后勾勒；二是先勾线后赋彩；三是前二者的结合，勾勒完填色，填色后再勾勒，或者相反。

第一种类型的代表作如山西夏县王村汉墓、陕西靖边杨桥畔一村东汉墓中出土的壁画。在夏县王村汉墓前室西壁甬道口南侧壁图中的车马出行图（图 5-12）就是一个比较有代表性的例子。据发掘报告所言，画工们先用木棍起稿，再用大笔赋色，绘出大形，然后再以墨色或赭色线条勾勒轮廓。[①] 从画面的细节来看，画面的色块基本上是一次赋色成型，勾勒之线细若游丝，造型紧劲，局部位置如马腹的用线并不完全沿着色块轮廓进行勾勒，而是适当向外拓展，以达到让形体更加饱满的目的，如此一来，所勾勒之线不仅起到了强调色块边界的目的，还加强了形体，让形体显得更加厚重、饱满，可见画工的造型水平非常高超，技法十分娴熟。杨桥畔一村东汉墓出土的壁画也是典型的先设色、后勾勒的技法，以后室东壁上层枋斗之间的壁画为例，包括"祥云""鹿车升仙""鹤车升仙""神仙乘鹤""龟车升仙"等一系列形象（图 5-13），它们全部先用大笔蘸颜料快速铺出大致的形状或底色，俟干后用较细的笔在所涂色块上勾勒出形体的具体轮廓和细节，所勾勒的轮廓线、细节等以形象的生动、准确为依据，不拘于前面预涂的底色，所以线条与底色的关系非常松动。在一些大型的壁画墓中，设色勾勒也是很重要的一种技法，如内蒙古和林格尔汉墓，墓中的壁画漫漶比较严重，但据发掘报告载，它们"大多是先设色，后勾勒，也有的只用单线描轮廓或者直接用色渲染"。[②]

---

① 山西考古研究所、运城地区文化局、夏县文化局博物馆：《山西夏县王村东汉壁画墓》，《文物》1994 年第 8 期，第 35—46 页。

② 内蒙古自治区文物考古研究所：《和林格尔汉墓壁画》，北京：文物出版社，1978 年版，第 31 页。

图 5-12　夏县王村汉墓车马出行图

图 5-13　神仙乘鹤图

　　第二种类型为先勾线后赋彩，绘制壁画的程序与第一种正好相反。典型的代表有山东东平汉代壁画墓（图 5-14）、河南永城芒砀山柿园汉墓等。山东东平汉代壁画墓的绘制者在平整的壁面上一丝不苟地勾勒出各种形象，并使用调得较稀的颜料来赋彩，局部可见色彩流淌的现象，色层下隐约透出底色，使得画面的色调更为统一，同时也降低了色彩的火气。这座壁画墓不仅在山东地区难得一见，其壁画的绘制水平在汉代墓室壁画中也属上乘。陕西定边郝滩汉墓壁画中的各种形象也主要采用这种技法来绘制，如位于墓室南壁的墓主夫妇形象，男性墓主形象的绘制应该是先用墨色勾画人物，然后赋彩，因此在衣领与袖口之间，可见红色色块明显侵入了黑色的细线或者色块。女性墓主的表现也是先用墨色描绘主要形体轮廓线，后来所填衣服领口及袖口的白色块也微微侵入了黑色线条，但是绿衣服上的红色线条和轮廓线却是补画的。用此种技法完成的壁画，通常画风较为清爽，轮廓清晰，一般都有地仗层，且地仗层表面也处理得较平整。这种方法可以表现非常复杂的画面，是具有高超水平的画工们经常采用的壁画创作方式。①

图 5-14　东平汉墓观舞图

第三种类型为勾填混合。这种绘画技法通常在一幅画中既有勾勒后填色的部分，也有先涂抹色块再勾线的部分。如洛阳烧沟M61汉墓，该墓前堂后室隔梁壁画的绘制便采用了勾填混合的方法，这组壁画事先应该有非常详细的粉本，制作时，先根据粉本在砖坯表面勾勒出画中各形体的大致位置及轮廓，接着镂空形体之间的空白处，烧结完成后，依次在砖面抹地仗层，详细地勾画形象并着色，此时第一次所绘线条则完全被地仗层遮盖了（图5-15）。靖边杨

图 5-15　洛阳烧沟 M61 汉墓隔梁前壁画

桥畔东汉墓中采用勾填混合的方法也很明显，在这里，画工不是在壁画

① 有时画工为了不影响画面效果，所勾的线稿会非常仔细、小心，使之可以在画作完成之后完全隐蔽，"直观很难看到，只在揭取和临摹时贴近才能发现，这说明在绘制如此大面积的壁画之前，先经过认真的构图设计或有原本"。参见阎根齐：《芒砀山西汉梁王墓地》，北京：文物出版社，2001年版，第120页。

的某一个局部叠加了多种手法，而是在不同的局部采用不同的手法处理画面。在墓室后室北壁的上层，画工利用直尺之类的辅助工具先勾好房屋的梁柱和栏杆的轮廓线，然后再填以白色，梁柱、栏杆之外的人物、云彩描绘则是先涂抹色块，再行勾线，两种处理方式形成了画面非常鲜明的对比，形象之间的张力较大。

一般来说，绘制壁画时，如果采用先勾线后赋彩的方法，有时会出现线条被色块覆盖的情况，或者要增加一些细节，所以最后要重新补画线条，从广义上来讲，它们都可以算是勾填混合的技法，因此可以说这种方法最常用。

4. 渲染法

渲染法在中国传统绘画语言中属于比较专业化的技法，它可能在汉代中期就出现了，但成为一种较为常用的创作手法可能较晚[①]，因为它运用起来费时费力，从经济角度来讲，它的单位造价极高，一般多发现于汉代大型壁画墓中，除河南永城芒砀山柿园汉墓外，还有如山东东平汉代壁画墓、洛阳八里台汉墓、洛阳机车工厂东汉墓、洛阳北郊朱村2号壁画墓、望都所药村一号壁画墓、安平逯家庄壁画墓等墓葬中都可以找到它的踪迹。

以河南新密后士郭村西3号墓为例，该墓中室的壁画大部分残损，仅残有一男性人物的上半身，在他的衣纹上，画工淡淡地渲染了一些绿色，同样的处理手法也见于在该墓前室东壁的另一个男性人物形象身上，但是效果稍逊一些，相对于魏晋及唐宋时期的墓葬壁画，汉代壁画的渲染效果并不好，不能很好地结合形体关系来表现，其中既有材料的原因，也有技术的原因。

除了以上的几种表现技法之外，有研究者提出在汉代壁画中还有"点彩法"。这里的点彩法指的是在墨线勾勒、图案施色之后，再在一些特殊部位点彩，并不是西方绘画史中的点彩法概念。例如在 M1 汉墓壁画中墓门楣上的人物，多用红色在嘴唇位置和眼睛位置点上色彩。[②]贾巧燕在讨论东平后屯汉墓壁画时提出此说，我们可以看一下原作（图 5-16），从

---

① 张朋川在分析东汉晚期的甘肃武威雷台汉墓墓顶的莲荷图案装饰时说："这是我国目前发现较早的绘画上的渲染法。"其说不确，这种方法应该在更早的壁画中就出现端倪了，但是渲染的成熟程度与具体技法还有待发展，因此在呈现效果上也肯定不同于东汉晚期，更不同于后来传入中土的佛教艺术渲染手法。参见张朋川：《河西出土的汉晋绘画简述》，《文物》1978 年第 6 期，第 59～71 页。
② 贾巧燕：《东平后屯汉墓壁画研究》，东南大学硕士学位论文，2012 年，第 44 页。

图中来看，笔者以为特别强调它是
"点彩"并不合适，无法与其他壁
画表现技法进行有效区别。因为其
他壁画表现技法中较小的笔触与这
里所谓的嘴唇、眼睛之间的"点"
很相似，比如旬邑百子村东汉壁画
墓中人物的眉眼、嘴唇，月中蟾蜍
身上的斑点，树上长的叶子，结的
果子，又如杨桥畔东汉墓所画龙身
上的鳞片以及百戏图中那些细小的
道具等，如果画工事先没有考虑要
用"点"的方式来处理对象，那
么，这些所谓的"点"其实都应该
看成前面几种手法的应用，只是笔

图 5-16　东平汉墓人物图

触较小而已。笔触的多样化在汉代壁画的表现中非常重要，有些壁画，我
们不易看到大笔触，那是因为画工在平涂画面的时候，尽量消除画面中色
块与色块之间的衔接间隙，让图像看起来工整、饱满，但是另一些画工却
保留了大笔挥洒的恣意，如杨桥畔东汉墓中出现的各种云纹，笔触不仅有
大小之别，还有性格之分，不同的笔触其实反映了画工的个性与习惯，考
察汉代壁画的用笔痕迹，可以发现壁画的描绘可能存在分工合作的情况，
如辽阳北园 1 号墓壁画，据北野正男的考证："现存壁画当属不同画工完
成，他们是站在已经筑好的墙壁旁边作画的，首先是用黑色勾勒出外框
线，然后将整块的颜色填充进去，最后再添加细节。"①

　　以上各种汉代墓室壁画绘画技法与画面处理方式的使用，进一步说
明：①汉代墓室壁画的风格非常多样，既有严谨工整的，也有奔放潇洒
的，但在一墓之中，风格基本保持一致，或至少以一种为主，其他相辅；
②中国传统绘画的主要表现技法在汉代墓葬中均已出现，并且有些技法的
发展已臻成熟；③对于出现于画面中的各种形象，如建筑与人物，处理的
手法不尽相同，处理时有主次之分；④大多数主题中的形象以剪影拼贴的
方法来呈现，但个别主题也会出现整体的背景；⑤画工的整体水平较高，
个别较大的墓室，壁画或由一画师带领多名画工合作完成。

---

① Fairbank Wilma, Kitano Masao, "Han Mural Paintings in the Pei-Yuan Tomb at Liao-yang, South Manchuria", Artibus Asiae, 1954, 17(3), p244.

（三）颜色及原料

《礼记·玉藻》载："衣正色，裳间色。"[①]孔颖达注曰："正谓青、赤、黄、白、黑五方正色也。"关于间色，有两种说法，一种认为是绿、红、碧、紫、骝黄；另一种认为是绀、红、缥、紫、流黄。《礼记》是目前已知最早提及"正色"的文献，其实我们也会在文献中见到"五色"，指的也是这五种颜色，二者之间的关系大概是广义与狭义之别。殷商以降，尤其是春秋后期，出现了"尚五"现象，五行说逐渐成形。通过文献史料我们可知，五色与五方建立联系的时间约在战国中期，而与五行相匹配的时间则要晚于这个节点，但五色一旦与五行建立联系，后者便极大地促进了五色观念的传播，对后世物质文化的创造产生了深远的影响。[②]汉代壁画中的色彩体系大概遵循的是广义的五色概念，因此实际上所使用的色彩很可能未必局限于"五"之数。

汉代壁画所使用的颜料主要为矿物质颜料，偶尔可见少量使用植物颜料和人工合成颜料的情况，在前文已有涉及。孙大伦等人通过研究认为经常出现于汉代壁画墓中的颜料主要有红、黄、白、赭、绿、青、黑、紫等八种颜色。[③]武金勇区分得更细致一些，他在《先秦两汉绘画颜料研究》中把先秦两汉实际使用的颜料计为22种，归纳为五类。[④]当然他的调查范围不限于汉代，但结果差别不大，因为在使用颜料的丰富性、品质上汉代要远远胜于先秦时期。[⑤]

汉代壁画在用色方面，在某些场合是有规律可循的，比如人物面部的颜色基本以白色或肉色（用人造色"银朱"与白色相调）为主，日轮通常以赤色为主，日轮中的金乌则以黑色为主，月轮以白色为主，朱雀以赤色为主，但也有特殊的情况，比如旬邑百子村东汉墓的月轮以黄色为主，周边环以朱色轮廓，又如西安交通大学壁画墓中的朱雀以淡紫色和白色绘成（图5-17）。更多的时候，画工对于什么事物使用哪种颜色其实并没有太严格的限制。因此很难总结出较为系统的用色规律。汉代继承了楚文化的一

① 〔汉〕郑玄注，〔唐〕孔颖达疏：《礼记正义》卷二十九，〔清〕阮元校刻：《十三经注疏附校勘记》，中华书局影印本，1980年版，第29.249a（1477b）页。

② 肖世孟：《先秦色彩研究》，北京：人民出版社，2013年版，第191页。

③ 孙大伦：《汉墓壁画色彩及设色法概说》，《文博》2005年第6期，第32—37页；龚晨：《汉墓壁画色彩区域性研究》，载罗宏才：《十院校美术考古研究文集》，上海：上海大学出版社，2014年版，第243—260页。

④ 武金勇：《先秦两汉绘画颜料研究》，天津大学硕士学位论文，2011年。

⑤ 陕西省考古研究所、西安交通大学：《西安交通大学西汉壁画墓》，西安：西安交通大学出版社，1991年版，第64页。

些传统，在颜色的使用上也强调对黑红两种比较庄重之色的运用。汉代的黑色主要以石墨和松烟为主，但有时也用其他材料来制作，比如前面提到的西安交通大学附小壁画墓用蒙脱石调入树脂物质（或焦煤类粉末）来制作黑色，此处再举一例，考古发掘表明芒砀山永城汉墓壁画中所用的黑色有可能是朱砂加孔雀石调合而成。[①] 红色也是汉代壁画墓中用得较多的颜色之一，红色一般用朱砂（又名辰砂或丹砂）来制作，这种矿物质通常生成于石灰岩中。实际上黑、白两色在绘画中并不算是有彩色，但是作为绘画材料它们又必不可少，汉代的白色通常为白垩、铅粉、蛤粉来制作，但也有些壁画中的白色选用了一些比较罕见的材料，比如永城柿园汉墓选用白云母来制作白色颜料[②]，西安交大附小的汉代壁画墓则用蒙脱石来制作白色颜料[③]，原因不详。汉代的颜色基本以土色为主，如赭石、正黄、橙黄、金黄、石绿、石青等色料均来自矿物质，具体到每一个墓葬，颜色与原料的选用又千差万别，关于这部分，龚晨在他的博士学位论文中已经做了较为详细的讨论，可参阅。[④] 颜料的使用也有时代性，比如汉代墓葬中所用的紫色为中国紫和中国蓝，在洛阳烧沟 M61 汉墓中多处使用了这种紫色，比较典型，但是紫色颜料在汉代以后就很少使用了。[⑤]

图 5-17　西安交通大学壁画墓朱雀图

关于汉代壁画色彩的研究中，还有一些方面研究者鲜少涉足，比如：

① 阎根齐：《芒砀山西汉梁王墓地》，北京：文物出版社，2001 年版，第 120 页。
② 阎根齐：《芒砀山西汉梁王墓地》，北京：文物出版社，2001 年版，第 120 页。
③ 陕西省考古研究所、西安交通大学：《西安交通大学西汉壁画墓》，西安：西安交通大学出版社，1991 年版，第 62 页。
④ 龚晨：《汉代墓室壁画色彩研究》，上海大学博士学位论文，2015 年。另孙大伦《汉墓壁画色彩及设色法概说》（《文博》2005 年第 6 期，第 32—37 页）对汉墓色彩的研究亦可参考。
⑤ 冯健、夏寅、Catharina Blaensdorf、Susana Greiff：《西安理工大学曲江校区西汉壁画墓颜料分析研究》，《西北大学学报（自然科学版）》2012 年第 5 期，第 771—776 页。

①颜色的胶结材料。关于汉代壁画墓中颜色层胶结材料的研究目前几乎是空白。由于老化、腐蚀等原因，古代墓葬壁画颜色层的胶结材料流失较为严重，展开相关研究非常困难，有关的成果也很罕见[①]，但是结合帛画、漆画等其他类型的绘画，以及彩陶、木器等彩绘文物上胶结材料的研究来看，古代颜料所使用的胶结材料一般为天然有机混合物，包括鸡蛋、动物胶（如皮胶、骨胶等）、植物胶（桃胶等）这三类[②]，汉代壁画中所用的胶结材料大致也以它们为主。②颜料研磨水平。汉代壁画中所用颜色的研磨精度都很高，尤其植物颜料的使用对壁画的影响颇深，大大地提高了人们对于颜料颗粒精细度的预期。据测定，西安交大附小汉墓壁画中绿色颜料的粒度，平均为 $3.84\mu m$，已达到微米级水平。[③]③汉代对颜色进行提纯的水平也达到了相当高的水平。从山东东平汉墓、陕西郝滩壁画墓、西安理工大学壁画墓葬中出土壁画的鲜艳程度我们可以看出，这些壁画颜色如新，色彩绚丽，很大程度上得益于汉代画工普遍掌握了提纯颜料品质的工具和技法。汉代壁画原料的研究水平和提纯水平的提高保证了壁画颜料品质的均衡和稳定。

第二节　图像处理

一、构图手法

　　壁画的构图，指的是绘制壁画时，壁画绘制者根据题材和主题思想的要求，把要表现的人物、器具、建筑、动植物、纹样等各种形象适当地组织起来，构成一个有特定主题的、协调的、完整的画面。主要包括两种，一种是在绘制壁画时，画工根据需要随时调整和分割画面，构图时事先没有主题，笔者称之为随机构图；另一种是绘制壁画之前就做好规划，按照一定的主题，以传达某种丧葬观念和理想，把需要绘制壁画的各个壁面都做了详细的组织和安排，为主题式构图。前者随机、灵动、变化多样，后者则规整、严谨和庄重，二者风格迥异。

---

① 西安交通大学附小汉代壁画墓出土的壁画"保存较好"，学者通过对它的研究发现，壁画所用颜料"调制时都加入了有机胶料，颜色附着坚固"。陕西省考古研究所、西安交通大学：《西安交通大学西汉壁画墓》，西安：西安交通大学出版社，1991 年版，第 54 页。

② 王伟锋、李蔓、夏寅：《中国古代墓葬壁画制作工艺初步研究》，《文博》2014 年第 4 期，第 74—78 页。

③ 陕西省考古研究所、西安交通大学：《西安交通大学西汉壁画墓》，西安：西安交通大学出版社，1991 年版，第 64 页。

墓室壁画的画面有些可以再分割，形成更小的意义层次，为了使接下来的讨论有一个相对的标准，在此先作一个规定：即我们在讨论构图时所提到的"画面"，均以所在壁面的物理边界为限，上至与墓室顶部相交的界线，下至地脚线，侧边则到与另一个墙面的交界线或者遇到诸如梁柱之类的突起结构为止，在这个范围之内的图像都视为处于同一个画面。

（一）随机构图

随机构图，画面上通常看不出绘制者对不同形象进行组合和安排的意愿，看不出哪一个是主要形象，也看不出形象之间有什么关系，它们的大小、出现的位置似乎都是随机安排的结果。在汉代壁画中，有些画面很难通过分析形象之间的关系来认识它们所要表达的主题，壁画绘制者做的工作只是根据画面复杂程度的需要在壁面上填入一些形象，这些形象可能提取自某个粉本，所以有时会发现画面中的局部（组合）似乎有某种意义，但在整个画面中，它们的意义就被冲淡或稀释了，这些形象的作用仅仅在于装饰空白的墙面，并不被用来表达思想与观念。[①] 以杨桥畔二村南侧渠树壕汉墓前室西耳室南壁出土的壁画为例（图 5-18），发掘者将其命名为《鹰、弩、拜谒图》，名字已经反映了画面没有中心的特点。从画面来看，上方左侧为一只站立的巨鹰，头朝左，鹰的下方为一俯地向右而拜的谒者，右侧上方画着两把弩机，这四个图像之间没有什么联系，也不构成一个主题，因此可以知道，这几个形象的出现带有很大的偶然性，但很显然这些图像都是"经过挑选的"，因为这样的弩机图像我们在其他壁画墓中也见到过，可见它在墓葬另有意义，但是它在西耳室南壁上的意义仅限于图像志层面，并未与鹰和人物等形象建立起图像学层次的意义。而在内蒙古鄂克多凤凰山 1 号墓东壁中段，墙上所绘以同样方式悬挂的弩机，它与周边的图像（包括相互之间的关系以及在墙上出现的位置）都是经过画工精心设计的（图 5-19）。在那组壁画图像中，从左至右依次悬挂两把剑、盾牌、弩机（与之组合在一起的是放有六支箭的箭匣，匣上搭有两块白绢）等，下方有一只独角兽（中国古称獬豸）。从图案上方的红色垂帐纹来看，图像组合似乎表现了一个存放武器的场所，或者就是武器库（也叫兰锜）。从搭在箭匣上的白绢来看，这个场所很可能就在训练场的附近，因此训练时用来拭汗的织物也被收纳到这里。渠树壕汉墓中伏地跪拜的谒

---

① 墓葬中有一些位置比较特别，如门区，其附近出现的形象相互之间虽然不一定有什么关联，但是门区附近的图像（及其组合）如门吏、铺首、方位神都有一个共性，它们都可以辟邪，或者都要满足这种功能，这种情况我们一般认为，图像的选择其实遵从了一个广义的主题概念，这种画像组合的性质其实介于随机组合与主题性画作之间。

者形象在辽宁省大连营城子壁画墓、辽阳市南郊街东汉墓中都可以见到，但是从图像来看，那些跪拜者身后往往都有多个与之着装相同，手中也握着笏板的人物，可见他们在情节上是有关系的，服务于同一个主题。

图 5-18　鹰、弩、拜谒图　　　图 5-19　凤凰山 1 号墓兵器、抵兕图

　　实际上，除了上述情形，即作品所出现的所有形象都是随机的，汉代壁画中还有很多画像的构图属于部分随机，即在画面中出现的形象大部分服务于同一个主题，但小部分形象与主题无关，用来填充画面。上文提到的（凤凰山 1 号墓东壁上的）独角兽在画面中就是用来填充画面的。独角兽通常出现于门区附近的场所，代表公正，也有辟邪的功能，而此处，显然没有这层意义。我们在陕西汉代画像石墓中可以见到许多位于门柱上的独角兽形象，虽然我们尚不知道这个形象出现在门柱上除了象征辟邪之外是否还有其他意义，但它在陕北地区汉代墓葬门区中的重要性却是不言而喻的。

　　对于这样的随机构图，最忌讳把它们当作一个整体来解读。以东平后屯汉墓 M1 西壁南侧的画像为例（图 5-20），这幅图，有研究者认为："其上方有一女子穿长袖法衣舞动，另一女子双手提拽恶鬼双足掷向釜中，而恶鬼双手抚于釜沿，做挣扎状。后一女子手持经幡在送行中，似乎在做一场神秘的打鬼驱疫仪式，其目的是充当镇守墓主安全的守护神。"① 从发掘报告上的线描图上来看，所谓的"恶鬼"其实正"低头弯背，两手按在圆形高垫上"，准备"表演倒立"，在她身后有一女子则在帮忙她"翻起"，至于另一个女子，更不是手持"经幡"在做"驱疫仪式"，她手上的墨色之物实为她的长袖，绘画表现的手法与西壁北侧持镜状物之仕女的袖子如出一辙，这个墓葬所聘请的画工对于袖子的表现似乎喜欢"直来直去"，好几处舞女的袖子都是这种造型。另外，最上方一排坐着观众也表明这是一个

────────────
① 　朱华：《东平汉代墓葬壁画及其相关问题》，《海岱考古》第十辑，第 461—470 页。

舞乐表演场景，甚至可以说是非常普通的表演，以至于都不能吸引她们的注意力，她们更愿与女伴们絮叨家常，只有眼角的余光偶尔会落在表演上。

图 5-20　东平汉墓人物组合图

（二）主题式构图

汉代的绘画艺术已经是较为成熟的艺术形态，几乎唐宋以后所能见到的表现形式在这个时期都已初具规模。最重要的是，汉代的绘画样式在中国绘画史上也是最丰富多样的，再往前溯，我们大概只能通过零星出土的帛画、壁画、漆画的残片以及各种出土器物上的图纹来推测那个时代的绘画水平。汉代丰富的出土遗迹让我们有机会去深入了解那个时代的艺术，它们不但种类多样，而且艺术处理形式也极其灵活，仅从画面构图分割与否的情况来看，又可以分为独幅式与多幅式两个基本类型。其中独幅式又可以分为对称式、全景式、添加式等，多幅式也可以分为重复式、并列式、连环式、中心式、分割式，等等。

1. 独幅式

独幅式构图是汉代壁画构图中最基本的形式之一，它既可以内容非常复杂，在一幅图中包容万象，也可以极其简单，只在一幅图中出现一只鸟、一棵树或者一个人。独幅式构图根据画面内容主体所呈现出来的特征又可以分为对称式、添加式、全景式等类型，而从画面占据空间的形式又可以分为两类：一类是方正的构图，另一类是带状的构图，带状构图又有纵横之分。横带状构图，通常出现在门楣之类的狭长空间，有时也出现在墓中所立圆柱的外表面，呈螺旋状上升分布，前文讨论洛阳白塔寺佛像时提到"洛阳城西雍门外起佛寺，于其壁画千乘万骑，绕塔三匝"，虽然我们已经无缘见到白塔寺外的壁画，但是"绕塔三匝"这种带状装饰和平面化的表现手法一定会给当时的人们留下深刻的印象，它们或者如图拉真纪念柱表面的图画一样盘旋而上，或者从墓室一面墙壁延伸到另一面墙壁，无论哪种，都能带来很强的视觉张力。横带式构图以云纹、车马出行图（图 4-26）为典型的内容代表。纵带状构图经常出现于多棱柱、门柱上，主题经常以各种人、兽的神异形象为主。

对称式构图指画面的各种形象沿着画面中部的一条纵向或横向的直线（不一定可见）左右或上下呈镜像对称关系分布，有时不一定特别工整。对称式构图出现在墓葬中的位置一般会比较有规律，通常墓葬的门区及周边的图案往往采用此类构图。如靖边杨桥畔二村渠树壕汉墓，在后壁中上部便有一幅几乎是完全对称的壁画，以中段的斗拱为准，斗拱两侧各有一个硕大的头像，他们有着白色的面孔，张扬的须发，眼角与嘴唇涂朱，头像上方为两道象征山峦的波浪粗线，之间点缀着野鹿和蘑菇状的树。许多墓葬中（疑似）墓主像所出现的地方也经常采用对称式构图（图 5-21），因此它的出现很可能代表对"中心"或"主次"关系的确立。

图 5-21　偃师朱村东汉壁画墓墓主像

全景式的构图中没有一个具体的区块划分，或者说它的构图会根据需要来规划或调整区块，以内蒙古和林格尔汉墓为例，在这个墓葬中，近百平方米的画面，分布在多个墓室中，但是近观会发现，所有的画面都是相互关联的，是一个整体，墓葬中的空间分割完全被忽略不计。据发掘报告可知，"前、中、后三室着重表现死者一生的经历。其中前室和中室都是炫耀死者的官场活动。前室的出行场面和甬道、中室的官府图是历任官职的记录。前室的使持节护乌桓校尉出行图和中室的宁城护乌桓校尉幕府图是全部壁画的高潮。后室壁画表现了死者晚年家居生活及其地主庄园。三个耳室画了许多为死者种地、放牧和做杂役的奴仆，用来陪衬死者的寄生生活"。[①] 这样的宏观叙事把死者一生的事迹，从"举孝廉""郎""西

---

① 内蒙古自治区文物考古研究所：《和林格尔汉墓壁画》，北京：文物出版社，1978 年版，第 5 页。

河长史""行上郡属国都尉时""繁阳令"到"使持节护乌桓校尉"的一系列仕途经历和各种府舍、粮仓、宴筵等所经各地以及皇帝褒奖串起来已属不易,还要注意到画面节奏感的安排。比如,中室是整个壁画的高潮,在形象上、细节上都以繁复为特点,因此,除了按逻辑结构来安排画面内容外,画工还需见缝插针地添加一些经史故事、人物和瑞应图像,增加画面局部的密度,使氛围看起来更加热闹,从而形成画面的视觉中心,可谓用心良苦。

　　有时为了内容表达的需要,全景式构图还会打破常规的画面分割观念,把多个有着物理边界的画面在内容上连成一个整体。譬如,在旬邑百子村东汉墓中,后壁的图像为一道门,门的左侧为一辆马车,马车的前方是墙的拐角,转过拐角又是一辆马车,从壁画的空间关系来看,这两辆马车分属不同的墙面,算两个画面的相似内容,但全景式构图完全让观者忽略了拐角的存在(图 5-22)。

图 5-22　百子村东汉墓壁画

　　添加式构图或可以视为从全景式构图衍生出来的一种构图,指的是在一件已经完成的壁画作品(或它的局部)上面,根据需要再额外添加一些内容或细节,或者在接近完成的壁画线稿中,根据视觉效果(有时也可能是墓主亲友的要求)对全景式构图作品进行内容上的增加或补充。还有一种可能,在绘制过程中参考了某件粉本,但粉本的内容又未能满足画面的需求,因此需在局部加以改动,而这种改动又与原稿存在一定程度的不协调。添加式构图的例子可见西安翠竹园汉墓 M1 南壁人物形象的处理,这组图像共有人物五个,依次排开,左侧三人似乎分别做着持盒、捧博山熏炉以及负囊状物的动作,但是稍加辨别,我们会发现,其实这三人跟右侧的两人动作完全一样,都是双手笼袖,所不同的是,因为某种原因,画工

图 5-23　翠竹园 M1 南壁人物一

又在左侧三人附近补画了漆盒、囊状物以及博山熏炉，使之看起来像是手持这些物品的样子。例如，我们取画面最左侧的形象来做一个微观分析（图 5-23），发现盒子的上方似乎补画了拇指和食指，食指扣着漆盒，漆盒下方为一掌平伸，估计原来想表达托着盒子，但是动作的表现显然非常幼稚，而我们通过人物肩膀和肘关节运动趋势可以看出，她原来的动作是双手笼袖，经过改动后成了双手持盒，左手前臂的长度增加了近一倍，比例严重失调，与画稿其他部分所反映出来的艺术水平大相径庭，其他两件物品也有这个特点，可见这组笼袖侍女画变成持物侍女画的修改系另一画工所为。这种构图上的"追加"虽然不能算作"画蛇添足"，但显然很不协调，人体局部的比例出现了异常。[①]因为壁画漫漶、剥落得较严重，细节较为模糊，笔者只能大致推敲其细节，不能深入考察。当然，这种构图方式也一定会存在处理非常巧妙的情况，但这种情况"添加"的痕迹就不明显了。

　　2. 多幅式

　　多幅式的壁画包括很多种形式，比如重复式、并列式、连环式、中心式、分割式、预留式等。

　　重复式顾名思义，就是同样的内容、样式进行复制，不排除有少量次要环节或细节的变化，但本质相同就构成了重复，较简单，不赘。并列式有点像重复式，一组性质相同的画面并置在一起，并列式中的每一幅画的

---

① 对这两组图像，也有一些学者的观点与拙见较为相似："翠竹园墓葬壁画中，有两处明显的瑕疵。一是南壁东侧一手捧漆盒的侍女，其左手托着漆盒底部，右手扶着内侧上部，然而其左手掌与漆盒明显没有接触，并且如果手心向上的话，其大拇指应该在外侧，而画面上似乎在里侧，而且外侧即使小指，却画得最长，明显与实际不符。另外，其右手扶着里侧，食指竟然到了漆盒的外侧，明显太长，也与实际不符。二是南壁上手捧熏炉的侍女，其熏炉明显偏到了右前臂上，且看上去似有不稳的感觉，也是处理人与器物的关系上没处理好。这可能与画师本人的技艺有关，也可能与其不够精心有关。"参见西安文物保护考古研究院：《西安西汉壁画墓》，北京：文物出版社，2017 年版，第 79 页。

内容都不一样,但是它们的本质相同,比如一组列女故事图,其中每个列女的故事都不一样,但这些故事画像放在一起,我们马上可以发现它们具有共同的特质。

多幅式构图是独幅式构图的发展,它不仅在数量和性质上进行重复的简单形式,还有引入不同变量的复杂形式,其中连环式构图反映了组合中各幅图之间可能存在逻辑发展的关系,其形式有点像连环画,图像主题之间存在内在的相关性,在形象的动作或事件发展的时间上有继起性,比较有代表性的作品为金谷园汉墓室顶的壁画,有关内容已经在关于穿璧纹一节分析过了,此处不重复。金谷园汉墓壁画的表现特点与马王堆一号墓出土的一件漆屏风上的图案处理有相通之处(图5-24)。这件漆屏风出土于外藏椁的北边厢,应该属于"生活场景"中的一部分,北边厢同时也靠近死者的头部位置,这点很重要。屏风通高62厘米、屏板长72厘米、宽58厘米、厚2.5厘米。一面为红漆地,中心以浅绿色油彩绘谷纹璧和几何方连纹;另一面为红、绿、灰三色油彩绘云纹和龙纹。

图 5-24 马王堆汉墓漆屏风

图 5-25 玉衣局部

屏风的两个面似乎象征着隔离,这种隔离的存在恰恰是为了"穿越"所准备的。墓葬中出土的屏风,以及屏风与死者的关系,让我们很容易联想到玉衣。玉衣的结构是封闭型的,唯独在头顶嵌有一块带孔的玉璧(图5-25),因此,在死者头部附近放置一座带有玉璧的屏风,或许不是巧合那么简单。

中心式构图法相对于其他构图形式,它所划分出来的若干区块中会有一个区块是主体,通常这个区块所占的面积比较大,也有可能是这个区块中的图像内容处理比较特殊。这里的图像作为画面的中心,它有可能是形式上的，也有可能是内容上的，不论哪一种，它都是这个画面中的重中之重。这样的壁画作品很多，一般来说，有墓主人的画面，墓主形象可能会画得较大，剩下的画面则可能会安排一些内容和形式都比较简单的耕牛图或车马图等来烘托主体。

汉代壁画中有很多画面采用分割式构图。这种构图方法较前几种多幅式构图方法都要复杂，小区块的图像之间没有什么规律可循，可以是上述构图形式的任意组合，也可以是相互之间毫无关系的组合。这种画面的一大特点是喜欢采用具有一定宽度的线条来分割不同意义、不同内容的图像组合，这些线条有时专门为分割画面而存在，有时也会与画面中的一些特定形象结合在一起，比如地面、墙壁等。笔者曾以"界格"为关键词对分割式构图作了一些初步的讨论[①]，此处再做一些补充，根据分割线在画面中的特点，分割式构图又可以分为明分割式构图和暗分割式构图两种。明分割式构图直接用线条对画面进行区块划分，每个区块所表现的内容不尽相同。例如，陕西定边郝滩东汉 M1 墓中的壁画采用了红褐色的带状线将墓室内的壁面分隔为六个部分，每个部分绘制的内容不同（图 5-26）。[②]这种方式在汉代画像石、画像砖中最为常见，例如武梁祠画像中便以这种构图来处理众多形象。暗分割式构图，这种分割方式比较含蓄，一般会借助建筑的结构线，比如借用转角、壁柱、壁穿等形成分割式构图。中江塔梁子崖墓 M3 就是一个巧妙地利用壁柱、壁穿来分割墓室壁画画面的实例（图 5-27）。在这座崖墓中，壁柱、壁穿并非空间中具有实用功能的建筑结构，而是特意仿照木构建筑雕琢而成的象征性结构。墓 M3 三室两壁均浅浮雕壁柱、壁穿，在中柱上方的一斗二升横拱中设短柱。柱、斗及穿均用铁锈色颜料涂抹，壁柱及壁穿将壁面分割成"田"字形，形成了四个矩形的区域，每个区域高 0.65—0.7 米、宽 0.75—0.98 米，两壁共八个区域，壁画就分布这八个区域中。宜阳尹屯新莽壁画墓也很有代表性，其中中室的壁画用浓重的红彩勾勒出仿木的立柱和梁架、梁、柱之间则为浅色的斗拱。在墓室顶部梁架之间形成的方格内，用黑色、浅灰色绘制云纹和日月星云图。[③] 有些墓葬甚至极力强调这种仿建筑结构的特征，以至到了喧宾

---

① 练春海：《论汉代图像的秩序建构》，《南京艺术学院（美术与设计）》2008 年第 3 期，第 102—106 页。

② 参见发掘报告。原壁画现已由陕西省考古研究所完全揭取，仅有少量的画面正式发表，无法一窥全貌。陕西省考古研究所、榆林市文物管理委员会：《陕西定边县郝滩发现东汉壁画墓》，《考古与文物》2004 年第 5 期，第 20—21 页及封底。

③ 洛阳市第二文物工作队：《洛阳尹屯新莽壁画墓》，《考古学报》2005 年第 1 期，第 109—126 页以及图版柒至贰拾肆。

夺主的程度，比如四川三台郪江崖墓群柏林坡1号墓，发掘报告称，"在一座崖墓中，如此集中的画像和细致多样的仿木结构雕刻，在郪江崖墓群乃至整个东汉崖墓中都是罕见的"①。这些框架属于墓葬整体设计的一部分，因此，通过这些图像化的木结构可以帮助我们认识墓葬的内部空间。柏林坡1号墓右侧室与该墓其他墓室不同，既无仿木结构雕刻，也没有彩绘，而且它的布局安排也打破了整个墓葬的布局结构，所以发掘者认为该墓室可能是在墓葬整体完工后额外开凿的，其原因可能是原先的设计存在缺陷，也可能是某类空间不足而增辟一处。

图 5-26　郝滩东汉 M1 壁画墓　　　　图 5-27　塔梁子 M3 墓仿木结构

多幅式构图中，有一种类型比较特别，那就是预留式构图。关于构图中出现预留空白的原因，郑岩认为它或源于"汉代生者不画像"的禁忌。② 比较有代表性的采用这种构图的壁画来自朝鲜德兴里墓，从该墓前室的墓志来看，该墓葬于公元409年，但是由于朝鲜的墓葬制式一般要落后中原地区许多，所以这座墓的葬制基本上还沿袭着东汉墓葬的特点，从该墓的图像风格上看亦是如此。该墓后室后壁上绘一双人帷帐，帐中左半部绘墓主"□□镇"的正面坐像，而右半部仅绘一榻，其上空白无物。"从墓主像与右部空位的并列关系、帷帐两侧所绘鞍马与牛车，以及两室之间甬道左右壁所绘鞍马出行与牛车出行等线索分析，帐内的空位属于□□镇夫人。据中原地区的习俗，夫妇合葬一般要在墓志中记明二人去世或入葬的时间，而该墓墓志却只字未提其夫人的情况。因此可以认为，该墓男主人入葬时，夫人尚未亡故，因而不宜将其画像绘于墓中。"③郑岩对该壁画的分析颇合情理。

① 四川省文物考古研究院、绵阳市文物管理局、三台县文物管理所：《四川三台郪江崖墓群柏林坡1号墓发掘简报》，《文物》2005年第9期，第14—35页。
② 郑岩：《逝者的面具：汉唐墓葬艺术研究》，北京：北京大学出版社，2013年版，第192页。
③ 郑岩：《逝者的面具：汉唐墓葬艺术研究》，北京：北京大学出版社，2013年版，第177—178页。

二、造型特点

汉代壁画中的人物和自然风景造型已经较为成熟，开始形成时代和地域风格，很多造型语言之间的差异已经在更为微观的层面展开，虽然此时画工对于绘画工具（如毛笔）的控制能力还比较弱（个别水平较高者除外），但是对于形象神韵的把握却丝毫不逊色于魏晋以降，汉代的造型已经较明确地传达了"写意"的取向，至少从图像上看来如此。当然，不同墓葬中出土的壁画，"写实"与"写意"的差别还是很大的。下文就从人物形象与自然景观两个方面略加详述。

（一）人物形象

从汉代墓室壁画中我们可以看出，在各种题材的形象塑造中，人物是最为成功的一类，可见时人对它的重视。

汉代壁画中人物形象塑造主要有三个特点。

第一是侧面造型。壁画中的中心人物造型早期多以侧面为主，东汉以后，人物造型（尤其是墓主人）转向以正面为主，郑岩认为或与佛教的传入有关。[①]

第二是人物区分主次。大概从汉代开始，中国人物绘画的传统，区分主次，主体人物形象较为高大、次要人物形象较为矮小，主体人物表现复杂、次要人物表现简单的观念已经形成（图 5-28）。

图 5-28　理工大学 M1 墓木榻上人物

第三是人物面部的着色区别于其他部位。前文已经提到，汉代色彩的应用以红、白、黑为主，具体到人物形象的赋色时，它既可以单色勾勒，亦有双色、多色组合的情况。但是不论哪一种情况，通常在面部填以肉色，或者只在唇部点朱砂，以区别于身体的其他部位，当然偶尔也存在正好相反的情况，即面部只墨色勾线，而身体的其余部位均赋以彩色。

除此之外，以下两种手法有时也会被用来加强对人物形象的塑造。

第一，渲染手法。汉代壁画主要以勾线填色为主，不似魏晋时期的佛教造像那样，基本采用渲染手法来表现形象。东汉晚期，墓葬壁画中开始

---

① 郑岩的观点发表于 2016 年 12 月 30 日在北京大学所作《另一种绘画史——宏观中国古代墓葬壁画》学术报告。

图 5-29　莲花藻井图案

出现渲染的画面，如武威雷台墓墓顶以及河南新密打虎亭汉墓中的莲荷图案都是很有代表性的例子。武威雷台墓前、后、中室墓顶均为覆斗式，顶上方砖 35 厘米见方，上绘莲荷图案，由黑、白、灰、浅红等色画成，中有莲蓬，四层重瓣，瓣头略尖，瓣上着色使用的是渲染法。[①] 打虎亭汉墓的莲荷图案位于中室券顶东段，为方形构图的藻井，以深蓝色为地，中间为一朵正面的莲花，莲心圆形，以黑色为地，周围环绕大小各八瓣的白色莲花，花瓣上便可见渲染的效果（图 5-29）。在汉代人物形象的描绘中，渲染手法的使用较少，画工们在描绘人物时，通常都是先墨线勾勒轮廓，然后填色，有时也在填完色后再用墨色重新勾线。由于墓室壁画漫漶严重，因此我们对其中的人物形象是否进行了渲染不易判别，但是有些画面，比如陕西靖边杨桥畔一村东汉墓壁画中出土的人物形象以及偃师高龙乡辛村西南汉墓前室勾栏上方梯形横额上出土双手抱伏羲女娲的怪兽形象，从图像上看人物的局部细节上都采用了渲染手法来处理。

第二，呼应手法。在汉代壁画中，各种形象或构图的表现手法相互呼应具有加强表现主题的作用。以内蒙古和林格尔东汉壁画墓为例，该墓壁画最为精彩之处就在于表现了墓主生前担任护乌桓校尉等一系列经历。在画面中，关键人物墓主的形象不仅反复出现，并且与其经历相关的事物和细节也多次出现。作为死者生前生活和工作过的府邸，宁城护乌桓校尉幕府以及幕府内各处性质相同或相近的设施和构件（如幕府门），在墓内各处的壁画上亦多次出现，给观者留下了深刻的印象。幕府门构件以及相关设施在内蒙古和林格尔东汉壁画墓中出现的频率较高，带榜题者便有两处。一处在墓门甬道的北壁，在一道高大的门楼旁，门两旁站着门吏和门亭长（图 5-30），榜题

图 5-30　和林格尔汉墓幕府图

① 张朋川：《河西出土的汉晋绘画简述》，《文物》1978 年第 6 期，第 59—71 页。

"莫府门"三字。前室东、南两壁转角处也画有幕府的建筑，东壁的门与建鼓之间榜书"莫府东门"四字，门上画着青龙、白虎，阁楼前有武士执戟守卫。这些细节的铺陈与呼应，实际上最终都会让我们联想到墓主的在场。

（二）自然景观

相对于人物形象来说，墓室壁画在自然景观（包括作为配景的部分）方面的表现，整体上要略逊一等，这也是为何很多学者都认为汉代壁画中自然景观的描绘尚处于萌芽阶段，为中国传统山水画的雏形状态。[①] 在一篇关于早期山水画的讨论中，郑岩甚至认为，汉代或为中国山水画发展的"史前期"，"但是从那些古老的作品中至少可以看到山水画在技术层面上的准备和积累"。[②] 这里很有可能的一个原因是，当时围绕着以表现人物为中心所建立起来的一整套技法并不适用于自然景观，因此汉代壁画中的景观描绘总的来说要"幼稚"许多，有汉一代这种状况都没有改观，甚至在敦煌早期的壁画中，景物与人物之间的不协调都没有多大的改善。

张彦远对早期山水画的特点提出了一个非常形象的概念——"伸臂布指"，"群峰之势，若钿饰犀栉"。[③] 这种视觉特征在早期山水画中表现得比较明显。它既说明了早期景观绘画较为稚拙的一面，也反映了人们认识和观察自然界时比较粗糙的一面。作为壁画绘制工作的直接参与者，画师或者画工，如果他们未对动植物（尤其是自然形态的植物）以及以它们为主体组成的生态进行过深入的观察和研究，或者即便观察和研究了，但也找不到相应的技法来表现动植物的千变万化，因此只能使用一些具有符号性的局部或细节来模拟或代表它们。以山东安丘董家庄的画像石为例，在后室西间西壁的画像中，群山被处理得像鱼鳞，山间的丘壑和树木则被表现得像禾苗或者叶脉，相比之下，动物的形象却高大得如同一座山。[④] 可见汉代画工对于山水等风景的平面处理能力确实较弱。郑岩对早期壁画中山水描绘的概念化问题展开了深入的思考，他所讨论的例子和观点对我们理解汉代山水景致的壁画很有帮助。[⑤] 以内蒙古鄂托克旗米兰壕1号东

① 安丘文化局、安丘县博物馆：《安丘董家庄汉画像石墓》，济南：济南出版社，1992年版，第27页。
② 郑岩：《看见美好：文物与人物》，北京：人民美术出版社，2017年版，第109—113页。
③ 〔唐〕张彦远：《历代名画记》卷一，影印文渊阁四库全书，台北：台湾商务印书馆，1986年版，第1.24a（812—290b）页。
④ 参见安丘文化局、安丘县博物馆：《安丘董家庄汉画像石墓》，济南：济南出版社，1992年版，第29页。
⑤ 郑岩：《看见美好：文物与人物》，北京：人民美术出版社，2017年版，第109—113页。

汉墓墓室北壁中段壁画（图 5-31）和 1992 年发掘于鄂托克旗凤凰山 1 号墓墓室西壁的壁画为例，它们是两组在空间距离上非常近的壁画，壁画的右半部分均出现了重峦叠嶂的自然景观，但稍作对比，可以看出二者各有千秋：前者的表

图 5-31　米兰壕 1 号东汉墓围猎图

现以彩色为主，后者的表现以水墨为主，在郑岩看来，虽然还不能"说青绿与水墨的分野这时已经出现，但是两者不同的意趣也昭昭在目"，并且，"在这些画面中，山峦和树木的绘制较为概念化，缺少变易。但值得注意的是，凤凰山 1 号墓壁画中的人物、动物与山林的比例关系已得到了较好的处理，尤其是近处的农夫形体较大，远处的牧民形体较小，显示出画工已初步掌握了近大远小的透视法则"。[①] 到西汉末年，新莽时期或者更晚些的时候，墓葬中开始出现以自然景光为主题的创作。以 2009 年在陕西靖边县杨桥畔二村南侧发掘的渠树壕 1 号墓为例，在该墓后壁栌斗上方，有用墨色描绘的两道山峦图像。树木列植，群鹿、飞鸟出没其间，"尤为重要的是，整个画面中山峦成为主体，并无人物的活动。换言之，此图是以山峦为主题的独立画面"。[②] 这些分析可谓见微知著，观点亦极具代表性和启发性。

三、补救措施

汉代壁画从公布的考古发掘资料来看，其中不乏精美绝伦的上乘之作，艺术水准之高，令人叹为观止。比如陕西定边郝滩汉墓出土的壁画，画风清朗，对比响亮，画面安排张弛有度，几近完美无瑕。以位于墓室东壁南部的西王母宴乐图（图 5-32）来看，画面上安排了西王母、青龙、侍者等二十多个人物和神兽形象，以及华盖、云车、昆仑山、钟虡等众多物什，丝毫不显杂乱，反而是重点明确，主题突出，说明画工对笔墨与色彩有极高的控制能力。前揭河南永城柿园梁王墓主室的墓顶画亦属汉代壁画中的精品。

① 　郑岩：《看见美好：文物与人物》，北京：人民美术出版社，2017 年版，第 111 页。
② 　郑岩：《看见美好：文物与人物》，北京：人民美术出版社，2017 年版，第 111 页。

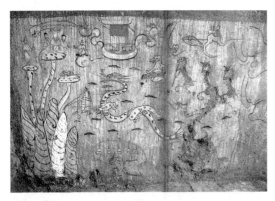

图 5-32　陕西定边郝滩汉墓西王母宴乐图

图 5-33　西安理工大学 M1 东壁骑马射猎人物

　　如果仔细观摩，我们也会发现，不同地区、不同墓葬中出土的壁画风格迥异，有些壁画精工细作，有些则恣意挥洒。那些经过精心设计，布局、着色与渲染皆一丝不苟的画面，自然可以臻于完美，更多的时候恐难如意。因为墓室内的空间逼仄，尤其是早期由型砖制成的墓葬，内部空间更是低矮，所以绘制汉代墓室壁画的工作环境比较恶劣，一般画工都会争取尽早完工，如此一来，就算画工的水平再高，创作之前也做了精心的准备，但在现场实际制作壁画时，也难免会出现一些纰漏。比如，西安理工大学东汉壁画墓 M1 墓室东壁第三组画面中的骑马射猎人物像就有很明显的比例问题（图 5-33）。画面上，朱衣猎手正张弓下视侧方奔跑的小鹿，如果忽略小鹿不计，我们会明显感觉骑马人物像就像一张照片，它纵横两个方向上的比例严重失调，导致人物身材颀长，但马的躯干却显得太短了（可以视为马的躯干在径向方向而不是轴向被拉长了），整体比例十分不协调。当然，现实情况要比这更为复杂，不管是哪种情况，修改和补救都是十分必要的。

　　事实上，仔细观察，我们也确实注意到画工们在尽可能地发现和及时修正这种不足，正如发掘者所言，"在绘制壁画的过程中，绘制者根据绘图的实际情况，不停地对画面进行调整修改"①。根据修改程度的不同，壁画的修改情况可以细分为微观的局部调整、宏观的整体覆盖以及使用材料进行替代三种类型。整体覆盖的情况实际上不容易发现，相比之下，局部调整或材料替换的情况比较容易找到例证。

---

① 西安文物保护考古研究院：《西安西汉壁画墓》，北京：文物出版社，2017 年版，第 33 页。

（一）微观调整

对壁画细节进行调整，原则上不能改变画面原计划要表达的主题，通常采用的办法有两种：一种办法是把图像中出错的部分刮去，或者不刮，只是涂上底色，晾干并重绘；另一种办法是对笔迹较淡的画面进行打磨，直到把笔迹消除为止，然后再画上正确的或准确的图案。如果图案本来用色就比较淡，画工为图省事也会直接用重色覆盖，而不加打磨，或者只作局部减淡处理。

汉代壁画墓中采用细节调整的办法来修正画面的例子其实不少。在内蒙古和林格尔东汉壁画墓的发掘报告中，明确提到："从前室石灰脱落的墓壁上，看出有把里层壁画涂抹掉返工重绘的痕迹。"[①]在山东东平汉墓壁画中，研究者"通过仔细的观察，在一幅名为孔子见老子的壁画上发现有明显的涂抹痕迹，这可能是画者最初作画时，没有测量好比例，使人物的比例超出了石板的范围，才将原画涂抹掉，重新作画。表明起初作画时有较大的随意性。在其余的壁画中尚未发现这种情况，也未发现起稿痕迹"。[②]前揭西安理工大学东汉壁画墓 M1 中有比例失调的细节，其实我们还可以找到多处进行了局部调整的细节。比如在墓室东南部的上方可见用云气覆盖的奔马，在墓室东壁第一组画面中的奔马和第二组人物的头部就做了明显的改动（图 5-34）。第一组人物为骑马射箭的形象，着红色袍服的人物策马扬弓，马前蹄的造型原先向后勾，后来改为向前伸，这种修改可能考虑得更多的是形象造型的视觉效果。第二组形象的改动集中在人物头部，动态上进行了比较大的调整，原来的人物形象设计是两位骑马女子之间没有呼应，经过改动，她们之间有了顾盼和呼应。西安理工大学壁画

图 5-34　西安理工大学 M1 东壁骑马人物

---

① 内蒙古自治区文物考古研究所：《和林格尔汉墓壁画》，北京：文物出版社，1978 年版，第 31 页。

② 徐军平、鲁元良、王云峰、宋朋遥、宗树：《东平汉墓壁画制作工艺初探》，载《东平后屯汉代壁画墓》，北京：文物出版社，2010 年版，第 113—120 页。

图 5-35　杨桥畔东汉墓 M2 骑马图

墓在图像语言上表现了与其他壁画墓较明显的区别，色彩极具张力，以红绿对比为主，用线也比较泼辣、奔放，或许正是因为在创作过程中充满激情，所以很多图案、线条在处理时可更多地即兴发挥，边画边调整，因此改动的幅度比较大。在陕西靖边渠树壕杨桥畔东汉墓 M2 中，前室北侧中部绘有骑马图，"骑马图构图新奇，为以往汉代壁画所稀见，人和马均正面绘制，墨线勾勒骑者面部、服饰和马的外形轮廓。枣红色马直立领首左侧，挺颈，两耳耸立，三角眼，白眶黑睛，微侧视"。经考古人员"仔细观察"，发现"这幅壁画中的马首部分应在位置上做过修改，修改前画稿的墨迹依然清晰可见"。[①]图 5-35 中骑马画像之所以构图新奇，笔者以为主要是画面空间逼仄所致，因为它的尺寸实际上只有 58 厘米高、33 厘米宽，这样的画幅不适于表现常规的骑马形象（即向侧面骑行），表现正面骑马像，对汉代画工而言是非常有挑战的工作，就算是技巧娴熟的高手也不一定能够画好，因此很有可能在描绘线稿之时，画工便发现无论如何调整，图像总是不尽如人意，因此在上色阶段又做了最后的调整。有时覆盖的内容可能不一定是画面，很可能是作为榜题的文字，比如望都一号汉墓，"当壁画清理后，发现'主簿'题字的东边原有'门下功曹'，'主记史'题字的东边原有'主簿'的字迹，当是误写后用白灰涂盖"[②]。画工将人物形象的榜题弄错了，于是遮盖后在边上重新题写。因为榜题的位置比较灵活，所以画工用白灰覆盖之后，直接在旁边（靠西的位置）重写。

对壁画的画面进行局部微调时，画工们主要用到的技术有打磨和底色

① 陕西省考古研究院、靖边县文物管理办：《陕西靖边县杨桥畔渠树壕东汉壁画墓发掘简报》，《考古与文物》2017 年第 1 期，第 3—26 页。
② 北京历史博物馆、河北省文物管理委员会：《望都汉墓壁画》，北京：中国古典艺术出版社，1955 年版，第 13 页。

覆盖，至于那些画面中隐约透露出淡墨线勾勒的底稿，虽然不排除直接以淡墨起稿的情形，但是从痕迹重合的程度来看，有些显然是后来修改的。采用局部打磨的办法来修改画面，相对于在画面上再覆盖一层底色，前者可以最大限度地节省时间而不必候干，虽然最终不一定完全消除原来所画的线条与色块，但是通过打磨，以及新画的浓重笔触或艳丽的色块的衬托，原来的痕迹也会削弱、退隐而不易察觉。总的来说，对绘画细节进行调整，主要还是出于技术方面的原因。

（二）整体覆盖

汉代壁画的"整体覆盖"至少包括两种情形。

其一是同质覆盖，即在壁画上用绘画材料进行覆盖和再创作，这种情形又可以分两类，一种是完全的覆盖，另一种是局部的覆盖。[1]但不论哪种情形，对于古代墓葬中出土的壁画而言，通过目测来发现都不容易。在西方的艺术研究中通常会借助一些科技手段，比如利用 X 光透视扫描来探查绘画作品中被覆盖的图像内容。对于汉代壁画研究而言，未来可以往这个方向做一些探索。汉墓中壁画局部覆盖的情况，我们倒是可以借助一些蛛丝马迹找到实例。

前文所提到的内蒙古和林格尔东汉壁画墓把里层壁画涂抹掉返工重绘即为一例[2]，在陕西杨桥畔二村渠树壕汉墓也有这样的例子。渠树壕汉墓前室西壁上栏北侧有一着绿色长袍的人物形象（图 5-36），据马志明判断，人物或为齐景公。[3]实际上这个局部画有多层草图，参照同墓壁画的绘制步骤，它应该是先用淡墨勾勒，赋色后再用朱线提一些细节。显然第一稿画的是执矛持盾的形象，但在赋色时即被放弃，画工用朱色细线勾勒时，拟把形象调整为一个舞女，但最后也放弃了，修改后成为一个戴冠男子形象，之所以做出这样的修改，可能是画工一直没有想好要在此处画一个什么形象。此时绘制技术已不是问题，而是创作观念与主题的问题。这一栏中有七个人物形象，表现的典故或为二桃杀三士，画工绘制壁画时所参考的粉本通常不易找到有那么多人物的组合，因此需要从其他粉本中找到合适的形象（比如侍从）来填充，这就涉及了壁画的创作问题，对一般画工而言，这是一个极大的挑战。

---

① 此处的局部覆盖与细节调整均要在画面上遮盖原来的痕迹，二者看起来颇为相似，区别在于局部覆盖可能会更改画面的内容，但是细节调整不涉及内容改动。

② 内蒙古自治区文物考古研究所：《和林格尔汉墓壁画》，北京：文物出版社，1978 年版，第31 页。

③ 徐光冀：《中国出土壁画全集·6·陕西上》，北京：科学出版社，2012 年版，第 44 页。

图 5-36　二桃杀三士壁画

其二是异质覆盖，也可以分为两类。一类是用壁画作品来覆盖另一种艺术类型的作品，比如在画像石或画像砖等艺术表现形式的作品上使用壁画的形式进行再创作的情况；另一类则是用膏泥对壁画作品进行覆盖。这种情况，实际上，我们也可以把它看成把壁画通过覆盖方式修改回最原始的状态。不论哪一种情况，使用壁画来覆盖，或者是对壁画进行覆盖，往往都是出于对壁画社会影响方面的考虑，一些汉代出土墓葬中的榜题表明，汉墓在墓葬封闭之前，有可能会短暂地对公众开放，关于这一点后文还会详说。

对于第一类，四川中江塔梁子 M3 墓中可以找到应用实例。这个墓的情况比较特别，可稍作展开。从形式上看，中江塔梁子 M3 墓是一座壁画、画像石结合的墓葬，但具体到 M3 三室左侧室右壁和后壁上的八件壁画作品（均为宴饮图），我们会发现，有些作品明显是先用凿刻的方式（即制作画像石的常见手法）进行创作，然后在上面创作石基壁画，尤其以宴饮图三、五、六、八最为显著。宴饮图三（图 5-37）的底层原本刻的是只飞鸟，发掘者将其断为鸽子[1]，用壁画覆盖以后，表层图像内容为饮宴图。通过对同一墓室中几幅图像组合的整体考量，可知着黑袍者当为墓主，着橙色袍服者身份不详，二人共坐一席，目视右前方，身后有一手持便面、体形娇小的侍从，身前设有漆案及杯盏。宴饮图五（图 5-38）的底层原本刻斗拱及一兔状的动物。发掘报告称，"一只狗上举双脚，向上方一动物吠叫"[2]，此观点不知有何依据。石上所刻动物造型，除耳朵不似之外，其他部位基本反映了兔子的特征：短尾，强有力的后足，弓背。或者是因其前足近 90° 直角的弯曲让研究者以为它在做"上举"的动作，殊不知这种造型其实是兔子的典型生理特征。从图像上看，兔子的动作并不

① 四川省文物考古研究院、德阳市文物考古研究所、中江县文物保护管理所：《中江塔梁子崖墓》，北京：文物出版社，2008 年版，第 58 页。

② 四川省文物考古研究院、德阳市文物考古研究所、中江县文物保护管理所：《中江塔梁子崖墓》，北京：文物出版社，2008 年版，第 60 页。

明确。表层的壁画内容较为复杂，图像中间为二人对坐，席间置案、杯、尊、勺等物什。左上方有墨书榜题"蜀太守文鲁㙍县，官啬夫诸书㙍，史堂子元，长生"。右上方榜题为"广□守丞瓦曹史，创农诸□㙍，□字子女长生用，□□□□□㙍此墓"。左边站立的两个人，居左一者上方有榜题"司空佐"二字，左二上方榜题"司空"二字。右侧二人为仆从，均有榜题，但漫漶不清，仅可看出执棒者的榜题中似有一个"下"字。人物上方有一抹蓝色色块，可能是帷幔图案的残余痕迹。宴饮图六（图5-39）底层的石刻图案为一组两人的图案，前者戴冠着袍，举手（似在作揖），后者身形较小，当为随从。表层壁画漫漶严重，从残留的画面来看人物不少于五个，左右各有一个身形较小的人物，或为仆从，画面正中间为五层叠案，隐约可辨二人在表演，一正立、一倒立，其形式与四川出土的一些画像砖上的杂技图案颇为雷同。四川出土画像砖上，可见表演者在六至十二个不等的叠案上进行倒立表演的图像①。因此笔者推测，壁画所表现的内容当为配合宴饮活动的杂技表演。宴饮图八（图5-40）中，底层凿刻一戴冠着袍人物，拱手而拜，表层可见三人端坐席上，居左者面朝右，似与二人对话。

图 5-37　塔梁子 M3 墓宴饮图三

图 5-38　塔梁子 M3 墓宴饮图五

图 5-39　塔梁子 M3 墓宴饮图六

图 5-40　塔梁子 M3 墓宴饮图八

---

① 中国国家博物馆：《文物秦汉史》，北京：中华书局，2009 年版，第 222 页。

图 5-41　塔梁子 M3 墓胡人舞蹈图

　　除了壁画之外，中江塔梁子 M3 还有通过加深减地的办法来刻凿画面的情形，在 M3 三室甬道右壁、四室甬道左壁和右壁、四室门枋右侧门框上都可以看到这样的作品，以 M3 三室甬道右壁上面所刻为一组胡人舞蹈图为例（图 5-41），该图是"四川发现最早的胡人资料，在中国汉代考古资料中也极为罕见"①。图中矩形方框内有五个胡人手拉着手作舞蹈状，他们均戴着朱色尖顶帽，高鼻梁，长着络腮胡子。身体（或衣服）上的斜纹与画框外石壁上的斜纹一致，表明了此处本无图案，是统一凿刻了斜线的壁面，但后来情况有变，画工便直接在壁成上减地凿刻，剔出人物形象，这种方法可以视为以石刻（画像）覆盖石刻（斜纹），对原有安排进行调整，不同于在石刻上施地仗，抹灰膏泥，再绘壁画。在此，使用壁画进行覆盖与用石刻进行覆盖，或许还不仅仅在应用技术的区别和观点的变化上，可能还存在年代的问题。

　　有关研究者认为中江塔梁子 M3 墓之所以出现这样的画面可能是因为对墓葬进行二次利用或二次加工。在石基上绘制壁画的时间当在墓主（可能就是荆子安）下葬前不久，因此才有了这样的处理手法，它可能是受中原地区的影响。汉代的崖墓再利用的情况很多，此说有一定的合理性。当然也存在一种可能，即墓主入葬时距离墓葬建造时较为久远，此时墓主的境遇和社会环境可能已经发生变化，如因墓主的先祖荆文君的去世，族中再无人为官，因此政府逐渐放松对他们的严格的监管，在政治和政治环境发生了这样的变化后（变得更为宽松），造墓者可能会想改变当初的做法，考虑在墓葬图像中加入一些有关家族史以及相关的纪念内容，包括追加一些关于墓主人的传奇经历等。从画像所刻人物形象来看，虽然比较简陋，但仍然可以看出，第六幅与第八幅中二人均戴有梁之冠，但在表层的壁画中，显然没有了这类人物形象，可见前者所代表的墓主身份地位要显

---

① 四川省文物考古研究院、德阳市文物考古研究所、中江县文物保护管理所：《中江塔梁子崖墓》，北京：文物出版社，2008 年版，第 94 页。与此有异曲同工之妙的是一件反映西汉滇人娱乐生活的云南晋宁石寨山出土的鎏金四人俑扣饰，这件扣饰中四个身着盛装的人俑手牵手翩翩起舞，形象生动。

著高于后者。汉代墓葬图像中僭越的情况很常见，当时的社会环境对此有一定的容忍度，但很显然墓主并没有这么去做，他选择了覆盖画面，把它修改成一组八幅的壁画，画面呈现了近似南唐画家顾闳中所绘《韩熙载夜宴图》（图5-42）的表现效果。如果宋治民的推论正确，那么由于社会变迁之故，墓主在意的已然不是要如何回避图像僭越的问题①，因为当时的社会等级对人的钳制力量已经大大削弱了。人们生活在一个动荡不安的社会环境之下，逃避现实所造成的压抑成了普遍的情绪，即便到了另一个世界，也不忘给自己营造一个醉生梦死的享受氛围。无论如何，该墓用了多种形式对原有的壁面图案进行了修改。

图 5-42　《韩熙载夜宴图》（局部）

至于第二类覆盖的例子，即对于绘制完成的壁画用白膏泥之类的覆盖物进行遮盖，遮盖者的意图不能一概而论，要针对具体的墓葬进行分析。有关的例子有洛阳机车工厂东汉壁画墓。绘成的壁画被一层厚0.1—0.3厘米的白石膏泥覆盖。发掘者"推测此墓可能存在二次葬现象，而壁画为第一次入葬时所绘；二次入葬时为使'冥宅'装饰一新，又用白膏泥重新粉刷墓壁，于是就将壁画遮蔽了"。类似的现象在洛阳偃师杏园东汉壁画墓也可以见到，发掘报告描述："壁画被封砌在夹墙内……关于这幅出行图被封砌于墙内的原因，我们倾向性认为，壁画所绘车骑导从仪仗，与墓主的实际官职不符，有明显越制之处……墓主谢世之后，为免生枝节，后人将墓室壁画遮掩于夹墙之内。"后来发掘者在另一版本的报告中又提出了新的见解，认为这种情况也有可能是因为"两次下葬之间，墓主家庭地位发生了较大的变故"。汉代墓葬建造时到下葬之前存在生者入内参观的情况，但这或许不大会影响壁画表现何种内容，换言之，墓葬对公众的短暂开放不足以影响到壁画的存留问题，因为壁画表现什么内容是造墓前事先要考虑的重要内容，它涉及画工的延请、造墓成本甚至造墓工期的控制

① 四川省文物考古研究院、德阳市文物考古研究所、中江县文物保护管理所：《中江塔梁子崖墓》，北京：文物出版社，2008年版，第108—111页。

等问题。除非一种情况，即墓葬早年建好，但在墓主去世时，其社会地位已经发生了巨大的变化，比如从诸侯变成罪犯，那么这时可能会导致墓室图像的修改。当然我们谈论壁画墓的图像时有一个前提，即假定墓室中所绘图像符合死者所属社会身份的等级规范。笔者曾对杏园壁画墓作出如下推断："假如这些图像是为死者而绘制的话，那么封砌画面既可以消除对死者在世的亲人产生的可能的负面影响，而它所承载的功能又不会受到削弱。"① 从已有考古发掘情况来看，这或许不是个别墓葬中存在的情形，然而，正如笔者在讨论汉代"摄盛"仪轨时所指出的，在汉代甚至更早的历史时期，但凡涉及丧葬的礼仪，适当地超越死者所属社会等级的情况是被默许的，因此对壁画进行覆盖的处理方式或者另有深意。这层意义可能涉及建造空间的功能和满足礼仪用途。其一，拓展空间的需要。壁面充塞图像会让墓葬空间变得更为热闹、拥挤，如果客观原因使得净化墓葬空间的意义突显，那么造墓者或赞助人就会采取措施覆盖壁画。其二，出于礼俗、禁忌方面的原因，所绘壁画与生者的观念、利益存在冲突，覆盖壁画是一种折衷的处理方案，这样既可保留壁画，也对生者不可见。其三，经济方面的原因。墓葬系二次利用，采取涂覆方式消除图像是最为经济的处理方式，等等。②

（三）接近替代

绘制壁画的过程，有时会因为画工的粗心或者时间仓促造成缺画或漏画某些细节，或者因为绘画所需画材不足或者缺乏 ③，汉代壁画中也出现过相关材料替代的情况。例如，宜阳尹屯新莽墓整个墓室的梁架斗拱图案几乎都是使用朱砂红来描画，但中室南壁例外，此处的仿木结构中有一小部分使用了土黄来描画（图 5-43），仔细观察全墓的结构，可知此处原来有一段隔墙，因此画工在实际绘制壁画时，忘了这部分的内容，可能直到验收时才发现这个问题，欲弥补却发现朱砂色料已经用完了或者是调制好的色料已经过期了，只好另外调配或另找色相接近的土黄色来代替，这种

---

① 练春海：《汉代车马形象研究——以御礼为中心》，桂林：广西师范大学出版社，2017 年版，第 76—77 页。

② 参见洛阳市文物工作队：《洛阳机车工厂东汉壁画墓》，《文物》1992 年第 3 期，第 26—34 页；中国社会科学院考古研究所：《杏园东汉墓壁画》，沈阳：辽宁美术出版社，1995 年版，第 9 页；中国社会科学院考古研究所河南第二工作队：《河南偃师杏园村东汉壁画墓》，载《洛阳考古集成·秦汉魏晋南北朝卷》下分卷（北京：北京图书馆出版社，2007 年版），第 690—696 页。

③ 所谓的缺乏有两种类型：一是缺乏所需材料，二是指通常使用的材料在特定的场合（因为禁忌）不可使用，因此需要另找材料来替代。

颜色在该墓中原本用于描绘星宿和云纹。

在陕西的一些汉代壁画墓中，有一些图像用色比较特殊的情况其实也可以看成材料替代，比如陕西旬邑百子村东汉墓，该墓比较特别，不仅图案的表现有自己独到的语言体系，连颜色系统也与其他汉代墓葬有很大的区别。壁画中大量地使用黄色来表现形象，就连通常采用偏冷的白色或淡蓝色来表现的月轮，画工也使用黄色来表现（图 5-44），旬邑百子村东汉墓中的壁画很有可能包含了墓主人的某种信仰或观念，壁画上色彩系列其实可以看成用相近颜料替代的情况。又如前揭西安交通大学附小壁画墓中的朱雀图像（图 5-17），一般情况

图 5-43　宜阳尹屯新莽墓壁画

图 5-44　百子村东汉墓月轮图

下，朱雀代表着南方，属火，就算不用朱色，也会用一些暖色系列来表现的。但是有些图像却不使用此种常见的表现手法，而用淡紫色与白色共同绘成，一种可能的情形是，画工用这样的方式来表达墓葬中的朱雀与俗世中的朱雀的区别。

还有一些可能是因为材料在当地不容易找到，所以用相近的材料替代，比如汉代的黑色通常以石墨和松烟为主，但有时也用其他材料来制作，比如永城汉墓壁画中所用的黑色或为朱砂加孔雀石调成。[①] 但是因为颜色与一般情况下的颜色非常接近，所以不易区别出来。

总的来说，汉代壁画艺术作为一个整体，其艺术水准较高是毋庸置疑的，但其中也存在一些因为时间关系而创作出局部粗率、错漏的情形，或

---

① 阎根齐：《芒砀山西汉梁王墓地》，北京：文物出版社，2001 年版，第 120 页。

者是因为材料缺乏或时过境迁等原因，需要对壁画进行改动的处理，这其实在深层次上是与画工、墓主、赞助人及他们的社会背景密切相关的，反映了画工对壁画的宏观驾驭能力和微观构图技术与图像处理水平，墓主的社会生活观念及其所经历的时代变迁等，是整个时代背景在墓葬中的投射。

四、辅助工具

辅助工具主要是指壁画制作时除了画笔、调色盘、砚台之外，直接用于辅助制作画面，使绘画更简单、便捷的工具主要有尺规、棍杖等。

（一）使用尺规

从目前的观察来看，在汉代壁画中，马车、建筑、杆状物之类的图形通常是使用直尺等画直线工具，而日、月、车轮等事物等则用了圆规或者其他的圆形之物来辅助完成。

内蒙古和林格尔东汉壁画墓尺规类的器械用得不少，其发掘简报称："车轮、矛戟柄和建筑界画等，均使用了器械来辅助作画，并纯熟地掌握了毛笔的性能。"[①]在有些壁画的建筑形象中，完全使用直尺辅助图形的绘制，如定边郝滩东汉壁画墓南壁中的庭院图案就必须依靠直尺的使用[②]，而另一些壁画墓的建筑中则只在局部使用工具，如乌审旗嘎鲁图1号壁画墓，墓室前室北壁画有楼阁，画工只在楼阁屋顶瓦背形成的轮廓线才使用直尺。又如河南新密后士郭村西1号墓中室北壁有两处菱格窗也是采用直

图 5-45　百子村东汉墓牛耕图

尺作为辅助工具绘成的。有时，一些柔软的事物，在力的作用下，也会变得笔挺，因此画工也会使用直尺来表现它。旬邑百子村东汉墓前室东壁南侧壁画中的"牛耕图"就是一个例子，图中牛的脖颈与铁犁之间的黄色绳索，画工便是使用直尺画成的（图5-45）。另外，一些

---

① 内蒙古自治区文物考古研究所：《和林格尔汉墓壁画》，北京：文物出版社，1978年版，第31页。

② 陕西省考古研究院：《壁上丹青：陕西出土壁画集》（上），北京：科学出版社，2009年版，第46、63、66、68页。

抽象的装饰线条，如前揭西安交通大学主墓拱形顶壁画与壁画连接处，环绕墓室一周将近11米的交叉线装饰，主体是用尺规画出来的，这些线条可能象征了穿璧纹。可见尺规是汉代壁画绘制过程中比较常见的辅助工具。

圆规的使用也很频繁。汉代壁画中有很多马车的轮子是用圆规画出来的，在一些水准较高的壁画墓中画轮子离不开圆规。在陕西郝滩汉代壁画墓、杨桥畔东汉墓、内蒙古凤凰山M1壁画墓，这些墓葬中出土的马车、牛车图像中的轮毂基本都是用圆规画成，而车舆、缰绳、伞铤，甚至是驱马之策均用直尺画成，这些工具的使用大大提升了马车形象的精美与威严庄重的形式感。很多日轮和月轮也是用工具画出来的。具体说来，画日、月的方法至少有三种，有两种要用到辅助工具，第一种是用圆形的模板来画日、月。比如磁涧西汉墓壁画中的月轮[1]，从图像上来看，画该月轮时，画工先要用一个碗状或盘状的圆形之物扣在砖面上，然后用毛笔沿着它画了一圈，从笔迹来看，画月轮轮廓时所用力度和速度并不均匀，轮廓下方用的是笔的侧锋，上方用的是笔的中锋，可见画工运笔时手肘并未随着笔锋移动，他从月轮的下方逆时针起笔，收笔前力道稍微大了一些，受盘子边缘的影响，收笔时线条略微外甩，在接近起笔处，画工才扭转笔锋接上起笔。第二种便是前面所讲的用圆规来辅助画圆。第三种是不借助工具，直接徒手画出圆来，例如西安交通大学壁画墓中的日轮、月轮。后两种较容易辨识，此处不赘。

（二）使用棍杖等

据发掘者的判断，在山西夏县王村出土的东汉墓中，发现用木棍起稿的痕迹。[2] 这种工具所起的不仅仅是辅助作用，在某种意义上，它甚至部分地取代了画笔的功能。从艺术创作的角度来看，能够使用这种方法起稿的画工，通常技术都比较娴熟，工具对于他们来说就没有那么重要了，可以使用任何杆状的棍或树枝等物直接起稿。

第三节　壁画制作者

广义上说，我们把包括死者的亲朋好友、学生等人在内的出资建造

---

[1] 洛阳市文物管理局、洛阳古代艺术博物馆：《洛阳古代墓葬壁画》，郑州：中州古籍出版社，2010年版，第77页。

[2] 山西省考古研究所、运城地区文化局、夏县文化局博物馆：《山西夏县王村东汉壁画墓》，《文物》1994年第8期，第35—46页。

墓葬者（西方学者称之为赞助人），以及造墓工匠（有一定的壁画绘制能力或者根本不会画但负责壁画所在墙面基础的建造与处理）、壁画绘制者（包括壁画稿的规划、绘制者，具体绘制壁画的画工）等具体实施者都称为壁画制作者。出资者尽管本人不一定亲自参与壁画的设计和制作，但是他们也像制作者一样，把自己的观点通过指导和定制的方式投射到壁画的最终效果上，根据阿瑟·丹托的观点，这种类型的作者可称为隐含的作者。壁画创作的具体实施者，他们通过自己的实际劳作实现了壁画的绘制，其中造墓工匠的工作完成了基底与地仗层的构建，甚至他们也部分地参与壁画的绘制，而较为专业的壁画绘制者则有画师、画工之分。画师不一定特别为某一座墓葬服务，也可能只是绘制墓葬通用的粉本，或为某一墓葬服务团队制作粉本。既有画工利用现成画稿或图谱来完成墓室壁面的绘制，也有画师的现场创作。

一、赞助人

关于赞助人，他们身份与来源比较复杂，除了父母、夫妇、兄弟、子侄等亲属之外，还包括学生、乡邻、同僚，甚至当时的皇帝等人。作为赞助人，他们在丧葬期间提供经济上的资助或物力的援助，使得墓葬建筑（包括墓中的壁画）的建造（和制作）得以顺利完成。

有些赞助人可以在墓室铭刻或榜题中找到他们的名字，如武梁碑铭文所载："孝子仲章、季章、季立，孝孙子侨，躬修子道，竭家所有，选择名石，南山之阳，擢取妙好，色无斑黄，前设坛墠，后建祠堂。良匠卫改，雕文刻画，罗列成行，撼骋技巧，委蛇有章。垂示后嗣，万世不亡。"[①]壁画中题写这类名字的情况较少，通常情况下赞助人的名字在丧葬礼仪中并不被记录。当然壁画中或多或少可以见到一些显然与死者关系密切的人物形象，但我们无法断定他们的身份是否为赞助人。从目前的情况来看，显然画像石墓的"赞助人"更具有功利心，他们与后世佛像系统中的供养人有点相似，"赞助"墓葬空间的建造其实是有"回报"的期许的，或许这与他们所处的社会阶层相对较低有关，而壁画墓的赞助人相对于他们来说社会地位会更高一些，当然其中不排除另一种可能，即壁画墓墓主的社会地位也比较高，或者经济实力比较强，他对"赞助行为"没有需求，因此除了那些有助于反映墓主履历的人物（及其身份）之外，他们的墓葬不允许题刻其他人物的名字（及身份）。当然有一种情况比较特殊，如我们在望都一号汉墓前室的四壁及过道中发现，有很多带题记的人物形

---

① 〔宋〕洪适撰：《隶释·隶续》，北京：中华书局，1985年版，第6.14a（75a）页。

象，他们都与墓主生前的为官经历有关。从前室南壁墓门西侧的"门亭长"，西壁的"□□掾""追鼓掾""门下史""门下贼曹""门下游徼""门下功曹"，东壁的"仁恕掾""贼曹""门下小史"，到北壁的"主记史""主簿"等，这些墓主生前的属史，非常具体地勾勒了墓主的"辉煌仕途"。[①]但这个事实也提醒我们，作为墓主生前的属吏兼墓葬的赞助人，很有可能会出现在他的履历组画中。

二、绘制者

绘制者包括造墓主、造墓工匠、画师与画工（或者是兼有两种身份的画师工）等人，他们都是对壁画的完成具有直接贡献的人，所不同的是，在这些不同身份的"绘制者"中，画师具有原创能力并且可能还有较高的文化素养，而画工只能依据画师（有时也可能是画师之外的赞助人等）所提供的底本进行复制，当然画工有时也可能会进行一些简单的创作，但是形象要素往往取自现成的画稿。在画像石、画像砖中，画师与画工的分工是比较明确的，前者一般是画稿的创作者，并不参加具体的墓葬建造行为；后者则是画像的实际完成者。但在壁画墓中，他们的身份有时会重合，尤其是那些品质较高的壁画作品更倾向如此，其中的原因或许是，壁画墓中的图像创作似乎更少遵循什么特定的规律。

首先，墓室壁画手稿绘制者身份的多种多样。

第一类墓葬壁画手稿的绘制者、设计者可能是职业画家。"根据记载，汉代的画家，已开始出现几种不同的阶层，一是尚方画工，即宫廷的画家。二是民间画工，作画于厅堂、墓室及其他场所。三是文人画家。文人画家为数不多，但已有影响，见于史书的有张衡、蔡邕等。"[②]汉代较高层次的墓葬中或者可以找到这些画家的身影。

第二类绘制者为墓主本人。关于墓主自行设计墓葬的情况，文献中仅见东汉时期的一例，即赵岐。赵岐是京兆长陵人，即今陕西咸阳人，出生于公元108年左右，去世时九十四岁，担任过并州刺史、议郎、太常等职，《汉书》中著有《赵岐传》。赵岐是东汉著名的经学家，也是著名的画家，与张衡、刘褒、蔡邕并称四大名家。个人的艺术造诣与涵养或许是赵岐产生为自己设计墓葬这个想法的根本原因，他特立独行的行为，如在自己的寿陵中图画季札等人的肖像，在当时产生了不小的社会影响，因此最

---

① 北京历史博物馆、河北省文物管理委员会：《望都汉墓壁画》，北京：中国古典艺术出版社，1955年版，第12—14页。

② 王伯敏：《中国绘画史》，上海：上海人民美术出版社，1982年版，第128页。

终这个行为也被当作一件轶事载入史册。在与丧葬相关的礼仪建筑中，还有一个例子也很受关注。武梁祠的画像因为制作极其精美，使得包括巫鸿在内的学者都认为祠主本人就是建筑及其装饰的设计者，因为该祠堂的形制严格地反映了武梁本人的想法。但更多的时候，墓葬实际上反映的只是造墓工匠想法，尽管有些时候出资者可能会根据造墓者提供的方案作出一些选择，但是本质上还是造墓者在进行整体的规划与设计。作为设计者，他们通常都是一些经验丰富的建筑工程师，至少对于墓葬来说如此。汉代出土的墓葬众多，但似乎墓主参与预作的情况很少。[①]

　　其次，墓室壁画的绘制存在多人合作完成的情况。

图 5-46　错银纹牛形铜釭灯

此处所谓的"多人合作完成"，既可以指墓葬从勘探墓址到壁画绘制完成的整个过程是由具有多种技能的若干人员参与并协作完成，也可以仅指墓室中的壁画是由多个人合作完成，但在本书中主要是指后者。绘制壁画的多个人员中，既有专门从事壁画绘制工作者，也有兼事壁画者，此处暂且不做区别，但是参与汉代墓室壁画绘制的画工水平存在高下之分是毫无疑问的。以河南柿园壁画墓为例，它给我们留下的印象非常深刻，其精美的画面与汉代诸侯王墓中出土器物上的图像纹饰（图 5-46）

水准相当，用线的流畅程度绝非寻常画像石墓、画像砖墓中的画像可以媲美。因此，阎根齐认为，柿园汉墓壁画出自"宫廷专职工匠之手"。[②]他说："在绘画技巧上，先经过认真的构图设计，用墨线勾勒出图像的大致轮廓，再根据某种神物所需要的颜色，绘出物体，使在近 17 平方米的范围内，虽是因壁顶在上，必须仰面、胳肘悬空而画，却没有出现一处败笔、多余、重复等现象，线条流畅，粗细均匀，详略得当，运用远近透视关系，准确生动地把握了各种动物的特性，充分显示了古代绘画大师的娴熟技艺。因此，虽然该幅壁画出自谁人之手，已无文字可考，但不会是一般民间艺人所做当不会有大的问题，而应是宫廷专职艺术大师所绘。"[③]关于宫廷画工的文献，能够查到的并不多。西汉元帝时宫中置尚方画工，包

① 杨爱国认为大概邻王墓也是预作的。杨爱国：《汉代的预作寿藏》，载《汉代考古与汉文化国际学术研讨会论文集》，济南：齐鲁书社，2006 年版，第 271—281 页。

② 阎根齐：《芒砀山西汉梁王墓地》，北京：文物出版社，2001 年版，第 120 页。

③ 阎根齐：《芒砀山西汉梁王墓地》，北京：文物出版社，2001 年版，第 234 页。

括杜陵的毛延寿，安陵的陈敞，新丰的刘白、龚宽，下杜的阳望，还有樊育等人。[1]"汉明帝雅好画图，别立画官。"诏班固、贾逵等人取材经史故事，命尚方画工绘制成图画五十卷，第一卷从庖牺开始画，最后一卷（五十卷）是杂画赞。[2]这些画官很可能在一定程度上都参与了上层社会墓室壁画的制作。

　　除了宫廷画家外，在壁画墓葬中，还可能存在专职绘制壁画的画工、学徒工等。尽管没有充分的证据，但汉代墓葬中的图像却显示了这种可能性，比如内蒙古和林格尔东汉壁画墓发掘报告便提到："壁画数量很多，风格和水平并不是完全一致的，推测是由多名画工分工协作，共同完成。"[3]

　　再次，墓室壁画中出现画师工的形象与榜题。

　　当我们思考画师本人的形象是否被画入墓室壁画中这个问题时，旬邑百子村东汉墓中有一个例子或有助于我们去理解它。在该墓后室西壁上有一人物，头戴黑冠，身着朱袍（这种服色的使用可能更多是受所用颜色的级别所限，而不是设计的结果），头部附近有榜题"画师工"三字（图5-47）[4]，疑为邠王的御用"画师"，但他是否直接参了该墓壁画的绘制无从考证。郑岩曾对该"画师工"形象有一番讨论，认为："画家夫妇的形象厕身于属吏的行列中，这是目前见到的中国最早的'自画像'。这位先生谦卑之至，并没有写上自己的名字，而只写了'画师工'三字。也许是因为仰慕亡故的邠王，也许是因为主人的招待和工钱使他格外满意，不管怎样，他

图 5-47　百子村东汉墓画师工图

① 〔东晋〕葛洪撰：《西京杂记》卷第二，北京：中华书局，1985年版，第9页。
② 〔唐〕张彦远：《历代名画记》卷三，影印文渊阁四库全书，台北：台湾商务印书馆，1986年版，第3.29b（812—313b）页。
③ 内蒙古自治区文物考古研究所：《和林格尔汉墓壁画》，北京：文物出版社，1978年版，第31页。
④ 陕西省考古研究院：《壁上丹青：陕西出土壁画集》（上），北京：科学出版社，2009年版，第158页。

的举动的确有些超乎寻常。"①对"画师工"出现于壁画上的原因，他列举了两种可能，也许还有第三种，比如画工的绘画水平较高（这点从墓室壁画中可以直接看出），因而得到墓主或赞助人欣赏，要求他必须将自己画入壁画。但这对于画工来说却是一件让他很为难的事情，正如郑岩所说："统揽有关汉代绘画的文献，我们发现多数人不愿意在生前画像，更不用说把自己的像安排在地下的墓室之中。文献记载只有一人例外，那便是硕儒赵岐。"画工在自画像中署名"画师工"，既可避免不署名的尴尬，也可以避免因在墓葬中署名给自己带来不祥。传世文献中唯一见载的汉代墓室绘画设计者赵岐，或许在为自己设计的墓葬中留下了自己的图像，这个留下来的图像有双重身份，一种是作为墓主的形象，这也汉代多数墓室画像中的表达重点，另一种是作为画师的形象。很显然，后者完全不在赵岐的设计之中。

按郑岩的说法，旬邑百子村的"画师工"其实是一个用来代替名字的榜题，是一个身份的说明。在汉代，画像石、画像砖在当时都被称为"画"，因此在图像的功能和语法上，它们可能差别不大，但涉及"在墓葬中留下画工名字"这个话题时，它们的区别是很明显的。在画像石墓中，我们可以找到不少关于画师（工）的铭刻或题记，如雕造嘉祥许卒史宋山安国祠堂的"名工高平王叔、王坚、江胡、栾石"，山东东阿建造芅他君石祠堂的"师操义、山阳虾丘荣保、画师高平代盛、邵强生等十余人"以及汉代陕北的石刻艺人"巧工王□□"等，这些都是当时比较有名的画工②，但是在壁画墓中，我们显然没有那么幸运，虽然壁画墓画工的平均水平实际上要比画像石墓画工的水平高一些。③对比壁画墓与画像石墓的规格与葬制会发现，汉代壁画墓与画像石墓（含画像砖墓）代表了两个不同的社会阶层的丧葬文化。两个不同的赞助群体在墓葬中镌刻或绘制图像的诉求与心理期待不同，前者在意的是图像对于墓主的意义，后者看重的是画像对墓主在世亲友可能产生的价值。画像石墓不厌其烦地介绍墓葬的花费、画像的创作者，这种现象与汉代统治阶级提倡"举孝廉"有关。一个儒生的孝行如果得到社会的公认，将有机会被州郡推举入仕，而"费资

① 郑岩：《一千八百年前的画展——陕西旬邑县百子村东汉墓细读》，《中国书画》2004年第4期，第54—59页。

② 参见杨爱国：《幽明两界：纪年汉代画像石研究》，西安：陕西人民美术出版社，2006年版，第132—138页。

③ 有一种可能性不能排除，即在同一个地区，有些壁画墓的画师（工）同时也是画像石（砖）墓画稿的创作者，但因画像石作品是由雕刻工人（不一定是画工）对画稿的翻刻或再创作，因此最后呈现出来的水平会受刻工水平的影响，大打折扣。

巨万"邀请名工来制作墓葬和雕刻画像石，则是彰显孝子贤孙孝心的最佳方式，这种现象当时的画工们自然是了然于心的，他们甚至与举丧之家达成了某种默契。不论当时人们是否有在墓葬中留下生者肖像和名字的禁忌，但在汉代墓葬的铭刻、题记中还是出现了不少诸如"名工""巧匠"之类较为隐晦或者间接的表达。

最后，画师所使用的画稿。

第一种情况是一画一稿。因为画师的水平不同，结果也不同，有些画师水平高，可以自行设计和绘制手稿。但是大多数时候画师可能还要参考别人的手稿，这种画师一般被归入画工系列。例如前文提到的在河南偃师高龙乡辛村西南汉墓中、后室之间的横额上，有一个端坐云头的西王母像，她头上所戴的玉胜与一般汉画像中的玉胜不同，为一簪串两颗稍扁的珠子，比较特别，很有可能是画工在参考原稿时，对壁画中的图像细节进行了局部的调整。

第二种情况是一稿多画的情况，也就是画稿其实是粉本或格套。在以往的研究中，学者们对画像石、画像砖中的粉本问题讨论得比较多，但是我们在壁画墓中比较少见到使用粉本的情况，与画像石、画像砖墓相比，汉代壁画墓复制的现象比较罕见，可见在壁画墓中绘制图案的画师水平普遍要高一些，他们一般都具有基本的创作能力。换句话说，在壁画中所谓的格套和粉本比较少，因此壁画画师的来源与传承关系很可能与画像石、画像砖画师不是一个系统的，后者已经被证明有师承关系、团队关系，甚至是职业从事墓葬画像的生产和制作，而前者很有可能是一些兼职从事墓室壁画创作的职业画家，或者是从另一个职场中淘汰下来的艺术家。

从作坊生产的角度来看也是如此。结合各地出土的大量画像石、画像砖的艺术特点、风格语言来看，画像石或画像砖作品很有可能是作坊定制的作品，但是墓室壁画的情况却很不一样，虽然有些型砖墓壁画墓中的型砖是定制的，但是上面的图像却表明，它们通常都是一个个的独立创作。因此壁画墓画师本来的身份更具自由的人格，他们在技术方面可能会比较全面，而制作画像砖、画像石方面的画工则没有给我们这种信心。

目前我们还没有更多的资料来讨论绘制壁画的画师（工）与制作画像砖、画像石中的画工——后者通常也是先用毛笔在石板上起稿，然后再进行镌刻——之间有什么关系。他们是同一部分人还是有交叉的关系？笔者倾向后者。因为从目前可以看到的彩色画像石上，有些品质较高者，水平与壁画相近。至少画像石粉本的绘制者，很有可能就是壁画墓的画师（工）。

第六章 壁画的功能

为何要在墓室中绘制壁画？换言之，即墓葬中的壁画具有何种功能？这个问题看起来非常粗浅，许多相关研究虽然探讨的过程和立论的依据不完全一样，但所得出结论却大同小异，都认为壁画的主要功能是装饰壁面。事实果真如此吗？如果那些壁画只是一种装饰，一种审美体验的对象，那么一定会存在预设的知觉主体，这个主体会是谁？当然答案肯定不会是没有生命迹象的尸体。

实际上，壁画当然不会只是一种装饰。至少，证据表明"装饰壁面"不是墓室壁画最重要的功能，因为美感在墓葬这种特殊语境中无关紧要，而对墓葬进行审美研究则是研究者基于自己的日常经验，用当下的眼光和视角去考量壁画，解读其存在意义的努力。这种思维的局限在于，它不能解释何以在昏暗无光的九泉之下，死者（哪怕是它的灵魂）要像生者那样凝视和观看图像，或者换句话说，我们不能直接把生者对图像的知觉体验方式等同于死者的可能行为，想象着死者（及其灵魂）在另一个世界复制生者的行为模式。

对于墓葬而言，同样次要的还有它的教化功能。我们在前文的分析中已经知道，壁画墓就算会对外开放，时间也是非常短暂的。为了在如此短暂的时间内实行对观者的教育与规训，便大费周章地在墓室中描绘各种图像，既不理智，也不现实。

如此一来，我们就面临两个问题：其一，如果壁画既不是（或者主要不是）为生者的观瞻而准备，也不是为死者观看，那么它的功能是什么？其二，如果壁画是为死者（墓主或者其代表）准备的，那么死者（墓主或者其代表）又将如何去利用它呢？

实际上，墓葬中有很多迹象都表明壁画所具有的审美功能通常不在当初墓葬建造者的考虑范围之内。其一，一旦下葬礼仪活动结束了，墓门便会被封闭，墓室内从此漆黑一片。虽然文献中不乏万年不灭之灯的传说，比如《史记·秦始皇本纪》载："以人鱼膏为烛，度不灭者久之。"① 从考

---

① 《史记·秦始皇本纪》。〔西汉〕司马迁撰，〔刘宋〕裴骃集解，〔唐〕司马贞索隐，〔唐〕张守节正义：《史记》卷六，北京：中华书局，1959年版，第265页。

古的实例中我们也能见到一
些墓葬出土了类似放置照明
设备的结构和装置，比如和
林格尔东汉墓中，我们在每
个墓室墙角的腰部位置都发
现了这样的结构（图6-1），
但是没有证据表明这些结构
上面燃烧了可以持续千年的
特殊燃料。实际上，综合各

图6-1　和林格尔汉墓墙角结构

种情况来推测，这些构造很有可能是当年修造墓室、绘制壁画，以及摆放
殉葬器物，甚至举行祭奠仪式时放置灯烛所用。而这些灯烛在闭圹之后一
般都会撤离，因为很少发现有关的实物遗存，或者即使未撤走，也会因为
闭圹造成的缺氧而熄灭。虽然文献中不乏燃点万年烛、长生灯之说，但是
造型与结构均不详，据《永乐大典》收录《大汉原陵秘葬经·辨掩蔽骨殖
篇》中所载："凡墓室内安放长生灯者，主子孙聪明、安定，主子孙不患
也。"[①] 此说未必就符合汉代的情况，但如果汉代墓葬中存在长明灯，或许
与此有关，而与（壁画的）观看无关。其二，墓室壁画的审美功能不重要
的另一个证据是大多数汉代壁画实际上画得比较粗糙。这种粗糙一方面是
由画工水平较低造成的，通常情况下，墓葬级别的高低与壁画水平的高低
为正相关的关系，但也有些墓葬反映了赞助人并不在乎画工水平高低的一
面；另一方面则是由绘制壁画时只求速度或内容而不求绘画质量造成的，
即使绘制壁画画工的水平不低，但是他们绘制壁画时速度较快，画面便呈
现了随意和草率的特点。其三是有些墓室壁画还有涂改或未完成的状况。
在汉代墓室壁画的图案上或图案周围题写一些与之无关的文字，甚至有时
图像画好之后又用颜料或白膏泥等材料覆盖了，种种迹象都表明图像的视
觉效果并不是画工优先考虑的问题。

　　壁画，包括画像石、画像砖、漆画在内的各种图像，与汉代墓葬中大
量的殉葬物品一样，或许是遵循某种规律出现的。出土汉代墓葬中各种事
物，虽然多数时候呈现为凌乱或破碎的堆积状，但还能大致判断出其所遵
循的放置规律。比较早期的例子有马王堆一号汉墓，这座汉墓未经盗掘，
因此其内部事物的摆放秩序很能说明问题。一号汉墓的随葬器物集中放置
在外藏廓的四个边厢。其中北边厢放置与日常生活有关的帷幔、竹席、酒

───────────
① 〔明〕解缙等奉敕撰：《永乐大典》卷八千一百九十九，北京：中华书局，1986年版，第
　　3827b（8199.23a）页。

**图 6-2　马王堆一号汉墓椁室结构
与随葬器物**

器、陶熏炉、小竹扇、木杖以及侍俑、歌舞俑、乐俑等；西边厢主要放置盛放丝帛衣物、食品等的竹笥以及模型明器、粮食袋等；而绝大多数的彩绘立俑、漆器和 312 枚竹简则放在东边厢，南边厢主要放置钟、钫、釜、罐等各种陶器、竹夹和少部分立俑（图 6-2 ）。① 2011—2016 年发掘的西汉中晚期列侯海昏侯刘贺墓，虽几经盗掘，但可以看出墓葬内的陈设几乎原封不动，受到的破坏可以忽略不计。墓葬主椁室内的事物安放也经过了精心的安排："东、西室南部数量众多的豪华随葬品大部分与日常起居用具有关。藏椁按功能区分，北藏椁自西向东分为钱库、粮库、乐器库。西藏椁从北往南分为衣笥库、武库、文书档案库、娱乐用器库。东藏椁主要为'食官'库，包括酒具库和厨具库。甬道主要为乐车库，其东、西两侧为车马库。"② 在墓葬中，对随葬物品如此精心地选择与放置，说明了一个事实，即它们被用来服务于某个特定的观念。墓葬内部空间的"井然有序"，这个"有序"的环境不仅表现在器物安放（器物与器物之间，器物与尸身之间的关系）上，还表现在更为抽象的丧葬观念上，图像便是承载墓葬中这种抽象观念的重要组成部分。在墓葬中，壁画所承担的使命显然要区别于器物，否则便是重复的建设，就图像而言，墓葬中壁画的作用有两种，一是作为展示的内容，二是用来建构某种价值，不论是哪一种，它们都服务于丧葬观念，是丧葬观念对象化的结果。

第一节　图 以 示 人

墓葬中的壁画确实可以为"特定的对象"所观看，这也是笔者没有完

---

① 湖南省博物馆、中国科学院考古研究所：《长沙马王堆一号汉墓（上集）》，北京：文物出版社，1973 年版，第 35 页。

② 首都博物馆、江西省文物考古研究所：《五色炫耀：南昌汉代海昏侯国考古成果》，南昌：江西人民出版社，2016 年版，第 8—9 页。

全否认墓葬中的图案具有装饰功能的原因。迄今为止，我们只在一座壁画墓，即陕西旬邑百子村东汉墓中发现两则与"观众"有关的墨书题记。在该墓甬道西壁的一则写着"诸观者皆解履乃得入"，甬道东壁的一则写着"诸欲观者皆当解履乃得入观此"（图6-3）。郑岩提示我们，"诸"字或许说明被允许进入墓内的"观者"是一个复数，显然不是指墓主，从甬道在墓葬空间中所处的位置来看，"写在这一特殊位置的题记，无疑是给从外面进入墓室的人们看的"①。他还提到一个画像石墓中的例

图6-3 百子村东汉墓中墨书题记

子，"前几年前发现的陕西绥德县辛店呜咽泉汉画像石墓后室门洞左右刻有题记：览樊姬观列女崇礼让遵大雅贵组绶富支子，帷居上宽和贵齐殷勤同恩爱述神道熹苗裔。其中'览'和'观'两个动词耐人寻味。我在一篇文章中曾假设其省略的主语是死者本人，现在看来问题可能更为复杂。至少在东汉晚期，墓葬不仅仅是一个纯粹的私人空间，在特殊情况下，它还可能在封闭之前向公众开放"②。在没有更多材料可资对比的情况下，我们将它们放在一起，仅作有限的解读，可供参考的信息还有山东两座祠堂中的题记。

山东东阿永兴二年（公元154年）祠堂所刻题记云："观者诸君，愿勿贩（攀）伤，寿得万年，家富昌。"③而山东嘉祥永寿三年（公元157年）石刻祠堂题也有类似的内容："唯诸观者，深加哀怜，寿如金石，子孙万年。牧马牛羊诸僮，皆良家子。来入堂宅，但观耳，无得刻画，令人寿。无为贼祸，乱及子孙。明语贤仁四海士，唯省此书，无忽矣。"④

祠堂虽然与死者有关，但它毕竟是祭祀死者的场所，是暴露于地面的公共性建筑，有人进入其中参观完全合乎情理。从两座祠堂题记的内容

---

① 郑岩：《一千八百年前的画展——陕西旬邑县百子村东汉墓细读》，《中国书画》2004年第4期，第54—59页。

② 郑岩：《看见美好：文物与人物》，北京：人民美术出版社，2017年版，第94页。

③ 罗福颐：《芗他君石祠堂题字解释》，《故宫博物院院刊》1960年第2期，第178—181页。

④ 李发林：《山东汉画像石研究》，济南：齐鲁书社，1982年版，第102页。

来看，它们显然不是针对事先预设的"隐含的读者"①，而是针对那些不期而遇的观看者。因为观众的身份不同，个人的素质和他对待祠堂的态度也不尽相同，祠堂的建造者不免有所担心，因此有了如上的题记。虽然从祠堂到墓室，场所发生了变化，但是焦虑却是相似的，所不同的是，邠王墓中的题记似乎更关心"解履"的问题。墓葬犹如死者的室宅，观者解履入内，无疑强调了死者之地位的尊贵。但这里还有一些问题值得我们进行更多的探讨，如果墓室曾经在建好之后对公众开放，那么此处所谓"公众"的涵盖范围有多大？如果从建造墓室开始到使用它为止墓室都有可能被开放，那么开放的时间其实是很有弹性的，长者可达数年，短者可能也就十几天至几十天，相对应的观众之数也悬殊，从壁画墓与画像石（砖）墓社会等级的差异来看，壁画墓的观众应该更少。这些观众，笔者以为至少可以分为以下四类。

第一类是墓主夫妇。他们的身份比较特别，生前可能是墓室的设计者、督造者和赞助人，死后夫妇双方或只有其中一方身份转变为墓主。在谈到"自建坟冢"这个现象时，我们通常把注意力放在那些男性墓主（比如赵岐、武梁等）身上，而忽略了女性墓主群体。从生理差异来讲，同等条件下，女性的平均寿命要普遍长于男性，因此女性在当时的社会条件下"自建坟冢"的概率可能会更高。而在汉代文化的讨论中，似乎研究者们都把"自建坟冢"当成一个特殊现象来讨论，现在看来或有不妥，存在以今观古的嫌疑。当代中国人口众多，土地成了紧缺的生产资源，国家因此倡导节约用地，在绝大多数地区实行以火葬代替土葬的变革，人死后甚至无法"入土为安"，能在陵园内的骨灰墙上占据方寸空间已属不易。但汉代的情况截然不同，多数坟冢均为"自建"。汉代的墓葬多为合葬墓，因此造墓时可能存在不同的情形，其一为合葬双方（以一夫一妻为例，下同）均在世，二是合葬的一方去世了，而配偶尚在人世，三是夫妇双方均已过世。这三种情况中，只有最后一种墓葬需要"他建"，即墓葬是由墓主夫妇的亲友、门生或其他人来建造。实际上，"自建墓"也好，"他建墓"也好，都有一个共同的设定，即"墓主"在墓葬中总是作为"第三者"，也就是旁观者来对待的。稍举两例：如在那些出现自传性质壁画或画像墓葬中，我们找不到以第一人称口吻进行"叙述"的痕迹；又如"武梁祠"，它被视为极有可能是武梁自己所建的祠堂，但通观整个祠堂中的画像，我们也没有发现一处与"我"有关的抽象表达。在汉代赵岐墓中，赵岐虽然

① 此为接受美学术语，提出者为德国学者沃尔夫冈·伊瑟尔（Wolfgang Iser）。参见朱狄：《当代西方艺术哲学》，北京：人民出版社，1994年版，第292—305页。

"图季札、子产、晏婴、叔向四像居宾位，又自画其像居主位"①，但这幅"自画像"显然在赵歧看来也是"他者"。因为有了这重预设，自建与他建坟冢的边界便模糊了。

第二类是亲友。毫无疑问，包括子侄、门生、故吏在内的亲友是墓葬开放最基本的对象。这些人无论是在墓葬建造时，还是在死者下葬时都有可能成为墓室的观众。他们的身份也是最多样的，除了墓室的设计者、督造者和赞助人，还有可能是送葬者。

第三类是官员。汉代崇尚"举孝廉"，为了让世人"了解"和"注意到"那些"孝子贤孙"们的"孝行"，孝子们往往会不计成本地造墓，甚至出现"生不极养，死乃崇丧"的状况，虽然不是所有的举荐官员都会亲临丧葬礼仪现场考察那些"孝子"们为死去的父母或亲人们所建造的豪华墓葬，但是他们一定是最理想的"观众"。事实上，他们也会有很多机会"听说"和了解墓葬的奢华与墓内的精美壁画。

第四类，画工、画师与墓葬的建造者也是观众，理论上他们是看得最仔细、最认真的"观众"。因为墓室空间的建造有不同的类型，有些图像是"预制"在建筑构件上，然后才在墓地组合成一个实在的空间，而有些图像则是在墓葬空间完全形成之后才开始绘制，但不论哪一种情况，画工们都要事先对空间中将要出现的图像有一个预先的想象。因此，他们不仅是观众，而且在图绘还没有实现之前就看到了"图像"，但是一旦修筑工作完成，验收合格，他们的"观众"身份或资格也随之终止。

无论是哪一种，造访墓室的"诸观众"，实际上被限制在数量不大的一个范围内，并且汉代墓葬的开放时间通常而言不会太长。②退一步讲，这个对于家人、亲友而言意义都非常重大的丧葬空间，一般不会随便让外人进入其中。即使被许可进入观看的人员，在这样的场合会有一些专门的向导（实际上兼司监督）引导"观者"如何合乎规矩地参观。如果确实没有专职的向导，似乎观者也不一定会注意到那些"警句"，或者就是看到了也不一定遵守。如此说来，这些警句实际上是刻意写的，其目的就在于告诉世人，这个墓葬因为其内饰奢华，制作精美，观者"络绎不绝"，以至于不专门出榜"告知观者"都不行了。

---

① 《后汉书·赵歧传》。〔刘宋〕范晔撰，〔唐〕李贤等注：《后汉书》卷范晔：《后汉书》卷六十四，北京：中华书局，1965年版，第2124页。

② 以葬期为参考，假设这一期间及前后墓室空间向亲友开放并展示。据杨树达统计，葬期最近者为七日，个别情况亦会长达三四百日。杨树达：《汉代婚丧礼俗考》，上海：上海古籍出版社，2009年版，第91—99页。

第二节　建　构　功　能

由前揭分析可知，墓葬的内部空间及空间中的各种装饰图像作为观看对象其实是它们非常次要的功能之一，笔者以为，它在墓葬中最主要的功能其实是建构空间和秩序。相对于"长夜漫漫"的永恒，墓葬中的时间观念几乎可以忽略不计，毕竟从下葬、墓中祭奠到闭圹之间的时间非常短暂，在这短暂的时间之后，这个被称为黄泉的世界便与世隔绝，进入"永恒"，因此墓室中的壁画应该还有一种更为重要的功能，这种功能在墓室中起到建构某种价值的作用，这是更为本质的作用，更为基础的功能。这种价值包括建构空间和形成秩序两个方面。

一、建造空间

在汉代墓室壁画中，不仅有人物、车马之类的形象，这些形象通常成组出现，并且还传达特定的意义，还有一些在今天看来纯粹是纹样的图案和用于分割画面或衔接不同壁面之间的色彩块面、线条等，这些貌似不表达任何主题的涂绘，其实也应该被视为图像，它们的功能不仅仅是传达意义，还参与墓葬内部空间的建构。

拿线条来说，最简单的表达形式就是一条头尾粗细一致，单色平涂的粗实线，它们甚至不被赋予任何意义。在河南省荥阳市王村乡苌村汉墓、山西省夏县王村东汉墓中都可以看到这样的情形。在苌村汉墓前室中部为一组大型的车马出行图（图 6-4），高约 105 厘米、宽约 121.3 厘米，在这组出行图中，可以看到三条平行的红色粗实线，将车马出行图的队伍分为上、中、下三层。上、中两组的车马同向而行，下层车马右行，如果不是画工疏忽，这三组车马出行图大概需要分解成两组来解读。上层马车可能象征了墓主出行的车马队伍或者卤簿[①]，而中、下两层则表达了墓主的为官经历，最下一层其实是作为中间层马车的后车，载运辎重等，因此同属一个行列，只是因为受画面幅宽所限，只能另起一行，两行并置在一起有切换镜头之感：上一行是远道而来的车马队伍，镜头切换后，变成了下一行的离别远去。横亘于这组图像中的三道粗线，没有实际意义，只起到分割画面的作用。

---

① 卤簿通常是古代有一定官阶的官员或皇族人员出行时的车马行列。壁画或者画像砖、画像石墓的墓主生前不一定具有这么高的社会地位，其车马出行的队伍应该是模仿现实中的卤簿，象征着死者在另一个世界会获得这样的地位。参见练春海：《汉代车马形像研究——以御礼为中心》，桂林：广西师范大学出版社，2017 年版，第 274—307 页。

图 6-4　芢村汉墓前室中部车马出行图

　　这样的线条如果安排在恰当的位置，或在某些局部稍加变化，就会生发出意义来，此种处理手法在一些大型壁画墓中较为常见。比如 1972 年发掘的内蒙古和林格尔东汉墓，位于前室北耳室北壁及顶部的壁画就是一个比较典型的例子（图 4-17）。孙建华将此幅图命名为《碓舂、谷仓图》，暂不看墓室下部的情节，我们会发现，攒尖顶形式的墓室中，沿着墙角线、墙面中线位置各画了一道红色的粗实线，交汇于室顶，在这几道线的中部又被两组平行的红色粗实线分割成三层，墙面中部的交叉位置画成斗支撑拱状。线条虽然简括，但一看便知，这些线条实际上把这个墓室转化成了一个三层楼的内部建筑空间。二楼以上所填充的线条，表现了云气氤氲的视觉效果。如此一来，这栋楼还不只是一般意义的三层楼阁，而是一栋高耸入云的楼阁，或者是一座远离俗世的仙山楼阁。

　　此类具有象征廊柱、横梁功能的线条，在一些画风更为细腻的壁画上会有更精彩的表现。比如，在很多壁画中，这些粗线条实际上已经不是简单的线了，在线上画工还使用更细的毛笔调和深色（多为墨色和赭色）加以勾勒，形成木纹的质感，更有甚者，建造墓室时，工匠便把预期要着色部分的砖块突出一定的尺寸，形成立体的视觉效果。

　　这些粗线条所具有的建构意义在时人看来是很重要的。以洛阳机车工厂东汉壁画墓为例，在该墓的前甬道、前室、中甬道和中室，考古发掘者都发现了壁画，但是这些壁画有些特别，它有两层，底层的壁画绘于墓壁上厚 0.3—0.4 厘米的白灰膏上，画好后，又覆盖一层厚 0.1—0.4 厘米的白膏泥，在第二层白膏泥上面，每隔一段用朱砂垂直画宽约 9 厘米的立柱[1]，这些朱

---
① 洛阳市文物管理局、洛阳古代艺术博物馆：《洛阳古代墓葬壁画》，郑州：中州古籍出版社，2010 年版，第 206 页。

砂立柱的意义不仅是覆盖或替代第一层壁画，而是一组在意义与分量上均可与第一层壁画等量齐观的图像建构。

汉代壁画中，我们经常会在某些特定的位置看到一些窗户、门户之类的结构，这类图像其实也是建构意义的存在。它的作用是在观念上延伸空间。与当代室内设计艺术中巧妙地利用镜像——使室内空间效果看起来倍增了一样，利用假门假窗或者是图像化的门窗结构，给墓室增加一部分想象空间，使墓葬中的空间比实际的要大，这是壁画所起到的图像建构作用之一。图像所建构起来的空间，有时与墓葬内部的实体空间的性质并不一样。如果墓葬中的实体空间被想象成墓主在黄泉之下的住宅，那么建构起来的空间则可能是西王母的昆仑世界。陕西旬邑百子村东汉墓中的后壁就有这样的一道门（图 6-5），郑岩早年的研究认为它可能是牌位[①]，但在邢义田提出异议之后[②]，他放弃了最初的观点。其实这种门洞造型（以及挂在上面的帘子）都是仿造现实中的木门结构。壁画墓中也有这样的写实版本，比如内蒙古乌审旗嘎鲁图 1 号墓出土的壁画，位于前后室之间的门洞周围仿照真实的木门结构画了一道门框；又如鄂托克旗凤凰山 1 号墓中也有一道这样的图绘门框结构，这些框门的木纹理都画得非常清晰，甚至连榫卯结构都画得非常写实。从图 6-6 中这些绘制而成的木门框与门边图

图 6-5　旬邑百子村东汉墓后壁画像

像的关系来看，显然门框是被当成"实物"来对待的。因为从绘画的角度来说，图像化的门框与门框两侧的图像性质完全是一样的，只需在绘制时加上一些关联或避让使之协调即可，但是很显然画工并没有这么做，而是生硬的将二者区分开来，门框是门框，壁画归壁画，仿佛二者不只是内容的关系，还有材质和属性的区别，可见门框是独立于画面之外的内容。实际上，我们还可以把它们与马王堆帛画的造型进行

① 郑岩：《一千八百年前的画展——陕西旬邑县百子村东汉墓细读》，《中国书画》2004 年第 4 期，第 54—59 页。
② 邢义田：《画为心声：画像石、画像砖与壁画》，北京：中华书局，2011 年版，第 647 页。

对比来加强对其建构功能的理解。

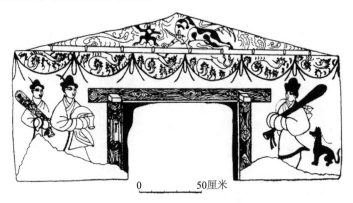

0　　　　　　50厘米

图 6-6　鄂托克旗凤凰山 1 号墓后室壁画

有些门窗结构的出现用意不仅仅是延展空间。如河南后士郭村西 1 号墓出土的两幅燕居图。[①] 这两幅图比较特殊，颇受研究者们的关注。其中一幅画于墓葬中室北壁西侧（图 6-7），画像不采用平常的表现方法，而是把人物置于窗户的后面，这幅画中，菱格的窗子饰以云气纹，非常精致。窗子后面，左侧有一男子形象，头戴白巾帻，身穿红色袍服，右手稍举，左手捧包袱状物。中间女子梳双髻，着绿衣，一手上举，一手搭于右边女子身后，与男子做交谈状。右边女子，双髻，红衣，手扶窗棂，背对以上二人。[②] 在同墓北壁中部出土的另一幅画，同样也是在窗户后面的景致，但是结果却完全不一样，更多私密的情节隐约地从窗户的孔隙中透露出来。窗户在这里代表的是一个界线，后面是一个独立的空间，但是又与墓室主体空间保持某种若即若离的联系，这种联系或者更多的是情感上的。

除了可见的空间要素之外，汉代墓室壁画中，不同部位的图像其实都象征着特定的空间意义，比如墓室顶部的天象图，侧面墙壁上通常会在上层安排一些

图 6-7　河南后士郭村西 1 号墓燕居图

---

① 徐光冀：《中国出土壁画全集·5·河南》，北京：科学出版社，2012 年版，第 86 页。
② 此情此景不禁令人联想到李夫人的故事，她深知以色事人，久病色衰则爱弛，因此哪怕是弥留之际汉武帝来探望她，她也要以被覆面。可以推测，同类的题材或许画像都可能与诀别相关。在荥经的石棺上有类似的画面，与其称之秘戏图，不如称为诀别图更接近其本质。

仙界景象，在下层安排反映人间活动的车马出行、战争、拜谒宴饮、娱乐百戏等图，这样的构图，其实有着缜密的内在逻辑，从天界到地下，从人间到苑囿，图像所反映的空间观具有无限的包容性，几乎完整地塑造了纵贯千年、横亘万里的立体景观。曾蓝莹曾说，汉代的"天"有两种表达方式，一种以"星宿"的方式来表现，另一种则以具体"神仙"形式来表现[①]，这是很有启发意义的。"星宿"是一个物理概念，它可以表达墓葬内部纵向的"空间"观念，这个空间所对应的物理观念是高耸入云的太空，而以神仙形象所虚拟的天界，则是超越人世、高高在上的想象性存在，这是心理层面的。以车马出行的方式来表达墓主可能占据的横向空间是一个很有创造性的形式，出行意味着人们视野的横向拓展，而出行所采用的交通方式则决定了人类视野可达到的范围，步行者肯定不如车行者的视野来得遥远，马车作为当时世界上最先进的交通工具，它在墓葬中的图像显现其实表达了墓主占据更为宽广的空间的雄心。墓葬中纵横交织的空间景象，把有限的室内空间拓展成无垠的黄泉世界。[②]

二、形成秩序

汉代壁画墓中的图像，其发展经历了从无序到有序，从琐碎到系统的过程。从对已有汉代壁画形象的分析来看，形成或影响图像秩序的因素主要有两种，一是图像的位置，二是图像的大小。墓葬中的秩序形成，不仅代表了墓葬从一个密实的闭藏场所发展为一个具有空间的场所，完成了从物理形式的"空间"到观念形式的"空间"的转变，还完成了墓主身份从被保护的、依附于尸身而存在的孱弱的精魂到墓葬语境中强有力的实际主宰的蜕变。

（一）图像的秩序

中国古代墓葬形制的发展，如果以汉武帝统治的西汉中期为界，前后两个历史时期流行的主要丧葬形制大相径庭，往前追溯，是以竖穴墓为代表的墓葬形制，往后看，则基本上过渡到以横穴的洞室墓为主要类型的葬制，洞室墓葬制最显著的特点就是墓室的内部空间急剧扩大。

在汉代墓葬中，有秩序的图像，与建立墓葬内部空间秩序的图像不

---

① Lillian Lan-ying, "Picturing Heaven in Early China", Cambridge: Harvard University Asia Center, 2011.

② 尽管汉代壁画墓在内部空间上，后来有了很大的发展，但是空间的图像表达方式并没有发生显著的变化，对于那些空间很大的墓葬，如和林格尔东汉墓，它的内部空间实际上因为扩大了，反而在图像处理上有很不均衡的感觉，上部空间因为没有更多的内容可以填补，所以只有大量重复云纹或者是建筑的结构图式，显得有些空洞。

同，它们是两个不同的概念，后者是在前者的基础上发展起来的。

有秩序的图像最早出现于帛画、木板画或漆棺彩画上，是相对独立的作品形式，无须与其他画面配合来完成图像意义的表达。有秩序的图像或萌芽于战国帛画，但这个阶段尚未见到秩序井然的画作，以战国的御龙图和人物龙凤图为例，画面上虽然都出现了人物、龙以及舟的形象，可见二者的创作基于一个共同的理念，但是两件作品显然没有相同的视觉特征，具有较大的随意性。马怡认为它们均属于旐一类的在葬礼中引导棺柩前往墓地的事物，战汉期间旐的形制变化还是比较大的，前面我们也讲了，学界关于很多类似的事物到底叫什么，争议很大，其中包括马王堆汉墓出土的 T 形帛画。但这无关紧要，有一点毫无疑义，即 T 形帛画内部各种图形的安排有着严格的秩序。马王堆帛画显然是经过专门设计的，其设计性与艺术性可谓并重。帛画中的主要内容学界已经有了很详尽的讨论，大家比较一致的看法是：画面自上而下表现了天界景象、人间祭祀以及黄泉世界几个部分的内容。遵循同一规律的秩序出现在马王堆三号墓出土的帛画，乃至其他汉墓中出土的帛画、漆画、漆器上也有类似的表现。除此之外，以四神、日月、伏羲女娲等形象构成的有序组合也随处可见，可见在汉代建立图像内部秩序的观念已深入人心。

汉代墓葬内部空间的发展是在完善墓室壁画图像秩序的基础上完成的。完善墓室壁画的图像秩序要借助图像秩序的发展逻辑，可以说，墓室壁画的秩序系统是对汉代已经发展得较为成熟的图像秩序内在逻辑的移植或者放大，说"放大"是因为前者针对整个墓葬，更为庞杂。这个传统形成于何时，我们不得而知，但是很显然，前文关于洛阳金谷园汉墓壁画的讨论已经揭示了墓室壁画与马王堆帛画在图像秩序上的联系。

从图像秩序向墓室壁画秩序的逻辑"移植"，完成了第一步。但是毕竟墓葬空间要远远地大于单幅作品的画幅，因此图像的秩序观在一定的程度上无法支撑这个"放大"了的画面，由此墓葬壁画发展的第二步便是形成其自身的秩序观以替代（或修正）移植而来的秩序观。

（二）主神变迁

在马王堆一号墓出土帛画上方正中央为一人首蛇身形象，学者通常称之为女娲[1]，这种人首蛇身形象在汉代墓葬出土的图像中并不少见，但是居于中央或核心位置的情况较为罕见，它可能是一种更为古老的图式，或

---

[1] 也有少数研究者认为这个形象是太一或烛龙。陈建明：《湖南出土帛画研究》，长沙：岳麓书社，2013 年版，第 33 页。

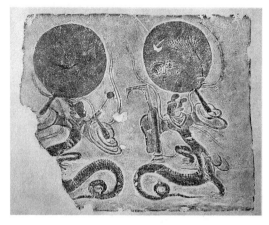

图 6-8　伏羲女娲画像砖

者是在图像形成秩序初期，主神还不固定时偶然出现的形象。西汉中期以后，随着西王母形象在汉代墓葬图像系统中的发展，女娲图像在画面中出现的位置发生了变化，它从一个主神形象降格为对偶神祇的阴性一极，与之配对的阳性一极形象是同为蛇首人身的伏羲形象（图 6-8），而原来单独出现的女娲形象所占据的中心位置却让位于西王母，这种秩序结构实际上在东汉时期又有了新的突破，变得更加多元，而不是由西王母"一统天下"。西王母的至上神形象在汉代人的观念中似乎发生了分裂，时而是不死仙境的主宰，时而又是平衡阴阳的一极，并为之专门安排了对偶神祇——东王公①，这个平衡在某种意义上与伏羲、女娲性质相同。出现这种现象在当时或许有一定的现实原因，王莽篡汉时期，为了达到其个人的政治目的，努力地塑造西王母的至高无上的形象，以此影射"新室文母太皇太后"王政君，获取自己篡位的合法性。②此后，随着东王汉朝的建立，西王母信仰影响的逐步削弱，西王母的"孤寡"形象开始消失，东王公的出现不但意味着西王母主神位置的不再，也意味着墓主（作为主神）形象的隆重登场，这个过程同时还伴随着图像比例的变化，这些转变都说明了秩序的变化。

（三）墓主肖像

关于墓主形象的研究可以说非常之多，因此不拟在此处多着笔墨，仅

---

① "学术界普遍认为，西王母在战国时期就已经出现，东王公的形象是在东汉时期为了和西王母对应而创造出来的。孔子衣镜从文字和图像两方面将东王公的出现由 1 世纪提前到了公元前 1 世纪前叶，以刘贺去世的神爵三年（前 59 年）为下限，并且证明了东王公作为男性的'阳仙'与女性的'阴仙'西王母相对应的传说及其图像组合模式在西汉宣帝时期已经成型。"此说或者还有商榷的余地，如孔子衣镜上的人物也有可能是伏羲女娲或者其他人物形象（或神祇）；或者此时的东王公也不一定是东王公，或者可能是别的人物形象（或神祇）。参考刘子亮、杨军、徐长青：《汉代东王公传说与图像新探——以西汉海昏侯刘贺墓出土"孔子衣镜"为线索》，《文物》2018 年第 11 期，第 81—86 页。

② 马怡：《西汉末年"行西王母诏筹"事件考——兼论早期的西王母形象及其演变》，《形象史学研究》2016 年上半年，第 29—62 页。

提一点，那就是墓主形象在早期汉代壁画墓中并不容易与普通的人物形象区别开来，他们在尺寸上无特异之处，往往需要通过对图像以及所表达主题进行系统分析，然后才能够找到画面的中心人物，也就是墓主形象。东汉以后，情况有所变化，墓主除了可能在最显要的位置以正面朝外的方式呈现以外，还可能被特别地加以处理，比如，在和林格尔东汉墓中，墓主的肖像就被画在一道屏风的前面（图 6-9），使得他不那么真实，更像画中画，这种形式其实赋予了墓主人在壁画中独一无二的地位，仿佛后世帝王宝座后面的一道屏风，衬托了墓主的高贵与神圣。如此一来，秩序建构最终实现了把墓主转化为这个地下世界的真正主宰。

图 6-9　和林格尔汉墓拜谒图

当然，笔者在此所举的也许只是墓室壁画中最重要的建构功能之一，这种空间和秩序的建构在不同的墓葬中会有不同的表现，其秩序建构所遵循的不止这一种逻辑，但是墓主人形象在墓葬中的重要性是不言而喻的，发展到东汉时期，这个特点更为明显。

第三节　禳　除　祈　福

墓室壁画禳除祈福的功能与前二者截然不同，确切地说，禳除祈福类的壁画其实是一系列仪式行为的结果，而我们最终所能看到的大概只是这种仪式行为的遗迹。关于禳除功能的壁画形象可以分为两种类型，一种是在绘制壁画时直接画好，另一种是在墓葬建造工作停止后，在丧葬仪式进行中完成的。

图 6-10　"戒火"图

图 6-11　"东井戒火"陶井

比如在河北望都一号墓前室东壁券门北侧上方，有一处用黑色绘成的盆状物壁画形象，盆的上方呈弧线分布六组红点，每三点聚成花朵状，榜题"戒火"二字（图 6-10）。对于这幅图的解读关键在于榜题，而关于这两个字的含义，尚有一些争议。一种观点认为，"戒火"实为"灭火"之讹；另一种观点则认为，"戒火"二字不存在释读问题，本意为"防范火灾"，用以警示人们注意火灾。①从河南博物院所收藏的一件东汉时期出土带铭文"东井戒火"的陶井（图 6-11）以及一件洛阳所出"东井戒火"画像砖来看②，这种观点有其合理性，因为陶井和画像砖上都刻画了一幅内容甚至构图都非常接近的画像：一作行走状的男子，肩上扛着旗幡，手中执铎铃，颇似后世的打更者，走街串巷地提醒人们"天干物燥，小心火烛"。还有一种观点以为"戒火"是指盆中之花的名字，"净水一盆，内插红花"，戒火之功能的实现靠盆内的花，这种花为景天之属，又称戒花。据传，南朝时期，古人有于春分在屋顶种此花以防火之俗。③汉代是否有此俗呢？应劭《风俗通义·佚文》载："殿堂宫室，象东井形，刻作荷菱，荷、菱，水物也，所以厌火。"④东井即二十八宿中的井宿，由此看来，早在汉代，人们就在宫

---

① 熊龙：《"东井戒火"陶井正名及相关问题考证》，《文博》2012 年第 1 期，第 38—44 页。

② 有关的讨论参见熊龙：《"东井戒火"陶井正名及相关问题考证》，《文博》2012 年第 1 期，第 38—44 页；魏秋萍：《"东井戒火"陶井画像补证》，《文博》2013 年第 4 期，第 46—49 页。

③ 〔宋〕宗懔撰，宋金龙校注：《荆楚岁时记》，太原：山西人民出版社，1987 年版，第 32 页。

④ 《风俗通义·佚文》。〔东汉〕应劭撰，王利器校注：《风俗通义校注》，北京：中华书局，1981 年版，第五七五页。

殿中设置藻井，并用一些水生植物或花卉来装饰藻井厌火。可见，这个时期的人们已经有了很强的消防意识，从图像来看，望都一号墓"戒火"图的意义更接近于第二种观点，这是比较明确的。① 这个图案在墓葬中比较孤立，与周边的图案没有关联，而在与之相对应位置（即前室东壁券门的南侧）也没有相关事物。倒是东壁的下层画有一行九种瑞应图像，靠券门南侧位置画的是一个黑色圆壶（图 6-12），壶内呈红色，右上方榜题"羊酒"二字，这两个字把它与旁边的一只身生双翼的羊建立了联系。当然它们也可能是王仁湘所说的那样，一个羊与酒并列的图像组合。② 据笔者对汉代出土相关画像砖、画像石的考察，很多同样场域出现的应当为伏羊的造型，表现的是盛酒的羊尊。换言之，羊酒当为盛于羊尊之酒，因此，在这幅图中，带翼之羊可能要解读为羊尊，只是立羊造型的羊尊，无论是出土的图案还是实物均未见到实例，仅有云南昭通出土的立姿鸡尊可资参考。如果壶与羊尊均为盛酒之器成立的话，那么此处的羊酒可能不是一种普通意义的酒，而是具有特别意义（比如吉祥）的事物。羊酒与戒火图像是根据位置需要而不是内容与意义的需要绘制的图案，具有禳除功能。这些图像与其他壁画内容同时（绘制）完成，但是很可能需要借助一定的仪式来启动它们，让它们生效。

图 6-12　"羊酒"图

---

① 汉代经常发生火灾，汉武帝时期就有一次记载在案的重大火灾——太初元年柏梁殿火灾。柏梁殿焚毁之后，汉武帝召集群臣，征询防火之法。结果有一位越巫勇之说："南方的习俗，如果发生了火灾，就要另外盖大房子，以超过并厌胜之。"此法与文中的"戒火"厌胜不同。宋代张师正《倦游杂录》"飞全易名鸱吻"条记录了汉代人已有以物厌胜的观念："汉以宫殿多灾，术者言，天上有鱼尾星，易为其象，冠于室，以禳之。"参见自〔宋〕彭乘撰：《墨客挥犀》卷五，文渊阁四库全书，第 5.6a 页。
② 王仁湘：《再说羊酒——饮食思维 59》，本文未正式发表，仅见作者的博客：http://blog.sina.com.cn/s/blog_5628628a0102e9ro.html，2014 年 3 月 9 日。

在山东省东平县物质局 1 号墓前室，有一个人物形象比较特别，很有可能与驱邪相关，该形象位于墓室西壁南侧。在墓室西壁有两组画像，上下并置，上一组画像有 7 个人物，其中 4 人两两对坐，似在欣赏另外三人的舞蹈，下一组便是这个面目可怖，手中执斧的神人形象，单独成行。这种造型通常是能够辟除邪祟的形象，笔者在考证勇士申博图像时，曾专门对此类人物进行造型特征的总结，一般他们的图像表现都是"髭须茂盛，孔武有力"，如此方能起到辟邪的作用。[①]

此外，在汉代壁画中我们也发现有一些处理方式比较特别，比如在画面底色之下先用朱砂涂一层，这种做法表明墓室壁画的意义其实比我们所见到的图像要复杂。仍以东平物质局 1 号墓为例，该壁画墓实际上没有地仗层，是直接在琢磨过的石板上涂刷白灰，从而形成白灰粉底层。研究者通过 X 射线荧光分析和 X 射线衍射分析，发现提取的结果都含有铅元素，当然这不能排除是白灰层中所含有的元素，但在现场的观察中发现，壁画颜料层下方有大量红色颜料，在白灰层下也有大面积的朱砂存在，对它进行定性分析的结果显示材料为铅丹。研究者提醒："白灰层中的铅元素可能有两种形式存在，一种情况是，白灰层中加入汉代炼丹的副产品铅白，一种人造的矿物颜料，另一种情况是，铅元素源于颜料层和白灰下的红色铅丹。这一层铅丹的加入，具体用意尚不清楚，具体情况需要进一步研究。但这种白灰层的制作方法和原料的使用情况比较少见。"[②] 如果不出所料，这与汉代上层社会在墓葬中广泛地使用朱砂有关，在汉代很多诸侯王墓都发现了大量的朱砂痕迹。如河南永城西汉梁孝王李后墓，该墓东西墓门、门道、甬道及多个墓室的四壁及顶部都发现涂有朱砂；又如徐州北洞山西汉楚王墓，主体墓室部分的两耳室、侧室、前后室和厕间以及廊的四壁、顶部也有涂朱现象。贵族阶层墓葬对于朱砂的偏爱可以追溯到原始社会，在二里头的遗址中已发现朱砂葬不少于 60 座，墓中出土的朱砂有随葬器物涂朱、人骨涂朱、棺内铺朱、墓底铺朱等多种形式。在早期中国的偏远地区墓葬中也可以找到朱砂的痕迹，如在四川达州市宣汉县普光镇罗家坝墓地战汉时期的 M2、M35、M36、M38、M46 五座墓葬中发现了朱砂。[③] 朱砂在墓葬中的使用，早期与辟邪有紧密关系，在汉代或许还与升

① 参见练春海：《勇士申博图像考》，《文物》2015 年第 5 期，第 74—79 页。

② 徐军平、鲁元良、王云峰、宋朋遥、宗树：《东平汉墓壁画制作工艺初探》，载《东平后屯汉代壁画墓》，北京：文物出版社，2010 年版，第 113—120 页。

③ 余菀莹、杨华：《试论宣汉罗家坝朱砂葬——兼论巴人与丹砂的渊源》，《三峡大学学报（人文社会科学版）》2018 年第 5 期，第 1—7 页。

仙观念相联系。

　　无论禳灾还是祈福，都要通过具体的仪式来实现，但仪式是动态的行为，不容易被记录，因此大多数时候，即使我们在考古发掘的现场看到了进行仪式所用的道具，我们仍然无法将它们与普通的丧葬器物区别开来。但墓葬中也不是完全无迹可寻，河南省偃师汉墓横额出土的一幅画是一个很好的例子，发掘者称之为"方相氏"[①]，方相氏的记录最早见于《周礼·夏官·方相氏》："方相氏掌蒙熊皮，黄金四目，玄衣朱裳，执戈扬盾，帅百隶而时傩，以索室驱疫。大丧，先柩，及墓，入圹，以戈击四隅，驱方良。"[②] 郑玄曰："蒙，冒也。冒熊皮者，以惊驱疫疠之鬼，如今魌头也。时难，四时作方相氏以难却凶恶也。"郑玄说法符合汉代的情况，"周制方相先驱，汉制魌头，俗开路显道神"。[③] 魌头的本义是面具，为何汉代以方相氏的面具取代方相氏全副武装的形象，还可以再探讨。偃师汉墓中这件横额壁画除了中间的虎面形象之外，两侧还有伏羲、女娲形象。虎面形象揽着伏羲、女娲的造型在文献中查不到出处，但在汉代的图像系统中，我们能够找到的相似图像是一些被称为高禖神的形象（二者的关系笔者将另文讨论），如果再往先秦回溯，大概青铜器上的人虎相抱形象也与之相关，这一形象与祈祷祖先的福佑有关，所以偃师汉墓的这幅画的功能应该与祈福、辟邪有关。

　　因为汉代壁画墓中禳除功能的存在，通常情况下壁画的基底、地仗、颜色三层组成结构，实际上衍发出更多结构来，在地仗层之上出现了专门的涂朱层，在颜料层之上，有时还会发现一些礼仪性行为的痕迹，它们或者是一层白膏泥色，或者是喷洒的水、墨以及书写的文字等。一个比较有代表性的例子便是前文提到的洛阳烧沟 M61 汉墓主室后壁山墙用白粉书写的三个大大的隶书"恐"字[④]，这些字与壁画无关，它出现在壁画的上方，应该不是一种巧合，而是针对特定画面所进行的仪式的结果。文字下方的壁画中有一个非常特别的怪兽形象，大眼圆睁，正面朝外，全身呈深灰色，似为身披熊皮、头戴面具的方相氏。那些"恐"字或为方相氏在墓

① 　徐光冀：《中国出土壁画全集·5·河南》，北京：科学出版社，2012 年版，第 38 页。

② 　《周礼·夏官·方相氏》。〔汉〕郑玄注，〔唐〕贾公彦疏：《周礼注疏》卷三十一，载〔清〕阮元校刻：《十三经注疏附校勘记》，中华书局影印本，1980 年版，第 31.213a（851a-b）页。

③ 　〔明〕张岱撰，李小龙整理：《夜航船》，北京：中华书局，2012 年版，第 198 页。

④ 　洛阳烧沟 M61 汉墓从原址先后搬迁至洛阳王城公园、洛阳古代艺术博物馆，复原后，此三"恐"字现脱落严重，几乎无从辨认。观者可对比河南河南省文化局工作队：《洛阳西汉壁画发掘报告》（载《考古学报》1964 年第 2 期）与王绣、苏健：《洛阳汉代彩画》（洛阳：河南美术出版社，1986 年版，第 38—39 页）两书中所示同一角度的照片以及洛阳古代艺术博物馆中的实际保存状况。

中完成驱疫仪式之后，留下的痕迹，它和我们在汉代墓葬中发现的解注瓶上的文字一样，都可能是带有道教"压胜"特点的痕迹，既是一种解除咒语，也可能代表了某种"激活"法术。在望都汉代壁画墓中室顶券，我们也发现砌砖上有大量白色的字迹，除了"中"字外，还有内容为"孝弟之至通于神明""做事甚快与众异""主人大贤贺□日千""酒肉日有师不爱手""孝弟堂通于神明源""急就奇觚与众异"等文字[①]，它们看起来与道教信仰有一定的关联。

下葬时的禳除性仪式可能对壁画的画面还有一些别的行为，但是那些行为要么没有留下痕迹，要么留下痕迹却因时间关系消失了，所以我们今天所能看到的通常只有壁画本身而已。

当然，壁画的功能还有很多，比如装饰、说教等，有些甚至还是较为重要的，只是有关研究已经很多，因此本章的探讨主要集中于分析和讨论如下两个方面的功能，一是建构功能，构建空间框架和秩序的功能；二是图像所具有的禳除祈福功能。以往的学者会忽略图像的后一种功能，而这种功能其实非常重要，它甚至是推动生者（包括死者的眷属、同僚与好友等）去建造一个可能与他们能力都不一定相匹配的墓葬空间的重要原因。这也是为何我们会在汉代墓葬语境中看到与升迁、子孙繁衍相关的图像表达的原因之一，这些图像不仅与墓主，还与他的后人有关系。

---

① 北京历史博物馆、河北省文物管理委员会：《望都汉墓壁画》，北京：中国古典艺术出版社，1955 年版，第 9 页。

第七章　结　论

近年来，中国出土壁画资料的系统整理和出版，特别是汉代宫殿壁画遗迹发掘资料的公布，使本书有了更为坚实的资料基础。把对出土汉代壁画图像的综合考察与秦汉时期文献的梳理结合起来，用艺术考古研究的手法进行全面、系统的探讨是本书的初衷，但在具体研究、成稿的过程中，除了对汉代地上壁画遗存（及其文献记载）的梳理、汉代地下壁画遗存的类型学考察，以及汉代壁画的题材、制作、工艺、功能等主要问题的艺术考古学的系统梳理外，笔者的侧重点则围绕着那些以往讨论不足之处展开，并取得了如下结论。

第一，汉代壁画在视觉上具有多样统一的特点。

在汉代文献中，关于壁画细节的描述其实语焉不详[1]，我们基本上只能粗略地管窥汉代壁画题材、语言、风格面貌之一斑。以往的研究受汉代地上壁画建筑早已荡然无存的制约，有关的讨论往往对其避而不谈。近年极少量的汉代宫室壁画色块残片的出土，让我们领略了它与秦代宫殿壁画之间所具有的相似性。综合文献、图像和文物遗迹来看，我们基本上可以推断，秦汉时期地面建筑中的壁画与地下建筑中的壁画其实有较多的共性，墓室壁画的各种特征，尤其是呈现于视觉方面的特征，基本上也反映了当时包括地上壁画（乃至画像石、画像砖等艺术形式）在内的各种绘画的主要特征。鲁迅曾说："唯汉人石刻，气魄深沉雄大。"这个评价在某种程度上也同样适用于汉代的绘画类艺术形式。汉代绘画艺术雄浑的概貌，在中国绵延千年的艺术史长河中，也是独树一帜的。

从微观层面来看，汉代壁画的差异性也是很大的，如同画像石、画像砖一样，会因地区的不同而呈现不同的视觉特征，壁画的功能与特点还会因为居所、庙宇、丧葬环境的不同而有所区别。两汉时期时间跨度长，不同的历史阶段，不同地区的壁画在语言、主题等方面也会有变化，它们都是塑造汉代壁画在微观层面不可或缺的客观要素。汉代壁画与画像石、画像砖墓其实代表的是汉代中上层社会与中下层社会两个不同的群体，因此

---

[1] 既有对汉代壁画的描述过于粗疏的一面，也有措辞夸张不实的一面，这些描述以文学性书写见长，缺乏视觉性的语言再现或者较为科学的客观传达。

墓葬画像的图像与语言系统也有同样的表现，这种差异既有绘制者（画师、画工）水平和技能高下有别的原因，也有画像砖、画像石都属于再加工图像（画像砖在画师打稿之后，还经过制模，画像石则由画工转刻到石面）的原因，二次加工作品的水平显然有更多的不确定性。汉代墓葬中壁画的作者的专业性要相对高一些，不像画像石、画像砖的生产和制作那般，后者很多是手工作坊流水线中的普通工匠根据画稿生产出来的。

第二，汉代壁画题材非常丰富，各类题材的适用范围有所不同。

汉代壁画中题材的取材范围非常宽广，从神话到战争，从历史到建筑，从人物到山水，可谓包罗万象，这些题材在地上建筑中与地下建筑中的适用性会一样吗？邢义田曾在他的研究中总结，"汉代地上建筑壁画的内容最少可以分为五类：①天地山海神灵；②奇禽异兽；③古圣先贤；④汉世忠臣孝子；⑤车马、建筑等"①。通过文献与墓葬中出土图像的对比，他认为地上建筑中的色彩应该与地下没有明显的差异，但在题材方面，墓葬壁画中的某些题材，可能是为纪念死者而设计，或专为死者身后享用，应不会出现于活人的居室中，例如，墓中常有显示墓主一生做官经历和功业的场面。他的思路是对的，但具体到某个题材就需要更多的考察。从文献记载来看，汉代壁画中关于丰功伟业与个人经历方面的图像，既有为褒扬生者而作的实例，也有颂赞死者而作的情形。如在郡县的听事场所，往往会画上前任郡首的肖像以示表彰，又如对于那些英雄式的人物，在本地的庙宇中也可能会有他的画赞。因此，这类题材其实是通用的。而有些题材则表现了明显的地域性，如东汉洛阳地区建筑中的壁画题材涉及颇广，包括功臣、列女、孔子及七十二弟子等内容，但这些图像在洛阳东汉墓葬中极为罕见，实际上列女与孔子这两种题材在全国其他地区东汉墓葬中时常可以见到。可见，对这些题材如何使用，不同的场所、地域、群体所反映出来的态度明显不同。

以上情况说明，在汉代壁画中，有些题材的适用范围非常广，而有些则仅见于某一地区、某一特定的空间，有些题材在较长的一段历史时期都有所表现，而另一些题材则只出现于某个特定的时期，有些题材的具体呈现形式不断地变化和发展，而有些题材则在历经两汉四百余年间②而基本保持形式语言的稳定性。

第三，汉代壁画具有定义空间的功能。

邢义田曾说："对绝大部分不识字的人来说，图画无疑是更有效的教

---

① 邢义田：《画为心声：画像石、画像砖与壁画》，北京：中华书局，2011年版，第35页。
② 从西汉中期出现壁画算起到东汉末期，包括新莽时期。

化工具。"①这句话总的来说是正确的，尤其是在秦汉时期，正如张彦远所说的，"图画之妙，爰自秦汉"②。至少在唐人看来，秦汉时期是绘画高速发展的时期，也是其价值被认可的重要时期。但在现实情境中，不同空间中的壁画会有不同的功能，可能在一些公共空间中的某种类型的壁画具有教化意义，但放在墓葬空间中却完全是另一种情况。这种变化甚至解构或重构了原有图像（及其组合）的元素和意义，如把历史典故转化成辟邪图案，或者是转化成某种升仙的符号，等等。

建筑性质的不同，人们对其功能的设定也不一样，对附着于其表面的壁画的定位也不同。地面建筑中的空间是开放的，因此这类建筑壁画的主要功能是教化与装饰，而地下壁画在这方面的功能显然没有那么重要。汉代地上壁画在宫室中不算最高级别的装饰，因此壁画在宫殿或宅第中的出现，其实也在一定程度上宣告了它所从属的空间以及空间所属主体的社会地位。东汉中晚期以降，由于统治集团控制力量的减弱，用壁画装饰建筑的形式逐渐从宫殿向外传播，进入普通大众的生活，但在墓葬语境中，壁画仍然是中上层社会的标志。汉代中上层社会与中下层社会在生活、观念上存在一定的区别，这种区别实际上也影响到汉代壁画墓、画像砖墓、画像石墓在表现题材上的选择。壁画墓的题材以云纹、墓主履历等图像为主，但是画像石墓、画像砖墓则不然，后者受地域和死者生前的生活环境影响较大，墓葬中出现大量历史故事或神话传说类图像，这些图像或多或少受到当时当地地面建筑壁画图像的影响，但是壁画墓中的图像则比较固定地以表现墓主追求长生不死和表达升仙意愿等主题。当然两种类型的墓主人实际上都没有把握死后一定可以升仙或不死，因此他们又安排了诸种对死后美好生活的想象景致。

在以往的研究中，汉代墓室壁画至少有两种功能没有得到足够的重视，但实际上它们对定义墓葬空间的贡献又极大。第一种功能是建立秩序。墓葬空间非常特别，一方面它独立于人世而存在，另一方面它又是人世的延伸。说它独立于人世而存在，是在墓中发现了将它与人世隔绝的证据，同时墓葬又被称为黄泉或九泉；说它为人世的延伸，则是从建造者的角度来看的，汉墓建造者（或赞助人）的身份可能有很多种，但不论哪一种，其实他们都是从自身利益出发来确定墓葬及其内部的空间形制的，因此墓葬在很大程度上成了生者存在方式的一种自然延伸，这种延伸既可以

---

① 邢义田：《画为心声：画像石、画像砖与壁画》，北京：中华书局，2011 年版，第 21 页。

② 〔唐〕张彦远：《历代名画记》，影印文渊阁四库全书，台北：台湾商务印书馆，1986 年版，第 1.3b（812—280a）页。

理解为他们希望这个场所可以保存死者的尸身令其不朽（肉身的完整状态在另一个空间的延伸），亦可以向后人传递赞助人（及其亲友）的预期，他们希望自己百年以后也会被如何对待。同时，这种延伸还表现在墓葬中有许多信息其实与生者相关，比如关于祭祀、祝福的图像，都与生者密切相关。这两种混合的观念在墓葬中并存，很容易造成冲突。因此，需要一个框架来统摄这些林林总总的图像与实物，这就是秩序。汉墓中的秩序不是一开始就出现的，但是可以说，壁画墓的发展伴随着秩序的完善。第二种功能是规划空间。借助图像语言的力量，有一部分壁画从纯粹的绘画转化成图像化的建筑结构。作为壁画，它的功能只停留在填充墙面空白的层次上，而图像化的建筑结构则不然，它的功能不仅仅是填充墙面，还代表所模拟建筑结构，塑造墓室的内部空间。以和林格尔汉墓的壁画来说，画面中的红色粗实线起到了界格的作用①，这种界格与墓室结构相结合，给人以建筑空间内梁柱交相架构的错觉，把冷冰冰的墓室转化为死者所熟悉的温馨（木构）居所。下葬过程中所举办的仪式与空间性质的转化是同时进行的。在仪式开始之前，墓葬中要准备好所有的事物，包括图像、器物，它们是为迎接墓主人的到来而准备的必不可少的道具。一旦棺椁到位，一系列与之相关的傩仪、祭祀等仪式活动便先后上演，壁画中图像也因此激活，而墓主专属的黄泉世界亦因此洞开，从此笙歌曼舞，长乐未央。

第四，汉代壁画的制作具有因地制宜的特点。

已有汉代壁画的研究在分类时往往强调出土壁画的地区性差别，以今天的行政区划来对壁画进行分类，笔者以为这种方式其实陷入了一个误区，因为壁画面貌的地区性差异有时很小，反倒是制作工艺对其视觉特征的影响要大一些，比如鲁南、苏北地区毗邻，它们的地理环境相同，它们虽然分属于两个不同的省级行政区，但是内部的交流非常频繁，发现于这两个地区的汉代墓葬的图像，形式语言几乎一模一样，若按行政区划强行分类，实际上只会给学术探讨增添麻烦。笔者特意避开这种尴尬，以基质的异同来划分壁画的类型，这种分类方法虽然不能给研究者呈现壁画的明确地理坐标，但是却可以让他们比较直观地认识到汉代壁画墓与当地自然条件之间的内在关联。我们不可能用一种办法来解决所有的问题，但作为壁画类型学研究方法的一个补充，它的特点很鲜明，提出了地理环境与壁画之间的关系，这点在以往的研究中较少见到，个别墓葬中或许涉及，但从全国汉代壁画墓的层次来讨论者未有成例。

---

① 参见练春海：《论汉代图像的秩序构建》，《南京艺术学院学报（美术与设计版）》2008年第3期，第102—106页。

　　壁画基底对壁画的宏观视觉特征的影响很大，不同基底上的壁画保存状况、色彩鲜艳程度等都不一样。而制作工艺、绘制语言的差异等则更多地反映壁画之间微观区别，二者的结合给汉代壁画的面貌带来了丰富的变化。

　　由于汉代地面建筑损毁严重，带有壁画者更是荡然无存，因此多数研究者对地上壁画的想象性描述是根据墓室壁画来类推的，但是这种类推并不可靠，因为地上壁画的基底与地下壁画的基底实际上差别较大，前者通常是带有排水的楼居环境、夯筑的墙面，而后者却是处于幽暗之中，可能是在崖壁、土山中凿洞而成，也可能是砌砖叠石而成。因为有这种差异的存在，所以画工必须根据基底材料的不同来处理地仗层，而壁画的视觉特征也会因此受到影响。

　　第五，汉代壁画是多元观念的对象化存在。

　　本书多数情况下只把壁画当作绘画来分析，即使偶尔涉及壁画可能作为仪式的痕迹问题时，也仍然是把它当作图像的遗存，目的是不想把问题复杂化，使讨论陷入困境，但事实上，我们仔细审视壁画会发现：其一，壁画墓中纯粹的装饰图案其实很少（且不说这些图案的源头也与某些理念有联系）；其二，壁画中大多数图像的表现其实比较粗糙而且随意，这种情形虽与节约成本有一定的关系，但更重要的是，它说明了墓室壁画的品质如何并不重要。汉代壁画绘制水平极高者确实存在，如河南永城柿园汉墓的天顶画，但更多的时候涂画随意、畅快淋漓，甚至有时直接在画面上修改。这种现象非常隐晦地告诉我们，墓室壁画的视觉效果也许并不重要，其本质也许超出了绘画所能指涉的范畴。比如，它作为仪式的组成部分出现在墓葬中，汉墓有些壁画很有可能象征了仪式的符箓（及其组成部分），比如烧沟 M61 汉墓后壁山墙上的壁画及其上方所遗留下的三个"恐"字。汉墓壁画也有可能是某种仪式所使用的道具（的象征）[①]，比如河北望都汉墓一号墓中出现的"戒火"。正如山西省考古研究所研究员张庆捷所言，壁画或许也是一种"随葬品的特殊形式"。[②]

　　汉代壁画还反映了一种趋势，一种巫术礼仪活动从文字向图像转化的趋势。来国龙通过秦汉和魏晋时期的骇鬼术进行比较，认为"秦汉时期

① 郑岩在讨论柿园汉墓的壁画时，也提出它可能是"道具"，而不是装饰的观点。郑岩：《逝者的面具：汉唐墓葬艺术研究》，北京：北京大学出版社，2013 年版，第 71 页。
② 此观点由张庆捷在中国人民大学历史学院考古文博系学术前沿讲座（第二十九讲）中提出，参见肖塽：《"献给另一个世界的绘画——山西北朝唐五代墓葬壁画"讲座在中国人民大学举行》：https://mp.weixin.qq.com/s/OkNlFdtbm9i3Drqq3ckWfg，2017 年 6 月 9 日。

以'记鬼名'的语言文字为主的方术，到魏晋时期则兼以图像、视觉为手段"①。汉代壁画为仪式而存在的情况，在一些墓葬中表现得非常明显，比如，我们在前文讨论的一些壁画已经绘制完成，但随后又用白膏泥抹去的墓葬，或者用石灰抹了又重画，如此反复几次的画面，这里面均有可能触及到仪式的问题。从汉代到魏晋时期都可以在一些墓葬的墓道或者墓室之外发现壁画，这些图像对于墓葬而言其实是无意义的，它的功能很可能是骇鬼或者辟邪。

然而，汉代墓葬中的观念其实是混杂多样的，正如在和林格尔的墓葬中出现象征世俗观念的成堆黄金一样②，它让我们联想到南昌汉代海昏侯墓中所见到的大量金饼、金板、马蹄金、麟趾金，性质一样，代表的都是世俗的财富、权势和地位。诸种图像在墓葬中的出现，其实代表了汉代人对于死后世界（人死之后会面对怎样的情境，既无法预知，也无法掌控）的一种妥协，他们把对所有可能的预判及和对这些预判的解决方案都放入墓葬中，这不啻为一种杂糅的智慧，当然它也同样会影响到图像的表达。

墓葬中的壁画具有保存文化的功能，汉人的厚葬行为为我们尘封了大量珍贵的图像与文献史料，尤其是那些当时的人们就已说不清、道不明的图像碎片，非常珍贵。今天的学者，将它们与出土先秦两汉时期的文献材料、器物组合、丧葬形制结合起来，屡屡有重要发现，对于包括壁画在内的汉代图像的深入、系统的解读，其重要性已被越来越多的专家学者所认识。

---

① 来国龙：《汉晋之间劾鬼术的嬗变和鬼神画的源流》，载石守谦、颜娟英：《艺术史中的汉晋与唐宋之变》，台北：石头出版股份有限公司，2014年版，第63—94页。

② 在该墓后室西壁，上部画着帷帐，帐下堆放着财物，四堆黄金旁题有"金"字。徐光冀：《中国出土壁画全集·3·内蒙古》，北京：科学出版社，2012年版，第66页。

参 考 文 献

一、古籍

〔东汉〕班固撰，〔唐〕颜师古注：《汉书》北京：中华书局，1962 年版。

〔东汉〕蔡质撰，〔清〕孙星衍校集：《汉官典职仪式选》，北京：中华书局，1985 年版。

〔晋〕常璩撰，任乃强校注：《华阳国志校补图注》，上海：上海古籍出版社，1987 年版。

〔晋〕陈寿撰，〔宋〕裴松之注：《三国志》，北京：中华书局，1999 年版。

〔明〕陈耀文撰：《天中记》，文渊阁四库全书。

〔宋〕程大昌撰，黄永年点校：《雍录》，北京：中华书局，2002 年版。

〔晋〕崔豹撰：《古今注》。影印文渊阁四库全书，台北：台湾商务印书馆，1986 年版。

〔刘宋〕范晔撰，〔唐〕李贤等注：《后汉书》，北京：中华书局，1965 年版。

〔刘宋〕范镇撰：《东斋记事》卷四，北京：中华书局，1980 年版。

〔清〕冯云鹏、冯云鹓同辑：《金石索》，双桐书屋藏校板清道光十六年跋刊。

〔晋〕干宝撰，汪绍楹校注：《搜神记》，北京：中华书局，1979 年版。

〔东晋〕葛洪撰：《西京杂记》，北京：中华书局，1985 年版。

〔清〕顾祖禹撰，贺次君、施和金点校：《读史方舆纪要》，北京：中华书局，2005 年版。

〔东汉〕郭宪撰：《洞冥记》，文渊阁四库全书。

〔宋〕洪适撰：《隶释·隶续》，北京：中华书局，1985 年版。

〔汉〕焦赣撰：《焦氏易林》卷四，文渊阁四库全书。

〔宋〕乐史撰，王文楚点校：《太平寰宇记》卷三，北京：中华书局，2007 年版。

〔宋〕李昉等撰：《太平御览》，北京：中华书局，1960 年版。

〔西汉〕刘向撰，向宗鲁校证：《说苑校证》，北京：中华书局，1987 年版。

〔东汉〕刘珍等辑，吴树平校注：《东观汉记》卷十八，北京：中华书局，2008 年版。

〔唐〕卢硕：《画谏》。转引自〔宋〕李昉等编：《文苑英华》卷三六二，北京：中华书局，1966 年版。

〔汉〕牟融：《理惑论》。〔梁〕释僧佑辑：《弘明集》，上海：商务印书馆，1936 年版。

〔宋〕欧阳修：《集古录跋尾》卷三，清光绪丁亥校刊行素草堂藏版。

〔唐〕欧阳询撰，汪绍楹校：《艺文类聚（附索引）》，上海：上海古籍出版社，1965 年版。

〔清〕阮元校刻：《十三经注疏附校勘记》，中华书局影印本，1980 年版。

〔梁〕释慧皎撰，汤用彤校注，汤一玄整理：《高僧传》卷第十三，北京：中华书局，1992 年版。

〔晋〕司马彪撰，〔梁〕刘昭注补：《后汉书志》，北京：中华书局，1965 年版。

〔西汉〕司马迁撰，〔刘宋〕裴骃集解，〔唐〕司马贞索隐，〔唐〕张守节正义：《史记》，北京：中华书局，1959 年版。

〔宋〕宋敏求撰，〔清〕毕沅校正：《长安志》，台北：成文出版社，1970 年版。

〔清〕孙星衍等辑，周天游点校：《汉官六种》，北京：中华书局，1990 年版。

〔南宋〕唐仲友：《汉甘泉宫记》，《玉海》卷一百五十五，文渊阁四库全书。

〔魏〕王肃注：《孔子家语》，文渊阁四库全书。

〔晋〕王羲之：《与周益州书》。〔明〕周复俊：《全蜀艺文志》卷六十，文渊阁四库全书·集部。

〔清〕王先谦撰：《后汉书集解》，北京：中华书局，1984 年版。

〔汉〕王逸撰：《楚辞章句》，影印文渊阁四库全书，台北：台湾商务印书馆，1986 年版。

〔南宋〕王应麟撰：《钦定四库全书·子部·玉海》。

〔北齐〕魏收撰：《魏书》，北京：中华书局，1974 年版。

〔梁〕萧统编，〔唐〕李善注：《文选》，上海：上海古籍出版社，1986 年版。

〔汉〕许慎撰，〔清〕段玉裁注：《说文解字注》，杭州：浙江古籍出版社，1998 年版。

〔东汉〕应劭撰，王利器校注：《风俗通义校注》，北京：中华书局，1981 年版。

〔明〕张岱撰，李小龙整理：《夜航船》，北京：中华书局，2012 年版。

〔晋〕张华撰，范宁校证：《博物志校证》，北京：中华书局，1980 年版。

〔唐〕张彦远：《历代名画记》，影印文渊阁四库全书，台北：台湾商务印书馆，1986 年版。

〔东汉〕郑众：《百官六礼辞》。〔唐〕杜佑撰，王文锦等点校：《通典》卷五十八，北京：中华书局，1988 年版。

〔明〕周嘉胄撰：《香乘》，影印钦定四库全书，台北：台湾商务印书馆，1985 年版。

二、专著

北京历史博物馆、河北省文物管理委员会：《望都汉墓壁画》，北京：中国古典艺术出版社，1955 年版。

陈建明：《湖南出土帛画研究》，长沙：岳麓书社，2013 年版。

陈永志、黑田彰：《和林格尔汉墓壁画孝子传图辑录》，北京：文物出版社，2009 年版。

范小平：《四川崖墓艺术》，成都：巴蜀书社，2006 年版。

傅举有：《中国漆器全集 3·汉》，福州：福建美术出版社，1998 年版。

盖山林：《和林格尔汉墓壁画》，呼和浩特：内蒙古人民出版社，1977 年版。

广州市文物管理委员会、中国社会科学院考古研究所、广东省博物馆：《西汉南越王墓》，北京：文物出版社，1991 年版。

何清谷校注：《三辅黄图校注》，西安：三秦出版社，1995 年版。

河南省文物考古研究院：《永城西汉梁国王陵与寝园》，郑州：中州古籍出版社，1996 年版。

河南省文物研究所：《密县打虎亭汉墓》，北京：文物出版社，1993 年版。

贺西林：《古墓丹青：汉代墓室壁画的发现与研究》，西安：陕西人民美术出版社，2001 年版。

湖北省博物馆：《曾侯乙墓》（上），北京：文物出版社，1989 年版。

湖南省博物馆、首都博物馆：《凤舞九天：楚文化特展》，北京：科学出版社，2015 年版。

湖南省博物馆、中国科学院考古研究所：《长沙马王堆一号汉墓》，北京：文物出版社，1973 年版。

湖南省博物馆：《长沙马王堆汉墓陈列》，北京：中华书局，2017 年版。

黄晖撰：《论衡校释（附刘盼遂集解）》，北京：中华书局，1990 年版。

黄佩贤：《汉代墓室壁画研究》，北京：文物出版社，2008 年版。

黄晓芬：《汉墓的考古学研究》，长沙：岳麓书社，2003 年版。

姜生：《汉帝国的遗产：汉鬼考》，北京：科学出版社，2016 年版。

姜守诚：《出土文献与早期道教》，北京：中国社会科学出版社，2016 年版。

蒋玄台：《中国绘画材料史》，北京：中国书店出版社，1987 年版。

李德渠：《金乡汉画》，青岛：青岛出版社，2015 年版。

李发林：《山东汉画像石研究》，济南：齐鲁书社，1982 年版。

李林：《石室丹青：辽东汉魏墓室壁画研究》，沈阳：辽海出版社，2017 年版。

李翎：《鬼子母研究：经典、图像与历史》，上海：上海书店出版社，2018 年版。

李零：《万变：李零考古艺术史文集》，北京：生活·读书·新知三联书店，2016 年版。

李龙彬、马鑫、邹宝库：《汉魏晋辽阳壁画墓》，沈阳：辽宁人民出版社，2020 年版。

李凇：《论汉代艺术中的西王母图像》，长沙：湖南教育出版社，2000 年版。

练春海：《器物图像与汉代信仰》，北京：生活·读书·新知三联书店，2014 年版。

练春海：《汉代车马形像研究——以御礼为中心》，桂林：广西师范大学出版社，2017 年版。

练春海：《重塑往昔：艺术考古的观念与方法》，北京：社会科学文献出版社，2019 年版。

罗宏才：《陕西考古会史》，西安：陕西师范大学出版社，2014 年版。

洛阳市文物管理局、洛阳古代艺术博物馆：《洛阳古代墓葬壁画》，洛阳：中州古籍出版社，2010 年版。

洛阳文物工作队：《历程：洛阳市文物工作队三十年》，北京：文物出版社，2011 年版。

内蒙古自治区文物考古研究所：《和林格尔汉墓壁画》，北京：文物出版社，1978 年版。

山东省博物馆、山东省文物考古研究所：《山东汉画像石选集》，济南：齐鲁书社，1982 年版。

山东省文物考古研究所、东平县文物管理所：《东平后屯汉代壁画墓》，北京：文物出版社，2010 年版。

陕西历史博物馆：《2014 陕西历史博物馆壁画论坛——"全球视野下中国古代壁画保护研究"国际学术研讨会论文集》，西安：三秦出版社，2016 年版。

陕西省考古研究所、西安交通大学：《西安交通大学西汉壁画墓》，西安：西安交通大学出版社，1991 年版。

陕西省考古研究院：《壁上丹青：陕西出土壁画集》（上），北京：科学出版社，2009 年版。

尚秉和：《历代社会风俗事物考》，台北：台湾商务印书馆，1975 年版。

石守谦、颜娟英：《艺术史中的汉晋与唐宋之变》，台北：石头出版股份有限公司，2014 年版。

首都博物馆、江西省文物考古研究所：《五色炫耀：南昌汉代海昏侯国考古成果》，南昌：江西人民出版社，2016 年版。

四川省文物考古研究院、德阳市文物考古研究所、中江县文物保护管理所：《中江塔梁子崖墓》，北京：文物出版社，2008 年版。

孙机：《仰观集：古代文物的欣赏与鉴别》，北京：文物出版社，2015 年。

孙彦：《河西魏晋十六国壁画研究》，北京：文物出版社，2011 年版。

汪小洋：《中国墓室壁画史论》，北京：科学出版社，2018 年版。

王伯敏：《中国绘画史》，上海：上海人民美术出版社，1982 年版。

王伯敏：《中国绘画通史》，北京：生活·读书·新知三联书店，2000 年版。

王纲怀：《汉镜铭文图集》，上海：中西书局，2016 年版。

王明著：《抱朴子内篇校释（增订本）》，北京：中华书局，1985 年版。

王社教：《汉长安城》，西安：西安出版社，2009 年版。

王小盾：《经典之前的中国智慧》，北京：北京大学出版社，2016 年版。

王绣、霍宏伟：《洛阳两汉彩画》，北京：文物出版社，2015 年版。

王煜：《文物、文献与文化：历史考古青年论集》，上海：上海古籍出版社，2017 年版。

王振铎遗著，李强整理、补著：《东汉车制复原研究》，北京：科学出版社，1997 年版。

魏坚：《内蒙古中南部汉代墓葬》，北京：中国大百科全书出版社，1998 年版。

闻一多：《闻一多全集》第二册，北京：生活·读书·新知三联书店，1982 年版。

巫鸿：《礼仪中的美术——巫鸿中国古代美术史文编》，北京：生活·读书·新知三联书店，2005 年版。

巫鸿：《武梁祠：中国古代画像艺术的思想性》，柳扬、岑河译，北京：生活·读书·新知三联书店，2006 年版。

巫鸿：《黄泉下的美术：宏观中国古代墓葬》，北京：生活·读书·新知三联书店，2010 年版。

巫鸿、郑岩：《古代墓葬美术研究》第一辑，北京：文物出版社，2011 年版。

武利华：《中华图像文化史·秦汉卷》，北京：中国摄影出版社，2016 年版。

武玮、向祎：《四神云气图壁画》，郑州：大象出版社，2017 年版。

西安市文物保护考古研究院：《西安西汉壁画墓》，北京：文物出版社，2017 年版。

肖世孟：《先秦色彩研究》，北京：人民出版社，2013 年版。

邢义田：《画为心声：画像石、画像砖与壁画》，北京：中华书局，2011 年版。

邢义田：《画外之意——汉代孔子见老子画像研究》，台北：三民书局，2018 年版。

邢义田：《今尘集：秦汉时代的简牍、画像与文化流播》，上海：中西书局，2019 年版。

徐光冀：《中国出土壁画全集》，北京：科学出版社，2012 年版。

徐州博物馆、南京大学历史学系考古专业：《徐州北洞山西汉楚王墓》，北京：文物出版社，2003 年版。

阎根齐：《芒砀山西汉梁王墓地》，北京：文物出版社，2001 年版。

杨泓：《束和集：考古视角的艺术史》，北京：中国社会科学出版社，2018 年版。

杨树达：《汉代婚丧礼俗考》，上海：上海古籍出版社，2009 年版。

姚生民：《甘泉宫志》，西安：三秦出版社，2003 年版。

仪征博物馆：《仪征出土汉代漆木器》，南京：江苏凤凰美术出版社，2015 年版。

尤佳：《东汉列侯爵位制度》，昆明：云南大学出版社，2015 年版。

余嘉锡撰，周祖谟、余淑宜整理：《世说新语笺疏》，北京：中华书局，1983 年版。

俞伟超：《先秦两汉考古学论集》，北京：文物出版社，1985 年版。

张跃辉等：《蜀风雅韵：广汉文物艺术精粹》，四川：巴蜀书社，2013 年版。

郑岩：《逝者的面具：汉唐墓葬艺术研究》，北京：北京大学出版社，2013 年版。

郑岩、巫鸿、朱青生：《古代墓葬美术研究》第二辑，长沙：湖南美术出版社，2013 年版。

郑岩：《魏晋南北朝壁画墓研究（增订版）》，北京：文物出版社，2016 年版。

郑岩：《看见美好：文物与人物》，北京：人民美术出版社，2017 年版。

中国国家博物馆：《文物秦汉史》，北京：中华书局，2009 年版。

中国社会科学院考古研究所、河北省文物管理处：《满城汉墓发掘报告》，北京：文物出版社，1980 年版。

中国社会科学院考古研究所:《汉魏洛阳故城南郊礼制建筑遗址:1962—1992 年考古发掘报告》,北京:文物出版社,2010 年版。

中国社会科学院考古研究所:《杏园东汉墓壁画》,沈阳:辽宁美术出版社,1995 年版。

周天游:《色·物象·变与辨:首届"曲江壁画论坛"论文集》,北京:文物出版社,2014 年版。

朱浒:《汉画像胡人图像研究》,北京:生活·读书·新知三联书店,2017年版。

朱杰勤:《秦汉美术史》,北京:商务印书馆,1957 年版。

朱青生:《汉画总录》,桂林:广西师范大学出版社,2011 年版。

三、论文

蔡志伟:《德与色——甘泉宫中的李夫人像》,《美术与设计》2015 年第 5 期,第 74—78 页。

曹建强:《洛阳新发现一组汉代壁画砖》,《文博》2009 年第 4 期,第 12—16 页。

陈明:《从海昏侯墓孔子画像看汉代墓室绘画》,《中国美术》2016 年第 4 期,第 50—53 页。

陈愫闲:《朴拙生灵奇:武威汉代木雕》,《文明》2014 年第 8 期,第 90—105页。

陈秀慧:《汉代贞夫故事图像再论》,《南方文物》2017 年第 4 期,第 207—223 页。

陈秀慧:《陕北汉墓完璧归赵画像考——从神木大堡当 M16 门楣画像谈起》,《艺术学》2007 年第 1 期,第 7—74 页。

陈长虹:《汉代铜镜上的"九子母"图像——对"三段式神仙镜"的再认识》,《四川文物》2014 年第 4 期,第 63—72 页。

陈直:《长沙马王堆一号汉墓的话若干问题考述》,《文物》1972 年 9 期,第 30—35 页。

程林泉、张翔宇:《关中地区汉代壁画墓浅析》,《考古与文物》2006 年第 3 期,第 43—53 页。

党国栋:《武威县磨嘴子古墓清理记要》,《文物》1958 年第 11 期,第 68—71 页。

董睿:《中国壁画材料和工艺流变》,《中国艺术》2017 年第 4 期,第 56—60 页。

董远成:《长沙东汉"熹平元年"人形木牍》,《湖南省博物馆馆刊》(2013 年)第十辑,第 293—297 页。

鄂尔多斯博物馆、鄂尔多斯市文物考古研究院、乌审旗文物管理所:《内蒙古鄂尔多斯巴日松古敖包汉代壁画墓清理简报》,《文物》2019 年第 3 期,第 38—64 页。

冯国:《汉代安城长乐宫出土汉代宫殿壁画》,《人民日报》2004 年 2 月 4 日。

冯健、夏寅、Catharina Blaensdorf、Susana Greiff:《西安理工大学曲江校区

西汉壁画墓颜料分析研究》,《西北大学学报（自然科学版）》2012 年第 5 期, 第 771—776 页。

甘肃居延考古队:《居延汉代遗址的发掘和新出土的简册文物》,《文物》1978 年第 1 期, 第 1—25 页。

甘肃省文物考古研究所、日本秋田县埋藏文化财中心、甘肃省博物馆:《2003 年甘肃武威磨嘴子墓地发掘简报》,《考古与文物》2012 年第 5 期, 第 28-38 页及图版三、四, 封三。

甘肃省文物考古研究所:《甘肃武威磨嘴子东汉墓（M25）发掘简报》,《文物》2005 年第 11 期, 第 32—38 页。

高崇文:《楚"镇墓兽"为"祖重"解》,《文物》2008 年第 9 期, 第 46、54—60 页。

龚晨:《汉代墓室壁画色彩研究》, 上海大学博士学位论文, 2015 年。

关天相、冀刚:《梁山汉墓》,《文物参考资料》1955 年 5 期, 第 43—50 页。

关园园、吴原:《鸿都门学特质考论》,《长春师范学院学报（人文社会科学版）》2010 年第 1 期, 第 38—42 页。

郭建邦:《孟津送庄汉黄肠石墓》,《河南文博通讯》1978 年第 4 期, 第 30—33 页。

郭沫若:《洛阳汉墓壁画试探》,《考古学报》1964 年第 2 期, 第 1—7 页。

韩长松、成文光、韩静:《焦作白庄汉墓 M121 出土陶仓楼彩绘考》,《中国国家博物馆馆刊》2014 年第 4 期, 第 6—16 页。

河南省博物馆:《灵宝张湾汉墓》,《文物》1975 年第 11 期, 第 75—93 页。

河南省文化局文物工作队:《洛阳西汉壁画墓发掘报告》,《考古学报》1964 年第 2 期, 第 107—125 页。

贺昌群:《三种汉画之发现（附插图七幅）》,《文学季刊》（北平: 立达书局）1934 年第 1 期, 第 233—236 页。

贺西林:《洛阳北郊石油站汉墓壁画图像考辨》,《文物》2001 年第 5 期, 第 65—69 页。

胡适:《〈易林〉断归崔篆的判决书》,《历史语言研究所集刊》第 20 卷上册, 1948 年版, 第 25—48 页。

湖北省荆州地区博物馆:《江陵高台 18 号墓发掘简报》,《文物》1993 年第 8 期, 第 12—20 页。

湖南省博物馆:《长沙砂子塘西汉墓发掘简报》,《文物》1963 年第 2 期, 第 13—24 页。

黄蔚:《画工毛延寿小考》,《艺术科技》2018 年第 1 期, 第 115、194 页。

吉琨璋、王金平:《千年奇遇的荒帷》,《中国文化遗产》2006 年第 2 期, 第 65—67 页。

济南市文化局文物处:《山东济南青龙山汉画像石壁画墓》,《考古》1989 年第 11 期, 第 984—993 页。

贾巧燕:《东平后屯汉墓壁画研究》, 东南大学艺术学硕士学位论文, 2012 年。

姜生:《考古马王堆一号汉墓四重棺: 汉初道者眼中的死后仙化程序》,《文史哲》2016 年第 3 期，第 139—150 页。

蒋宏杰等：《河南南阳陈棚汉代彩绘画像石墓》，《考古学报》2007 年第 2 期，第 233—266 页。

焦作市文物工作队：《河南焦作白庄汉墓 M121、M122 发掘简报》，《中原文物》2010 年第 6 期，第 10—27、46 页及彩版一、二。

金申：《旃檀佛像的源流及样式》，《文物天地》1996 年第 2 期，第 17—20 页。

金申：《汉藏佛教中的旃檀瑞像》，《文物春秋》2005 年第 4 期，第 31—40 页。

金维诺：《谈马王堆三号墓帛画》，《文物》1974 年第 11 期，第 40—44 页。

李龙彬、马鑫、王爽：《新发现的辽阳河东新城东汉壁画墓》，《东北史地》2016 年第 1 期，第 29—32 页。

李梅田：《略谈巫山汉墓的鎏金棺饰——兼及汉代的饰馆之法》，《文物》2014 年第 9 期，第 71—75 页。

李淑琴：《郝滩乡汉墓壁画的保护性揭取》，《文博》2003 年第 5 期，第 68—72、77 页。

李文信：《辽阳北园画壁古墓记略》，《国立沈阳博物院筹备委员会汇刊》1947 年第 1 期，第 122—163 页。

李曰训、郑希敏、郭立民：《山东邹平发现汉代墓地》，《中国文物报》2007 年 9 月 14 日。

栗淑萍：《中国古代壁画制作技术初步分析》，《中国文物科学研究》2009 年第 2 期，第 89—92 页。

练春海：《论汉代图像的秩序建构》，《南京艺术学院（美术与设计）》2008 年第 3 期，第 102—106 页。

练春海：《论汉墓内棺盖上所置玉璧的礼仪功能》，《美术研究》2019 年第 1 期，第 58—65 页。

练春海：《勇士申博图像考》，《文物》2015 年第 5 期，第 74—79 页。

练春海：《"虎噬人"母题研究》，《形象史学研究》2015 下半年期，第 30—58 页。

练春海：《止戈为武：汉代陕北军事题材画像的特点与意义》，《中国美术研究》2017 年第 4 期，第 64—77 页。

辽宁省文物考古研究所：《辽宁辽阳南郊街东汉壁画墓》，《文物》2008 年第 10 期，第 34—59 页。

辽宁省文物考古研究所：《辽宁牛河梁红山文化"女神庙"与积石冢群发掘简报》，《文物》1986 年第 8 期，第 1—17 页。

廖明君、练春海：《视觉形象材料与早期中国的文化艺术——练春海博士访谈录》，《民族艺术》2012 年第 4 期，第 45—49 页。

林梅村：《洛阳所出东汉佉卢文井阑题记——兼论东汉洛阳的僧团与佛教》，《中国历史博物馆馆刊》1989 年第 13、14 期（合刊），第 240—249 页。

刘敦愿：《马王堆西汉帛画中的若干神话问题》，《文史哲》1978 年第 4 期，第 63—72 页。

刘庆柱：《秦都咸阳第三号宫殿建筑遗址壁画考释》，《人文杂志》1980 年第

6 期，第 85—89 页。

刘未：《辽阳汉魏晋壁画墓研究》，《边疆考古研究》第二辑，2003 年版，第
232—257 页。

刘晓路：《论帛画俑：马王堆 3 号墓东西壁画的性质和主题》，《考古》1995
年第 10 期，第 937—941 页。

刘云涛：《山东莒县双合村汉墓》，《文物》1999 年第 12 期，第 25—27 页、
彩版四及封底。

刘振东、张建锋：《西汉长乐宫遗址的发现与初步研究》，《考古》2006 年第
10 期，第 4—29 页。

罗福颐：《芗他君石祠堂题字解释》，《故宫博物院院刊》1960 年第 2 期，第
178—181 页。

洛阳市第二文物工作队：《洛阳涧滨东汉黄肠石墓》，《文物》1993 年第 5 期，
第 24—26 页。

洛阳市第二文物工作队：《洛阳五女冢 267 号新莽墓发掘简报》，《文物》1996
年第 7 期，第 42—53、95 页。

洛阳市第二文物工作队：《洛阳尹屯新莽壁画墓》，《考古学报》2005 年第 1 期，
第 109—126 页以及图版柒至贰拾肆。

洛阳市文物工作队：《河南洛阳北郊东汉壁画墓》，《考古》1991 年第 8 期，
第 713—721、768 页及图版四、五、八。

洛阳市文物工作队：《洛阳西工东汉壁画墓》，《中原文物》1982 年第 3 期，
第 15—21 页。

洛阳市文物工作队：《洛阳机车工厂东汉壁画墓》，《文物》1992 年第 3 期，
第 26—34 页。

洛阳市文物工作队：《洛阳发掘的四座东汉玉衣墓》，《考古与文物》1999 年
第 1 期，第 3—26 页。

洛阳市文物工作队：《洛阳新安县铁塔山汉墓发掘报告》，《文物》2002 年第
5 期，第 33—38 页。

吕利平等：《安徽体育文化形态考辨——初析潜山 58 号汉墓棺椁上的彩绘》，
《体育文史》1998 年第 5 期，第 40—43 页。

马利清、宋远茹：《关于匈奴文字的新线索》，《考古与文物》2004 年第 2 期，
第 49—53 页。

马怡：《武威汉墓之旐——墓葬幡物的名称、特征与沿革》，《中国史研究》
2011 年 4 期，第 61—82 页。

马怡：《西汉末年"行西王母诏筹"事件考——兼论早期的西王母形象及其
演变》，《形象史学研究》2016 年上半年，第 29—62 页。

马雍：《论长沙马王堆一号汉墓出土帛画的名称和作用》，《考古》1973 年 2 期，
第 118—125 页。

南京博物院、邳县文化馆：《东汉彭城相缪宇墓》，《文物》1984 年第 8 期，
第 22—29 页。

南京博物院：《江苏盱眙东阳汉墓》《考古》1979 年第 5 期，第 412—426 页。

乔琛:《休屠王阏氏与金氏家族——一个西汉匈奴家族的血统延续与文脉传承》,《西域研究》2015 年第 1 期,第 121—130 页。

秦都咸阳考古工作站:《秦都咸阳第一号宫殿建筑遗址简报》,《文物》1976年第 11 期,第 12—24、41 页及图版一至三。

曲柄睿:《汉代宫省宿卫的四重体系研究》,《古代文明》2012 年第 3 期,第51—58 页。

三门峡市文物工作队:《三门峡市刘家渠汉墓的发掘》,《华夏考古》1994 年第 1 期,第 22—30 页。

山西省考古研究所、运城地区文化局、夏县文化局博物馆:《山西夏县王村东汉壁画墓》,《文物》1994 年第 8 期,第 3—46 页。

陕西省考古研究所、榆林市文物管理委员会:《陕西定边县郝滩发现东汉壁画墓》,《考古与文物》2004 年第 5 期,第 20—21 页及封底。

陕西省考古研究院、靖边县文物管理办:《陕西靖边县杨桥畔渠树壕东汉壁画墓发掘简报》,《考古与文物》2017 年第 1 期,第 3—26 页。

陕西省考古研究院:《2008 年陕西省考古研究院考古调查发掘新收获》,《考古与文物》2009 年第 2 期,第 13—26 页。

商志（香覃）:《马王堆一号汉墓"非衣"试释》,《文物》1972 年 9 期,第43—47 页。

尚永琪:《优填王旃檀瑞像流布中国考》,《历史研究》2012 年第 2 期,第163—173 页。

邵鸿:《海昏侯墓孔子屏风试探》,《江西师范大学学报》(哲学社会科学版)2016 年第 5 期,第 16—23 页。

申建伟:《中心湖公务员小区地下车库东周及汉代墓葬》,载《洛阳市文物工作队考古年报（2009）》,内部资料,2010 年版,第 6 页。

沈年润:《释东汉三老赵掾碑》,《文物》1964 年第 5 期,第 22—25 页。

沈天鹰:《洛阳出土一批汉代壁画空心砖》,《文物》2005 年第 3 期,第 76—80 页。

施爱东:《"弃胜加冠"西王母——兼论顾颉刚"层累造史说"的加法与减法》,《青海社会科学》2011 年第 5 期,第 194—201 页。

舒大刚、任利荣:《"庙学合一":成都汉文翁石室"周公礼殿"考》,《四川大学学报(哲学社会科学版)》2014 年第 5 期,第 21—29 页。

四川省文物考古研究所等:《四川中江塔梁子崖墓发掘简报》,《文物》2004年第 9 期,第 4—33 页。

四川省文物考古研究院、绵阳市文物管理局、三台县文物管理所:《四川三台郪江崖墓群柏林坡 1 号墓发掘简报》,《文物》2005 年第 9 期,第 14—35 页。

宋亦箫:《楚"镇墓兽"功能新解》,《民族艺术》2016 年第 1 期,第 70—75 页。

苏健:《美国波士顿美术馆藏洛阳汉墓壁画考略》,《中原文物》1984 年第 2 期,第 22—25 页。

孙大伦:《汉墓壁画色彩及设色法概说》,《文博》2005 年第 6 期,第 32—37 页。

孙明君:《第三种势力——政治视角中的鸿都门学》,《学习与探索》2002 年第 5 期，第 124—129 页。

孙作云：《长沙马王堆一号汉墓出土画幡考释》，《考古》1973 年 1 期，第 54—61 页。

滕固：《南阳汉画像石刻之历史的及风格的考察》，载沈宁：《滕固艺术文集》，上海：上海人民美术出版社，第 280—292 页。

汪小洋：《汉壁画墓墓主人阶层探讨》，《南京艺术学院学报（美术与设计版）》2006 年第 1 期，第 24—27 页。

汪悦进：《入地如何再升天？——马王堆美术时空论》，《文艺研究》2015 年第 12 期，第 136—155 页。

王龙：《山东地区汉代博山炉研究》，山东大学 2013 届文物与博物馆学专业硕士学位论文，第 17 页。

王伟锋、李蔓、夏寅：《中国古代墓葬壁画制作工艺初步研究》，《文博》2014 年第 4 期，第 74—78 页。

王学理：《秦汉相承帝王同制——略论秦汉皇帝和汉诸侯王陵园制度的继承与演变》，《考古与文物》2000 年第 6 期，第 60—66、79 页。

王永平：《汉灵帝之置"鸿都门学"及其原因考论》，《扬州大学学报（人文社会科学版）》1999 年第 5 期，第 11—17 页。

王媛：《"青琐"及"青琐窗"的建筑史解析——从汉画像石纹饰说起》，《同济大学学报（社会科学版）》2016 年第 6 期，第 89—95 页。

魏秋萍：《"东井戒火"陶井画像补证》，《文博》2013 年第 4 期，第 46—49 页。

巫鸿：《马王堆一号汉墓中的龙、璧图像》，《文物》2015 年第 1 期，第 54—60 页。

吴晋生、吴红红：《孔子生卒年月日新考》，《贵州文史丛刊》1997 年第 4 期，第 50 页。

吴双成、李振光、王磊：《曲阜柴峪汉墓出土漆棺画的分析保护研究》，《中国文物保护技术协会第三次学术年会论文集》2004 年版，第 71—77 页。

武金勇：《先秦两汉绘画颜料研究》，天津大学硕士学位论文，2011 年。

西安市文物保护考古研究院：《西安南郊西汉墓发掘简报》，《文物》2012 年第 10 期，第 4—24 页。

席奇峰：《两京地区汉墓壁画研究》，郑州大学硕士学位论文，2009 年。

夏鼐：《洛阳西汉壁画墓中的星象图》，《考古》1965 年第 2 期，第 80—90 页及图版玖。

咸阳市文管会、咸阳市博物馆、咸阳地区文管会：《秦都咸阳第三号宫殿建筑遗址简报》，《考古与文物》1980 年第 2 期，第 34—41 页。

谢明良：《河南三门峡地区胡人灯俑》，《中原文物》2008 年第 4 期，第 80—86 页。

谢彦明：《汉代禁省宿卫制度试探》，《人文杂志》2007 年第 5 期，第 140—146 页。

邢义田：《汉武帝生命中的几个女人（下）》，《文史知识》2013 年第 8 期，第 58—64 页。

熊龙:《"东井戒火"陶井正名及相关问题考证》,《文博》2012 年第 1 期,第 38—44 页。

徐进、张蕴:《西安南郊曲江池汉唐墓葬清理简报》,《考古与文物》1987 年第 6 期,第 40—45 页。

扬江博物馆、邗江县文化馆:《扬州邗江县胡场汉墓》,《文物》1980 年第 3 期,第 1—10 页以及图版壹至贰。

杨继刚:《汉灵帝鸿都门学研究》,华中师范大学博士学位论文,2012 年。

杨文宗、郭宏:《我国墓葬壁画的保护方法》,《文物保护与考古科学》2017 年 8 期,第 109—114 页。

杨怡:《楚式镇墓兽的式微和汉俑的兴起——解析秦汉灵魂观的转变》,《考古与文物》2004 年第 1 期,第 54—60 页。

姚生民:《汉甘泉宫遗址勘查记》,《考古与文物》1980 年第 2 期,第 51—60 页。

尹承:《"旱魃"形象考辨》,《中国社会历史评论》第二十二卷,天津:天津古籍出版社,2019 年版,第 61—72 页。

榆林市文物保护研究所、靖边县文物管理办公室:《陕西靖边老坟梁汉墓发掘简报》,《文物》2011 年第 10 期,第 51—70 页。

袁祖雨、袁子祠:《南阳唐河针织厂汉画像石:不是"虎食女魃",而是"舍身饲虎"》,《南都学坛(人文社会科学学报)》2020 年第 7 期,第 18—23 页。

云南省文物工作队:《云南昭通后海子东晋壁画墓清理简报》,《文物》1963 年第 12 期,第 1—6 页及图版壹至肆、封底。

张朋川:《河西出土的汉晋绘画简述》,《文物》1978 年第 6 期,第 59—71 页。

张勋燎:《成都东街出土汉碑为汉代文翁石室学堂遗存考——从文翁石室、周公礼殿到锦汉书院发展史简论》,《南方民族考古》第八辑,第 107—172 页。

张英丽:《两京地区汉墓壁画车马图像研究》,郑州大学硕士学位论文,2014 年。

郑岩:《关于墓葬壁画起源问题的思考——以河南永城柿园汉墓为中心》,《故宫博物院院刊》2005 年第 3 期,第 56—74 页。

郑岩:《一千八百年前的画展——陕西旬邑县百子村东汉墓细读》,《中国书画》2004 年第 4 期,第 54—59 页。

郑岩:《葬礼与图像——以两汉北朝材料为中心》,载复旦大学文史研究院:《图像与仪式:中国古代宗教史与艺术史的融合》,北京:中华书局,2017 年版,第 79—102 页。

中国科学院考古研究所:《西安西郊汉代建筑遗址发掘报告》,《考古学报》1959 年第 2 期,第 45—55 页及图版一至十。

中国社会科学院考古研究队山西工作队、山西省临汾地区文化局:《陶寺遗址 1983—1984 年Ⅲ区居住址发掘的主要收获》,《考古》1986 年第 9 期,第 773—781 页及图版壹、贰。

中国社会科学院考古研究所汉长安城工作队:《汉长安城长乐宫二号建筑遗址发掘报告》,《考古学报》2004 年第 1 期,第 55—86 页及图版一至十六。

中国社会科学院考古研究所汉长安城工作队:《西安市汉长安城长乐宫四号

建筑遗址》,《考古》2006 年第 10 期，第 30—39 页以及图图版一至八。

〔日〕塚本靖：《辽阳太子河附近の壁画わる古坟》,《考古学杂志》第 11 卷第 7 号，1921 年 3 月。

周怡：《中国早期鸟造型与鸟图腾的演变》,《民族艺术》1999 年第 3 期，第 107—118 页。

朱华：《东平汉代墓葬壁画及其相关问题》,《海岱考古》第十辑，第 461—470 页。

朱绍侯：《〈秦汉时期的"赐民爵"及"小爵"〉读后——兼论汉代爵制与妇女的关系》,《史学月刊》2009 年第 11 期，第 108—113 页。

庄蕙芷：《汉代壁画墓墓主等级的再思——以两京壁画墓为中心》,《南艺学报》2013 年第 7 期，第 123—162 页。

庄蕙芷：《卧游仙境：汉晋壁画墓中的山水题材》,《中国美术研究》2015 年第 1 期，第 70—83 页。

后　　记

　　光阴荏苒，转眼博士毕业已整整十载。我是北京大学第一批（也是中国第一批）学制四年的博士研究生，尽管我如期毕业，但相对于其他人来说，也还是"迟了一步"，在这做任何事情都讲究把握"先机"的时代，我是"一步迟"，"步步迟"，伴随着时隐时现的"三高"，遥望同龄人绝尘而去，聊以自慰的唯有这部书稿终于迎来杀青的环节。

　　本书选题的来源其实与我的执念有关。攻读理论博士研究生以前，我一直在画油画，读博士其实就是想提高一下自己的当代艺术理论素养，毕业后重归创作领域，所以我没有报考实践类的博士，然而事与愿违。记得第一次与导师朱青生教授探讨我的研究计划时，他说，既然要学习如何做学术研究，就不要特意选择自己最感兴趣的题目，而是随机抽取一个题目来做，都可以做得好。所以我选择了一个自己最为陌生的领域——早期中国的艺术考古。此举意味着我从此踏上了一条"不归路"，尽管"回归艺术实践"的愿望强烈到让我在毕业后的多年中还一直租着五百平方米的大工作室，但现实横亘在我与梦想之间。在编辑部工作的那几年其实非常迷茫，未来是继续从事理论研究还是回归艺术创作？彷徨了三年之后，我开始认真着手申报国家社科基金艺术学项目，从绘画的创作者转变为绘画的研究者，这个举动其实挺悲情的，简直有点向青春致祭的意味。

　　2017年4月，我前往美国，开始了在斯坦福大学的访学生活，当时租住在离大学不远的 Pala Alto 小镇。小镇非常安静，生活节奏也比北京慢许多，除了一些必要的学术活动和交流之外，我的日常工作其实只有一件，就是做好内子陈满琪和练简兮小朋友的后勤工作。内子彼时也在斯坦福大学访学。简兮刚到美国时还不足五岁，因此先上了一家双语幼儿园，九月后进入 Pala Alto 小学 K 班上学，所以接送她上学就成了我的规定动作。其实做这些事情花不了多少时间，因此在学习与生活都走上正轨之后，我就重新捡起出国时中断的汉代壁画研究，利用斯坦福大学图书馆的资料来做研究。有时我也会驱车前往伯克利大学东亚图书馆，那里的文献资料要丰富得多。不知不觉，在回国前夕竟然已将研究的主要内容写得差不多了，回国后在这些文字的基础上形成两部书稿，一部关于艺术考古观念与方法论研究，一部关于汉代壁画的艺术考古研究。前者经过半年的修改、润色，2019 年 9 月以《重塑往昔：艺术考古的观念与方法》为书名在社科文献出版社出版，它的出版受到了读者们的欢迎，先后被澎湃新闻以及搜狐网评为年度十佳艺术史专著和最受读者欢迎的人文读物；而另一部分则形成了本书的主体，它最后能够在科学出版社顺利出版，首先要感谢科学出版社的编辑，没有他们的支持，国家社科基金后期资助的申请以及出版事宜都不可能如此顺利地推进。新冠疫情，几乎改写了全人类的生活面貌，那些曾几何时只出现在灾难大片里的情节，如今近在咫尺。半年来，不管是内在的焦虑，还是外在的制约，我都努力地在方寸之间耕耘。现在，《汉代壁画的艺术考古研究》与《重塑往昔：艺术考古的观念与方法》这对孪生作品终于都交出去了，心情难得轻松。

　　本书的撰写，除了要感谢家人的大力支持之外，还要感谢曹贞华、雍文昂、高舒等同事的帮助，她们在百忙之中为我解决了课题申报和出版过程中的诸多琐碎的麻烦。特别要感谢西安市文物保护考古所的柴怡老师，这些年我在汉代壁画的研究、考察和文献查找过程中，没少麻烦她。此外，中国人民大学的李梅田教授、中国国家博物馆的霍宏伟研究员、四川大学的罗二虎教授、济宁市文物局的胡广跃研究员以及很多学术界的同行，对本书的写作提供了许多中肯的意见；中国社会科学院历史研究所的马怡老师、维也纳大学艺术史系的陈亮老师、扬州大学的王磊老师、徐州师范大学的庄蕙芷老师等，为本书查找资料、收集图片提供了诸多帮助，在此一并致以诚挚的谢意。

练春海于拳足簃

己亥年中秋前一日（初稿）

庚子年四月廿七日（定稿）

庚子年立秋（终校）